Herrn Hans-Dieter Betz

in Erinnerung an seinen

Besuch in Göttingen

den 5. 11. 2011

Dietz Lange

V&R

Nathan Söderblom

Ausgewählte Werke

Band 1:
Offenbarung und Religionen

Aus dem Schwedischen übersetzt
und herausgegeben von Dietz Lange

Vandenhoeck & Ruprecht

Umschlagabbildung: Auf dem Einband befindet sich das Wappen Nathan Söderbloms. Es zeigt im rechten oberen Feld die Dorfkirche von Trönö in Hälsingland, wo sein Vater Pfarrer war und er selbst seine Kindheit verbracht hat. Im linken unteren Feld sieht man St. Georg, den Schutzpatron des Doms von Uppsala. Söderblom wollte symbolisch auf das hinweisen, was er noch als Erzbischof seinem Vater verdankte. Das Wappen ist wohl erst mit der Verleihung des Serafimerordens an Söderblom durch Gustaf V. 1926 geschaffen worden. Dieser Orden ist unterhalb des Wappens abgebildet. Er ist der höchste Orden, den Schweden zu vergeben hat; Söderblom bekam ihn im Zusammenhang mit der ökumenischen Konferenz in Stockholm im Jahr zuvor, die er initiiert und geleitet hat.

Bibliografische Information der Deutschen Nationalbibliothek

Die Deutsche Nationalbibliothek verzeichnet diese Publikation in der Deutschen Nationalbibliografie; detaillierte bibliografische Daten sind im Internet über http://dnb.d-nb.de abrufbar.

ISBN 978-3-525-57015-9
ISBN 978-3-647-57015-0 (E-Book)

Satz: textformart, Daniela Weiland, Göttingen
Druck und Bindung: ⊕ Hubert & Co, Göttingen

Gedruckt auf alterungsbeständigem Papier.

Vorwort

Nach der Veröffentlichung einer Auswahl aus Nathan Söderbloms Korrespondenz (*Nathan Söderblom, Brev – Lettres – Briefe – Letters*, 2006) und einer Gesamtdarstellung seines Lebenswerks (*Nathan Söderblom und seine Zeit*, 2011) folgt nun als »letzter Akt« meines Versuchs, diesen großen Mann in Deutschland bekannter zu machen, eine auf vier Bände angelegte Auswahl seiner Werke in deutscher Übersetzung. Der Sache nach ist dies eigentlich das Wichtigste, denn keine Sekundärliteratur kann jemals die Kenntnis der Quellen ersetzen. Andererseits ist aber auch keine zureichende Übersetzung möglich ohne intensive Vertrautheit mit dem Gesamtwerk und dessen Kontext.

Ich bin dem Verlag, der sich ja schon seit langem immer wieder um die Vermittlung skandinavischer Theologie verdient gemacht hat, sehr dankbar, dass er sich auch dieses Projekts angenommen hat. Mein Dank gilt hier insbesondere Herrn Lektor Jörg Persch und Herrn Christoph Spill für die nun schon bewährte und auch dieses Mal wieder ausgezeichnete Zusammenarbeit. Weiter danke ich Herrn Dr. Staffan Runestam in Uppsala, der mir in vielen Fällen geholfen hat, unvollständige oder fehlende Literaturangaben zu ergänzen. Söderbloms Zitierweise entspricht den Gepflogenheiten einer Zeit, in der die Menge an vorhandener Literatur noch überschaubarer war als heute, und muss deshalb (mit entsprechender Kennzeichnung) auf den gegenwärtigen Stand gebracht werden. Last but not least danke ich Herrn Pfarrer Heinz Jackelén in Lund, der das Ganze an den schwedischen Originaltexten kontrolliert und dabei eine ganze Reihe wichtiger Verbesserungen vorgeschlagen hat, die ich gerne übernommen habe.

Göttingen, im Sommer 2011   Dietz Lange

Inhalt

Einleitung

A. *Zu dieser Auswahl als ganzer*

Nathan Söderblom (1866–1931) war von 1894–1901 schwedischer Gesandtschaftspfarrer in Paris, von 1901–1914 Professor für Allgemeine Religionsgeschichte und Religionsphilosophie in Uppsala (hier unter der Bezeichnung Theologische Propädeutik und theologische Enzyklopädie) und Leipzig, danach bis zu seinem Lebensende Erzbischof von Schweden. Als solcher hat er die erste große ökumenische Konferenz in Stockholm 1925 organisiert und geleitet. Als Religionshistoriker und Theologe war er ebenso bedeutend wie als Kirchenführer und Organisator. Darüber hinaus hat er sich seit dem Ausbruch des I. Weltkrieges unermüdlich für den Frieden eingesetzt und vielfältige Hilfsmaßnahmen für die Kriegsgefangenen beider Seiten und für die Not leidende Bevölkerung initiiert. Zu seiner Zeit hat er mit seinen Vorlesungen, Predigten, öffentlichen Reden, seiner literarischen Produktion und seiner praktischen Wirksamkeit national und international großen Einfluss ausgeübt. Sichtbares Zeichen der Anerkennung war neben 14 Ehrendoktoraten und der Aufnahme in die Schwedische Akademie (1921) die Verleihung des Friedensnobelpreises im Jahr 1930.

Söderblom war ein tieffrommer und zugleich streng wissenschaftlich denkender Mann, der überdies über einen ungewöhnlich weiten internationalen Horizont verfügte. Hervorgegangen aus einem in der lutherischen Erweckungsbewegung verwurzelten Pfarrhaus, dessen Frömmigkeit er lebenslang treu geblieben ist, hat er sich doch von dessen Enge völlig gelöst und sich den vielfältigen Anregungen des freien Protestantismus weit geöffnet. Albrecht Ritschl, Adolf von Harnack und Ernst Troeltsch verdankt er viel, aber auch sein reformierter Pariser Lehrer Auguste Sabatier und der amerikanische Philosoph William James sind zu nennen. Religionsphilosophisch waren Erik Gustaf Geijer, Otto Pfleiderer und Henri Bergson wichtige Anreger. Die zentrale Achse seines Denkens aber war die Theologie Martin Luthers; den er wohl tiefer verstanden hat als die meisten seiner Zeitgenossen. Freilich hat er ihn nicht unkritisch rezipiert, sondern in der Abendmahlslehre und besonders im Blick auf die gesellschaftliche Aktivität der Kirche auch calvinistische Elemente aufgenommen.

Diesem großen theologischen Spannungsbogen entsprach ein breites Interessenspektrum, in dem Kunst, Literatur und Musik ebenso ihren Platz hatten wie Geschichte, Politik, Jurisprudenz und Psychologie. Wissenschaftliche Kreativität mit starkem künstlerischem Einschlag, schier unglaubliche Arbeitskraft und strenge Selbstdisziplin verbanden sich mit einem gewinnenden Wesen, Kontaktfreudigkeit, seelsorgerlichem Einfühlungsvermögen und stets gegenwärtiger Hilfsbereitschaft. Vollkommener Präsenz stand ein Sinn für große Zusammenhänge gegenüber, der ihn weit über seine Zeit hinausblicken ließ.

Dennoch wurde es nach seinem Tod verhältnismäßig bald still um ihn. Das gilt noch am wenigsten für die Religionswissenschaft, in der seine Wirkung auf Grund seiner Arbeiten über das Heilige als Zentralbegriff aller Religion sowie seiner Konzeption einer vergleichenden Religionsphänomenologie noch über eine Generation hinweg anhielt. Doch in den Kirchen trat das Ereignis von Stockholm alsbald in den tiefen Schatten des wieder erstarkten Nationalismus, aus dem der ökumenische Gedanke erst 1948 auf der Konferenz von Amsterdam wieder emportauchte, dann aber unter völlig veränderten Bedingungen und ohne ausdrücklichen Rückgriff an Söderbloms ursprüngliche Konzeption. In der wissenschaftlichen Theologie ließ die Schule Karl Barths, die ihren Siegeszug auf dem europäischen Kontinent schon zu Söderbloms Lebzeiten begonnen hatte, dessen Konzeption wegen ihres starken liberalen Einschlags vielen Zeitgenossen antiquiert erscheinen.

Inzwischen haben sich die Gewichte weiter verschoben. In der Religionswissenschaft gilt Söderbloms phänomenologischer Ansatz wegen seiner engen Verknüpfung mit der Theologie als überholt, wiewohl man auch an die weitgehende Integration oder sogar Auflösung der Religionswissenschaft in Soziologie, Ethnologie oder Psychologie, die an seine Stelle getreten ist, kritische Rückfragen stellen muss. Das geschieht denn auch, zumindest indirekt, in der Debatte über das Wesen von Religion in Theologie und Religionsphilosophie, die sich in den letzten Jahrzehnten entwickelt hat. Sie hängt eng mit der allmählich verblassenden Wirkung der Dialektischen Theologie zusammen. Diese Ausgangslage lässt es geboten erscheinen, erneut an die vielfältigen Anregungen zu erinnern, die Söderblom gegeben hat, auch wenn sich im Einzelnen natürlich vieles davon als zeitgebunden erweist. Dass dies bislang kaum geschehen ist, hat seinen Grund nicht zuletzt darin, dass viele seiner wichtigsten Schriften nie aus dem Schwedischen übersetzt worden sind.

Diesem Missstand soll die mit dem vorliegenden Band beginnende deutsche Auswahlausgabe abhelfen. Sie ist auf vier Bände angelegt:
Bd. 1 Offenbarung und Religionen
Bd. 2 Christliche Frömmigkeit und Konfessionen

Bd. 3 Christi Kreuz heute

Bd. 4 Der »Prophet« Martin Luther

Damit sind die zentralen Themen von Söderbloms Schaffen bezeichnet.

Einige technische Bemerkungen: In den Zitaten sind Literaturangaben, wo es nötig war, stillschweigend auf aktuelle Ausgaben umgestellt worden (Beispiel: Luthers Werke). Literaturangaben, die bei Söderblom im Text stehen, sind – ebenfalls kommentarlos – in Fußnoten versetzt worden. Fehlende oder unvollständige Quellenverweise werden, soweit möglich, in eckigen Klammern nachgeliefert bzw. ergänzt. Druckfehler und ähnliche Versehen in den Originaltexten werden, sofern sie nicht sinnentstellend sind, ignoriert. – Abkürzungen nach TRE.

B. Zum vorliegenden Band

Der erste Band dieser Auswahl soll Söderbloms Sicht des Verhältnisses des Christentums zur Welt der Religionen beleuchten. Er hatte schon 1901 mit seiner Pariser Dissertation *La vie future d'après le Mazdéisme à la lumière des croyances parallèles dans les autres religions* eine religionsvergleichende Arbeit zur Eschatologie vorgelegt. Seither hat er seinen Ansatz zu einer Religionsphänomenologie kontinuierlich weiter ausgebaut.

I. Das geschah zum ersten Mal programmatisch in seiner ebenfalls 1901, am 24.9., dem 31. Geburtstag seiner Frau, gehaltenen Uppsalienser Antrittsvorlesung über Die allgemeine Religionsgeschichte und die kirchliche Theologie (*Den allmänna religionshistorien och den kyrkliga teologien*), die im gleichen Jahr in Uppsala erschien.[1] Im Blick auf die damalige Diskussionslage ist an ihr das entschiedene Eintreten für die Integration der ganzen Religionsgeschichte als Lehrfach in die theologische Fakultät interessant. Söderblom wendet sich damit ebenso gegen Harnack, der dieses Fach der Philosophischen Fakultät zuordnen wollte[2], wie gegen die Göttinger Religionsgeschichtliche Schule, die sich auf die unmittelbar für die biblischen Schriften relevanten antiken Religionen beschränkte. Nicht

---

1 Leichter greifbar ist die Neuedition, die Erland Ehnmark vorgelegt hat, in: N. SÖDERBLOM, *Om studiet av religionen*, 1951, 13–48.

2 Vgl. ADOLF HARNACKs Rektoratsrede *Die Aufgabe der theologischen Fakultäten und die allgemeine Religionsgeschichte* (1901, wenige Monate vor Söderbloms Vorlesung), in: ders., Reden und Aufsätze II/1, ²1906, 159–187. Harnack hat diese Position 1909, als die Berufung Söderbloms nach Berlin anstand, revidiert (Den Ruf erhielt dann allerdings nicht Söderblom, sondern Edvard Lehmann.)

nur für die Mission, sondern ganz allgemein für das Leben in einer schon damals kleiner werdenden, religiös pluralen Welt bedürfe es breiter Kenntnisse fremder Religionen und ihres nicht von kolonialen Interessen und abendländischem kulturellem Hochmut eingefärbten Verständnisses. Andererseits wendet sich der Redner gegen das positivistische Wissenschaftsideal einer »reinen« Objektivität und betont die Notwendigkeit eigener religiöser Erfahrung für die Religionswissenschaft als dezidiert wissenschaftliche Forderung. Deshalb sei es in einem europäischen Kontext völlig legitim, wenn dieses Fach vom Christentum ausgehe, ja sogar mit einer kirchlichen Bindung einhergehe (das Letzte polemisch gegen die deutsche Religionsgeschichtliche Schule gerichtet). Es müsse ein Ziel auch der Religionswissenschaft sein, auf der Basis eines allen Religionen gemeinsamen Erfahrungselementes die Besonderheit des Christentums klar zu erfassen. Ihre Bestrebungen koinzidieren insofern mit dem spezifisch theologischen Interesse und kommen daher auch den Theologiestudenten und der Kirche zugute. Dieses Konzept schließt die rückhaltlose Bejahung der damals gerade in Schweden noch sehr umstrittenen historisch-kritischen Bibelexegese ein. Mit dieser doppelten Frontstellung gegen dogmatische Voreingenommenheit und positivistische Wissenschaftsgläubigkeit setzte Söderblom einen neuen Akzent, der lebhafte Debatten erwarten ließ.

Wohl in Erwartung einer kühlen Reaktion der überwiegend sehr konservativen Fakultätskollegen wandte sich Söderblom im unmittelbaren Anschluss an diese Vorlesung an die Studenten. Dieses »Wort an die Theologiestudenten« (*Ord till de teologie studerande*), wirkte durch seine moderne Ausrichtung und vor allem durch seine frische und ermunternde Art in der damals die schwedische Staatskirche und Universitätstheologie beherrschenden Stagnation außerordentlich befreiend. »Nicht weniger Wissenschaft, sondern mehr Wissenschaft« wurde geradezu das Losungswort für einen theologischen Aufbruch, in dem religiöse Ehrfurcht und wissenschaftlicher »Respekt vor der Wirklichkeit« konvergieren, statt einander zu widersprechen.

Diese Rede ist – ein Zeichen für ihre große Wirkung in Schweden – an verschiedenen Stellen wieder abgedruckt worden. Ich halte mich für beide Texte, diese Rede und die Antrittsvorlesung, an die Ausgaben, die sie in ihrem ursprünglichen Zusammenhang bieten; die Originalauflage von 1901 und die Ausgabe von Ehnmark von 1951 (vgl. Anm. 1), und gebe deren Seitenzahlen in eckigen Klammern an (bei Ehnmark jeweils mit einem vorangestellten E).

II. Die nächste wichtige Arbeit, die hier präsentiert werden soll, ist *Uppenbarelsereligion* (Offenbarungsreligion). Sie erschien zuerst 1903 an ziemlich abgelegener Stelle, nämlich in der Festschrift zum 90. Geburtstag des praktischen Theologen Carl Axel Torén, daneben aber auch als Separat-druck. In der ursprünglichen Fassung nur 55 Seiten umfassend, enthält sie doch eine Fülle weiterführender Gedanken. Söderblom hat sie später in stark erweiterter Form noch einmal aufgelegt (1930), dabei aber den Text von 1903 so gut wie unverändert gelassen. Diese Auflage liegt hier zu-grunde. Doch zunächst zur Urfassung.

Anlass war der damals die Gemüter heftig bewegende Babel-Bibel-Streit. Der Berliner Assyriologe Friedrich Delitzsch (Sohn des konserva-tiven Leipziger Theologen Franz Delitzsch) hatte 1902 in zwei Aufsehen erregenden Vorträgen – einer der Zuhörer war der deutsche Kaiser – zu beweisen versucht, dass die babylonische Religion und Kultur derjenigen Israels weit überlegen sei.[3] Deren moralisch fragwürdige Gepflogenheiten wie Blutrache oder seine partikularistische Vorstellung von einem erwähl-ten Volk seien gänzlich inakzeptabel und widersprächen der Auffassung, eine solche Religion gehe auf göttliche Offenbarung zurück. Der Begriff der Offenbarung ist dabei erkennbar supranaturalistisch im Sinne einer göttlichen Mitteilung zeitloser Wahrheiten aufgefasst, inhaltlich dagegen an dem Ideal einer »natürlichen« Religion der Aufklärungszeit orientiert.

Delitzschs Ausführungen provozierten eine Flut von Gegenschriften, von denen die des Alttestamentlers Hermann Gunkel und die Söderbloms die mit Abstand bedeutendsten waren.[4] Dabei geht Söderblom über Gunkel dadurch weit hinaus, dass er gegen Delitzsch positiv ein eigenes systema-tisches Konzept von Offenbarung entwickelt. Er erinnert zunächst an die bahnbrechende Erkenntnis Schleiermachers, dass Religion zwar immer in kultureller Vermittlung auftritt, aber weder ein Produkt der Kultur noch mit ihr identisch ist. Sie hat ihren Sitz im Innersten des Menschen, in sei-nem Herzen, wie Pascal gesagt hat, ihre Quelle jedoch nicht in ihm, son-dern in göttlicher Offenbarung. Diese ist keine Lehre, sondern die Selbst-erschließung der Transzendenz für den Menschen. Das gilt prinzipiell für alle Religionen, nicht etwa allein für das Christentum, wie es neben den konservativen Theologen auch die damals einflussreiche Schule Albrecht Ritschls annahm. Die Unterschiede der Religionen untereinander beru-hen auf unterschiedlichen Bestimmungen des Verhältnisses der zuteil ge-wordenen Offenbarung zu den Herausforderungen des Lebens, die eine Wechselbeziehung der Transzendenz mit den jeweiligen kulturellen Ge-gebenheiten zum Ausdruck bringen. Die so entstehenden Vermittlungs-

---

3 Später folgte noch ein dritter. Vgl. FRIEDRICH DELITZSCH, *Babel und Bibel*, 1. Vor-trag, 1902; 2. Vortrag 1903.
4 Vgl. HERMANN GUNKEL, *Israel und Babylonien. Der Einfluss Babylons auf die is-raelitische Religion*, 1903.

gestalten sind deshalb nicht unwichtig, taugen aber nicht als Kriterien für das spezifisch Religiöse.

In einem zweiten Schritt führt Söderblom die genauere Differenzierung zwischen verschiedenen Religionstypen ein, die fortan eine der Grundlinien seiner Religionstheorie bilden sollte, nämlich die Unterscheidung zwischen einerseits prophetischen Religionen bzw. Offenbarungsreligionen im engeren Sinn, die von einem persönlichen Stifter ausgehen, und andererseits Natur- und Kulturreligionen, welche die weltlichen Gegebenheiten religiös überhöhen. Diesen Grundtypen entsprechen jeweils unterschiedliche Formen von »Mystik«, d. h. hier: innerlicher Grundeinstellungen, ihrer Anhänger. Die eine Form ist die »Persönlichkeitsmystik«, die sich in einem transmoralischen Sinn an dem Gegensatz von Gut und Böse orientiert, die andere die »Unendlichkeitsmystik« oder auch (asketische) »Übungsmystik«, die bestrebt ist, der Endlichkeit des irdischen Lebens zu entrinnen. Für das Verständnis dieser Einteilung ist aber zu beachten, dass es sich nicht um einen Schematismus handelt: So sehr Söderbloms Präferenz den prophetischen Religionen gilt, betont er doch, dass auch sie ergänzungsbedürftig sind und dass es faktisch überall in der Religionsgeschichte, auch im Christentum, Mischformen gibt.

Die Unterscheidung der beiden Arten von Mystik erinnert ein wenig an Ernst Troeltschs ein Jahr zuvor erschienene Schrift über die Absolutheit des Christentums (die auch zitiert wird)[5], unterscheidet sich jedoch von ihr in dem entscheidenden Punkt, dass sie nicht wie diese ethnographisch mit Kulturkreisen (Abendland und Ostasien), sondern strikt religionswissenschaftlich mit Religionstypen operiert. So versteht Söderblom z. B. den Platonismus nicht wie Troeltsch als Vorstufe des Christentums, sondern ordnet ihn zusammen mit dem Buddhismus der Unendlichkeitsmystik zu. Ein zweiter, nicht minder gewichtiger Unterschied besteht darin, dass Söderblom die Überzeugung von einer Absolutheit des Christentums nicht auf eine ethische Entscheidung, sondern auf eine Stellungnahme persönlichen Glaubens zurückführt, die er religionswissenschaftlich dadurch charakterisiert, dass das Christentum nicht nur den Gegensatz von Gut und Böse zum Äußersten zuspitzt, sondern auch in der Lage ist, – im Gegensatz insbesondere zum Buddhismus – das Leiden positiv religiös zu integrieren. Auf diese Weise kann er religionswissenschaftliche Argumentation mit lutherischer und pietistischer Kreuzestheologie verbinden, ohne doch apologetisch beides miteinander zu vermengen.

---

5 Vgl. ERNST TROELTSCH, *Die Absolutheit des Christentums und die Religionsgeschichte* [1902], KGA 5 (nach der 2. durchges. Aufl. von 1912), 1999.

In der 2. Auflage hat Söderblom die ursprüngliche Schrift durch zwei Vorträge erweitert, die das Thema weiterführen. Deren erster, »Die Pforten der Offenbarung« (*Uppenbarelsens portar*) wurde 1910 auf der als »Reichstreffen der radikalen Theologie« berüchtigt gewordenen kirchlich-theologischen Konferenz von Örebro gehalten, auf der neben Söderblom auch Samuel Fries und Nils Johan Göransson referierten, die ebenfalls dem liberalen Flügel zugerechnet wurden. Mit dem Ausdruck »Pforten« wendet sich Söderblom implizit gegen die damals viel diskutierte Vorstellung von einem »religiösen Apriori«, einer religiösen Veranlagung, die mit der Vernunft gegeben sei, wie es etwa Ernst Troeltsch vertreten hat. Die Pforten (»Unendlichkeitswahrnehmung«, »Idealtrieb« und Verstand) öffnen sich vielmehr dem »Durchbruch« der göttlichen Offenbarung.[6] Vorgegeben ist also nur die Aufnahmefähigkeit; das Entstehen von Religion verdankt sich allein dem Handeln Gottes. Die merkwürdigen Ausdrücke Unendlichkeitswahrnehmung und Idealtrieb, mit denen Söderblom an seine Differenzierung der Mystik anknüpft, lassen sich auch mit künstlerischer Intuition bzw. Gewissen wiedergeben, sofern das Letztere in einem weiten Sinne und nicht rein moralisch verstanden wird. Söderblom legt großen Wert darauf, den Verstand den beiden anderen Pforten nachzuordnen: Er stelle nicht eine eigene religiöse Erkenntnisquelle dar, sondern diene nur der nachgängigen Reflexion und Kontrolle. Damit will er sicherstellen, dass Religion nicht als Versuch missverstanden wird, sich der Transzendenz zu bemächtigen. Rationale Rechenschaft über Religion kann vielmehr nur in Gestalt symbolischer Rede erfolgen. Damit rekurriert Söderblom auf einen zentralen Gedanken der Pariser »symbolofideistischen« Schule Auguste Sabatiers, seines Doktorvaters, und Eugène Ménégoz'. Andererseits ist mit der klaren Funktionsbestimmung der Vernunft, ebenso wie in jener Schule, einem prinzipiellen Irrationalismus eine Absage erteilt.

Der dritte Aufsatz schließlich, »Die Fortsetzung der Offenbarung« (*Uppenbarelsens fortsättning*), gibt einen Vortrag wieder, den Söderblom 1911 anlässlich einer theologischen Promotion an der Universität Uppsala und dann im gleichen Jahr in ähnlicher Form auf der internationalen Konferenz des Student Christian Movement in Konstantinopel gehalten hat. Diese Organisation war 1895 auf Grund der Initiative des bedeutenden amerikanischen Kirchenführers John Mott in Vadstena/Schweden gegründet worden, und Söderblom hat ihr von Anfang an angehört. Ihr Ziel war die weltumfassende Evangelisation. Söderbloms Vortrag vor die-

---

6 Vgl. dazu N. SÖDERBLOM, *Religionsproblemet inom katolicism och protestantism*, 1910, 373–471.

sem Auditorium setzt die Einsicht voraus, dass das Deutungsmonopol des Christentums in seiner Gegenwart nicht mehr existiert.[7] Die Überschrift macht deutlich, dass es nicht um die Wiedergewinnung eines solchen Monopols gehen kann, dass aber der christliche Glaube dennoch nicht der Vergangenheit angehört. Denn die Offenbarung in Christus, welche die klarste und konsequenteste Offenbarung der Religionsgeschichte ist, findet ihre Fortsetzungen in ihm nachfolgenden großen Gestalten, Heroen der Religion bzw. »Heiligen«, deren Leben die es tragende göttliche Wirklichkeit offenbart. Der Ausdruck »Fortsetzung« soll deutlich machen, dass es sich nicht um eine inhaltlich andere Offenbarung handelt, sondern, mit Schleiermacher geredet, um eine »Palingenesie« des Christentums.[8] Eine solche ist aber nicht eine bruchlose Anknüpfung an Vorausgegangenes, sondern ein je neuer Einbruch der christlichen Wahrheit in die Geschichte, ein Wunder. Damit grenzt Söderblom sich von einem anderen seiner philosophischen Lehrmeister ab, dem großen schwedischen Historiker und Philosophen der Romantik Erik Gustaf Geijer (1783–1847), für den die Geschichte selbst eine ständig neue Offenbarung Gottes war.[9]

Die Wirkung des Buches »Offenbarungsreligion« blieb äußerst begrenzt. Das liegt nicht zuletzt daran, dass es erst 1933, also postum, ins Englische übersetzt wurde; andere Übersetzungen gibt es nicht. In der Religionswissenschaft sind aber jedenfalls die Grundgedanken des ersten Teils rezipiert worden, oft auf Grund späterer, auch in anderen Sprachen zugänglicher Äußerungen Söderbloms. Die Theologie dagegen hat es so gut wie gar nicht zur Kenntnis genommen. Nicht einmal das im angelsächsischen Raum bekannte Buch von Helmut Richard Niebuhr *The Meaning of Revelation* verrät eine Kenntnis davon.[10]

Die Seitenzahlen in eckigen Klammern beziehen sich auf die Seitenzahlen des Originals in der o. g. Fassung.

III. Nicht besser erging es dem nächsten Werk, das wir hier abdrucken, »Das Studium der Religion« (*Studiet av religionen*), zuerst erschienen in Stockholm 1908. Nicht nur gibt es davon keine Übersetzung, sondern es

---

7 Vgl. *Religionsproblemet* ..., a. a. O., 373 f.
8 Vgl. FRIEDRICH DANIEL ERNST SCHLEIERMACHER, *Reden über die Religion an die Gebildeten unter ihren Verächtern* (1799), KGA I/2, Orig.-ausg. 309.
9 Vgl. ERIK GUSTAF GEIJER, *Om historien och dess förhållande till religion, saga och mytologi* (1812), Samlade Skrifter 1, 1923 (238–292), 274.
10 Vgl. HELMUT RICHARD NIEBUHR, *The Meaning of Revelation*, 1941.

ist auch in Schweden nur sehr knapp besprochen[11] und niemals gründlich analysiert worden. Das mag auch daran liegen, dass es ursprünglich als »populärwissenschaftliche Studienanleitung« von der Volksbildungsvereinigung der norrländischen Studenten herausgegeben wurde, was die Fachgenossen als Aufforderung verstanden haben mögen, es nicht ernst zu nehmen. Vor allem aber ist diese theologische Enzyklopädie von einem religionswissenschaftlichen Standpunkt aus geschrieben worden und stellt zugleich eine theologisch durchreflektierte Theorie der Religionswissenschaft dar. Das hat offenbar in beiden Fächern für Verwirrung gesorgt, wie sich noch an den erwähnten beiden späten Rezensionen zeigen lässt. Daran hat auch die o. g. verdienstvolle, von Erland Ehnmark veranstaltete Neuauflage nichts geändert.

Nichtsdestoweniger handelt es sich um eine der bedeutendsten theologischen Enzyklopädien, die es gibt. Sie ist stark von Schleiermacher beeinflusst, daneben auch von dem großen schwedischen Kirchenhistoriker der Romantik Henrik Reuterdahl (1795–1870), und doch beiden gegenüber ganz eigenständig und darüber hinaus im denkerischen Niveau ebenbürtig.[12] Darüber sollten die eingestreuten Bezüge auf aktuelle Verhältnisse in Schweden und anderen Ländern sowie die gelegentlichen volkstümlichen Beispiele nicht hinwegtäuschen. Beides beruht einerseits darauf, dass der Verfasser sein studentisches Publikum nicht aus den Augen verloren hat, aber auch darauf, dass ihm als Historiker von Profession daran lag, sich des Kontakts zur empirischen Wirklichkeit zu versichern.

In dieser Enzyklopädie unterscheidet Söderblom die Theologie nicht prinzipiell von der Religionswissenschaft, sondern fasst sie lediglich als deren spezielle Form auf. Doch intendiert er damit keineswegs eine Umwandlung der theologischen in religionswissenschaftliche Fakultäten, wie sie damals Paul de Lagarde in Deutschland propagierte und wie sie in den 1970er Jahren in Schweden tatsächlich durchgeführt wurde.[13] Vielmehr ist das Christentum für die Religionswissenschaft, die aus methodischen Gründen von der Erfahrung in einer bestimmten Religion ihren

---

11 Vgl. Henrik Samuel Nyberg: *N. Söderblom och studiet av religionen*, in: RoB 25/1966, 3–13; Anders Hultgård, *Integrating History of Religion into the Curriculum: N. Söderblom and the Emerging Science of Religion*, in: The Relevance of Theology. N. Söderblom and the Development of an Academic Discipline (AUU, Uppsala Studies in Faith and Ideologies 11), hg. v. C.R. Bråkenhielm und G.W. Hollman, 2002, 133–141.

12 Vgl. F.D.E. Schleiermacher, *Kurze Darstellung des theologischen Studiums*, 2. Aufl. 1830, hg. v. H. Scholz (1910), 4. Aufl. o.J.; H. Reuterdahl, *Inledning i Theologien*, 1837.

13 Vgl. Paul de Lagarde, *Über das Verhältnis des deutschen Staates zu Theologie, Kirche und Religion* (1873), in: ders., Deutsche Schriften, 5. Aufl. 1920, 71. 73–79.

Ausgang nehmen muss, für Söderblom in einem Land wie Schweden die natürliche Basis, ohne dass dies Parteilichkeit zur Folge haben muss. Umgekehrt wäre es für die Theologie wirklichkeitsfremd, wollte man sie aus der Welt der Religionen isolieren. Zwar setzt sie die Überzeugung von der Wahrheit der christlichen Religion voraus, die jedoch strikt persönlichen Charakter trägt und das geglaubte Ergebnis des (friedlich zu führenden) öffentlichen »Wettstreits« der Religionen nicht vorwegnehmen darf. Deshalb ist gegen die Schirmherrschaft der theologischen Fakultät nichts einzuwenden. Lediglich Schleiermachers Unterordnung der Theologie unter den praktischen Zweck der »Kirchenleitung« lehnt Söderblom ab: Gerade die Kirche brauche eine Theologie, die nicht von vornherein für die Praxis funktionalisiert sei.

Wenn nun Religion der welthafte Reflex der Selbstoffenbarung einer transzendenten Macht ist, die als solche nicht Gegenstand von Wissenschaft sein kann, so ist es folgerichtig, in der Religionswissenschaft eben jenen Reflex als einen geschichtlichen in seinen sozialen und psychischen Gestalten zu behandeln. Söderblom setzt also anders als Schleiermacher nicht mit einer »philosophischen Theologie« ein, welche das Wesen der Religion zu bestimmen hätte, sondern empirisch-geschichtlich. So steht am Anfang die spezielle Religionsgeschichte des Christentums, beginnend mit der Evangelienforschung um der Gestalt Jesu als seines Stifters willen. Sie führt dann über das Alte Testament als die religiöse Welt, in der Jesus gelebt hat, durch das Neue Testament und die Kirchengeschichte (die wie bei Schleiermacher auch die Symbolik und die statistische Theologie umfasst, welch letztere wie bei jenem die äußeren Verhältnisse der Kirche zum Gegenstand hat) bis in die Gegenwart. Hierher gehört wie bei Schleiermacher auch die systematische Theologie, die vom Blickpunkt der gegenwärtigen geistigen und gesellschaftlichen Lage aus das Wesen des Christentums zu bestimmen und mit den Erfordernissen der Frömmigkeit zu vermitteln hat.

Danach weitet sich die Perspektive zur allgemeinen Religionsgeschichte, die über die vergleichende Religionsphänomenologie in eine philosophische Reflexion über das Verhältnis der Religionen zueinander mündet (und dabei auch zu rational begründeten Wertungen gelangt), sowie zu einer allgemeinen Religionspsychologie. Erst jetzt folgt die Religionsphilosophie, welche die Religionsgeschichte (bzw. Geschichte der sozialen Gestaltungen der Religion) und die Religionspsychologie als die objektive und die subjektive Seite der Religionswissenschaft zusammenführt und die Rolle der Religion im Zusammenhang des menschlichen Lebens grundsätzlich erörtert. Die letzte Stufe bilden eine religiöse Erkenntnistheorie und die spekulative Theologie bzw. Philosophie als Meta-Disziplinen. Hier ist eine christliche Metaphysik zu entfalten, die jedoch nicht etwa einen Rückfall in die vorkritische Metaphysik darstellen darf, sondern unter prinzipieller Einbeziehung des gesamten Wissens die unhintergehbare Korrelation von religiöser Erfahrung und Offenbarung behandeln soll.

Diese Schrift ist wohl die klarste und systematischste Explikation von Söderbloms Gedankengebäude. Sie stellt zugleich, der expliziten Beziehung auf die spezifischen Bedingungen seiner Zeit zum Trotz, immer noch eine der modernsten Konzeptionen dieser Art dar. Insbesondere was die Bestimmung des Verhältnisses des Christentums zu den anderen Religionen angeht, bleiben die nach Söderblom geschriebenen Enzyklopädien bzw. Einführungen in die Theologie sämtlich hinter dem von ihm bereits erreichten Stand zurück.

In eckigen Klammern werden mit vorangestelltem E die Seitenzahlen der Ausgabe von E. Ehnmark, *Om studiet av religionen*, 1951, 49–152, angegeben, welche die leicht überarbeitete Auflage letzter Hand (² bzw. ³1916) wiedergibt. Das Original enthält am Schluss des Buches eine ausführliche Literaturliste, mit der Söderblom seine Ausführungen auf S. 84–86 (Ehnmark) konkretisieren wollte. Sie ist auch bei Ehnmark abgedruckt. Ich habe mich im Unterschied zu ihm entschlossen, sie hier wegzulassen. Sie besteht zu einem großen Teil aus Hinweisen auf schwedische Autoren, deren Arbeiten nicht auf Deutsch vorliegen, sowie auf schwedische Übersetzungen bekannter oder sogar klassischer Werke. Sie ist damit erkennbar im Blick auf die vom Verfasser als Leserschaft dieser Einführung primär ins Auge gefassten Studenten konzipiert. Heutige Leser werden dagegen vermutlich kaum Studienanfänger sein, sondern weit eher Religionswissenschaftler und Theologen, die von einem historischen oder systematischen Interesse geleitet sind.

IV. Der Text, der von dem Begriff der Heiligkeit handelt, ist dem 5. Kapitel der deutschen Fassung von Söderbloms religionswissenschaftlichem Hauptwerk *Gudstrons uppkomst*, »Das Werden des Gottesglaubens«, entnommen.[14] Es handelt sich also nicht um eine eigene Übersetzung des Herausgebers, sondern um einen bereits auf Deutsch zugänglichen Text, der hier lediglich reproduziert wird. Dafür gibt es zwei einfache Gründe. Zum einen kann man Söderbloms Auffassung von der Religion und ihrer Geschichte nicht wiedergeben, ohne dass der für ihn zentrale Begriff des Heiligen ausführlich dargestellt wird. Zum anderen wird dieser Begriff bis heute in der deutschen Diskussion fast ausschließlich auf Rudolf Ottos be-

---

14 N. SÖDERBLOM, *Gudstrons uppkomst*, 1914, deutsch: *Das Werden des Gottesglaubens. Untersuchungen über die Anfänge der Religion*, hg. v. R. Stübe, 1916, hier S. 193–214. 380 f; ²1926, hier 162–181. 344 f.

rühmte Monographie *Das Heilige* (Breslau 1917) zurückgeführt, obwohl Söderblom ihn schon Jahre zuvor als Schlüsselbegriff der Religionswissenschaft entdeckt hatte. Otto war zwar unabhängig von Söderblom bereits auf der gleichen Spur, hat dann aber faktisch auf dessen Arbeiten aufgebaut. Beide verstehen das Heilige als zugleich Furcht und Vertrauen erweckend. Aber Söderblom bezieht den Begriff allein auf die dem Menschen begegnende überweltliche Macht, während Otto das Heilige als die Durchdringung des im weitesten Sinne Rationalen bzw. des Humanum mit dem »Numinosen« interpretiert. Darin verrät sich eine gewisse christlich-theologische, ja protestantisch-liberale Engführung, durch die Otto sowohl religionswissenschaftlich als auch theologisch gesehen hinter Söderblom zurückfällt. Dieser erweist sich m. E. an diesem Punkt als der bedeutendere Denker.[15]

Die mangelnde Würdigung der Leistung Söderbloms findet ihre Erklärung u. a. darin, dass er die Analyse des Begriffs nicht in monographischer Form, sondern (nach einigen Vorarbeiten) zuerst in einer ungedruckt gebliebenen Leipziger Vorlesung und in einem (wie man zugeben muss, etwas trockenen) englischsprachigen Lexikonartikel vorgelegt hat.[16] In dem großen Werk über das Werden des Gottesglaubens dagegen ist die Schilderung zwar sehr lebendig – nicht zuletzt durch Kontrastierung mit modernen Verflachungen des Religiösen wie einer sentimentalen »Spiritualität« (heute wieder hoch aktuell!) oder durch Säkularisierung entleerter Formen des Heiligen (vgl. im Original ²172. 175) – aber eingespannt in einen weiten religionsgeschichtlichen und religionstheoretischen Rahmen, was offenbar für viele Leser die herausragende und innovative Rolle des betreffenden Kapitels verdeckt hat.

Dabei ist die zentrale Bedeutung des Themas schon auf Grund der Position dieses 5. Kapitels, welches das Verhältnis von *Religion und Magie* behandelt und in seiner ersten Hälfte unter der Überschrift *Das Wesen der Religion* unseren Text enthält, in der Mitte des Buches eigentlich gar nicht zu übersehen. Voraus gehen Kapitel über die damals gängigen Theorien zum Ursprung der Religion in den schriftlosen Völkern: Animismus, übernatürliche Macht (Mana) und Tabu, früher Hochgottglaube (»Urheber«

---

15 Vgl. dazu GUSTAF AULÉN, *Det teologiska nutidsläget*, in: SvTK 5/1929 (119–146), 127 f.

16 Vgl. N. SÖDERBLOM, Art. *Holiness*, in: ERE 6 (1913), 731–741; ders., Vorlesungs-MS *Heiligkeit, einschließlich Tabu, unrein, rein etc.*, Leipzig Sommersemester 1913: Nathan Söderbloms samling C, MS 1913, kapsel 42, Univ.-Bibliothek Uppsala. Dies ist ein ausgeschriebenes Typoskript von 214 Seiten (+ 3 S. »Beilage«) in deutscher Sprache, am Rand handschriftlich (vermutlich von studentischen Hilfskräften) mit sprachlichen Korrekturen versehen.

bzw. »Hervorbringer« in Söderbloms Terminologie), die damals miteinander konkurrierten (Kap. 2–4). Söderblom erklärt sie zu Religionstypen, die jeder ihren eigenen Beitrag zur Religionsgeschichte geleistet hätten; »kein Schlüssel öffnet alle Türen.«[17] Die Kap. 6–8, die im Verhältnis zu Kap. 2–4 chiastisch angeordnet sind, stellen große Religionen dar, die diesen Typen entsprechen: der chinesische Himmelsgott als Repräsentant des Urheber-Glaubens, das indische Brahman als eine Form des unpersönlichen Mana, und die Vorstellung eines willensbestimmten, persönlichen Gottes in den prophetischen Religionen als Spätformen des animistischen Typus. Kap. 10 und 11 handeln von Einflüssen chinesischer und indischer Religion im Europa der Neuzeit, um auf die aktuelle Notwendigkeit der Auseinandersetzung mit ihnen hinzuweisen. Das 5. Kapitel in der Mitte liefert mit der Entfaltung des Begriffs des Heiligen die Klammer, welche die verschiedenen Religionstypen miteinander verbindet. Zugleich unterscheidet es die Religion, die auf der empfangenen Offenbarung des Heiligen beruht, von der Magie als sekundärer Instrumentalisierung des Heiligen.

Mit dieser Anknüpfung an die frühe Schrift über Offenbarungsreligion unterstreicht Söderblom den übernatürlichen Charakter des Heiligen. Damit grenzt er sich gegen zwei Forscher ab, die schon zuvor die grundlegende Bedeutung des Begriffs erkannt hatten, den neukantianischen Philosophen Wilhelm Windelband und den französischen Soziologen Émile Durkheim.[18] Beide hatten ihn innerweltlich interpretiert, der eine als Inbegriff des Normativen und damit letztlich als metaethischen Begriff, der andere als Mittel der Selbstautorisierung der Gesellschaft. Söderblom dagegen ging, wie nach ihm auch Rudolf Otto, von der Eigenständigkeit der Religion aus. Zwar hatte auch der englische Religionshistoriker William Robertson Smith das Heilige schon als spezifisch religiösen Zentralbegriff verstanden, aber nur mit Bezug auf die semitischen Religionen.[19] Söderblom dagegen bezieht ihn auf alle Religionen und weist seine Bedeutung im Einzelnen nach. Damit steht die religionswissenschaftliche und

---

17 N. SÖDERBLOM, *Über den Zusammenhang höherer Gottesideen mit primitiven Vorstellungen*, in: ARW 17/1914 (1–16), 2.
18 Vgl. W. WINDELBAND, *Das Heilige. Skizze zur Religionsphilosophie*, in: ders., Präludien. Aufsätze und Reden zur Einführung in die Philosophie, Bd. 2, 4. Aufl. 1911, 272–309; auszugsweise abgedruckt in: Die Diskussion um das »Heilige«, hg. v. C. Colpe (WdF CCCV), 1977, 29–56; É. DURKHEIM, *Les formes élémentaires de la vie religieuse. Le système totémique en Australie*, 1912, Nachdruck (= 5. Aufl.) 1968, 65; dt. v. L. Schmidts: Die elementaren Formen des religiösen Lebens (Suhrkamp Wissenschaft Weißes Programm), 1984, 75.
19 Vgl. WILLIAM ROBERTSON SMITH, *Lectures on the Religion of the Semites*, ³1927 (mit leichter Überarbeitung = ²1894), 91. 140.

theologische Leistung Söderbloms an diesem schwer zu überschätzenden Punkt zweifelsfrei fest.

Der hier zugrunde gelegte Text entspricht der 2. Auflage von *Das Werden des Gottesglaubens* von 1926. Die von Söderblom autorisierte erste deutsche Auflage (1916) war gegenüber dem schwedischen Original *Gudstrons uppkomst* (1914) durch umfangreiche Passagen aus einem weiteren Manuskript des Vf. und durch Erweiterungen von seiner Hand noch während der Korrektur erheblich angewachsen (sowie durch die Umarbeitung des 6. Kapitels durch Söderbloms Leipziger Kollegen, den Sinologen August Conradi, verändert). Diese deutsche Fassung musste deshalb bis dahin als der maßgebliche Text gelten (vgl. das Vorwort des Bearbeiters Rudolf Stübe zur 1. Aufl., VIII).

Die 2. Aufl. ist gegenüber der ersten Auflage erheblich wieder gekürzt worden. Dabei ging es freilich nicht um die 1916 hinzugefügten Passagen, sondern um eine Straffung des damals recht umfänglich und streckenweise auch ein wenig unübersichtlich gewordenen Textes. Viele der gestrichenen Stellen sind in der Tat für das Verständnis entbehrlich. In dem hier benutzten Stück sind sie freilich in einigen Fällen für den Zweck der vorliegenden Ausgabe nicht gut verzichtbar und werden dann, entsprechend gekennzeichnet, mit überliefert.

Weil ich in meiner Biographie *Nathan Söderblom und seine Zeit* aus Gründen der zeitlichen Einordnung in das Lebenswerk die erste Auflage benutzt habe, werden hier die Seitenzahlen beider Auflagen angegeben und die der zweiten Auflage mit ² gekennzeichnet. Die Rechtschreibung ist vorsichtig auf die heutigen Gepflogenheiten umgestellt.

Die allgemeine Religionsgeschichte und die kirchliche Theologie

Antrittsvorlesung, gehalten in
der Universitätsaula Uppsala am 24. September 1901
nebst Wort an die Theologiestudenten

Neudruck in: Om studiet av religionen
hg. von Erland Ehnmark

Lund
C. W. K. Gleerups förlag 1951

Für
schwedische und norwegische Gemeindeglieder in Paris

in dankbarer Erinnerung

[5/E 15] Über mangelndes Interesse innerhalb der zeitgenössischen Bildung kann die allgemeine religionsgeschichtliche Forschung nicht länger klagen. Das Interesse ist in stetigem und rasantem Wachstum begriffen. Wie sollte eine Bildung, welche diesen Namen verdient, ohne Kenntnis der Religion auskommen? Wie die Geschichte der Menschheit beschreiben und verstehen ohne Kenntnis des gewaltigen, inkommensurablen Faktors im menschlichen Streben und in den Geschicken der Völker, der Religion heißt? Wie auf ein wirkliches Verständnis der wichtigsten Geheimnisse des menschlichen Lebens zu allen Zeiten und der großen gegenwärtigen Konflikte und Fragen in der Welt dringen, ohne auf die Religion zu stoßen? Kein Wunder, dass die allgemeine Religionsgeschichte an den Stätten der Wissenschaft als ein geisteswissenschaftliches Forschungsfeld neben den anderen allmählich ihren Platz findet. In Holland, dem die Ehre zukommt, die Religionsgeschichte als selbstständige Wissenschaft eingeführt zu haben, nachdem das kleine stolze Freiheitsland schon seit langem freier religiöser Forschung die erste Freistatt geboten hatte, wurden die theologischen Fakultäten an den vier staatlichen Universitäten 1877 aus ihrer Verbindung mit Hollands reformierter Kirche gelöst und zu religionswissenschaftlichen Instituten umgewandelt, mit der Freiheit für die Kirchen, im Benehmen mit ihnen konfessionelle Lehrstühle für Dogmatik und praktische Theologie einzurichten. Diese formale Veränderung hat jedoch [6] Männer wie C. P. Tiele und P. D. Chantepie de la Saussaye nicht daran gehindert, ihre Lehre und Forschung im selben Geist wie zuvor fortzusetzen.

Zehn Jahre später, im Jahre 1887, wurden an den vier schottischen Universitäten auf Grund von Lord Giffords[1] Stiftung von 80.000 Pfund Sterling Professuren für »natürliche Theologie«, d. h. für Religionsgeschichte [E 16] und Religionsphilosophie, eingerichtet. Bedeutsamer für die religionsgeschichtliche Forschung sind jedoch die Studien gewesen, die in England von Inhabern anderer, insbesondere philologischer Lehrstühle wie Max Müller, Robertson Smith und Jevons, aber auch von Professoren der Naturwissenschaft wie Edward Burnett Tylor betrieben wurden, von Vor-

---

1 Im Original steht irrtümlich »Cliffords«, was Ehnmark in seiner Neuausgabe getreulich abgedruckt hat.

tragenden im Rahmen der hibbertschen und giffordschen Stiftungen, oder von Forschern ohne öffentlichen Auftrag wie Sir John Lubbock, Andrew Lang und J. G. Frazer. In der Schweiz bekam die Universität Genf schon 1873 eine Professur für Religionsgeschichte. In Belgien ist Graf Goblet d'Alviella seit 1884 Professor für Religionsgeschichte an der Freien Universität in Brüssel. Drei der vornehmsten Universitäten der Vereinigten Staaten besitzen Professuren für Religionsgeschichte oder vergleichende Religionswissenschaft, die, weil es keine Gliederung in Fakultäten gibt, hierher gehören dürften, obwohl deren Inhaber wie in Holland protestantische Geistliche sind: das ehrwürdige Harvard seit etwa 30 Jahren, das originelle Cornell seit 1886 und die reiche Universität Chicago seit dem Religionskongress von 1893. Die Smithsonian Institution in Washington hat in den Abteilungen des Nationalmuseums für orientalische und amerikanische Altertümer eine Sektion für religionsgeschichtliche Studien eingerichtet. Auch die American Oriental Society hat seit dem vorigen Jahr eine Abteilung dafür.

In zwei unserer nordischen Schwesterländer, Dänemark und Norwegen, hat die allgemeine Religionsgeschichte einen Platz [7] an den Universitäten, wenn auch noch keine Professuren gefunden. In Kopenhagen gehört der Dozent E. Lehmann und in Kristiania [Oslo] gehörte der jetzt auf C. P. Tieles Stelle in Leiden nachgerückte Brede Kristensen der philosophischen Fakultät an. Hier muss auch diejenige Religionsforschung außerhalb des Bereichs der Bibel genannt werden, die mit teilweise glänzendem Erfolg im Norden von Inhabern philologischer Lehrstühle betrieben worden ist, insbesondere für nordische Sprachen, aber auch für Ägyptologie, Sanskrit, die Avesta-Sprache, semitische und klassische Sprachen, sowie von den komparativen Forschern Viktor Rydberg in Schweden und H. S. Vodskov in Dänemark.

Das nach Anlage und Durchführung großartigste Institut für allgemeine Religionsgeschichte befindet sich in Paris. Seit 1879 besitzt [E 17] das Collège de France eine religionsgeschichtliche Professur mit Albert Réville als erstem Inhaber. Etwas später gründete Émile Guimet sein jetzt vom französischen Staat übernommenes religionsgeschichtliches Museum, wo auch Vorlesungen über Religionsgeschichte gehalten werden. Doch das Wichtigste geschah 1886. Da erhielt die École des hautes études an der Sorbonne eine religionswissenschaftliche Sektion mit Abteilungen für alle bedeutenderen Religionen oder Religionskreise, deren Arbeit so organisiert ist, dass man ausschließlich wissenschaftliche Ziele verfolgen kann und sich nicht nach irgendeinem amtlichen Examen oder akademischen Grad zu richten braucht. Auch dort finden sich unter den Lehrern mehrere protestantische und auch einige katholische Geistliche.

Vom christlichen Standpunkt gesehen ist dies ein erfreuliches Zeugnis für einen gewachsenen Sinn für das Gewicht der Religion. In gewissen Ländern ist der kirchliche Religionsunterricht in weiten Kreisen wegen seiner vermeintlichen oder tatsächlichen Unvereinbarkeit mit den geistigen und sittlichen Ansprüchen des modernen Menschen verworfen worden. Eine barbarische Unkenntnis von Leben und Wesen der Religion war die Folge. In Frankreich [8] und auch anderswo ist wohl das außerkirchliche historische und psychologische Studium der Religion dazu berufen, in irgendeinem geringen Maße einem drohenden oder bereits vorhandenen höchst bedenklichen Mangel der höheren Bildung abzuhelfen, vielleicht sogar eine nähere Vertrautheit mit der Religion zu wecken. Als man ein Grundstück für E. Guimets religionsgeschichtliches Museum in Paris suchte, wurde die Grundstücksauflassung von den ehrenwerten Stadtverordneten im Hôtel de Ville [Rathaus] mit der ausdrücklichen Begründung befürwortet, dass die Kenntnis alles religiösen Aberglaubens und aller Unvernünftigkeit der Religion ihren Tod beschleunigen würde. Aber ebenso wurden auch Bedenken geäußert. Man hatte beobachtet, dass das Studium der Religion selbst bei verständigen und gelehrten Männern am Ende Hinneigung und Liebe zur Religion selbst hervorrufen kann.

Gering ist die Gefahr, vor der man sich fürchtet oder über die man sich freut, dass das Studium der Entwicklung der Religion, wenn man es von der kirchlichen Theologie trennt, sich im allgemeinen Strom der Kulturgeschichte verlieren werde. Dafür ist die Sache der Religion allzu scharf von allem anderen unterschieden. Sie ist wesensmäßig überweltlich. Der Mensch [E 18] legt da eine geistige Lebensäußerung an den Tag, die selbst in den niedersten Stadien, z.B. in den uneigentlich so genannten animistischen Religionen, bei gründlicher Untersuchung von solchen Erscheinungen unterschieden werden kann, die man schon dort Moral und Kultur und Philosophie oder theoretische Weltbetrachtung oder Welterklärung nennen kann. Und selbst in den höchsten Stadien wie im Christentum, wo die Moral mit der Religion eine innige, in der Idee beider gegründete Verbindung mit der Religion eingegangen ist, kann man das Religiöse scharf für sich herausarbeiten. Oft tritt dieses, was seine Stellung zur Kultur angeht, als himmlisches, überirdisches Gut auf, in scharfem Gegensatz zu den herrlichsten Früchten, die dem Menschen auf dem Baum des Erdenlebens und Kulturlebens winken können. So geschieht es durch unbedingte Verwerfung alles [9] irdischen, geistigen und zeitlichen Strebens im Nirwana des echten Buddhismus, obwohl dieser weder Gott noch Himmel kennt; so geschieht es durch klare und bedingungslose Unterordnung alles anderen unter das eine Notwendige im echten Christentum, das sich doch als mächtig erwiesen hat, die schöne indogermanische Kultur aufzunehmen, zu reinigen, zu bewahren und zu vervollkommnen. Selbst in Religionen, in denen das materielle oder geistige Kulturleben in engste Verbindung mit der Religion gesetzt worden ist wie in Zarathustras Mazdalehre, bei Kong-fu-tse oder in bestimmten Richtungen innerhalb des Christentums, hebt sich doch das für die Religion Eigentümliche deutlich ab. Die echte Religion wird niemals bloß Kulturträger, niemals bloß Moral.

Die Religion wird ebenso wenig jemals bloß Psychologie. Denn hier geht der Mensch nicht mit Menschen, nicht mit sich selbst, nicht mit der Welt in ihren unzähligen einzelnen Aufgaben oder in ihrer Gesamtheit, sondern mit dem Göttlichen um. Ein Religionsforscher, der auf empirischem Boden steht (Bernhard Duhm), stellt mit Nachdruck als allgemeinen, gesunden religionswissenschaftlichen Grundsatz auf, dass der Religionshistoriker, da in der Religion so allgemein ein wirklicher Verkehr mit dem Göttlichen bezeugt wird, die Religion so lange nicht lediglich als psychologische Erscheinung behandeln darf, wie er nicht mit zwingenden Gründen jene Zeugnisse widerlegt hat.[2] In der ursprünglichen religiösen Erfahrung kommt der Mensch mit einer Wirklichkeit in Berührung, die sich nicht in den Kausalzusammenhang einordnen lässt. Und das für [E 19] die Religion Wertvollste sind nicht die Erscheinungen oder Gesetze, welche die Analyse durchdringen, unterscheiden und in Zusammenhang zu setzen vermag, sondern gerade die rätselhafte, unteilbare Erfahrung Gottes, die sich aller Analyse entzieht. In der Religion findet sich stets ein sursum corda und ein darauf antwortendes habemus ad Dominum; beides überschreitet [10] die Grenzen der geordneten und zusammenhängenden Welt, welche die Wissenschaft aus den Erscheinungen bildet.

Die Religionswissenschaft wird auch ohne jeden kirchlichen Charakter und ohne ausdrückliche praktische Aufgabe ihre Selbstständigkeit bewahren.

Viel Arbeit ist erforderlich auf diesem reichen und schönen Forschungsfeld. Wir müssen uns von ganzem Herzen freuen über jeden tauglichen und ehrlichen Arbeiter, der seine Hand an den Pflug legt. Die Fruchtbarkeit des irdischen Mutterbodens für den edlen Samen der Religion und die Leben spendende Kraft der Sonne des Himmels muss er bemerken, auch wenn er sein Gemüt nicht während der Arbeit durch Gesang der Choräle der christlichen Gemeinde zur Ruhe bringen kann. Aber eine völlig zufrieden stellende Behandlung der wichtigsten Fragen der Religionsgeschichte, der Fragen, die den Herzschlag des Christentums berühren, kann man von dem nicht erwarten, der nicht selbst an dessen Gehalt innerlichen Anteil hat.

2 [Vgl. B. DUHM, *Über Ziel und Methode der theologischen Wissenschaft* (Antrittsvorlesung), 1889, 30.

Die allgemeine religionsgeschichtliche Forschung und die kirchliche Theologie betrachten einander vielerorts mit Misstrauen oder offener Feindschaft. Im Namen der Kirche will man die freie Religionsforschung verdächtig machen. Im Namen der Wissenschaft will man der kirchlichen Theologie das Recht bestreiten, an den Universitäten wenigstens zu existieren, oder aber, wie es jetzt langsam in bestimmten theologischen Kreisen Deutschlands modern wird, man will zwischen eigentlicher wissenschaftlicher Theologie und kirchlicher Theologie unterscheiden. Wir meinen, dass dies auf einer Verkennung sowohl der Sache der Wissenschaft als auch der Sache der Kirche beruht. Man hat einen Begriff von Kirchlichkeit, der gegen die Grundsätze des evangelischen Christentums streitet. Man hat einen Begriff von Wissenschaftlichkeit, der aus der Welt der Abstraktion, nicht aus der Welt der Wirklichkeit abgeleitet ist.

[11] Es besteht ja ein leicht einsehbarer Unterschied der Gesichtspunkte zwischen [E 20] der allgemeinen Religionswissenschaft als geisteswissenschaftlichem Forschungszweig unter anderen und der Theologie, die in enger Verbindung mit einer bestimmten Kirche steht. Was uns aber hier interessiert, ist Aufschluss darüber, inwieweit dieser Unterschied der Gesichtspunkte eine *sachliche* Unvereinbarkeit zwischen beiden mit sich führen muss oder darf.

Wir fragen zuerst: Ist die Stellung der kirchlichen Theologie unvereinbar mit wahrhafter religionsgeschichtlicher Wissenschaft? Sodann zweitens: Ist die allgemeine religionsgeschichtliche Wissenschaft unvereinbar mit den Bedürfnissen der Kirche?

***

In der Theologie übt die Kirche eine ihrer Lebensfunktionen aus, nämlich zum Bewusstsein ihrer selbst zu kommen. Kirchlich wird die Theologie genannt, insoweit sie die Kirche zum Objekt hat: was sie ist, wie sie entstanden ist, was sie sein soll – und ebenso zum Subjekt: insofern die Kirche durch dazu geschickte Mitglieder diese Forschung ausübt. Auf solche Weise verbindet sich mit der kirchlichen Theologie ein praktischer Zweck: den Lehrbegriff zu festigen, zu reinigen, zu reformieren und zu vervollkommnen und Diener der Kirche auszubilden. Und von denen, die mit dem wissenschaftlichen Geschäft der Kirche betraut sind, wird Treue zum Bekenntnis der Kirche gefordert.

Widerstreitet die kirchliche Theologie durch diese ihre Merkmale einer wirklich wissenschaftlichen Anordnung des Studiums der Religion?

Für die kirchliche Theologie ist das Christentum, das Evangelium in seiner Eigenschaft als Lebensprinzip der Kirche, der allbeherrschende oder zumindest unvergleichlich wichtigste Gegenstand – das Christentum samt seiner Vorgeschichte und Entwicklung. Die allgemeine Religionsgeschichte soll doch wohl [12] von allen Religionen ohne Unterschied Notiz nehmen; müssen nicht der Mazda-Glaube und der Buddhismus und der Islam für sie genauso viel bedeuten wie das Christentum? Muss nicht die Wissenschaft vom Christentum und was dazugehört als besonderer Wissenschaftszweig verschwinden, erst recht als eine eigene Fakultät, und [E 21] als Unterabteilung in die allgemeine Religionswissenschaft eingeordnet werden? Im Namen einer gesunden und fruchtbringenden Religionswissenschaft antworten wir: Nein.

In der philosophischen Fakultät nehmen Griechisch und Latein, romanische und germanische Sprachen größeren Raum ein als Pali oder Japanisch. Die Geschichte unserer Kulturwelt, insbesondere unseres Vaterlandes wird mehr studiert als diejenige Chinas oder das, was man von den vorkolumbischen Staaten in Amerika wissen kann. Platon und Kant kommen mehr zur Sprache als S'ankara oder Kong-fu-tse. Nicht mit gleichem Recht, denn die Religion greift tiefer in das Menschenleben ein als irgendetwas anderes, sondern mit größerem Recht beziehen sich die Universitätsstudien über Religion vorzugsweise auf das Christentum. Das ist unsere Religion, es ist die für die Geschichte unseres Geschlechts bedeutsamste Religion.

Zu dieser historischen Begründung kommt eine formelle, die besonders von dem Rektor der Berliner Universität, Adolf Harnack, in einer neulich gehaltenen Rektoratsrede über dieses Thema geltend gemacht wurde.[3] Das Christentum samt seiner Vorgeschichte in Israel ist der wichtigste und lohnendste Gegenstand für alle tiefere Religionsforschung und muss dies an allen Orten und zu allen Zeiten sein, auf Grund seiner unvergleichlichen Vielfalt an religiösen Begabungen, Erfahrungen und Gedanken und des Reichtums seiner geschichtlichen Entwicklung. So reich ist die Geschichte der christlichen Religion, dass ein Forscher, der in bewundernswerter Weise alles kennte, was Religion heißt, außer dem Christentum, rein formell gesehen weit schlechter mit Wissen [13] über Religion ausgerüstet wäre als einer, der das Christentum samt dessen Mutterreligion gründlich kennte und nichts anderes.

Dem kann eine reale Begründung hinzugefügt werden, die im Wesen des Christentums selbst wurzelt. Das Christentum tritt, wie ich im Folgenden Anlass haben werde aufzuzeigen, in der Religionsgeschichte mit

---

3 [Vgl. ADOLF HARNACK, *Die Aufgabe der theologischen Fakultäten und die allgemeine Religionsgeschichte*, in: ders., Reden u. Aufsätze II/1, ²1906 (159–187), 168–172.]

einmaligem Anspruch und mit einmaliger Eigenart auf. Wie ein moderner Profanhistoriker (Hans Delbrück) kürzlich geschrieben hat: »... wenn die Wissenschaft des 19. Jahrhunderts ein Ergebniß gehabt hat, das alle anderen an Bedeutung übertrifft, vor dessen Wucht alle Thatsachen der Naturforschung klein erscheinen, so ist es, daß das Christenthum nicht eine, sondern *die* Religion, die absolute Religion ist.«[4]

[E 22] Ferner hat die kirchliche Theologie die Kirche zum Subjekt. Die theologische Arbeit wird in ihr von denen ausgeübt, die im Rahmen der Vielfalt der Gaben, die den verschiedenen Lebensäußerungen der Kirche entsprechen, die Eignung dazu besitzen, also von Männern, die sich selbst innerhalb der kirchlichen Gemeinschaft wissen, in deren Bekenntnis verwurzelt und mit ihren Gnadenmitteln versehen. Ich habe Stimmen gehört, die von einer wirklich wissenschaftlichen Religionsforschung fordern, dass der Forscher als unparteiischer und uninteressierter Betrachter vor seinem Gegenstand stehen solle. Es wäre dann der schlimmste Fehler für den Religionsforscher, ein überzeugter Christ und gar noch ein hingebungsvoller Diener seiner Kirche zu sein. Aber solche Stimmen sind Stimmen der Unkenntnis und Gedankenlosigkeit. Wer könnte die Äußerungen der Frömmigkeit verstehen oder der Religion ihr Geheimnis entlocken, ohne selbst religiös zu sein? Man kann ebenso gut fragen, wie man ein Eindringen in Theorie und Gesetze der Musik von jemandem erwarten will, dessen Sinne sich nicht vom Wellenschlag der Töne in Schwingung versetzen lassen. Jede Erkenntnis impliziert eine Teilhabe am Gegenstand der [14] Erkenntnis. In höchstem Maße ist solche Teilhabe erforderlich, wenn es um eine menschliche Lebensäußerung geht, die sich mehr als andere durch Tiefgang auszeichnet. Voraussetzungslosigkeit im angedeuteten Sinn als Garantie für wissenschaftliche Verlässlichkeit bedeutet ganz einfach, dass man keine Voraussetzungen für Religionsforschung mitbringt. Eine gewisse innere Erfahrung des Gutes der Religion ist notwendig, um sie zu begreifen. Bloß näherungsweise ist diese Voraussetzung – bei im Übrigen gleich großer wissenschaftlicher Begabung – durch die heutzutage in den besten Werkstätten der Geisteskultur wunderbar eingeübte Fähigkeit ersetzbar, sich in das Leben anderer hineinzuleben.

Allein als gemeinschaftsbildend, als Kirche, offenbart die Religion wichtige Seiten ihres Wesens. Der Religionshistoriker zieht deshalb Gewinn daraus, persönliche Erfahrung und Verständnis von Leben und Wirksam-

---

4 [HANS DELBRÜCK, *Politische Korrespondenz*, in: PrJ 101/1900 (378–384), 384. D. schließt sich hier in der Sache seinem Schwager Harnack an; der Ausdruck »absolute Religion« ist freilich Hegel entlehnt, den weder dieser noch Söderblom zu ihren philosophischen Lehrern zählen. Söderblom hat sich zur Absolutheitsfrage zwei Jahre später, in *Uppenbarelsereligion*, differenzierter geäußert.]

keit der religiösen Gemeinschaft und das daraus folgende Gefühl für deren Notwendigkeit zu besitzen. Professor Stade in Gießen hat Recht, wenn er das fremde und sonderbare Verhältnis eines erheblichen Teils der jüngeren deutschen Theologen zur Kirche mit ihrem Unvermögen, an deren Entwicklungsmöglichkeiten zu glauben, und mit ihrer Forderung einer unnatürlichen [E 23] Trennung zwischen wissenschaftlicher und kirchlicher Theologie erklärt.[5] Diesen Theologen fehlt jede persönliche Erfahrung der Berufung eines Dieners der Gemeinde. Dadurch haben sie an ihrem Teil auch dazu beigetragen, die anomale Distanz und das Misstrauen zu schaffen, die an etlichen Orten Deutschlands zwischen der theologischen Wissenschaft an den Universitäten und der Kirche herrschen, die jedoch keineswegs eine notwendige Folge wissenschaftlicher Theologie sind, wie z. B. die Kirche Württembergs zeigt. Sogar Verständnis für Leben und Lebensumstände der Religion in der religiösen Gemeinschaft muss beim Religionsforscher zu finden sein. Fasste man die Sache nur realistisch genug, so sollte man einsehen, dass innige [15] Gemeinschaft und Bekanntschaft mit dem Leben der Religion in der religiösen Gemeinschaft ein Vorteil und nicht ein Nachteil für ihn ist. Eine andere Frage ist, ob es ihm an wissenschaftlicher Strenge und Wahrheitsliebe mangelt. Das ist seine eigene Angelegenheit, darf aber nicht seiner evangelischen Frömmigkeit oder seiner Stellung als Diener der Kirche zur Last gelegt werden. Faktisch sind auch etliche der bedeutendsten Religionshistoriker in Holland, Frankreich, England und Amerika protestantische Geistliche mit lebendigen kirchlichen Interessen, obwohl ihre Lehrstühle nicht konfessionsgebunden sind.

Die kirchliche Theologie verbindet mit ihrer Arbeit eine praktische Aufgabe, nämlich Diener für die Gemeinden auszubilden sowie den Lehrbegriff der Kirche zu pflegen, zu festigen, zu verbessern und weiterzuentwickeln. Diese praktische Aufgabe stellt keinen Anlass dar, die Theologie von der Universität zu trennen. Die medizinische Fakultät ist ja ganz und gar durch den praktischen Zweck bestimmt, Krankheiten vorzubeugen und sie zu heilen. Näher liegt die Analogie zur juristischen Fakultät, die nicht allein das Recht in seinem Wesen und in seiner Geschichte studiert, sondern auch und vor allem den Bedarf der schwedischen Rechtsgemeinschaft an Klarheit über sich selbst und an Bediensteten für ihre Aufgaben zu decken hat.

---

5 [Vgl. BERNHARD STADE, *Die Lage der evangelischen Kirche Deutschlands*, in: ders., Ausgewählte Reden und Abhandlungen, ²1897 (1–36), 20–22. Der Vf. spricht hier von sog. »positiven« Theologen, deren Interesse sich auf die Erhaltung einer Schulmeinung statt auf persönliche Frömmigkeit richte.]

Aber ist das praktische Interesse der Theologie vereinbar mit ihrem wissenschaftlichen Charakter? Nichts darf den Selbstzweck der Wissenschaft beeinträchtigen, ihren Gegenstand zu erkennen. Sie muss an ihren eigenen, ihr innewohnenden Wahrheitstrieb und an sonst nichts gebunden sein. Muss aber die Reinheit der Überzeugung des Religionsforschers dadurch beeinträchtigt werden, dass er mit seiner [E 24] wissenschaftlichen Arbeit der Kirche Nutzen bringt? Bezeichnend genug beschließt Bernoulli sein Buch über die kirchliche und die wissenschaftliche Methode in der Theologie, in dem er unterscheiden will zwischen einer Religionsforschung um der Wahrheit selbst willen und einer kirchlichen Theologie mit der praktischen Aufgabe [16] die Kirche zu fördern, damit, dass er der Hoffnung Ausdruck gibt, dass die wissenschaftliche Theologie die Sache der Religion bei den modernen Menschen fördern und auf diese Weise zur Gründung einer neuen, geistigen Kirche beitragen werde.[6] Bernoulli hat mit dieser Inkonsequenz mehr Recht als mit seiner These. Jede religionswissenschaftliche Forschung, wenn anders sie kompetent durchgeführt wird und wichtigen Gegenständen gilt, muss mit oder zuwider dem Willen des Forschers, mit oder abgesehen von seinem Bewusstsein die Sache der Religion fördern. In Wirklichkeit ist die Religion eine so innerliche Angelegenheit und von so hohem Wert für denjenigen, der mit seiner Anteilhabe an ihrem Gut, wie wir aufgezeigt haben, eine unumgängliche Bedingung für Religionsforschung erfüllt, dass sie von diesem wissenschaftlich nicht behandelt werden kann ohne den begleitenden Wunsch, die seiner Meinung nach echte Religion zu fördern. »Die Wissenschaften des Geistes sind im Grunde praktisch« (N. J. Göransson).[7] Im Unterschied zu Bernoulli und anderen kann ich meine Kirche nicht in der Weise verstehen, dass ihre Sache mit der Sache der Religion in Streit geriete, dass sie etwa die religiösen Bedürfnisse der gebildeten Menschen der Neuzeit ausschlösse. Damit wäre ihr Interesse unrichtig aufgefasst.

Denn wenn ich hier von Kirchlichkeit als vereinbar mit Wissenschaftlichkeit spreche, denke ich ausschließlich an das Bekenntnis der evangelischen, nicht das irgendeiner anderen Kirche. Kirchliche Wissenschaft in dem Sinn, dass eine feste Formel für die wissenschaftliche Arbeit bindend sein und im Vorhinein das Resultat der Forschung bestimmen sollte, wäre für die Logik eine contradictio in adiecto und für die Wahrheitsliebe eine Komödie. Die katholische Wissenschaft wird letztlich zum Blindekuh-Spiel. Man weiß, dass man über alles Klarheit gewinnen kann, wenn man

---

6 [Vgl. CARL ALBRECHT BERNOULLI, *Die wissenschaftliche und die kirchliche Methode in der Theologie. Ein encyklopädischer Versuch*, 1897, 226–229.]
7 [N. J. GÖRANSSON, Brief vom 31.7.1901 (NSS Brev från svenskar, UUB)]

nur die gespielte Blindheit aufhebt. Ein solcher Begriff von Bekenntnis und Kirche, wie verbreitet er auch [17] unter den Widersachern der Kirche sein mag und unter denjenigen von ihren Freunden, [E 25] mit denen sie es schwerer hat zurechtzukommen als mit den Widersachern, streitet nichtsdestoweniger gegen das Wesen des Evangeliums und der evangelischen Kirchenverbesserung. In der Einleitung der Konkordienformel findet sich ein Passus darüber: »Andere Schriften aber der alten oder neuen Lehrer, wie sie Namen haben, sollen der Heiligen Schrift nicht gleich gehalten, sondern alle zumal miteinander derselben unterworfen und anders oder weiter nicht angenommen werden, dann als Zeugen, welchergestalt nach der Apostel Zeit und an welchen Orten solche Lehre der Propheten und Apostel [unverfälscht] erhalten worden.«[8] Was diese in der heiligen Schrift enthaltene prophetische und apostolische Lehre angeht, deren Erfüllung und Ausgangspunkt Jesus Christus ist, so gehört zu Luthers genialer religiöser Intuition nicht bloß, dass er eine scharfe, wertende Unterscheidung vornahm, je nachdem ob die Schriften Christum treiben oder nicht, sondern zu seiner reformatorischen Großtat gehört auch, dass er mit allen Mitteln, die der neu erwachte Forschungseifer zur Verfügung stellte, unsere Religionsurkunde verstehen und erklären wollte. Auf diesem Weg ist die evangelische Bibelforschung weitergegangen und hat insbesondere während des letzten Jahrhunderts Riesenschritte gemacht, indem sie sich systematisch all die neuen und noch vielfältigeren Hilfsmittel zunutze gemacht hat, die sich jetzt anboten, um die heilige Geschichte näher kennen zu lernen, von der die Schrift handelt. Erzbischof Edward von Canterbury sprach 1893 in seiner Begrüßungsansprache an Schwedens Erzbischof bei der Gedenkfeier für die Synode von Uppsala den Wunsch aus, dass Gottes Wort in der heiligen Schrift bei uns »voll beleuchtet werden möge von dem Licht, das der Fortschritt der Wissenschaft und der Kritik darauf werfen«.[9] Andere wünschen anderes. Sie sind beunruhigt durch die aus der Alten Kirche stammende, von [18] der Reformation wiederbelebte und in unserer Zeit besonders fruchtbringende Bibelforschung. Nun wissen wir genug, meinen sie, mehr wollen wir über die heilige Schrift nicht wissen, mehr Bibelkenntnis

8 [FC, Epitome articulorum, BSLK 767 f. Das Wort in eckigen Klammern nach dem lateinischen Text (sincerior), den Söderblom offenbar vor Augen hatte.]

9 [EDWARD WHITE BENSON (1829–1896), Erzbischof von Canterbury 1883–1896. Die kurze Ansprache, aus der das Zitat stammt, wird hier nach Söderbloms handschriftlicher schwedischer Übersetzung wiedergegeben (NSS, Minnen 1893, UUB). In dem gedruckten Bericht über die Jubiläumsveranstaltung ist die Passage ein wenig anders formuliert: Vgl. C. G. ECKERBERG, *Till minne af jubelåret 1893! Kort beskrifning, huru 300-xårsminnet af Uppsala möte 1593 firades i Sverige 1893*, 1894, 299. Das (vermutlich lateinische) Original ist wahrscheinlich verloren (Mitteilung von Staffan Runestam).]

zu ertragen fehlt uns die Kraft und der Mut. So mitten auf dem Wege stehen bleiben kann man nicht. Entweder ziehe man sich auf eine Art feste Position zurück, wie es die römische Kirche auf dem Konzil von Trient getan hat, als sie aus Angst vor dem neu erwachten Bibelstudium die Vulgata als [E 26] das »bis hierher und nicht weiter« der Bibelforschung festschrieb. Oder aber man wage im Namen des Herrn zu sehen: dass der Weg voran führt, er führt nicht zurück. Unser kirchliches Bekenntnis ist kein Gehege, das uns nicht allzu weit auf das Feld des Wissens durchließe, selbst wenn weiter entfernt verlockende Vegetation zu erkennen wäre. Unser Bekenntnis ist eine Fahne, auf ihrem Gebiet in gewisser Weise vergleichbar der vaterländischen Fahne, eine Fahne, der wir notwendig zugehören, schon ehe wir uns ihr aus freien Stücken auf Leben und Tod hingeben, eine Fahne, die uns nicht daran hindert, das Gute und Nachahmenswerte bei anderen Bekenntnissen samt unseren eigenen Mängeln zu sehen und weiter an der Verbesserung unserer Kirche bis zur Vollkommenheit zu arbeiten, sondern uns dazu verpflichtet; denn die Liebe freut sich nur [vereint] mit der Wahrheit. Keineswegs müssen wir deshalb mit einer theologischen Richtung, die den semitischen Ursprung unserer Religion scharf beobachtet hat und einseitig hervorhebt, im Widerspruch zur Praxis der Kirche während ihrer großen Epochen edle Motive abweisen, die aus dem indogermanischen Geist in der Kulturwelt des alten Griechenland oder der modernen Zeit stammen. Aber der Grund, die Idee, der gemäß die kirchliche Theologie auf ihrem Posten unter den im Kirchendienst Tätigen unverdrossen an der ständigen Reformation der Kirche zu arbeiten hat, darf kein anderer sein als unser heiliges Bekenntnis, das volle, unverkürzte, reiche, unerschöpfliche Evangelium in der Person [19] Jesu Christi. In das freimütige Gottvertrauen, welches das besondere Kennzeichen unseres evangelisch-lutherischen Bekenntnisses ist, wollen wir uns einhüllen in den Wechselfällen des Lebens und in der Bitterkeit des Todes. Auch gegenüber der speziellen Form der Unzulänglichkeit und Not des Lebens, die in der Möglichkeit von Konflikten zwischen Glauben und Forschung besteht, gibt es, soweit ich sehe, keine andere Lösung als das Gottvertrauen.

Wir fassen zusammen: Für eine Behandlung der Geschichte der Religion, insbesondere in deren höchsten Erscheinungen, ist eine innerliche Erfahrung des Glaubensgrundes und des Gemeinschaftslebens der evangelischen Kirche keine Unzuträglichkeit, sondern eine gute und in den wichtigsten Stücken notwendige Voraussetzung. Die Zuspitzung des Anspruchs der Wissenschaft selbst führt zu [dieser Einsicht].

**

[E 27] Damit sind wir bei unserer zweiten Frage angelangt. Hat die kirchliche Theologie Anlass zum Misstrauen oder jedenfalls zur Gleichgültigkeit gegenüber der religionsgeschichtlichen Forschung? Welches Votum muss die Kirche in der Frage nach der Stellung der allgemeinen Religionswissenschaft und der kirchlichen Theologie zu einander abgeben? Kann die Kirche wirkliche wissenschaftliche Methode ertragen? Hat die Kirche irgendeinen Gewinn von der religionsgeschichtlichen Forschung in ihrem ganzen Umfang?

Die Möglichkeit von Konflikten zwischen der Arbeit der Wissenschaft und dem Glauben des Christen gibt es, und sie durchzittert manches Mal das Herz des christustreuen Forschers. Auf der einen Seite eine religiöse Gewissheit, die zu ihren unverzichtbaren Werten geschichtliche Realitäten zählt, mit denen die Wissenschaft zu hantieren hat. Auf der anderen Seite eine Forschung, mutig entschlossen, sich zunutze zu machen, was ihre ehrliche Mühe zutage fördert. Amicus Plato, sed magis amica veritas. [20] Wie schön und beschaulich macht sich doch die Sache nach dem modernen deutschen Rezept. Die Forschung geht ihren Weg ohne einen Gedanken an die Kirche. Die kirchliche Theologie sucht sich aus der Religionsforschung nur das heraus oder greift es auf, was sich für die Kirche eignet. Ist das nicht eine klare und ehrliche Lösung? Suum cuique. Ja, meine Herren, für den, der sich damit zufrieden geben kann. Hier kann man Pascals Wort von der Tugend anwenden, wonach Größe nicht darin besteht, dass »man sich im einen Extrem befindet, sondern darin, dass man beide Extreme auf einmal berührt und den ganzen Zwischenraum zwischen ihnen ausfüllt.«[10]

Nichts darf die der Religion eigentümliche Arbeit beeinträchtigen: zu entflammen und zu trösten, die Menschenseele mit Gott zu vereinen und sie von der Bedrückung durch die Welt zu erlösen. Keine fremden Ansprüche dürfen ihre Autorität neben der Autorität Jesu Christi aufrichten. Aber soll die Wissenschaft ein neuer Papst nach Art der alten Päpste sein? Erhebt die Forschung unberechtigte Ansprüche, wird sie auf pietätlose und verkehrte Weise betrieben, so ist das der Fehler des Forschers, nicht der Wissenschaft. Die echte Wissenschaft ist eine vorzügliche Schule der Demut und eingedenk ihrer dienenden Aufgabe für das Leben. Es ist wahr, dass die Frömmigkeit zu allen Zeiten geneigt ist, der kühnen, verwegenen Forschung [E 28] das Wort des Elifas an Hiob (15,4) zuzurufen: »Du hebst

---

10 [Vgl. Blaise Pascal, _Pensées_, hg. v. L. Brunschvicg, 1934, VI, S. 131, no. 353 (425): »On ne montre pas sa grandeur pour être à une extrémité, mais bien en touchant les deux à la fois, et remplissant tout l'entre-deux.« (Söderblom zitiert nach der Ausgabe von J.-F. Astié, ²1882, 255.)]

alle Gottesfurcht auf und störst die Stille der Andacht vor Gott.« Aber diese Forschung stand dennoch im Dienst einer tieferen Frömmigkeit, die sich vorangearbeitet hat. Kann die Frömmigkeit die Arbeitsfreude der Forschung nicht verstehen, so möge sie doch Geduld mit ihr haben und sie in Ruhe ihrer Berufung gemäß ihre Arbeit tun lassen. Sicherlich hat der Wissenschaftler nicht die Berufung des Apostels oder des Predigers. Das geistige Leben selbst zu entzünden und aufrechtzuerhalten ist nicht seine Aufgabe. Die Innerlichkeit und schöpferische Kraft der Frömmigkeit beruhen in gar keiner Weise auf wissenschaftlicher Einsicht. Die [21] religiöse Erneuerung, nach der sich viele in unserer Zeit sehnen, haben wir im Blick auf die Geschichte nicht von der wissenschaftlichen Werkstatt zu erwarten, sondern von der abgeschiedenen Heimstatt der Innerlichkeit. Aber die Wissenschaft bekommt das Wachstum des keimenden Samens zu sehen und freut sich darüber, und sie kann überschattende Hecken und wucherndes Unkraut entdecken, deren Beseitigung das Wachstum der edlen Pflanze befördern muss. Auch von diesem Diener wird Treue gefordert, Treue zu seinem besonderen Beruf, dem anspruchslosen Beruf des Wissenschaftlers. Nur mit einer solchen Religionswissenschaft ist der Kirche gedient. Möge sie genügend Mut und Glauben haben, um nicht jeden Augenblick ängstlich zu versuchen, die Funde der Wissenschaft nach althergebrachten oder zufällig vorherrschenden Meinungen umzuformen oder sie zu verschweigen oder von ihnen wegzuscheuchen! Jede edle und sensible wissenschaftliche Arbeit braucht Stille und Frieden. Geduld ist auf beiden Seiten erforderlich. Bei der Wissenschaft kein ungeduldiger Aufklärungseifer, sondern ihre echte Vornehmheit. Bei der Kirche keine ungeduldige Ängstlichkeit. Sei nicht voreilig! Wage es, abgelegene Resultate abzuwarten! Wage es, für abgelegene Ziele zu arbeiten! In unserem individuellen Leben ebenso wie in der Geschichte haben wir vielfach die Erfahrung gemacht, dass Ereignisse, die uns schreckten und einen unwiederbringlichen Verlust zu bedeuten schienen, nach langer Zeit gepriesen werden mussten. Gott wollte etwas geben, das wir nicht ahnten, uns etwas Neues lehren. Nach unserer alten Urteilsweise erschien der Weg gefährlich, ja tödlich, bis wir das Ziel sahen. Hat nicht die Kirche mit der Religionsforschung schon ähnliche Erfahrungen gemacht? Gewinne sind gemacht worden, die niemand leugnen kann. Die Offenbarung in Israel steht weit klarer vor uns [E 29] als früher, die Gestalten der Propheten sind uns näher gerückt und vor unseren Augen gewachsen, das Neue und das Einzigartige an Jesu Person hat man verstanden wie nie zuvor, man hat tieferen Einblick in sein Leben gewonnen, als man seit der Urzeit des Christentums besessen hatte. Luthers Werk wird [22] in seiner auf dem Grunde des Evangeliums sowohl religiös als auch sittlich schöpferischen Bedeutung besser eingeschätzt.[11] Das Wesen des religiösen Glaubens hat man klarer, schärfer und allgemeiner verstanden als Vertrauen zu Gott um Jesu willen, nicht als Bejahung eines Dogmensystems. Das Größte aber ist das Folgende: Kein Mensch von leidlicher Bildung kann heute im Ernst in Frage stellen, dass Jesus gelebt hat. Niemand, der historischen Sinn besitzt und für historische Erklärungen zugänglich ist, kann über die großen Züge seiner Persönlichkeit, seines Lebens und seiner Verkündigung im Zweifel sein. Jesus steht unverrückbar da in der Mitte der Geschichte, unmöglich zu verleugnen oder zu übergehen, Aufmerksamkeit heischend, eine Klippe mitten in der Welt der Wirklichkeit, nicht bloß ein Bild der Frömmigkeit oder ein Gedankengebilde, sondern handgreiflich und unausweichlich und doch seine geistige Gestalt über jegliche Reichweite menschlichen Sehvermögens hinaus erhebend. Der Wert dieser Tatsache kann gar nicht überschätzt werden. Denn das Wichtigste an einem Gebäude ist, dass der Grund nicht schwankt. Jesus ist der Grund unseres Glaubens. Einen anderen Grund kann niemand legen.[12] Meine Herren! Woher diese Veränderung gegenüber dem Zustand vor einem halben Jahrhundert? Was hat der Kirche diesen großen Gewinn eingetragen? Etwa die Theologie, die sich nach den gängigen Meinungen oder nach den kirchenpolitischen Interessen innerhalb der Kirche bildet? Nein, die hat alles getan, um die dorthin führende Arbeit in Misskredit zu bringen. Es sah ja auch gefährlich aus. Es gab ja keine Garantien, wohin das führen würde. Durch falschen Alarm und unverständige Verallgemeinerungen und die dadurch geschaffene Unruhe und Not in der Gemeinde – während man stattdessen hätte versuchen müssen, die Erklärung und die Glaubensstärke zu vermitteln, welche die Gemeinde mit Recht von ihren Lehrern erwarten kann – ist vielleicht mehr Schaden entstanden als durch oft unbedachte und dem Gemeindeleben fern stehende Neuerungssucht.

[23] Außer den genannten wertvollen Einsichten kann man [E 30] einen allgemeinen dogmatischen Gewinn registrieren, welcher der neueren Bibelforschung zu verdanken ist. Was wir als wirkliche Ergebnisse der neueren protestantischen Bibelforschung bezeichnen können, hat uns gelehrt, wie wichtig es ist, unsere Gewissheit auf Christus zu bauen, auf die göttliche Offenbarung, und auf nichts anderes in der Welt. Es ist eine alte reformatorische Wahrheit, die Luther oft ausgesprochen oder angedeutet und mit souveräner Freiheit angewendet hat, die aber bei ihm nicht zu kla-

11 [Der Satz nimmt Bezug auf EINAR BILLINGS Buch *Luthers lära om staten*, 1900, das die schwedische Luther-Renaissance einleitete. Deren deutsches Pendant folgte erst später.]
12 [1Kor 3,11.]

rem dogmatischem Ausdruck gelangt und in der späteren Lehrformulierung verdunkelt worden ist, dass der Schrift deshalb und insofern Wert eignet, als sie Christum treibt, dass aber nicht Christi Wert sich daraus herleitet, dass er in der Schrift vorkommt; sein Wert bezeugt sich selbst der menschlichen Seele. Wir glauben an die Schrift um Christi willen, wir glauben nicht an Christus um der Schrift willen. Die unvergleichliche Kostbarkeit und Wichtigkeit der Schrift für uns beruht nicht auf irgendeiner äußeren Beschaffenheit, sondern auf ihrem Heilsinhalt.

Zwei für unser Thema wichtige Schlussfolgerungen können wir aus der jetzt vorliegenden Erfahrung der Kirche mit der Bibelforschung des letzten Jahrhunderts ziehen.

[1] Die streng wissenschaftliche Forschung auf dem Gebiet der Schrift ist für die Kirche auf die Dauer nicht gefährlich, sondern nützlich gewesen. Ja, nur sie und nicht eine eigens zurechtgeschneiderte sog. kirchliche Theologie hat es vermocht, der Kirche den oben angeführten Gewinn zu verschaffen. Soll die Kirche eine wissenschaftliche Forschung haben, so soll sie der Natur der Sache entsprechend eine Forschung sein, die den Namen der Wissenschaft verdient und alle zur Verfügung stehenden Mittel in strikter Treue gegenüber ihrer Berufung anwendet. Die Theologie kirchlich zu nennen und ihr dann zu verbieten, der Kirche den Dienst zu leisten, der ihrem Charakter als Wissenschaft ziemt, ist des Ernstes der Sache wenig würdig. Daniel Klockhoff schrieb: »die Theologie muss [24] ihr hinkendes Wesen ablegen, die halbierte Wissenschaftlichkeit.«[13] Soll die evangelische Kirche von ihrer Theologie den angestrebten Gewinn erhalten, so muss sie jedem Versuch absagen, von außen den Gang der Forschung zu bestimmen, und glauben, dass die Wissenschaft sich selbst korrigiert. Es ist zu allen Zeiten die Ehre der evangelischen Kirche gewesen, dass es auf die Dauer auch gar nicht gelingt, wie man es leider so oft in der katholischen [E 31] Kirche sieht, die strengen Richtlinien der Forschung und das wissenschaftliche Gewissen ihrer Theologen zu beugen. Keinerlei Anstalten können in der evangelischen Kirche den Sieg des Ernstes der Forschung und wirklich gewonnener Einsichten verhindern. Werden neue Theologen gegen die verketzerten Bibelforscher eingesetzt, so brauchen sie nur Zeit zu Studien zu haben, um in die gleiche Verdammnis zu geraten. Die Beispiele der Lehranstalt der Basler Mission und Herrnhuts sind vielsagend. Bei Köpfen, die ihre Nahrung aus der Schrift und den Urkunden der gro-

---

13 [Freie Wiedergabe von DANIEL KLOCKHOFF, *Några ord om betydelsen af en literaturtidskrift för Sverige*, in: Efterlemnade skrifter, hg. v. V. Rydberg und P. N. Ödman, 1871, 143: Obskurantismus und Autoritätsglaube können nicht anders überwunden werden als dadurch, »dass die Theologie ihr hinkendes Wesen ablegt, von der bekannten ›Wissenschaftlichkeit bis zu einem gewissen Grad‹ abgeht [...].«]

ßen westlichen Kirchenverbesserung beziehen, kann man das Vertrauen zu der intellektuellen Redlichkeit haben, dass sie sich nicht zugunsten anderer und vermeintlich höherer Gesichtspunkte als des Respekts für die Wirklichkeit verdrängen lässt.

Es ist aber wohl auf beiden Seiten ein hinreichendes Maß an Selbstverleugnung und Aufklärung erforderlich, um einzusehen, dass eine wirkliche Schwierigkeit vorliegt, dass nicht auf der einen Seite bloß Obskurantismus oder Machtgelüst, auf der anderen Seite bloß der Hochmut menschlicher Vernunft steht. Der Glaube ist besorgt um seine Gewissheit; die Wissenschaft freut sich ihrer Arbeit und lässt sich durch ihre Arbeitsfreude leicht dazu verleiten, die Besorgnis des Glaubens zu verachten. Möge man auf beiden Seiten einsehen, dass diese Schwierigkeit durch Menschenmacht nicht behoben, nur verstanden und ertragen werden kann. Denn sie ist die Lebensbedingung der religiösen Entwicklung und beruht letztlich auf der Begrenzung unseres menschlichen Erkenntnisvermögens.

[2] Hier ergibt sich die andere Schlussfolgerung, die ich aus unserer Erfahrung mit der Bibelforschung ziehen wollte. [25] Das Risiko, dass für den Glauben wesentliche Heilstatsachen durch die Wissenschaft erschüttert werden, kann nicht mithilfe der Ressourcen von Wissenschaft oder Denken beseitigt werden. Es kann lediglich durch die Zuversicht unschädlich gemacht werden, dass die Wahrheit eine ist und dass die Parallelität von Glaube und Forschung auf eine Einheit hinauslaufen muss. Zu der Gewissheit, die in der Gotteskindschaft liegt, gehört die Überzeugung, dass das im tiefsten Sinn für das geistige Leben Wertvolle und Notwendige auch das im tiefsten Sinn Wirkliche ist.

So viel über die Stellung der Kirche zur Methode der allgemeinen Religionsgeschichte. Wie ist die Stellung der Kirche zum Umfang der allgemeinen Religionsgeschichte? Hat die kirchliche Theologie Anlass, sich mit den außerchristlichen Religionen zu befassen?

[E 32] Ich höre sofort zwei Antworten, die eine von meinen verehrten Kollegen in Bibelexegese und Kirchengeschichte samt Dogmengeschichte, die andere von der Professur in Praktischer Theologie, bevor ich zu der Antwort komme, die für meine Aufgabe wesentlich ist.

Wie soll man die Dogmenbildung der Alten Kirche verstehen ohne die griechische Philosophie, die ihrerseits einen religiösen Grund hat? Wie soll man die katholische Auffassung vom Abendmahl verstehen ohne Kenntnis vom Mysterienkult? Wie soll man zum Aufkommen der späteren christlichen Feste gelangen und die Menge der Heiligen und Madonnen für verschiedene Orte und verschiedene Bedürfnisse verstehen ohne Kenntnis von Festkalender und Spezialgöttern des heidnischen Rom? Wie soll man die christliche Kunst verstehen ohne griechische Architektur, das uralte

Symbol des Sonnenrades und des Sonnenkreuzes, die geflügelten Gestalten der Genien, den Apollotypus, Isis mit Horus, Kurotrophos, Leto, Demeter, Diktynna und wie all die Vorgängerinnen der Madonna mit Kind heißen? Die Beispiele lassen sich beliebig vermehren. Man hat die Einwirkung des antiken Heidentums [26] auf die christliche Kirche übertrieben, aber sie lässt sich jetzt allmählich schärfer bestimmen. Für die Zeiten, in denen einheimische, ethnische Elemente in die Kirche einströmen konnten, d. h. während der gesamten Kirchengeschichte außer im Protestantismus, ist es für das Verständnis der Geschichte des Christentums notwendig, die entsprechenden Teile der dahinter stehenden vorchristlichen Kulte, religiösen Gemeinschaftsformen und Vorstellungen zu kennen, insbesondere in Vorderasien, Ägypten, Karthago, sowie in Europa außer der griechischen und römischen auch die keltischen, germanischen und slawischen Religionen. Ebenso erfordert die Lösung der Probleme, welche die Entwicklung der Mutterreligion des Christentums, des Jahwismus mit seiner ethnischen Grundlage in Israel, betreffen, das Studium der babylonischen und assyrischen, ägyptischen, persischen und griechischen Religionsformen.

Begrenzt bleibt jedoch dieses durch die historische Theologie erforderte Studium. Andere Grenzen ergeben sich für das Studium außerchristlicher Religionen, das eine der praktischen Lebensäußerungen der Kirche erfordert, die christliche Mission. Um unseren [E 33] religiösen Glauben solchen Völkern mitzuteilen, die durch die Berührung mit anderen Teilen unserer Kultur zwangsläufig das Vertrauen zu ihren eigenen Glaubensformen verloren haben, ist ja eine eingehende Bekanntschaft mit diesen und deren Vorgeschichte notwendig. Woran es in diesem Stück auf Grund von Gedankenlosigkeit oder möglicherweise manchmal Leichtsinn gemangelt hat, hat die christliche Mission mit mangelndem Erfolg, mit Blut und Tränen teuer entgelten müssen. Wie schon Professor Reland in Utrecht in seinem bald 200 Jahre alten Buch über den Islam schrieb: Um eine Religion zu bekämpfen, muss man sie kennen.[14] Wir werden weiter unten Anlass haben, den Nutzen anzudeuten, den die Mission mittelbar vom Studium der vergleichenden Religionsgeschichte in deren ganzem Umfang hat. Hier weisen wir auf die Notwendigkeit hin, dass die Missionare [27] nicht nur das gesprochene Idiom des Landes beherrschen, in dem sie missionieren sollen, sondern auch dessen *geistliche* Sprache, den ganzen Kreis von Vorstellungen und Gebräuchen, die dessen religiöses Eigentum ausmachen.

14 [Vgl. HADRIANUS RELANDUS (Adriaan Reelant), *De religione Mohammedica libri duo*, ²1717, Praefatio sec. VII, vierte Seite (gezählt, das Vorwort hat keine gedruckten Seitenzahlen.)]

Die äußeren Entfernungen haben sich in unserer Zeit in einem Maße verringert, dass es den Anschein hat, als ob wir bald nur noch geistige Entfernungen zwischen Herz und Herz, Klasse und Klasse, Kultur und Kultur kennen würden. Gleichzeitig drängt sich die Pflicht stärker auf, die geistige und religiöse Kultur von Völkern zu verstehen und beurteilen zu können, die trotz ihrer Abgeschiedenheit jetzt Bekanntschaft jedenfalls mit den Schlachtschiffen, der Machtgier und dem geschäftlichen Eifer der christlichen Völker machen müssen wie nie zuvor. Um ihre Seelsorge ausüben zu können, muss die Kirche in vielen Fällen Informationen darüber erteilen können, was mit Buddhismus, Islam usw. gemeint ist, und deren Beurteilung durch das Christentum deutlich machen. Man kann sehr wohl der Meinung sein, dass zumindest in bestimmten Ländern eine notdürftige Kenntnis der wichtigsten außerchristlichen Religionen zur religiösen Bildung gehören muss, welche die Kirche vermittelt, um gegen Aberglauben und Irrglauben zu rüsten und im Evangelium zu festigen. Aberglaube und Irrglaube gedeihen gar nicht so selten bei einem und demselben Menschen zusammen mit »aufgeklärter« Verwerfung der von den Vätern ererbten Religion. Die praktischen Erfordernisse der Kirche für Mission und Seelsorge verlangen deshalb das Studium außerchristlicher Glaubensformen. Letztlich ist hier [E 34] eine solche vergleichende Wertung der Religionen erforderlich, welche die Stellung des Christentums wahrt. Alle Religionsgeschichte muss der Natur der Sache nach in eine Wertung der verschiedenen Religionen münden. Doch damit sind wir bei dem dritten, prinzipiellen Grund für die Befassung der kirchlichen Theologie mit der allgemeinen Religionsgeschichte angelangt.

[3] Der Gesichtspunkt, zu dem wir jetzt kommen, und er allein, [28] gibt der gesamten allgemeinen Religionsgeschichte Heimatrecht innerhalb der kirchlichen Theologie. In dieser Theologie erfüllt die christliche Religion eine wesentliche Lebensfunktion: sich selbst zu erkennen. Dazu gehören zwei Dinge: zu erkennen, was Religion ist, und innerhalb der Religion zu erkennen, was das Christentum ist.

Max Müllers bekannter Äußerung, wer *eine* Religion kenne, der kenne keine, kommt sicher ein gewisses Maß von Wahrheit zu.[15] Glücklicherweise ist die christliche Religion stets diesem Übelstand entgangen. Mit *einer* anderen Religion sich zu befassen, mit der Vorgeschichte des Christentums in Israel, ist es immer gezwungen gewesen. Bekannt ist, wie dies in manchen Fällen zu einer scharfen Entgegensetzung geführt hat, indem man einseitig das Neue, den Unterschied, ins Auge fasste, so bei Marcion

---

15 [Vgl. MAX MÜLLER, *Einleitung in die vergleichende Religionswissenschaft. Vier Vorlesungen*, ²1876, 14.]

und Swedenborg, um zwei der extremen Vertreter zu nennen. Meistens hat es jedoch zu einer gewissen Vermischung und Verdunkelung der einen von den beiden Gestalten der biblischen Offenbarungsstadien geführt. Ungefährlicher war es dabei, wenn man den Reichtum des Evangeliums zu Mose und den Patriarchen zurückverlegt hat – als wenn jüdische Begriffe, vielleicht solche, für deren Überwindung Israels edelste Geister gekämpft hatten, in die christliche Anschauung übernommen wurden.

Die Religionsphilosophie hat zu begreifen, was Religion ist, was das religiöse Bedürfnis im Wesentlichen fordert und in welchem Maß diese Forderung von den verschiedenen Religionen erfüllt wird; sie hat zu unterscheiden, was in dem ständigen Wechsel religiöser Gestaltungen das am tiefsten Ersehnte und das am allgemeinsten Verehrte ist, und sie muss auf diese Weise in der Lage sein aufzuspüren, in welche Richtung eine Vervollkommnung gehen wird. Für diese religionsphilosophische Aufgabe ist kein religionsgeschichtliches Material gleichgültig. Zwar sind, wenn man sehen will, was die Religion wesensmäßig ist, die Lebenserfahrungen der religiösen Genies ergiebiger als die große ethnische [E 35] Allmende der Religionsgeschichte, wo das ungeübte Auge [29] zwischen den über so gut wie die ganze Erdoberfläche verbreiteten Erscheinungen von Kult, Sitte und Vorstellung kaum irgendwelche Verschiedenheiten ausmachen kann. Aber nicht einmal diese ist entbehrlich. Erzbischof J. A. Ekman schreibt: »Das Wesen der Religion findet sich in jeder Religion. Am klarsten tritt es in der höchsten Religion, im Christentum hervor. Versuchen wir dem Christentum zu entnehmen, was das Wesen der Religion ist, so müssen wir dessen Beschreibung auch an anderen Religionen erproben. Sonst könnte die Beschreibung vielleicht so geraten, dass nach ihr allein das Christentum Religion wäre.«[16] Die Beachtung gerade der niederen Kulte kann zumindest der Religionswissenschaft einen wesentlichen Dienst leisten, der die Religionswissenschaft ein für allemal von ihrer philosophischen Erbsünde geheilt haben sollte, ein unsachgemäßes und einseitiges Gewicht auf das Intellektuelle, die Formulierung des religiösen Gefühls oder die Erklärung der Riten in Mythen oder Dogmen zu legen.

Gegenüber dem Bild der Religion im Allgemeinen und des gewöhnlichen Ganges ihrer Entwicklung, das die Bearbeitung der allgemeinen Religionsgeschichte auf diese Weise zeichnet, hebt sich die prophetische Religion in Israel und im Evangelium scharf ab. Ein Beispiel. Der Gottesbegriff beschreitet in der Entwicklung einer Volksreligion im Wesentlichen zwei Wege. Einer der Götter tendiert in bestimmten Fällen mehr und mehr

16 [JOHAN AUGUST EKMAN, *Religionens väsen*, Einleitungsvortrag, in: Handlingar rörande Prestmötet i Vesterås 1900 (38 ff), 38.]

dazu, Herr über die anderen zu werden. Politische, aber auch religiöse und intellektuelle Ursachen wirken dabei mit. So z. B. in Assyrien und Rom; ihren höchsten Punkt erreicht diese Entwicklung in Iran. Oder aber die Spekulation bemächtigt sich der Gestalten der Volksreligion, verflüchtigt sie durch ihre Abstraktion und entkleidet sie am Ende aller religiös wertvollen Bestimmungen zugunsten einer abstrakten, rein negativ bestimmbaren Einheit. So in Griechenland, Ansätze sind in Ägypten wahrzunehmen, am weitesten ist der Prozess im Land der logischen Konsequenz, in Indien, fortgeschritten. [30] Dort entledigte sich die praktische Frömmigkeit des Buddhismus dieser abstrakten Einheit als einer schweren Bürde und eines für die Religion wertlosen Begriffs. In Israel und im Christentum tritt etwas völlig anderes zutage, dessen Unterschiedenheit von den soeben angedeuteten Tendenzen zu einem sog. Monotheismus man immer besser versteht, in dem Maß, [E 36] in dem wir allmählich die Entwicklung überblicken können: nämlich ein wirklicher, sittlicher Monotheismus, in dem Gott nicht irgendeine Gottheit neben sich anerkennt, und sei sie auch nur untergeordnet, und in dem die höchste Zuspitzung der sittlichen Forderung, welche die Religionsgeschichte kennt, nämlich bei Jesus, dem Gottesbegriff nichts von seiner Lebensfülle nimmt, sondern das Denken über Gott konkreter und lebendiger erscheinen lässt als irgendwo anders. Sonst stehen diese beiden in umgekehrtem Verhältnis zueinander: die Reinheit und Geistigkeit des Gottesbegriffs und dessen warme persönliche Gestaltung und Reichtum. Das ist nur ein Beispiel, seiner Kürze halber gewählt. Es gibt noch bemerkenswertere.

Die Religionsgeschichte lässt das Neue und Eigentümliche des Evangeliums deutlicher hervortreten als zuvor. Innerhalb des Christentums selbst wird das spezifisch Christliche, Christi Person und Heilslehre, auf diese Weise scharf aufgefasst in seiner Unterschiedenheit von solchen Erscheinungen, die in einander überall gleichen oder analogen Formen in so gut wie jeder Religion auftreten, oder jedenfalls in den Religionen, die eine höhere Entwicklungsstufe erreicht haben, sei es, dass solche Vorstellungen und Bräuche zu dem Unentbehrlichen gehören, das überall als zum Wesen der Religion gehörig gilt, als Antwort auf das innerste Bedürfnis des menschlichen Herzens, sei es, dass sie Zeugnis einer niederen, durch das Christentum überwundenen Religiosität und Vorstellungswelt sind, die sich jedoch in der christlichen Kirche eingebürgert haben und vielleicht eine anscheinend so innige Vereinigung mit der Heilslehre eingegangen sind, dass man mit dem gleichen Eifer an ihnen festhält, wie wenn es um das Evangelium selbst ginge. [31] Die Theologie in jeder höheren Religion, die mit anderen in lebendige Berührung kommt, muss das Bedürfnis empfinden, einen Religionsbegriff zu finden, der sich auf sie alle anwenden lässt, um in dessen Rahmen ihre Eigentümlichkeit zu klären. Wir finden derartige Ansätze zu einer komparativen Religionswissenschaft z. B. innerhalb der islamischen Theologie. Gefährlich kann ein derartiges Studium lediglich für eine solche Religion oder innerhalb des Christentums für eine solche Theologie werden, die riskiert, mit höheren Anschauungen in Berührung zu kommen, die kraft ihrer Überlegenheit auflösend auf die niederen wirken müssen. Doch muss man eine solche auflösende Wirkung im Namen [E 37] der Religion gutheißen, auch wenn sie eine Zeitlang geistliche Schwierigkeiten für die am tiefsten Betroffenen mit sich bringt. Für das Christentum hat die vergleichende Religionsgeschichte, soweit sie bisher vorhanden ist, die glänzendste theoretische Apologetik mit sich gebracht, die umso gewichtiger ist, als die außerchristlichen Religionen durch die nähere Bekanntschaft ebenfalls gewonnen haben, wenngleich die schönen Träume der Romantik, die noch in den ersten bahnbrechenden Gedanken der indischen Religionsforschung von der Reinheit der Vedazeit weiterlebten, rettungslos verwelkt sind. Für die innere Geschichte der christlichen Religion ist es von großer Bedeutung, dass die komparative Theologie den neuen und schöpferischen Gehalt des Evangeliums sowohl von dem unterscheidet, was allgemeine religiöse Einsicht ist, als auch von dem, was außerhalb der Prophetie und des Evangeliums entstanden ist und streng genommen von ihnen ausgeschlossen wird, aber dennoch in der Christenheit ein solches Heimatrecht erlangt hat, dass man es mit dem Christentum selbst verwechselt. Die Verblüffung darüber, dass man vielerorts überzeugende Entsprechungen zu gängigen Bräuchen und Vorstellungen der christlichen Kirchen findet, muss einen auf den Gedanken bringen, dass dergleichen dann kaum zu den besonderen Gaben des Christentums an unser [32] Geschlecht gehören dürfte, sofern man dergleichen nicht mit den alten katholischen Missionaren als Nachäffungen christlicher Dogmen und Riten durch den Teufel erklären will.

Lassen Sie mich anhand zweier Beispiele andeuten, wie wichtig es für die religiösen Aufgaben der Kirche ist, im religionsgeschichtlichen Vergleich die Eigenart des Evangeliums sorgfältig herauszuarbeiten.

Für die Mission ist es in den meisten Fällen eine pädagogische Notwendigkeit, das Evangelium in der konkreten kirchlichen Form mitzuteilen, die es in der missionierenden Kirche angenommen hat. Doch niemals darf diese vergessen, dass die Ausformung des Evangeliums zu Lehrsystem und Gemeinschaftsleben in unseren Kirchen bedingt ist durch eine Menge tiefgreifender geschichtlicher Umstände. Auch den jungen Missionsgemeinden muss man die Freiheit und die Möglichkeit lassen, eine Kirche, eine Sitte und eine Lehrform zu schaffen, welche die reife Frucht ihrer besonderen Begabung und Kultur darstellen, nicht eine importierte Pflanze, die das neue Klima nie und nimmer auf die Dauer ertragen würde. Deshalb ist [E 38] nicht nur eine hinreichend vertiefte Kenntnis der einheimischen Religion zu fordern, um die Anknüpfungspunkte zu finden, sondern auch ein klarer Begriff des Wesentlichen im Christentum im Vergleich mit anderen Heilslehren.

In unseren Tagen empfindet man in den Ländern christlicher Kultur stark das Bedürfnis eines klareren Verständnisses des Wesens des Evangeliums, in eben dem Maße, in dem diesbezügliche Unkenntnis auch bei Männern von hoher wissenschaftlicher Bildung, bewundernswerter gedanklicher Kraft und religiösem Ernst zu bemerken ist. Bei einer schiefen Auffassung vom Evangelium wird die Diskussion darüber, ob es möglich ist, dass es weiterhin das höchste religiöse Trachten des Menschengeschlechts befriedigt, oder was wir an seiner Stelle brauchen, schief und unfruchtbar. Wenn die Zeichen nicht trügen, stehen wir innerhalb unserer modernen Kultur vor einer folgenschweren Krise in der Geschichte der Religion. Soll Christus weiterhin [33] der Mittler sein, der Vermittler des religiösen Gutes? Oder soll man dieses woanders suchen? Wird diese Frage gestellt, so möge man sie nicht stets mit der Verderbnis des menschlichen Herzens zu erklären versuchen. Wer will, kann seinen Horizont auf die gängige kirchenpolitische und dogmatische Parteibildung beschränken und alles Leben und alle Gedanken, die sich außerhalb ihrer rühren, als eine massa perditionis betrachten. Es ist klar, dass man dann solche Bestrebungen in der christlichen Theologie sonderbar und bedenklich finden muss, die gerade von der Wahrnehmung ernster religiöser Probleme in unserer Zeit ausgehen. Derjenige aber, der an das Vorhandensein solcher Probleme glaubt, muss jedem außerhalb oder innerhalb der Kirche dankbar sein, der dazu beiträgt, deren Bedeutung scharf zu formulieren und zu erhellen. So viel ist klar, dass es hier nicht um die Zukunft der einen oder anderen Kirche, den Ursprung des einen oder anderen Bibelbuches, die Vortrefflichkeit oder die Mängel der einen oder anderen Dogmatik geht, sondern dass es hier um die beiden Grundmächte geht: die Menschenseele und Christus. Das Bedürfnis nach Religion, das Gefühl des Unendlichen, Verlangen nach Lebenswerten, die Bestand haben, nach Freiheit und Gewissheit des Geistes, nach Erfahrung des wesentlichen Lebensgrundes, oder wie immer man diesen religiösen Drang nennt, der sich jetzt in unserem höchsten Kulturleben mit immer leidenschaftlicherem und klarerem Selbstbewusstsein meldet, kann niemals sterben und [E 39] muss gestillt werden. Womit soll er gestillt werden? Wird Jesus dafür geeignet oder zureichend sein? Für meine christliche Erfahrung und Überzeugung ist die Antwort nicht zweifelhaft. Der nach Gott suchende Menschengeist kann nicht innehalten, bevor er Christus begegnet ist. Aber wie wird der bevorstehende Ausgang ausfallen? Sollen edle religiöse Bedürfnisse, bei aller Achtung für ihn, dem niemand den Platz als des bei weitem Höchststehenden in der Religionsgeschichte streitig machen kann, zumindest eine Zeitlang ohne Jesus als [34] den zum Vater Führenden, als Mittler auskommen, ja, ich zögere nicht, Pascals Ausdruck zu verwenden, dessen Wahrheit sich mir immer stärker aufgedrängt hat, ohne ihn als den Gott der Menschen?[17] Hier ist die Aufgabe der christlichen Theologie klar – kein noch so großartiger und lobenswerter praktischer religiöser Eifer kann die theoretische Aufgabe überflüssig machen – einerseits unter Anleitung durch die Religionsgeschichte und Religionspsychologie das Wesentliche in diesen religiösen Bedürfnissen klar zu machen, so dass nicht Sonderinteressen sich des religiösen Grundbedürfnisses bemächtigen, wie wir das gelegentlich in modernen religiösen Selbstzeugnissen finden, mögen sie nun die Gestalt der philosophischen Abhandlung oder der schönen Literatur haben, andererseits und vor allem die moderne Bildungswelt mit Christus, mit dem echten Evangelium bekannt zu machen, dessen eigentümlichen Charakter scharf und unzweideutig zutage zu fördern die vergleichende Religionsgeschichte dienen soll.

Auf analoge Weise hat der große Zusammenhang der Religionsgeschichte uns zu einer richtigeren Auffassung von Luthers Werk verholfen, das nicht bloß eine Reproduktion von Paulinismus und Augustinismus, sondern in einem wichtigen Moment eine religiöse Neuschöpfung auf dem Grunde des Evangeliums war.

Muss man es in gewisser Weise als Bedürfnis jeder höheren Religion ansehen, vor dem Hintergrund des aus der Religionsgeschichte gewonnenen allgemeinen Religionsbegriffs ihre Eigentümlichkeit herauszuarbeiten, so gilt dies in besonderer Weise für das Christentum mit seinem Anspruch, die vollkommene Religion zu sein, die Religion par excellence, sofern Religion in ihrem tiefsten Wesen aufgefasst wird. In dem Fall nämlich, in dem Religion gemäß einer gängigen Auffassung verstanden wird, die einen gewissen Apparat von Kult und Dogmen und Organisation als für dieselbe notwendig erachtet, eine Auffassung, die von vielen [E 40] modernen, insbesondere nicht-protestantischen Religionsforschern systematisiert worden ist, muss man zu der Einsicht gelangen, dass das Christentum [35] in seiner ursprünglichen Form die frohe Botschaft ist, die der Religion in diesem Sinne ein Ende bereitet hat, so gewiss Jesus, mit der durch die Reli-

---

17 [Gemeint ist vielleicht B. Pascal, *Pensées* (Ausg. Brunschvicg) VII, S. 185, Nr. 528 (467): »Jésus-Christ est un Dieu dont on s'approche sans orgueil, et sous lequel on s'abaisse sans désespoir.«]

gionsforschung bestätigten Religionsphilosophie des Hebräerbriefs zu reden, als selbst der ewige Hohepriester das Priestertum aufgehoben, sich selbst opfernd den Opferbrauch aufgehoben hat und selbst durch den größeren und vollkommeneren Vorhang, der nicht mit Händen gemacht ist, d. h. der nicht dieser Schöpfung angehört, eingegangen ist und so Vorhang und Tempel aufgehoben hat.[18] Das Christentum hat noch nicht von ferne den Sinngehalt von Jesu Werk zutage gefördert, das uns vor Schwindel erregende Zukunftsaussichten stellt. Darüber haben wir viel zu sagen, und zwar solches, das schwer mit Worten zu erklären ist. Die folgenden Beobachtungen mögen für dieses Mal und in diesem Zusammenhang genügen.

Die Frage nach Jesu Verhältnis zur Gottesbeziehung seiner Jünger ist durch Harnacks meisterliche Zusammenfassung des Wesens des Christentums aktuell geworden. Eine vergleichende religionsgeschichtliche Betrachtung lässt es, soweit ich sehen kann, gänzlich unzweifelhaft erscheinen, dass Harnack, bei all seiner Hervorhebung des Evangeliums als der vollkommenen Religion und der alle Zeiten übergreifenden Bedeutung Jesu als des Weges zum Vater, in dieser wesentlichen Frage unrichtig geurteilt hat. Jesus hat Ansprüche erhoben und sich selbst eine Mittlerrolle im Gottesverhältnis seiner Jünger zugeschrieben, die ohne Beispiel sind. Er, und er allein, hat niemals sich mit den Seinen vor Gott im Gebet oder sonst irgendwo mit den Worten »unser Gott«, »unser Vater«, oder »wir, deine Kinder« zusammengefasst. Die Worte »Unser Vater« sind den Jüngern in den Mund gelegt, nicht als Jesu Anrede an Gott im Gebet ausgesprochen worden. Er sieht sich selbst nicht bloß als den Weg zu Gott, sondern als so innig eins mit Gott, dass der Christ niemals bei seinem Gott und Vater sein kann, ohne Jesu Nähe zu spüren. Deshalb sagt Jesus: Kommt zu [36] mir, glaubt an mich, und nicht bloß: kommt zu meiner Unterweisung, glaubt an meine Lehre. Er verstand sich nicht als ein Glied in der Kette der Zeugen Gottes, sondern als der Sohn neben den Dienern des Vaters. Seine Offenbarung brauchte keine weitere Vervollkommnung. »Von dem Meinen [E 41] wird der Tröster nehmen und euch verkündigen.«[19] Das unterscheidet Jesus scharf und deutlich von allen anderen Religionsstiftern, Zoroaster, Gautama Buddha, Kong-fu-tse, Laotse, Mani, Mohammed, ja selbst von Mose und den Propheten. Ich lasse in diesem Augenblick den unterschiedlichen Grad von Reinheit, Innerlichkeit und Geistigkeit in deren Verständnis des Göttlichen und des Heils ganz dahingestellt. Ich stelle lediglich fest, dass ein religionsgeschichtlicher Vergleich zeigt, dass Jesus persönliche Ansprüche in der Religion gestellt hat wie niemand sonst. Er

18 [Vgl. Hebr 10,20.]
19 [Paraphrase von Joh 14,26.]

ist weit anspruchsvoller als irgendein anderer. Er schreibt seiner Person eine weit größere religiöse Bedeutung zu als irgendein anderer.

Darum ist auch Jesu Person ein Problem wie die keines anderen Religionsstifters. Jesu Person wird deshalb, auch abgesehen von seiner sittlichen und religiösen Lehre, für einen buddhistischen oder islamischen Religionshistoriker zu einem unvergleichlich schwereren Problem als Gautama oder Mohammed es für einen Christen sind. Wie soll man mit Jesu unerträglichem Anspruch zurechtkommen? Man wird zu zwei Überlegungen geführt. Die eine ist psychologischer Natur. Wer ist der Mann, der so unerhörte Ansprüche erhebt, ja Ansprüche, die tatsächlich in unserer Welt nicht zu hören waren außer vielleicht von Verrückten oder Phantasten? Leidet er an Abenteurertum oder Selbstüberschätzung? Ist er ein Träumer oder Phantast? Die andere, wichtigere Betrachtung gilt dem Inhalt seiner Predigt. Verrät sie eine innigere Vertrautheit mit der Gottheit als die irgendeines anderen? Das ganze Material der Religionsgeschichte, geordnet und gesichtet, kommt [uns] hier zustatten. Vergleiche Jesu Lehre mit der anderer! Vergleiche Jesu Person mit den anderen! [37] Finde das innerste religiöse Bedürfnis des menschlichen Herzens heraus, das Bedürfnis, das sich zu allen Zeiten auf so vielfältige Weise unabweisbar aufgedrängt und nach Nahrung gesucht hat, die es stillen kann. Hat Jesus die zureichende, endgültige Antwort auf die Frage des menschlichen Herzens?

So weit kann die Theologie dank der allgemeinen Religionsgeschichte die Sache vorantreiben. Hat sie eine Antwort auf diese Fragen gefunden, so bleibt doch der Forderung Jesu an den Menschen zufolge das Schwerste und Wichtigste übrig, die persönliche religiöse Entscheidung, das aus tiefstem Herzen kommende Ja des Glaubens gegen jedes trotzige Nein und jedes mutlose Zaudern.

[E 42] Wir fassen zusammen. Die evangelische Kirche braucht eine Wissenschaft mit strenger wissenschaftlicher Methode, sie braucht ebenso ein Studium der Religionsgeschichte in ihrem ganzen Umfang.

Die kirchliche Theologie hat auch vielerorts die eminente Bedeutung der allgemeinen Religionsgeschichte für sich selbst begriffen, am wenigsten jedoch, wie es scheint, in Deutschland, wo es ebenso wenig innerhalb der theologischen Zunft wie außerhalb ihrer Lehrstühle für Religionsgeschichte gibt. Muss ich an die schönen Früchte religionsgeschichtlicher Forschung erinnern, die trotzdem das Licht des Tages erblickt haben in Monographien wie denen von Wellhausen, Oldenberg oder Erwin Rohde, oder in komparativen Arbeiten wie denen von Hermann Usener, Otto Pfleiderer oder Rudolf Eucken? Doch von den Handbüchern der Religionsgeschichte, die man in Deutschland benutzen muss, sind zwei von Holländern geschrieben, C. P. Tiele und P. D. Chantepie de la Saussaye, und jetzt kürzlich eines von einem Professor in der Schweiz, Conrad von Orelli. In Holland waren die religionsgeschichtlichen Lehrstühle bis 1876 konfessionell. In Genf war es die theologische Fakultät, welche die Einrichtung einer religionsgeschichtlichen Professur beantragte, die dann freilich in die philosophische Fakultät verlegt wurde. In [38] Basel ist von Orellis Professur der Religionsgeschichte sowie der alttestamentlichen Exegese und dem Arabischen gewidmet. Bei den theologischen Fakultäten an den staatlichen Universitäten in Lausanne und Zürich und seit dem vorigen Jahr auch in Montauban in Frankreich ist die Religionsgeschichte ebenfalls vertreten. Die Universität in Boston, zu unterscheiden von der alten berühmten Harvard University in der Nähe, hat schon seit 1874 eine theologische Professur für vergleichende Theologie, Religionsgeschichte und Religionsphilosophie. In Uppsala hat die Professur für theologische Propädeutik und theologische Enzyklopädie seit ihrer Gründung 1878 der Religionsgeschichte einen bedeutenden Platz eingeräumt, nach den üblichen Examensanforderungen zu urteilen ungefähr die Hälfte der Studienarbeit.

Was die Katholiken angeht, so hat der verehrungswürdige Charles de Harlez während seiner langen Tätigkeit als Professor und Rektor der Universität in Löwen hauptsächlich über allgemeine [E 43] Religionsgeschichte gearbeitet. Obwohl sein Lehrstuhl für Sanskrit, iranische, chinesische und mandschurische Sprachen zur philosophischen Fakultät gehörte, muss er hier angeführt werden, da die gesamte Universität dort streng katholisch ist. Eine apologetische Tendenz hat jedoch seiner Forschung zum Teil geschadet. Edmund Hardy, jetzt nach Würzburg umgezogen, widmete in Freiburg im Breisgau den Hauptanteil seiner a.o. theologischen Professur für Philosophie und propädeutische Theologie der Religionsgeschichte; in Würzburg hat der von der Kirchenbehörde hart behandelte Hermann Schell zu seinen Arbeitsgebieten Apologetik und Geschichte der christlichen Kunst die vergleichende Religionswissenschaft hinzugefügt.

[39/E 44] Wort an die Theologiestudenten

Bevor ich diesen Platz verlasse, möchte ich zum Schluss diejenigen begrüßen, mit denen ich in Uppsala am unmittelbarsten zu tun haben werde, diejenigen, deren Diener zu werden ich berufen worden bin: Ich begrüße die Theologiestudenten an der Universität Uppsala.

Sie bekommen, meine Herren, in dieser Zeit viel Bedauern zu hören. Ich muss Sie beglückwünschen.

Man bedauert Sie, weil Sie einer vermeintlich abgelebten Sache dienen, dem Christentum, oder zumindest – was in diesem Fall deutlich davon unterschieden werden muss – weil Sie einer abgelebten Kirche dienen. Man bedauert Sie, weil Sie das Halseisen des kirchlichen Bekenntnisses anlegen müssen. Andere bedauern Sie, weil Sie in einer Zeit leben, da hergebrachte Meinungen, insbesondere über die Entstehung bestimmter Bücher der Bibel und den einen oder anderen Zug der heiligen Geschichte von Gottes Verkehr mit den Menschen, erschüttert oder verändert sind, und weil das Theologiestudium nach Meinung dieser Mitleidigen mit großer seelischer Gefahr verbunden ist. Andere von Ihren Freunden bedauern Sie wegen der betrüblichen, aber doch mit Gottes Hilfe verbesserbaren äußeren Verhältnisse, die einen Teil der Pfarrerschaft unserer Kirche hart und unbarmherzig bedrücken.

Jetzt, meine Herren, ergreife ich das Wort, um Sie von Herzen zu beglückwünschen zu Ihrem gegenwärtigen Studium, dazu, dass Sie das Studium der Theologie in dieser Zeit betreiben, und zu Ihrem zukünftigen Beruf. [40] Zwar gibt es sowohl im Studium als auch in der Arbeit schwere Krisen und enge Pforten zu durchschreiten, Abgründe zu passieren, über die uns keine [E 45] Routine, auch keine Hilfe von Menschen, sondern allein die Flügel des Glaubens hinwegführen können, und ich glaube mit Luther, dass derjenige, der selbst die Not und Angst des Gewissens in Fesseln erfahren hat, dadurch pastorale Autorität besitzt in Bezug auf den Wert seiner teuer erkauften Erlösung und Freiheit. Doch wenn meine Worte ein Bedauern statt eines Glückwunsches enthielten, würde ich die kostbarsten Erfahrungen verleugnen, die ich bei meinen theologischen Studien und bei meiner Tätigkeit im Gemeindedienst gemacht habe, und darüber hinaus das, was ich seit meiner Kindheit für realisierbar gehalten habe.

Ich beglückwünsche Sie zu Ihrem Studium hier an der Hochschule und in Zukunft; setzen Sie Ihre Studien fort, ohne die Besorgnis, jemandem damit zu missfallen. Ich beglückwünsche Sie zu denen, mit denen Sie Umgang haben werden, mit einem Amos, einem Hosea, einem Jesaja, einem Jeremia, einem Paulus, einem Augustinus, einem Franciscus, einem Luther, einem Pascal, einem Kierkegaard. Und hoch über ihnen allen mit dem Meister, Jesus dem Herrn, der vor unseren Augen wächst, je näher wir ihm kommen, und den Sie, selbst befreit durch die Bindung an sein Joch, Ihren Brüdern zeigen sollen. Das menschliche Herz wird Ihnen in der Religionsgeschichte sein innerstes Geheimnis verraten: die Sehnsucht nach Gott; auch in dunklen Zeiten, in der Finsternis der Unwissenheit und der Sünde wird diese Sehnsucht Ihnen als heiliges Feuer entgegenleuchten, in dessen Licht Sie vieles von dem ahnen oder verstehen werden, was Ihnen widersinnig erschienen oder verschlossen gewesen ist. In den abergläubischen Riten und dem verwirrten Geisterglauben der Wilden, für welche die Unkenntnis lediglich Verachtung übrig hat, werden Sie das Gefühl des Unendlichen erahnen. In den für die Begriffswelt der Gegenwart befremdlichsten Lehrformulierungen der christlichen Kirche, für welche die [41] Unkenntnis lediglich Verwerfung übrig hat, werden Sie tröstliche Heilswahrheiten erkennen.

Schon in der überall wahrnehmbaren Sehnsucht nach dem Göttlichen werden Sie den Abglanz eines himmlischen Lichtes erkennen. Ist dieses hier matter, dort leuchtender, so beruht das nicht auf der Unzulänglichkeit der Lichtquelle, sondern auf der Lage und Empfänglichkeit des Aufnehmenden. Aber Sie werden mehr finden als diesen Abglanz. Sie werden auch Augen finden, die den himmlischen Glanz selbst gesehen haben, und Zungen hören, die von dessen Herrlichkeit zu erzählen wissen.

[E 46] Sie werden die allgemeine Verbreitung der Religion sehen, die Gesetze für ihren Fortgang in einem Volk, für ihre Wirkung auf ein Menschenherz erahnen. Aber wenn Sie von ihrer wunderbaren Macht und ihrem Fortschritt geblendet sind, wenn Sie die hochfliegendsten, kühnsten Gedankengebäude bewundern, die eine vom Christentum durchdrungene Denkkraft geschaffen hat, so sollen Sie das doch gering veranschlagen gegenüber dem großen, unergründlichen Geheimnis, das keine Statistik messen, keine Psychologie analysieren, keine Spekulation in ihren begriffenen Zusammenhang einordnen kann – nämlich den Verkehr der Auserwählten, Propheten und Zeugen mit Gott, vor allem Jesu verborgenes Leben mit seinem himmlischen Vater.

Ich beglückwünsche Sie dazu, dass Sie theologische Studien in dieser Zeit betreiben. Kein höherer Standpunkt und Erkenntnisstand ist ohne gesteigertes Risiko zu gewinnen. Und es wäre gedankenlos, den Ernst der schweren Krise zu leugnen, in welche die Divergenzen der theologischen Forschung mit allgemein überlieferten Lehrmeinungen uns führen, eine Krise, deren Gefährlichkeit jedoch mehr auf der dogmatischen Unklarheit, auch auf den Machtinteressen und der unbedachten guten Absicht und den Entgleisungen und menschlichen Leidenschaften beruhen dürfte, die auf beiden Seiten die Krise verschlimmern und ihren wirklichen Sinn verschleiern, als auf der Krise als solcher. Aber es wäre beklagenswerte [42] Kurzsichtigkeit, die außergewöhnlichen Früchte zu verkennen, welche die Kirche durch die so verketzerte theologische Wissenschaft bereits gewonnen hat, und vor der wunderbaren Führung des Herrn die Augen zu verschließen. Wenn das eine oder andere, das dem Gemüt lieb gewesen ist, durch die Nachprüfung fortgenommen wird, sage ich zu mir selbst: Sieh, Lieber, was wir schon gewonnen haben; warte, sei treu, auch hierin wirst du Licht sehen. Und wenn ich mich unschlüssig oder unruhig gefühlt habe angesichts einer Analyse, die für meinen christlichen Gottesglauben wesentliche Fakten in Nichts aufzulösen schien, habe ich stets gefunden, dass der Fehler nicht bei der Wissenschaft selbst lag, sondern ein Verstoß gegen den wirklichen Geist der Wissenschaft war: Mangel an Sinn für Wirklichkeit und Leben, für die Wirklichkeit der Geschichte, für das eigentliche Leben der Menschen. Deshalb kann ich zuversichtlich, aus eigener Erfahrung, zu Ihnen sagen, meine Herren: Nicht weniger Wissenschaft, sondern mehr Wissenschaft, tieferer Wirklichkeitssinn, ernsthaftere Prüfung, denn dann kommt neue Klarheit und mit neuer Demut neue Stärke. In der Not und Gefahr, in die vielleicht jugendliche [E 47] Wahrheitsliebe Sie gebracht hat angesichts der wirklichen oder fälschlich konstruierten Gegensätze zwischen überkommenem Glauben und der theologischen Forschung, möchte ich Sie nicht warnend auf Petrus auf dem Wasser hinweisen, der drauf und dran war zu versinken, sondern ermunternd möchte ich auf Paulus weisen, der vorwärts auf das Ziel hin jagte und dabei alles, auch von den Vätern ererbte ehrwürdige Meinungen, für Schaden erachtete gegenüber der überwältigenden Größe der Erkenntnis des Herrn Christus Jesus.[20] Ich muss Sie zu dem großen Vorrecht beglückwünschen, sich in dieser Zeit mit den Dingen beschäftigen zu können, die am tiefsten das Leben der Menschen berühren.

Ich beglückwünsche Sie insbesondere zu Ihrem zukünftigen Beruf als Diener der Religion in unserem Volk. Sie sollen zu Zeugen werden für die Kraft des Evangeliums zu verurteilen, niederzuschmettern, zu demütigen, aufzurichten, zu helfen, wo Hilfe [43] am Ende war, zu trösten, wo Trost ausblieb, Mut zum Leben zu geben und Mut zum Sterben. Sie sollen ohne Parteilichkeit furchtlose Dolmetscher der Wahrheit und geistliche Helfer unseres Volkes sein, nicht aufdringlich, nicht schmeichlerisch, aber allen zugänglich, frei von aller bürokratischen Starrheit – denn bist du zu groß, um dich mit dem Geringsten zu befassen, so bist du zu klein, um Pfarrer zu sein –, in Liebe nicht zu Bequemlichkeit, sondern zu Menschen, nicht zur Menschheit, sondern zu den Menschen, unseren Brüdern, die rund um uns herum hart arbeiten und die hinter Trennungsmauern, hinter Empfindlichkeit oder dem Harnisch der Unzugänglichkeit die Herzen verstecken, die nur von Liebe leben können. Wenn Sie das erfahren haben, werden Sie ein aufrichtiges Interesse an aller Beschäftigung und Wirksamkeit, Trauer und Freude der Menschen gewinnen.

Nicht Macht oder Partei sollen Sie suchen, sondern das Heil der Seelen. Ach, schließen Sie sich nicht ein in einen Kreis von Personen oder Gedanken, sondern bemühen Sie sich die Menschen zu verstehen und ver-

20 [Vgl. Phil 3,7 f und 1Kor 9,24–27.]

suchen Sie zu lernen, immer wieder einige neue Buchstaben in der Lektion des Lebens zu buchstabieren. Angesichts der Unwilligkeit Außenstehender sollen Sie sich selbst prüfen, ob Sie den rechten Schlüssel zu ihren Herzen gefunden haben und ob Sie den Schlüssel des Wortes Gottes recht anwenden. Denken Sie an meine Worte, Ihr wahres Glück und das Glück der Gemeinde wird davon abhängen, ob Sie Ernst machen mit der Regel des Paulus: Nicht als Herren über den Glauben der Gemeinde, sondern als Mithelfer der Freude der Gemeinde.[21] Nicht Herren, sondern Diener – nicht Diener [E 48] einer Partei oder eigener oder kirchlicher Machtinteressen, sondern Diener der Gemeinde, um Freude zu wirken, Freude zu verströmen, durch Ihr Leben in Liebe und Ihre Verkündigung des reinen Evangeliums, aus der reichen, ewigen Freudenquelle zur Erquickung verdorrender Seelen.

Sie sollen Diener aller, aber niemandes Sklave werden, nicht Sklave irgendeiner Sünde, nicht Sklave eines Einzelnen, nicht [44] Sklave einer Klasse. Sie sind natürliche Friedensunterhändler im Kampf der Klassen, natürliche Helfer für die Schwachen oder Betrogenen. Lassen Sie uns die soziale Frage unseres Landes ruhig in Ihre Hände legen – nicht als Auftrag auf dem Felde der Politik, sondern als Vorrecht für Sie, die in Ihrer ganzen beruflichen Tätigkeit mit unserem Volk zu tun haben, sonntags und werktags, in Stadt und Land, nicht als mit Klassenangehörigen oder als mit Herstellern und Abnehmern oder als mit Bürgern des Rechtsstaats oder in irgendeiner anderen Eigenschaft, sondern als mit einzelnen Menschen.

Als Jesu Diener haben Sie einen Bundesgenossen in jedem Menschen. Widerstand werden Sie erfahren, harten Widerstand, wenn anders Sie die Wahrheit vorantreiben, zuerst und zuletzt dieselbe Art von Widerstand, die Sie immer schon bei sich selbst zu bekämpfen haben durch tägliche Besserung und Erneuerung in Wachsamkeit und Gebet: erfinderischen Hochmut und Widerspenstigkeit des Herzens. Aber Sie besitzen einen heimlichen Vertrauten in jedem menschlichen Herzen, soweit Sie denn überhaupt der Sache Christi dienen. Durch die Offenbarung der Wahrheit sollen Sie sich bei jedem menschlichen Gewissen vor Gott empfehlen.

Der Herr entzünde das heilige Feuer in Ihren Herzen und erhalte es!

---

21 [2Kor 1,24.]

Offenbarungsreligion

2. durchgesehene und erweiterte Auflage

Svenska Kyrkans Diakonistyrelsens Bokförlag
Stockholm 1930

Für Anna Söderblom, geb. Forsell

am 24. September 1930

[7] Vorwort zur zweiten Auflage

Das kleine Buch *Offenbarungsreligion* ist seit vielen Jahren im Buchhandel vergriffen. Man hat oft nach ihm gefragt, und wiederholt ist an mich die Aufforderung ergangen, es in neuer Auflage herauszugeben. Ich habe gezögert aus der Erwägung heraus, den wesentlichen Inhalt in einen neuen Zusammenhang einzufügen. Aber man führt nicht ohne Recht ins Feld, dass das kleine Buch gerade in seiner ursprünglichen Gestalt eine gewisse Bedeutung für die Orientierung in der Religionsgeschichte bekommen hat und deshalb ohne allzu große Veränderungen zugänglich gemacht werden sollte. Es wird daher in einer durchgesehenen Auflage mit einigen Verbesserungen und kleineren Zusätzen aufs Neue vorgelegt. Ich füge zwei andere Darstellungen späteren Datums an, die denselben Gegenstand behandeln und ihn aus unterschiedlichen Gesichtspunkten beleuchten.

Nathan Söderblom

[9] 1. Offenbarungsreligion[1]

Einige Gesichtspunkte

Der Beitrag der historischen Keilschriftzeugnisse zur Bestätigung oder Korrektur alttestamentlicher Geschichtsschreibung und der noch heute im modernen Geistesleben spürbare, in seinem Umfang und seinen Äußerungen längst nicht zureichend erforschte Einfluss der babylonischen Kultur auf die antike Welt, von der Israel einen geringen Bestandteil darstellte, ein Einfluss, der offensichtlich völlig vergleichbar ist mit dem, den das Geistesleben Griechenlands und in begrenzterem Umfang in späterer Zeit die Kultur Frankreichs ausgeübt haben, – stellen ein für Israels

---

1 [Ursprünglich erschienen in der Festschrift zum 90. Geburtstag von C.A. Torén; Skrifter i teologiska och kyrkliga ämnen, 1903; auch als Separatdruck im gleichen Jahr.]

geistige Erbin, die christliche Kirche, wichtiges und bemerkenswertes Faktum dar. Durch Professor Friedrich Delitzschs Aufsehen erregendes Auftreten gelangte die Sache zu allgemeinerer Kenntnis außerhalb der modernen Freimaurerei der wissenschaftlich Gebildeten. Das hätte keineswegs die Unruhe und Verwirrung hervorrufen müssen, von der ein gut Teil der Babel-Bibel-Literatur in Deutschland und anderswo zeugen, sofern man nicht unevangelischen und von der theologischen Wissenschaft überholten Theorien buchstäblicher Unfehlbarkeit und unhistorischen, mechanischen Offenbarungsbegriffen noch immer [10] erlaubt hätte, aus jeder neuen Erkenntnis einen Schreckschuss zu machen und die eigenen Waffen den Widersachern der Offenbarung zu überlassen, und sofern man es nicht für klug und angebracht hielte, der Gemeinde Einsichten vorzuenthalten, die sich nicht bestreiten lassen und die in Wirklichkeit gar nicht dazu angetan sind, den christlichen Glauben zu schwächen oder zu beunruhigen. Die wunderbare Eigenart, der sichere Instinkt und die umformende Kraft der mosaischen Religion sind niemals klarer hervorgetreten als beim Vergleich der Schöpfungs- und Sintfluterzählungen im Zweistromland mit deren Umgestaltung im biblischen Buch des Ursprungs, wo der rohe, prächtige Erzblock des Polytheismus und der Mythologie Babylons durch die prophetische Gotteserkenntnis umgeschmolzen und geformt wird, oder beim Vergleich der in einem Opfer- und Festkalender aus Assurbanipals Bibliothek angegebenen Unglückstage, die Delitzsch meinte als Ursprung des Sabbats bezeichnen zu können, weil eine uns aus der Religionsgeschichte gut bekannte abergläubische Furcht an diesen gefährlichen Tagen dem König, dem Priester und dem Magier bestimmte Verrichtungen verbot, mit der mosaischen Sabbatsfeier und dem Ruhetag, einer Einrichtung, die ohne Gegenstück ist und zu den in sozialer und ökonomischer Hinsicht bedeutungsvollsten Institutionen gehört, welche die Weltgeschichte kennt. Von den Ausgrabungen in jenem fernen, halbtoten und öden Land, das einst ein Paradies war und das nicht selber für das Bildungsstreben und die Umsicht des Abendlandes in Vergessenheit geraten darf, da es uns mit neuen Schätzen des Wissens bereichert, und angesichts der panbabylonischen Begeisterung ebenso wie der ernsthaften assyriologischen Forschung, die nunmehr [11] auch in unserem Land repräsentiert ist, braucht die Gemeinde sich nicht gestört und beunruhigt zu fühlen, sondern sie braucht Aufschluss und kann in vollkommener Ruhe abwarten.

In Friedrich Delitzschs Darstellung fand sich anderes als Feststellungen und Schlussfolgerungen aus bekannten oder wahrscheinlichen Fakten. Sie enthält einerseits die sensationelle Neuigkeit vom uralten Ursprung des Monotheismus und des Jahwenamens, andererseits eine allgemeine Theorie von Offenbarung und Religion.

Was das Erste angeht, so scheint die Lesung der schon von Sayce und Hommel bemerkten Eigennamen auf Tontafeln aus der Zeit des weisen und großen babylonischen Königs Hammurapi in der Mitte des dritten Jahrtausends v. Chr., aus denen Delitzsch so weitreichende Schlüsse zieht, ziemlich unsicher zu sein. Die Namen sollen bedeuten: »Jahwe ist Gott«. Auf jeden Fall ist das Vorkommen des verwandten Gottesnamens Jahu oder Jah vor der Zeit des Mose in Mesopotamien und Kanaan gut bezeugt. Aber selbst wenn es den Jahwenamen in diesen Gegenden Jahrtausende vor dem Auftreten des Mose gegeben hat, so beweist das nichts für das Vorkommen des zu einem wirklichen Monotheismus führenden, persönlich und geschichtlich bestimmten, ethischen und geistigen, exklusiven Jahweglaubens, der Israels Eigenart in der Religionsgeschichte ausmacht. Eine vage Vermutung ist alles, was sich zugunsten von Delitzschs Theorie eines alten babylonischen Monotheismus anführen lässt. Dazu kann man lediglich sagen, dass diese Vermutung allem widerstreitet, was uns aus dem zugänglichen religionsgeschichtlichen Material innerhalb und außerhalb des Zweistromlandes bekannt ist, und dass die Aufstellung einer solchen Theorie bei allem Respekt als [12] unbewusst tendenziöse oder zumindest auf mangelhafter religionsgeschichtlicher Orientierung beruhende, höchst unwahrscheinliche Schlussfolgerung des berühmten und ausgezeichneten assyriologischen Forschers bezeichnet werden muss.

Historische Einsicht und Übersicht sind eine Fessel insofern, als man durch sie daran gehindert wird, alles Mögliche zu vermuten. Wer nicht über sie verfügt, besitzt eine glückliche Freiheit. Ihm fehlen die Voraussetzungen dafür zu verstehen, warum man nicht erwarten kann, Propheten und Monotheismus in Mesopotamien ebenso auszugraben, wie sie sich in Israel gefunden haben.

Dagegen ist es nichts Unerhörtes, sondern völlig analog zu dem, was uns über die höheren Entwicklungsstadien des Polytheismus schon wohlbekannt ist, wenn Delitzsch auf die Tendenz hinweist, die Götter zusammenzufassen und den einen als Offenbarungsform des anderen zu betrachten. Seine Worte in *Babel und Bibel* lauten: »... freie, erleuchtete Geister ... lehrten [offen], dass Nergal und Nebo, Mondgott und Sonnengott, der Donnergott Ramman und alle anderen Götter eins seien in Marduk, dem Gotte des Lichtes.«[2] In den fast ein Jahr später, auf Januar 1903 datierten und veröffentlichten Anmerkungen zum ersten Babel-Bibel-Vortrag wird die Urkunde angegeben, auf die sich dieser Satz stützt, eine Keilschrifttafel, die von Theo. G. Pinches im Journal of the Transactions of the

2 [FRIEDRICH DELITZSCH, *Babel und Bibel* (Erster Vortrag), 1902, 49.]

Victoria Institute veröffentlicht wurde. Auf dieser Tafel werden die vornehmsten Gottheiten des babylonischen Pantheons aufgezählt, und jedem einzelnen wird als Apposition oder Erklärung der Name von Babels Stadtgott Marduk mit näherer Bestimmung hinzugefügt. Das lautet nach Delitzschs Übersetzung so:
[13] Ninib, Marduk der Kraft,
Nergal, Marduk des Kampfes,
Zamama, Marduk der Schlacht,
Bel, Marduk der Herrschaft usw.[3]

Delitzsch fasst diese Liste als Zeugnis dafür auf, dass die übrigen Götter in Marduk aufgehen. H. V. Hilprecht, der wissenschaftliche Leiter der Ausgrabungen der University of Pennsylvania, deutet Marduk als allgemeine Bezeichnung für »Gott«, so wie der Name Istar verwendet werde, um »Göttin« zu bezeichnen. Die Liste würde dann ganz einfach davon sprechen, dass Ninib der Gott der Kraft, Nergal der Kampfesgott ist usw. Auf jeden Fall tut man [jedoch] gut daran zu beachten, zum einen dass es ein weiter Weg ist von dem in den späteren Stadien des Polytheismus überall spürbaren Einheitsstreben und der Verherrlichung einer Gottheit dadurch, dass man sie über die anderen setzt oder indem man diese einfach zu seinen verschiedenen Gestalten macht – bis zu dem ethischen, wirklichen Monotheismus, zum anderen dass diese Inschrift einer späten Zeit angehört, dem neubabylonischen Reich.

Was Friedrich Delitzschs allgemeine Religions- und Offenbarungstheorie angeht, so steht ein Teil seiner kirchlichen und jüdischen Widersacher in Deutschland ihm an ungeschichtlicher, apriorischer Rechenkunst in nichts nach, wenngleich in entgegengesetzter Richtung. Sie wissen von vornherein, dass Gott eine Offenbarung gegeben haben muss. Er berechnet ebenso von vornherein, dass Gott uns eine solche nicht gegeben haben kann. Denn »die Hand aufs Herz – wir haben ausser der Gottesoffenbarung, die wir ein jeder in uns in unserm Gewissen tragen, eine weitere persönliche Gottesoffenbarung gar nicht *verdient*.«[4] Die Frage der Religion ist demnach für [14] Delitzsch, was wir *verdient* haben oder nicht. Kann man anders als Gunkel Recht geben in dem, was er in einer der besten Schriften, die der Babel-Bibel-Streit hervorgebracht hat, über Delitzschs Theologie sagt? [Nämlich] »dass ein solcher geschichtsloser Rationalismus ziemlich die dürftigste Auffassung von Religion ist, die jemals existiert hat, und

3 [Vgl. DELITZSCH, op. cit., [5]1905, 81 f.]
4 [FR. DELITZSCH, *Babel und Bibel*, Zweiter Vortrag, 1903, 20.]

dass wir uns bisher dem Wahne hingegeben haben, dass solche theologische Stellung längst überwunden sei und nicht wiederkommen werde.«[5] Gunkel versucht Delitzsch psychologisch zu verstehen, so, dass dieser in den Kreisen, von denen er früher seine Vorstellungen von der Theologie bezogen hatte, »eine ziemlich krasse, um es mit starkem, aber deutlichem Wort zu sagen *mythologische* Auffassung von Offenbarung empfangen hat«, und jetzt, da er deren Unhaltbarkeit erkennt, Räsonnements« aus dem alten Arsenal des Rationalismus hervorholt, statt sich die höhere, organische Auffassung anzueignen, die in der Theologie den Gegensatz abgelöst hat, innerhalb dessen sein Gedankengang sich bewegt.

Der Rationalismus war indessen als Frömmigkeit weit besser als sein Ruf. Das scharfe Urteil über die Religionstheorie des angesehenen Assyriologen darf uns in gar keiner Weise daran hindern, das ernste, warme und an den Entdeckungen und seinen Schlussfolgerungen über die uralte babylonische Götterlehre sich erbauende religiöse Gefühl anzuerkennen, das in seinem Vortrag zum Ausdruck kommt. Er ist nicht umsonst Franz Delitzschs Sohn. Er vergleicht die Schmähung, die der alte Exeget wegen seines mutigen, aufrichtigen und berüchtigten »Abfalls« zu Wellhausens Grundauffassung in der letzten Auflage seines Genesiskommentars von 1887 zu erleiden hatte, in mehreren wichtigen Punkten mit dem, was er [15] selbst anlässlich seines sensationellen Auftritts zu lesen und zu hören bekam. Er hat Recht darin, dass der Ton einer bestimmten Art evangelischer und römischer Polemik sich gleich geblieben ist, aber er scheint nichts zu ahnen vom Vorhandensein einer anderen Religionsauffassung als dieser und derjenigen, zu der er selbst übergegangen ist.

I.

In der weiteren Babel-Bibel-Diskussion sind die Gesichtspunkte vielfältiger und tiefer geworden. Mehrfach ist der Hauptton auf einen Vergleich zwischen der *moralischen* Höhe von Hammurapis mehr als fünftausendjährigem, jetzt im Louvre verwahrten Gesetz und dem mosaischen gelegt worden.

Israel steht bei einem solchen Vergleich nicht schlecht da. Doch sind dazu drei Bemerkungen zu machen.

1. Eine Zusammenstellung einzelner Vorschriften ist misslich und unzuverlässig. Um von Wert zu sein, muss der Vergleich von einem Gesamtbild der sittlichen Grundgedanken ausgehen, die teils in der Umdeutung und Umformung der alten Tabubräuche und der Sitten, teils in den durch

---

5 [HERMANN GUNKEL, ebd., wie S. 13, Anm. 4, 39 f.]

neue soziale und ökonomische Verhältnisse erforderten Bestimmungen der beiden Gesetzessammlungen zutage treten.

2. Des Weiteren muss mit ins Kalkül gezogen werden, dass der Vergleich angestellt wird zwischen der ältesten und am weitesten fortgeschrittenen Kulturgesellschaft der damaligen Welt (neben Ägypten), die sich zur Zeit des Hammurapi im dritten Jahrtausend vor Christus vielleicht bereits Jahrtausende zuvor über das Stadium der Barbarei erhoben hatte, Ackerbau und Stadtkultur betrieb und [16] jetzt ein Großstaat mit komplexem Instrumentarium und einer hochentwickelten, in Sitte und Gesetz zum Ausdruck kommenden Kunst der Verwaltung und Kunst des Zusammenlebens war – und auf der anderen Seite einem kleinen Volk, das sich [noch] kurz zuvor, d.h. einige Jahrhunderte vor der Sesshaftigkeit, wovon die Gesetzesbestimmungen des Pentateuchs zeugen, im Stadium der Stammes- und Klanorganisation befunden hatte. Behält man das im Blick, dann versteht man, warum Israels Gesetzgebung – mit gewichtigen Einschränkungen – Blutrache zuließ, [nämlich] als Anfang eines wenn auch noch so primitiven Rechtsschutzes für das Leben des Einzelnen, der darin liegt, während Hammurapis Gesetz, das für eine alte, hoch entwickelte Gesellschaft bestimmt war, »ihre Spuren fast völlig getilgt hatte«.[6] Das ist ein Altersunterschied, zu dem sich unzählige Entsprechungen aufzeigen ließen. Auch in Israel trat das Königtum mit seinen höher entwickelten Rechtsverhältnissen gegen die Blutrache auf (2. Sam 14, 8ff). Israel fehlten die Fortschritte und Segnungen der Kultur. Aber Babel fehlte die höhere prophetische Gotteserkenntnis.

3. Am wichtigsten ist die Bemerkung, dass ein Vergleich von Gesetzesgeboten und moralischen Vorschriften keine wirklich *religiöse* Beurteilung Babels und Israels liefern kann. Die Religion ist kein »du sollst«, und ihr Wert lässt sich nicht an dem Entwicklungsstand messen, den die sittlichen Verhältnisse unter den Menschen erreicht haben. Vielmehr sucht man in der Religion Hilfe und Leben. Was hilft es dem Menschen, die höchste Weltklugheit und Menschenkenntnis zu besitzen, das beste Gesetz, ja, das schönste Ideal, wenn der Glaube und die Hoffnung trügen, wenn der Himmel verschlossen und die geistige Sonne, welche die [17] göttliche Kraft und Liebe ist, sich verdunkelt, so dass der Geist der Kälte und Leere überlassen ist? Eine hohe, strenge und feinfühlige Moral ohne Religion ist eine prächtige und bewundernswerte Armut, der gegenüber Religion ohne Mo-

---

6 [FR. DELITZSCH, *Babel und Bibel*, 2. Vortrag, 1903, 26. Söderblom setzt statt der hier markierten Worte den Passus »Anfang eines … Rechtsschutzes für das Leben des Einzelnen« in Anführungszeichen – sicher ein Versehen, denn sie stellen seine eigene Interpretation dar und stehen nicht bei Delitzsch.]

ral eine schändliche Anspruchshaltung ist, ein unwürdig besessener Reichtum. Aber das ändert nichts daran, dass der Mensch überhaupt nicht von Moral lebt, sondern von Religion, von Gottvertrauen. Harald Høffding hat in seiner Religionsphilosophie versucht, das Lebensnotwendige, das der Mensch in der Religion sucht, auf einen minimalen, wirklich so weit wie möglich reduzierten Ausdruck zu bringen, wenn er Religion den Glauben nennt, dass das Wertvolle Bestand hat.[7] Aber selbst in dieser minimalen Definition, die vermutlich von der physikalischen Hypothese von der Erhaltung der Energie inspiriert ist und das Geringstmögliche eher unterbietet als umgekehrt, liegt, dass der Wert der Religion letztlich an der siegreichen Gewissheit und an den Garantien gemessen werden muss, die sie für Wert und Sinn des Lebens zu bieten vermag, wenn es entsprechend seinem nach Auffassung der Religion wahren Gehalt gelebt wird, und dass kein Vergleich zwischen Moralgeboten die Religionen, mit denen sie historisch mehr oder weniger eng verbunden sind, diese angemessen würdigen kann.

Natürlich kommt die Moral beim Studium und der Einschätzung einer Religion in Betracht, und zwar in zwei Hinsichten, einerseits im Blick auf die Beschaffenheit der Moral, andererseits, und das ist das Wichtigste und Grundlegende, im Blick auf die Art der Verbindung, in der die betreffende Religion zum sittlichen Leben steht. Aber zuerst und zuletzt muss eine Religion nach ihren *religiösen* Ressourcen beurteilt werden. Es ist unmöglich, mit Israels [18] Religion zurechtzukommen und ihren Platz in der Religionsgeschichte zu erkennen, ohne einen religiösen Maßstab anzulegen. Es liegt in der Natur der Sache als eine Selbstverständlichkeit, dass in Bezug auf die Religionen *die religiöse Kraft* und nichts anderes zuinnerst und zutiefst den Ausschlag geben soll. Aber die Sache wird in der Religionswissenschaft unserer Tage ganz sicher nicht anerkannt und angewandt. Das Üblichste und im Großen und Ganzen Unbestrittene dürfte sein, das Ethische zum entscheidenden Grenzstein in der Religionsgeschichte zu machen, die Religionen nach der Moral zu ordnen und zu beurteilen. Wer würde nicht sehen, welche unerhörte Bedeutung dieser Gesichtspunkt hat und wie eng er mit der Frage nach der religiösen Kraft zusammenhängt. Trotzdem ist das nicht der Gesichtspunkt der Religion selbst. Denn die Frage, die man an die Religion stellt, ist *letztlich* nicht die: Wie willst du mein Leben gestalten, sondern die: Kannst du mein Leben retten und erhalten, damit ich nicht in Sinnlosigkeit und Verzweif-

Kraft

---

7 [Vgl. HARALD HØFFDING, *Religionsphilosophie* (dt. v. F. Bendixen), 1901, 167, wo »unter Gott das Prinzip der Erhaltung des Wertes in der Wirklichkeit« verstanden ist.]

lung untergehe; wenngleich man die zweite Frage niemals von der ersten trennen kann.

Es war ein Wort zur rechten Zeit, wenn Eduard Geismar nicht ohne eine gewisse paradoxale Zuspitzung, die ich in Kauf nehme, über die alttestamentliche Frömmigkeit schrieb: »Lass ihn nur stehen bleiben, den Zug von Egoismus; darin liegt die erzieherische Kraft der Religion. Israels Stärke ist nicht eine hohe Moral, es ist Religion, ist Glaube. Es gibt keine größere Verzerrung der Geschichte Israels, als sie in einen modernen Religionsbegriff zwängen zu wollen, wo Religion ein Appendix der Moral sein soll.«[8]

Ist die Moral tiefer im menschlichen Leben verankert als das Religiöse, so dass die Religion sich auf die Moral gründen muss, um [19] überhaupt einen belangvollen Ort darin zu bekommen? Ist die Moral das einzig Gewisse im Reich des Geistes, so dass die Religion ihre Gewissheit und Wirklichkeit von ihr beziehen müsste, wenn sie überhaupt eine solche besitzen soll? Es ist eine sich hartnäckig haltende, aber nichtsdestoweniger unrichtige Vorstellung, dass die Wurzeln der Moral tiefer und weiter verzweigt ins menschliche Leben hinabreichten als die der Religion. Die Religion steht für sich selbst, sowohl in der Geschichte als auch im Leben der Seele. Wenn es etwas gibt, das als Resultat der Religionsforschung des vergangenen Jahrhunderts bezeichnet werden kann, dann ist es die Einsicht, dass Grund und Wesen der Religion durch Verlegung in den Willen ebenso wenig zureichend erklärt werden kann wie durch Verlegung in den Intellekt, wenngleich sie sich in beiden äußern muss, und dass die Religion auch nicht mit Hilfe der üblichen Dreiteilung der menschlichen Vermögen in Verstand, Willen, Gefühl als Sache des Gefühls begriffen werden kann, wiewohl sie im Gefühlsleben eine große Rolle spielt; ihre Wurzeln liegen tiefer, in einem eigenen Zentralorgan des Menschen, in seinem Geist. Pascal nannte dieses Zentrum »das Herz«. Schleiermacher hat die Sache in seinen Reden untersucht und geklärt und er hat gezeigt, dass der Ort, an dem die Religion ihr eigenes, eigentliches Leben hat, im Innersten des Einzelnen gelegen ist, wo das ewige, göttliche Leben sich in der Seelentiefe tiefer Quelle spiegelt, wenn deren Spiegel klar ist. Dieselbe Erfahrung und Einsicht, die sich in der Religionswissenschaft mit Schleiermacher verknüpft, findet man, wenn man genau hinsieht, trotz der tiefen Ungleichartigkeit, unter verschiedenen Bezeichnungen in jedem tiefen und innerlichen Gemüt außerhalb der biblischen Religionen ebenso wie innerhalb ihrer wieder. Der Ort der Religion im [20] Menschen ist sein Geist. Der

---

8 [EDUARD GEISMAR, *Kristendom og Udvikling*, 1903, 94.]

Mensch ist, wie Rudolf Eucken schreibt, ein Treffpunkt verschiedener Arten und Grade von Wirklichkeit.[9]

II.

Vergleichen wir Babel und Bibel aus religiösem Gesichtswinkel, so macht sich eine Ungleichheit bemerkbar, die sich vergrößert und umfassende Bedeutung gewinnt, wenn wir die Religionsgeschichte im Ganzen überblicken. Die Ungleichheit lässt sich näherungsweise mit der Bezeichnung andeuten, die ich über diesen Aufsatz gesetzt habe: *Offenbarungsreligion*. In dieser Bezeichnung kommt die Eigentümlichkeit der prophetischen Religion im Gegensatz zu Naturreligion oder *Kulturreligion* zum Ausdruck.

Diese beiden Bezeichnungen, Offenbarungsreligion und Kulturreligion, sind einer doppelten Erklärung höchst bedürftig, ehe wir auf die Ungleichheit eingehen, die ich damit anzeigen will.

1. Das Wort Offenbarung wird in diesem Zusammenhang in einem besonderen Sinn verwendet. Eine Offenbarung Gottes findet sich, wo immer sich wirkliche Religion findet. Wo man Gott kennt, und sei es unvollkommen und durch eine verzerrende Brille gesehen, da hat er sich in irgendeiner Weise erkennen lassen, sich bekannt gemacht. Die beiden anderen Erklärungen für den Gottesglauben und die Wahrheit, außerhalb der biblischen Offenbarung, scheitern hoffnungslos. Ist alle außerchristliche Frömmigkeit und Tugend ein Werk des Teufels, eine von den Dämonen bewerkstelligte Karikatur, wie wir bei Augustin lesen können, wie kann sie dann wahr sein und in wichtigen Stücken mit dem christlichen Glauben übereinstimmen? Muhammed glaubte, dass die Dschinnen sich anschleichen [21] würden, um aufzuschnappen, was im Himmel gesprochen wurde (Koran 37,7 ff und andere Stellen). Wenn die Wahrheit über Gott, die sich in außerbiblischer Religion findet, der menschlichen Vernunft eigenes Werk ist, wie man von den Apologeten der Alten Kirche an bis zu jeder Theorie über »natürliche Religion« gelehrt hat, wo soll man dann in den Religionen der Bibel die Grenze zwischen Göttlichem und Menschlichem ziehen? Justin mit seiner Sympathie für die griechische Philosophie und seiner Lehre vom logos spermatikos, dem in der Menschheit ausgebreiteten, samenartig (sperma) ausgestreuten göttlichen Wort, und Tatian mit seinem Stolz, Barbar zu sein, und seiner Verachtung für die Griechen repräsentieren zwei konstante Richtungen in der christlichen Apologetik. Sollten ähnlicher Vorsehungsglaube, religiöser Ernst und fromme Lebensweisheit bei

9 [Vgl. z.B. Rudolf Eucken, *Prolegomena zu Forschungen über die Einheit des Geisteslebens*, 1885, 32–35; ders., *Die Einheit des Geisteslebens*, 1888, 365. 474.]

Sokrates, Seneca oder Epiktet teuflischer Betrug oder eigenmächtige Weisheit des Menschen sein, bei den Psalmisten, Paulus und Tertullian dagegen Gottes Werk? Nein, der Glaube an Gottes allgemeine Offenbarung drängt sich uns unabweisbar auf, sobald wir im Ernst mit außerchristlicher Religion Bekanntschaft machen, selbst wenn diese niedrig, tief verkommen oder »unwissend« (Eph 4,18) erscheint, wie laut sie auch nach dem Evangelium des Kreuzes rufen mag. Letztlich leitet sich alle Gewissheit Gottes und des Göttlichen von intuitiver Gotteswahrnehmung her. Darin geben wir Troeltsch und Gunkel und allen den Jüngeren Recht, die mit dem Glauben an Gottes allgemeine Offenbarung Ernst machen wollen. *Keine Religion ist Kulturprodukt*, sondern alle Religion beruht auf einer Offenbarung.

Das ist ein alter christlicher Gedanke. Teils durch den exklusiv theologischen Gesichtspunkt, der die Theologie [22] verschiedener Richtungen im vergangenen Jahrhundert kennzeichnet, teils durch die geringere Vertrautheit mit der Literatur und den geistigen Schätzen der Antike haben wir etwas von dem gesunden, unmittelbaren, erhebenden Gefühl verloren, das ältere Theologen in starkem Maße hatten[10], dass es derselbe, unser Gott war, der Sokrates von der sich aufdrängenden Konsequenz des Selbstmords zurückhielt[11], »auf dem Posten, auf den wir gestellt sind und den wir niemals eigenwillig verlassen dürfen«[12], derselbe Gott, der Seneca begegnete, »wohin er sich auch wandte«, von dem er wusste, dass »er alles bewegt« und dass »er nicht durch fette Leiber geschlachteter Ochsen oder durch aufgehängte goldene und silberne [Weihgeschenke] verehrt wird oder durch Spenden für den Tempelschatz, sondern durch einen frommen und redlichen Willen« sowie durch Gebet: »Bitte um eine gute Gesinnung, um Gesundheit der Seele, sodann um die des Leibes. [...] Bitte den Gott mit Freimut«[13]; derselbe, unser Gott, der Epiktet sein starkes, ergebenes Gottvertrauen gab: »Eben das, was geschieht, will ich am liebsten; ich bin

10 JOHAN HENRIK THOMANDER, *Parallelställen till den christna sede- och trosläran, hemtade ur den classiska hedendomens skrifter*, Theologisk Quartalskrift 1831, 1–61.

11 Vgl. vom Vf.: *La vie future d'après le Mazdéisme à la lumière des croyances parallèles dans les autres religions. Étude d'eschatologie comparée* (AMG 9), 1901, 389f. [Das ist Söderbloms Dissertation.]

12 [Freie Wiedergabe von PLATON, *Phaidon* 62b4–5: »... wir Menschen sind wie auf einem Wachtposten, von dem man sich nicht entfernen und weglaufen darf.«]

13 [LUCIUS ANNAEUS SENECA, *De beneficiis* lib. IV, VIII,2 (im Original 2. Pers. sg.); ders., *Epistulae morales ad Lucilium* 31,10 (Söderblom übersetzt mit Thomander »dass er alles trägt«); 115,5 (Söderblom schreibt mit Thomander: »Geld, das in die Sparbüchsen geworfen wird«); 10,4; alles zit. nach dem Originaltext in der lat.-dt. Ausgabe von M. Rosenbach, L. Annaeus Seneca, Philosophische Schriften, Bd. 3–5, 1980.1984.1989. Thomanders Version: ebd. (Anm. 50), 51.47.17.19.]

mit meinem Los zufrieden; denn lieber will ich, was Gott will, als das, was ich will. Ihm will ich in Liebe anhangen als Diener und treuer Sklave; sein Trachten soll das meine sein, sein Beginnen das meine, kurz: sein Wille der meine«.[14] Wäre dieses Gefühl heute lebendig, gäbe es Resonanz auch in kirchlichen Kreisen für Nebukadnezars Gebet zu Marduk:

[23] »Ein Herrscher, der dir gehorcht, bin ich, deiner Hände Werk bin ich. Du hast mich geschaffen, und du hast mir die Herrschaft über die Menschheit anvertraut, o Herr, nach deiner Barmherzigkeit, die du allen erweisest. Hilf mir, dass ich deine hohe Führung lieben möge. Pflanze meinem Herzen die Ehrfurcht vor deiner Göttlichkeit ein, gib mir, was dir gut scheint, denn du bist es, der die Herrschaft über mein Leben innehat!« –

oder für den Klageruf zu Ischtar:

»Ich, dein Diener, bete seufzend zu dir, die du eines Sünders inniges Gebet erhörst, deren Blick einem Menschen Leben schenkt. O du Allmächtige, Herrscherin der Völker, du Barmherzige, die sich gnädig zuwendet und eines Beters Gebet annimmt.«[15]

Friedrich Delitzschs Begeisterung für das Erhabene und Starke, das er in den Äußerungen babylonischer und assyrischer Frömmigkeit gefunden hat, enthält eine Reaktion auf die engere Sicht, die in vielen Fällen die im vorigen Jahrhundert geschärfte Aufmerksamkeit für den Wahrheitsgehalt der biblischen Offenbarung begleitet hat. Auch die Heiden wussten, dass sie »seines Geschlechts sind«. Sie »tasteten sich zu ihm hin« [Act 17,27 f]. Und »er hat sich nicht unbezeugt gelassen« [Act 14,17]. Man lese nur, was Origenes über solche Texte schreibt. Es ist hohe Zeit in der Ära der Weltmission und der weltweiten Kommunikation und der schließlich in *einem* gewaltigen Fahrwasser [24] zusammenfließenden Zeitläufte der Weltgeschichte, dass die Kirche sich mit dem Gedanken der allgemeinen Offenbarung Gottes vertraut macht.

2. Das war die eine Seite der Sache. Auf der anderen Seite verlangt jede höhere Religion nach einem gewissen Maß an Kultur als notwendiger Voraussetzung. Das gilt auch für die prophetische Religion. Keine Erschei-

---

14 [EPIKTET, *Diatribai* Buch IV, VII, 20, von Söderblom nach Thomanders recht freier Übersetzung wiedergegeben. Die Worte »ich bin mit meinem Los zufrieden«, »in Liebe«, »treuer«, sind Thomanders Zusätze.]

15 [Nach der von Söderblom benutzten schwedischen Übersetzung von DAVID W. MYHRMAN ([in: ders., *Babel – Bibel eller Bibel – Babel. Föredrag vid de Akademiska Sommarkurserna i Uppsala 1903*, 1903, 39 f. 43). Söderblom hat diesen Vortrag sicherlich gehört. Myhrman, damals Dozent für Assyriologie in Uppsala, stellt bei seinem Vergleich der Religionen Babylons und Israels neben Ähnlichkeiten auch grundlegende Differenzen fest. Delitzschs polemische Erörterung von Offenbarung und Inspiration weist er als Überschreitung religionswissenschaftlicher Kompetenz zurück (11).]

nung in der Religionsgeschichte, keine Offenbarung ist wie ein Deus ex machina ohne vorgegebene kulturelle Bedingungen auf den Plan getreten. Wir werden darauf zurückkommen.

Die Ausdrücke Kultur und Offenbarung dürfen deshalb nicht als einander ausschließend aufgefasst werden. Auf dem Boden der Geschichte gibt es überhaupt keine Grenzen, die vollständig ausschließen. Das ändert nichts an dem Recht und der Notwendigkeit des Versuchs, den unterschiedlichen Gehalt, der in der Geschichte hervortritt, klar herauszuarbeiten.

Wir stehen hier an der bedeutungsvollsten Hauptgrenze, welche die Religionsgeschichte aufzuweisen hat. Diese ist nicht ein Querschnitt durch die Stränge der Entwicklung, wo ein neuer Schuss eingreift, sondern ein Längsschnitt entlang der Kette des Gewebes. Diese Unterscheidung im Längsschnitt erstreckt sich so weit zurück, wie unser Blick von Mose an in Israels Geschichte einigermaßen klar sieht, umfasst aber auch bestimmte Erscheinungen außerhalb von Israels Terrain.

C. P. Tiele hat in dem ersten Versuch einer Philosophie der Religionsgeschichte, der auf der Grundlage einer reicheren und allseitigeren Kenntnis dieser Geschichte unternommen worden ist, »das Gesetz der Einheit des menschlichen Geistes« aufgestellt und auf das Verhältnis zwischen der Entwicklung der Religion und der allgemeinen Kulturentwicklung angewandt.[16] Dieser Satz ist insoweit [25] wahr, als eine höhere Kultur auf die Dauer niemals fehlen kann, auf die Religion Einfluss auszuüben. Doch wenn damit gemeint ist, dass die allgemeine Entwicklung des menschlichen Geistes in der Bildung, in der Beherrschung der Natur, im Zustand der Gesellschaft, in Wissenschaft, Kunst und Moral ihre Entsprechung in seiner Religion findet, so dass die höhere Religion die höhere Kultur begleitet, dass Religion und allgemeine Bildung bei ihrer Wanderung durch die verschiedenen Epochen und Hauptformen Seite an Seite auftreten, so hält der Satz nicht Stich, oder richtiger, er teilt die Religionsgeschichte in zwei ungleiche Teile, von denen der eine das Gesetz der Einheit des menschlichen Geistes bekräftigt, der andere ihm radikal widerspricht.

Werfen wir einen raschen Blick auf den unvergleichlich umfassenderen und weniger inhaltsreichen dieser Teile! Ich lasse dabei nicht bloß die in Dunkel gehüllten Anfänge, sondern auch die bei den niedersten Völkern wahrzunehmenden Andeutungen präanimistischer religiöser Vorstellungen beiseite.[17] Wir sehen sogleich, wie die allgemeine Kulturentwicklung mit

16 [Cornelis Petrus Tiele, *Einleitung in die Religionswissenschaft*, dt. v. G. Gehrich, 2 Bd., 1899–1901.]
17 [Damals war der Animismus, d. i. die Theorie von Edward B. Tylor, welche den Ursprung der Religion aus der Vorstellung vom Umgehen der Seelen der Toten oder von der Beseelung von Gegenständen erklärt, in der Religionswissenschaft

allem, was dazugehört, die deutlichen, charakteristischen Fortschritte in der Entwicklung der Religion zuwege bringt. Die Klanreligion, die Stammesreligion, die Volksreligion haben ihre Namen von Stadien der Gemeinschaftsbildung. Der Ackerbau mit seinen festen Wohnsitzen bekommt eine durchgreifende Bedeutung für die Religion. Mehrere Dörfer und Orte werden zu größeren Einheiten zusammengefasst. In einem ziemlich verwickelten Prozess, der natürlich an verschiedenen Orten verschiedene Gestalt annimmt, im Grunde aber doch einheitlich ist, werden die Götter in der Volksreligion durch Zusammenlegung und Aussonderung zu einem Götterstaat versammelt, geordnet nach verschiedenen Lebensbereichen. Der Polytheismus, der mit der Volksreligion [26] aufkam, ist eine späte Erscheinung in der Religionsgeschichte und erweist sich als religiöser Fortschritt im Gleichklang mit politischer und kultureller Entwicklung. Er bringt im Vergleich zu dem engen religiösen Gesichtskreis der Stämme und der einzelnen Orte Ordnung und vermehrten religiösen Reichtum, größere geistige Macht und Geborgenheit mit sich.

Eine einzige Beobachtung reicht aus, um das darzutun. Nach antiker Auffassung ist der Gott allein im Gebiet seines Landes Herr, allein dort ist er beheimatet und in der Lage zu helfen. Als Benhadad und seine Syrer von Ahab besiegt worden waren, kamen die Hofleute des Königs von Syrien und »sprachen zu ihm: Ihre Götter sind Berggötter, darum haben sie uns überwunden. Aber wenn wir mit ihnen in der Ebene kämpfen könnten – was gilt's, wir wollten sie überwinden!« (I Reg 20,23).

Für den, der größeren und umfassenderen göttlichen Schutz gewinnen will, gilt es daher, seine Religion nach Möglichkeit mit mehreren Göttern anzureichern und auf diese Weise allmählich ein Pantheon auszubilden, sofern die Gelegenheit dazu gegeben ist.

Ein anspruchsloser Anfang zur Ausbildung eines Pantheons wurde in Israel von der neuen, kraftvollen Dynastie gemacht, die mit Omri auf den Thron kam. Sein Sohn Ahab (911–889) war mit einer tyrischen Prinzessin verheiratet. Für Melkart, den tyrischen Baal, errichtete er mitten in der neuen Residenzstadt Samaria einen prächtigen Tempel mit einem Stab von Propheten. Keineswegs wollte er in irgendeiner Weise Jahwe verdrängen. In den Namen seines Sohnes ging der Jahwename in seiner Kurzform ein. Er demütigte sich vor Elia, Jahwes Prophet. Aber aus [27] politischen Gründen und auch aus leicht einzusehenden religiösen Gründen

sehr verbreitet, aber nicht mehr unumstritten. Ein Pionier der Neuorientierung war Tylors Schüler ROBERT RANULPH MARETT, auf den Söderblom hier anspielt. Er hatte die Religion auf etwas Elementareres als die Seelen- und Geistvorstellung zurückgeführt, nämlich auf die Ehrfurcht (awe) vor einer übernatürlichen Macht: *Pre-animistic Religion*, in: Folkl. 11/1900, 162–182, bes. 178 f. 181 f.]

nahm er, im Zusammenhang mit einem Bündnis und näheren Beziehungen zu Tyrus, dessen Nationalgott neben seinem eigenen auf – ganz im Stil des Voranschreitens aller antiken Religion. Da trat eine merkwürdige, gewaltige Gestalt auf, kantig und unnachgiebig wie Granit. Elia wusste, dass Jahwe niemanden neben sich duldete. Er war eine gegen andere Götter ungastliche, eifernde Gottheit.

In Juda ging man weiter. Mit offenem Blick für die Erfordernisse und herrschenden Wünsche der Zeit richtete Ahas (741–726) in einem Saal des Palastes einen Kult der Himmelskörper nach babylonisch-assyrischem Vorbild ein. Manasse (696–641) ließ die Bilder in den Tempel bringen. Niemals hat im Reich Juda der religiöse Eifer, gepaart mit Politik, so viele kanaanäische, alte oder gänzlich ausländische Riten gepflegt und aufgenommen wie unter Manasse und Amon (641–639). Hesekiel berichtet im 8. Kapitel, was er im und beim Tempel in Jerusalem gesehen hatte. Sollte dieser nicht mit einem Pantheon ebenso Bestand haben wie alle anderen Heiligtümer, die mit dem Zeitgeist gingen und nicht in der Entwicklung hinter ihm zurückblieben? Der Tempel war auf dem besten Weg, ein polytheistisches Metropolitanheiligtum zu werden. Wenn Jerusalems Tempel zu dieser Zeit allmählich in der Vielfalt des Bestandes an Göttern, im Reichtum des Kultes und in gewaltigen, kostspieligen und gefühlsgesättigten Ansprüchen mit den stolzen Heiligtümern des Auslandes konkurrieren konnte, so wurde dies als Fortschritt verstanden. Wir dürfen nicht vergessen, dass der Polytheismus auf seinem Gebiet ein religiöser Fortschritt ist, obwohl er für die echten Wortführer des Mosaismus, die Propheten, ein Gräuel war. Ihren Zeitgenossen erschienen diese Propheten [28] unverbesserlich verstockt und gottlos, genauso wie die Christen für die antike Frömmigkeit ἄθεοι, Atheisten waren, wegen der Ärgernis erregenden Einfachheit und Geistigkeit ihres Gottesglaubens und Gottesdienstes. Trotzdem dienten die Propheten, als sie der religiösen Fortschrittspartei offenen Kampf auf Leben und Tod ansagten, der Sache der Zukunft.

Wenn die Volks- oder Staatsreligion mit ihrem Polytheismus etabliert ist, ist damit das Schritthalten von Kultur und Religion nicht an sein Ende gelangt. Fertigkeit im Handwerk und in der Baukunst schafft im Rahmen der Religion Götterbild und Tempel. Das Bild gewinnt an Proportionen wie in Ägypten und Mesopotamien oder an erfinderischer, vielleicht phantastischer Ausdrucksfülle wie in Indien oder an edler Menschlichkeit wie in Griechenland. Für die Bewässerung des Bodens und die Erfordernisse des Ackerbaus und für die Seefahrt stellt man Beobachtungen und Berechnungen des Laufs der Himmelskörper und des Wechsels der Jahreszeiten an. Selbst die Theologie macht sich diese Fortschritte zunutze. Die Vorstellung von den Göttern und deren Verehrung nimmt immer mehr und höhere sittliche Elemente auf, parallel mit dem Fortschritt der Moral in der Gesellschaft. Die komplexere und kultiviertere Gestaltung des Lebens wirkt auf den Gottesglauben zurück.

Der Polytheismus ist nicht das letzte Wort der Kulturreligion. Schon das Reich der Götter ist bisweilen aus politischen Gründen (Marduk, Assur, Ammon, Jupiter) oder aus anderen Gründen (Zeus, Indra) so streng monarchisch geordnet, dass einer der Herr und Herrscher über die Übrigen ist. Der starke Ausdruck frommen Suchens für die Macht *einer* Gottheit findet sich in allen Stadien des Polytheismus und darf nicht verwechselt werden mit der Tendenz, alle Götter als Formen einer einzigen Gottheit oder [29] als Namen des unergründlichen Wesens jenseits von Himmel und Erde zusammenzufassen.

Vereinzelte monotheistische Vorstöße auf dem Boden der Naturreligion und des Polytheismus haben nie Erfolg gehabt. Unter der Regierung Rammanninaris III. in Assyrien (811–783) scheint ein Statthalter in Kalah und anderen Provinzen Nabu zum einzigen Gott gemacht haben zu wollen. Um dem König und dessen Mutter, die wahrscheinlich eine babylonische Prinzessin war, zu gefallen, weihte er Nabu, der Gottheit der Nachbarstadt Babels Borsippa, acht Statuen mit Inschriften, die dazu auffordern, Vertrauen in diesen Gott und nicht in irgendeinen anderen zu setzen. Im Jahr 807 bekam Nabu in Kalah einen prächtigen Tempel.[18]

Weit umfassender und bedeutungsvoller war der Versuch Huen-Atens, Amunhoteps IV., in Ägypten während der 18. Dynastie, mit der alten religiösen Tradition zu brechen und allein die Sonnenscheibe Aten-Ra als Gott zu verehren. Man kann sich fragen, inwieweit ein solcher Monotheismus, wo ein Naturgott den ganzen Kult und Gottesglauben tragen sollte, ein Fortschritt war. Der Vorstoß war jedenfalls zum Scheitern verurteilt. Er blieb lediglich eine merkwürdige Episode, von der die Funde in El-Amarna, wo der religionsreformerische Pharao sich eine neue Hauptstadt erbaute, beredtes Zeugnis ablegen.

Ein Fürst in Texcuco im alten Mexiko, Netzalcuatl, soll einer einzigen Gottheit ohne Bilder und ohne Schlachtopfer gehuldigt haben. Etwas Ähnliches wird von einem Fürsten aus dem Geschlecht der Inka in Peru, Tupak Yupomki, berichtet. Keinem von beiden gelang es, seine Reformpläne durchzuführen.

---

18 Vgl. C[ORNELIS] P[IETER] TIELE, *Geschiedenis [van den godsdienst tot aan de heerschappij der wereldsgodsdiensten]* I, [1876,] 178. [In der stark umgearbeiteten deutschen Ausgabe von F. W. T. Weber unter dem Titel *Kompendium der Religionsgeschichte*, 1880, 87.]

[30] Einen solchen »Monotheismus«, der auf aufgeklärtem oder launischem Herrscherwillen beruht, mit dem Jahwe-Monotheismus zusammenzustellen[19], heißt die deutliche Lektion der Religionsgeschichte zu verkennen. Kein Natur- oder Kulturgott hat einen wirklichen Monotheismus universaler und geistiger Art tragen können. Dazu bedurfte es der prophetischen Offenbarung.

In der Anstrengung des Denkens werden die Kraft der Spekulation und Abstraktion geschult und die Forderungen der Logik verschärft. In Indien setzt mit den Upanischaden eine neue Periode für die Religion ein, zusammen mit einer Sichtweise der Phänomenalität der Welt und einem Scharfsinn und einer Konsequenz in der Ausarbeitung dieses Denkens zu einem abstrakten Idealismus und Akosmismus, die den späteren ähnlichen Gedankenoperationen in Griechenland und in neuerer Zeit in keiner Hinsicht nachstehen. Bei den Völkern, die vor anderen in der Kunst des Denkens führend sind, Indern und Griechen, hat diese Seite der Kultur neue Perioden der Religion heraufgeführt. Mit der Vergeistigung des Gottesgedankens ging eine Verflüchtigung der Göttergestalten einher. Das ewige Wesen des Brahmanismus wurde schließlich dermaßen seines religiösen Gehaltes entblößt, dass zumindest einer der vielen Heilslehrer und Ordensstifter, Gautama Buddha, das geistige Gepäck der Heilssuchenden von ihm als von einer drückenden Bürde entlastete. Keiner, wirklich keiner, der Götter des Polytheismus, der Götter, die gemäß dem Gesetz der Einheit des menschlichen Geistes die Kultur begleiteten, hat auf die Dauer die [dünne] Luft in den höchsten Gefilden der geistigen Kultur ertragen können. Keiner. Die lebendigen Götterwesen sind verdorrt oder in »dem großen [31] Unbekannten« verschwunden. Sie werden vom Schleier »der heiligen Dämmerung« verhüllt oder von »dem göttlichen Dunkel« verschluckt.

Der Weg zum Polytheismus, zur monarchischen Suprematie, ebenso wie von dort weiter zu Pantheismus, Idealismus, Akosmismus oder religiösem Agnostizismus, ist klar. Die Götter der Natur- und Kulturreligion kommen aus der Dämmerung der Vorgeschichte in wunderlichen, unförmigen Tiergestalten, die Form, Ordnung, Veredelung, Sittlichkeit annehmen; sodann ziehen diese zahlreichen, aber nicht unzähligen Scharen an uns vorbei, lauter vertraute Gestalten, sie setzen ihren Weg fort und verlieren sich endlich in der Abenddämmerung am Horizont. Die Kultur ist dazu verurteilt, stehen zu bleiben und dahinzusiechen oder Selbstmord zu bege-

---

19 Vgl. H[UGO] WINCKLER, *Abraham als Babylonier, Joseph als Ägypter.* [*Der weltgeschichtliche Hintergrund der biblischen Vätergeschichten auf Grund der Keilinschriften dargestellt*, 1903], 31–33.

hen in weiser Erkenntnis der Vergeblichkeit der Mühe und der eigenen Sinnlosigkeit, wenn sie nicht von einem starken und lebendigen religiösen Glauben getragen wird.[20] Die Religion, die lediglich dieser Kulturentwicklung folgt, ohne neue Momente von Offenbarung einzubringen, teilt deren Schicksal.

Ist China eine Ausnahme? Nein, Laotses Tao hat von einer lebendigen Gottheit wenig übrig behalten. In der Reichsreligion ließ die sittliche Reform des Kong-fu-tse um der Gesellschaft willen ein Minimum an Gottesverehrung bestehen. Staatsräson und Pietät waren mächtiger als die geistigen Erfordernisse der Kultur. Ein Gegenstück hätte auf seine Weise wohl das heidnische Rom werden können, wenn es denn Bestand gehabt hätte.

Die andere große Weltgeschichte aus unserer Erde, außerhalb Ostasiens, gehört den Semiten und Indogermanen. Dort haben zwei alte Volksgötter standzuhalten vermocht, Ahura-Mazda und Jahwe, ein arischer und ein semitischer Volksgott. Aber dies ist [32] eben einzig deshalb geschehen, weil etwas anderes, Neues, außerhalb der Kulturreligion, dort hervorgetreten ist. Durch einen neuen prophetischen Gehalt werden diese Götter von dem Schicksal der Kulturreligion ausgenommen, wenn auch Ahura-Mazda hernach noch weiter zum Polytheismus hin abwich, als es der Gottesglaube der mosaischen Offenbarung in Israel und das Evangelium innerhalb der Kirche in späterer Zeit taten.

Die Auflösung der höheren Verstandes- und Moralkultur des Polytheismus in Pantheismus und Idealismus bedeutet nicht den Untergang aller persönlichen göttlichen Wesen. Denn diese Kultur erreicht nicht die breiten Schichten. Die Volksreligion verlangt eine lebendige Gottheit. Neue Götter wachsen heran. Der Buddhismus verschaffte sich viele davon in Buddhas und Bodhisatvas, ohne dass sich in Buddhas eigenen Verlautbarungen oder Ansprüchen ein Anhalt dafür fände. Von den Sekten und Religionen, die ohne Berührung mit der Offenbarungsreligion auf einem durch die hohen Verstandeskulturen in Indien oder der Antike aufgelockerten Boden gewachsen sind, haben zwei, die Krischnareligion in Indien und die Mithrasreligion im römischen Reich, ein merkwürdiges Streben an den Tag gelegt, für sich die Gewissheit der tröstlichen Nähe und lebendigen Gestalt der Gottheit auf eine Weise zu stärken, welche diesen Gottheiten eine charakteristische Andersartigkeit gegenüber den alten Volksgottheiten verleiht. Sowohl Krischna als auch Mithras werden menschliche Schicksale

---

20 Vgl. V[ITALIS] NORSTRÖM, *Hvad vi behöfva*[. *En blick på samtidens vetande och tro*, 1901]; ders., *Radikalismen ännu en gång*[. *En replik till Ellen Key, Allen Vanérus, Hjalmar Branting m fl*, 1903] und andere Schriften; R[UDOLF] EUCKEN, *Der Wahrheitsgehalt der Religion* [,1901].

und menschliche Heldentaten zugeschrieben, auf andere Weise als sie der Mythos von den Göttern des Polytheismus zu berichten weiß; es haftet ihnen ein Stück erdichteter Heilsgeschichte an. Die Art von Jesusverehrung, die wenig passend Evangelismus[21] genannt wird, da ihr das sittliche Salz des Evangeliums und alles das fehlt, was die Eigentümlichkeit [33] der geschichtlichen Offenbarungsreligion ausmacht, nämlich die Reinigung der Persönlichkeit, kann in ihrer Ausdrucksweise eine so verwirrende Ähnlichkeit mit diesen und ähnlichen Kulten der späteren Kultur Indiens und der Antike annehmen, dass der Name Krischnas oder Mithras' oder eines anderen an die Stelle des Jesusnamens gesetzt werden könnte. Aber monotheistisch sind diese Kulte nicht. Und deren Mittler können durch keine Verdichtung der Einbildungskraft, des religiösen Gefühls und der Tradition in das verwandelt werden, was keine menschliche Operation je zustande bringen kann, in eine geschichtliche Gottesoffenbarung.

Kultur und Religion begleiten einander, wie wir gesehen haben, wenngleich mit Reibungen und Ungleichmäßigkeiten. Der Weg führt zum Polytheismus, dann weiter vom Polytheismus zur Einheit, aber niemals zu einem wirklichen, monotheistischen, universalen Glauben an den lebendigen Gott.

Die Ausnahmen sind schnell aufgezählt. Umso schärfer treten sie hervor. Zarathustras Ahura-Mazda war im Grunde monotheistisch. Er ist nicht ein Stammesgott neben anderen. Nein, die Daevas werden als Teufel bekämpft. Er ist nicht der Höchste in einem Pantheon von Naturgöttern. In den Gathas ist er von himmlischen Dienern umgeben, nicht von Konkurrenten. Keine außerbiblische lebendige Gottesgestalt kommt ihm an Geistigkeit und monotheistischer Hoheit nahe. Und die Kultur? Zarathustras Reform war auch eine ökonomische Reform, aber eine von den frühen. Sie bezeichnet den Übergang von den Raubzügen des Jäger- und Nomadenlebens zu sesshafter, geordneter Arbeit auf Weideland und Äckern. Die großen Kulturvölker haben nicht einmal in einem Kulturstadium, da das Aufkommen des Ackerbaus bei [34] ihnen bereits dem Gedächtnis entschwunden war, einen solchen Gottesgedanken hervorzubringen vermocht.

Noch eigentümlicher ist die Ungleichartigkeit mit Israels prophetischer Religion in deren Verhältnis zur Kultur. Die kurz zuvor zu einem Ganzen zusammengeschlossenen Stämme drangen als barbarische Eroberer in die kanaanäische Kultur ein, die seit vielleicht einem oder mehreren Jahr-

---

21 [Gemeint ist mit diesem Wort die norrländische Erweckungsbewegung von C. O. Rosenius (auch ny-evangelism, Neu-Evangelismus, genannt), der Söderbloms Elternhaus anhing – ein Erbe, das er im Übrigen nie verleugnet hat.]

tausenden von babylonischer Bildung durchtränkt war. Die höhere Kultur mit Ackerbau, Weinbau, Stadtleben eigneten sie sich allmählich an. Aber noch bis weit in ihre Königszeit hinein tritt der echte, strenge Mosaismus in treuer Anhänglichkeit an das Nomadenleben auf[22] – im Widerspruch zur höheren Ackerbau-, Weinbau- und Stadtkultur und deren Segnungen. Die höhere prophetische Religion macht sich geltend, begleitet von einer niederen Kultur, ja im Kampf gegen die höhere Bildung. [35] Budde weist darauf hin, dass es ein Glück war, dass die Rehabiten, die kulturfeindlichen Mosaisten, nicht die Oberhand gewannen, sondern dass Jahwe der Herr und Geber auch der höheren Kultur wurde. Dadurch wurde ihm zufolge der ältere Jahwismus von einer Grobheit befreit, die uns abschreckend und unmenschlich vorkommen würde. Aber fragt man, wo das für das religiöse Leben der Menschheit Fruchtbringende und Unentbehrliche sich herleitet, vom nomadischen Mosaismus oder von dem, was die höhere Bildung in Kanaan daraus gemacht hat, als Jahwe die Eigenschaften des Kulturgottes annahm, ohne sich selbst aufzugeben, kann die Antwort nicht zweifelhaft sein. Unter Mose (oder früher?)[23] geschah das, was

22 H[ANS] S[OFUS] VODSKOV hat uns niemals »den zweiten Band« geschenkt, und die Religionswissenschaft hat Anlass darüber traurig zu sein. Mit dem Hinweis auf diesen zweiten, bislang leider nicht herausgekommenen Teil bringt er in *Sjæledyrkelse og Naturdyrkelse* 1890–1897], dem Buch, das ihm bereits als Torso einen ungewöhnlichen Ehrennamen in der Religionswissenschaft des Nordens verschafft, auf S. LXIV einen Satz, der kühn erscheint: »Ebenso tief wie selbst der fortgeschrittene Jäger und Nomade in allen materiellen Künsten und Gewerben unter dem Kulturmenschen steht, fast ebenso hoch steht er über ihm in Religion, Sprache und Gesellschaftsform.« Das Beispiel aus der Religion, das er anführt, ist der Seelenkult. Bei den Nomaden kann dieser niemals eine solche Macht gewinnen wie bei den Sesshaften. – Vodskovs Satz ist ein direkter Einspruch gegen das Gesetz der Einheit des menschlichen Geistes. Doch ist er in seiner generalisierten Form gültig? Wahr wird er, sofern man sagt, dass *ein* Nomadenvolk eine größere Bedeutung für die Religionsgeschichte der Welt erlangte als alle Ackerbaukulturen zusammengenommen.

23 Das Alte Testament weiß nichts von einer besonderen Offenbarung für Abraham. Vgl. RUDOLF KITTEL, *Geschichte des Volkes Israel* [so der Titel der *Geschichte der Hebräer* ab ²1909/1912]. Die Versuche herauszuarbeiten, worin Abrahams Leistung in der Religion historisch bestand, haben sich zumindest bislang als unbefriedigend erwiesen, unter anderem dadurch, dass sie zu viel sagen oder sich in allgemeinen, konturlosen Vorstellungen bewegen müssen. Das gilt auf ihre Weise auch von solchen Versuchen, eine abrahamsche Religion ins Auge zu fassen, die sich entschieden auf einen wissenschaftlichen Standpunkt stellen, wie der von A[UGUST] KLOSTERMANN, der in seiner *Geschichte des Volkes Israel* [*bis zur Restauration unter Esra und Nehemia*, 1896, 36] »Abrahams eigentümlicher Religion« einen »geistlich persönliche[n] Charakter« zuschreibt. Bis zur Zeit des Mose scheint die Religion sich vor der Wegscheide befunden zu haben, an der sich der Weg zum Polytheismus und »dem Göttlichen« von dem zum lebendigen Gott trennt, um sich

den Jahweglauben [36] daran hinderte, die übliche Bahn der Kulturreligion einzuschlagen; das, was trotz aller Anstrengung und natürlicher Neigung die Erhebung zum Polytheismus verhinderte, was aber auch die Auflösung des Jahweglaubens in Pantheismus und Idealismus verhinderte. Die höchste Geistigkeit und Sittlichkeit im Evangelium bringt Gott nur noch näher und macht ihn lebendiger als jemals sonst. – Die großen Propheten, ein Amos, [37] ein Hosea, ein Jesaja, ein Jeremia, der Ebed-Jahwe-Sänger, der Verfasser des 73. Psalms zeigen zuweilen in Gottesglauben und Moral eine Hoheit, die das 20. Jahrhundert nicht zu verwirklichen vermocht hat. Der Abstand zwischen ihnen und dem schönsten babylonischen Dokument, das Delitzsch anführt, ist himmelweit.[24] Sie bewegen sich auf einer anderen, höheren Ebene. Aber so viel ist offensichtlich und es grenzt an Binsenwahrheit, es auszusprechen, dass ebenso hoch wie der Gottesglaube der Propheten über dem Babels steht, ebenso hoch die allgemeine Kultur in der geistigen Hauptstadt der damaligen Zeit, ihrer *ville lumière* Babel mit ihrer Wissenschaft und Kunst, gesellschaftlichen Bildung und uralten Geschichte über Israel steht, dem sonderbaren Emporkömmling am Jordan. Das Heil der Welt, die unüberwindliche auf Christus gegründete

dann nie mehr mit ihm zu vereinigen. Sind wir berechtigt, Nachrichten über Abraham in den Keilschrifttexten zu erwarten? Oder jedenfalls solche Nachrichten, die Schlussfolgerungen und begründete Kombinationen bezüglich der Religion Abrahams zulassen? Hugo Winckler schreibt ebd. [wie S. 72, Anm. 19], 24: [36] »Es sind offizielle behördliche Schriftstücke, und man kann doch von diesen nicht verlangen, daß ihnen das als wichtig erschien, was der Gang der Geschichte als den Weltenlauf bestimmend erwiesen hat. Die Bedeutung, welche Kant für das Geistesleben der modernen Menschheit gewonnen hat, kann man nicht aus den Staatsarchiven seiner Zeit erkennen. Die Summe des Lebenswerkes führender Geister vermag die Menschheit nicht im engen Zeitraume eines Menschenlebens zu ziehen.« Indessen hat die Sicherheit, mit der die assyriologische Forschung sich in weit entlegenen – und doch im Vergleich mit der Existenz unseres Geschlechts so verschwindend kleinen – Zeiträumen bewegen kann, [uns] etwas von der skeptischen Furchtsamkeit genommen, die es ohne weiteres als unwissenschaftlich ansah, die Patriarchen das sein zu lassen, als was die Tradition sie einstimmig darstellt, nämlich historische Persönlichkeiten. – Ist es demnach misslich, zu Abrahams Zeit eine einschneidende Epoche in Israels Geschichte ausmachen zu wollen – etwas anderes ist die religiöse Bedeutung, die Abraham später als »Vater des Glaubens« gewann – so erscheint es unmöglich, den epochalen Moment in der Offenbarungsreligion *nach* Mose anzusetzen. »[...] m. E. bleibt es bei dem Urteile von E. Reuß, am Ende müsse man schon die wirkliche Grundlegung der alttestamentlichen Religionsentwicklung da geschehen sein lassen, wo sie nach der biblischen Tradition erfolgt sein soll, in der Zeit Mosis und auch durch Moses.« So Johann Wilhelm Rothstein, *Der Gottesglaube im alten Israel und die religionsgeschichtliche Kritik*[. *Ein Vortrag*, 1900], 45. Vgl. die Arbeiten von E[rik] Stave und S[amuel] A[ndreas] Fries.
24 Vgl. H. Gunkel, ebd. [wie S. 13, Anm. 4], 37 f.

Glaubensgewissheit des Liebeswillens des lebendigen Gottes, kam jedoch nicht aus Babel oder Athen oder Rom, sondern aus Galiläa und Jerusalem.

Zwar kann man auch die prophetische Religion in Gestalt einer Kulturreligion im Verein mit dem höheren Menschentum und Geistesleben der Zeit vor Augen geführt bekommen. Dann muss man sich dem hellenistischen Judentum in der Diaspora und dem Christentum zu der Zeit zuwenden, als dieses sich in das reiche geistige Gewand der Antike gekleidet hatte. Aber wenn auch die blendende Erscheinung trügen und die Meinung hervorrufen kann, dass griechische Philosophie, Kunst, Wissenschaft und gesellschaftliche Kräfte das Geheimnis des Siegeszugs des Christentums ausmachen, so zeigt doch die Geschichte hinreichend deutlich, dass die Kraft und der Sieg von dem kulturarmen, aber nicht kulturfeindlichen, auch nicht kulturlosen Evangelium und Prophetentum herrührten. [38] Jesus gehört nicht in die Geschichte der Kulturreligion. – Jesus, die Vollendung Moses und der Propheten, ist nicht gekommen, um eine neue Religion zu stiften, sondern um die Religionen aufzuheben und das Gottesreich zu gründen. Eine Religion mit allen Kennzeichen einer solchen ist aus seinem Erbe entstanden. Aber sie ist lediglich ein Mittel des Gottesreiches, ein Durchgang. Es ist noch nicht offenbart, was wir werden sollen.

Die prophetische Religion ist nicht ein Stadium in der Entwicklung der Religion, sondern eine Erscheinung für sich. Die Versuche, sie zu einem Entwicklungsprodukt der Volksreligion zu machen, wie ansprechend sie auch sein mögen, widerstreiten der Aussage der Religionsgeschichte. Den Einfluss gewaltiger Persönlichkeiten auf die Religion sehen wir vielerorts. Sie konzentrieren sich in weit voneinander entfernten Ländern auf das achte bis sechste vorchristliche Jahrhundert: Laotse, Kongfu-tse, Zarathustra, Buddha, Israels Schriftpropheten, Griechenlands frühere Heilslehrer. Aber kamen sie mit schöpferischen religiösen Gedanken? Sprachen sie im Namen des lebendigen Gottes? Kong-fu-tse war Lehrer der Moral und Gemeinschaft. Laotse hatte einen eher spekulativen und innerlichen Anstrich. Aber wir hatten bereits Anlass zu fragen: Findet sich in seinem Glauben etwas von der tröstlichen Liebe einer lebendigen, wirksamen Gottheit? Gautama Buddha befreite die religiöse Seligkeit und den Weg zu ihr sogar vom Gottesgedanken selbst. In Griechenland vermochte keiner der großen Geister der höheren, edleren Frömmigkeit seine Gotteserfahrung mit einer prophetischen Verkündigung von Gottes Führung und lebendiger Kraft wiederzugeben, wenngleich der Gottesglaube seit der Gotteserfahrung des Sokrates bei etlichen von ihnen – insbesondere gilt das von den späteren Stoikern – einiges von der Art des Prophetischen hat. Die [39] letzte und schönste Schöpfung des griechischen Geistes, der Neuplatonismus, dessen vornehmster Wortführer Plotin von Augustin mit

Recht als bester Kenner Platons angesehen wurde, hat die Merkmale des zu Pantheismus und Idealismus verflüchtigten Polytheismus, der vergeistigten und versittlichten Naturmystik und Unendlichkeitsmystik samt Kontemplation und ekstatischer Vereinigung mit dem »Unaussprechlichen« als ideale Form der Frömmigkeit, im Gegensatz zu der Persönlichkeitsmystik des Prophetentums.

Bleiben noch Zarathustras Werk, das jedoch teils wegen der ihm eigenen engen Begrenzung, teils deshalb, weil es nicht zu Ende geführt wurde, für die Geschichte der Religion im Großen nicht in Betracht kommt, sowie Mose und die Propheten.

Man hat sich angesprochen gefühlt von dem Gedanken, dass die jüdische Frömmigkeit bei der Berührung mit den Persern etwas von ihrem Gottesglauben wiedererkannt habe und daher für eine Einwirkung von ihrer Seite empfänglich war. Gottes Stimme sprach durch den Mund des Propheten: »Siehe, Kores [Kyros], mein Diener, den ich erwählt habe.«[25] Offenkundig ist jedoch, dass Kyros nicht den reformierten Mazdaglauben teilte.

Die für die religiöse Geschichte der Menschheit einschneidendste und bedeutungsvollste Gotteserfahrung und Gottesoffenbarung, die der prophetischen Religion, tritt in sehr bescheidener kultureller Umgebung auf, abseits des Fahrwassers der großen, allgemeinen gesellschaftlichen, moralischen, kulturellen und gedanklichen Entwicklung. Die Kultur hat sie dann aufgenommen, dadurch eine neue Seele bekommen und ist an der Selbstzerstörung gehindert worden, hat auch ihrerseits auf sie eingewirkt, nicht aber ihr irgendeine neue religiöse Kraft verliehen.

Das bedeutet nicht, dass die Propheten den Boden der Geschichte betreten würden [40] losgelöst vom Vorhergehenden, außerhalb des Zusammenhangs der Kultur. Kein Prophet, keine Offenbarung kommt, bevor die Zeit erfüllt ist, bevor die Voraussetzungen gegeben sind.[26] Diese Voraussetzungen sind historischer und psychologischer Art. Sie sind so beschaffen, dass kein Raum bleibt für den Gedanken irgendeiner Art von göttlicher Willkür. Kein Hiatus, kein Sprung findet statt. Der psychologische und historische Verlauf hat seine eigene Kontinuität. Nichtsdestoweniger stellt die prophetische Religion für die Religionswissenschaft ein anderes und weit schwereres Problem dar als die Natur- und Kulturreligion. Es wird nicht dadurch gelöst, dass man sagt: wir sehen den Zusammenhang nicht, also ist es Gottes Werk. Es ist ein ebenso gefährliches wie bequemes theologisches Verfahren, Gott dort einzusetzen, wo der Zu-

25 [Freie Wiedergabe von Jes 44,28–45,1.]
26 Vgl. Mk 1,15 »Die Zeit ist erfüllt«; Gal 4,4 »als die Zeit erfüllt war«.

sammenhang dunkel ist. Das ist der Argumentationsgang, mit dem der Positivismus rechnet, wenn er meint, dass Gott die Erklärung für alles Unbekannte sei; in dem Maße, in dem das Wissen sein Licht verbreite, bedürfe es somit Gottes als Erklärung nicht mehr. Nein, das Göttliche tritt im Menschlichen auf. Irgendeine Lücke innerhalb des historischen und psychologischen Zusammenhanges nehmen wir im Leben des Propheten nicht wahr. Sähen wir mit den Augen Gottes, so läge alles in seinem Zusammenhang klar vor uns. Ebenso wenig können wir in der prophetischen Religion bestimmte Worte und bestimmte Ereignisse eingrenzen und sagen: Hier sind Gott und die Offenbarung, dort sind der Mensch und die Natur. Noch in Gottes vollkommener Offenbarung in der Person Christi liegen Göttliches und [41] Menschliches so vollständig ineinander, dass die Dogmatiker dies in der Lehre von der communicatio idiomatum ausgedrückt haben.

Es sind nicht unser Unwissen und das Dunkel des Problems, die das Göttliche in dem Werk der Propheten anzeigen. Nicht die Schwierigkeit und die Dunkelheit, die das Aufkommen der prophetischen Religion umgeben, sind das Entscheidende, sondern die klare Einsicht, dass ein neuer Strom von tiefgehendem religiösem Lebensinhalt, der selbst auf unmittelbare Berührung mit Gott als seine Quelle hinweist, durch die Propheten in die Welt gekommen ist. »Jeder Genius auf Erden ist der Geschichte ein Rätsel. Das größte ist immer der religiöse Genius. Denn aus der Zeitgeschichte läßt sich jede geniale Neubildung wohl zu einem Teile, nicht aber ohne Rest erklären. Den größten Rest aber, weil sie am tiefsten in die verborgenen Gründe des Lebens eingreift, läßt die religiöse Schöpfung.«[27]

In der prophetischen Religion quillt eine lebensmächtigere Flut unmittelbarer Gotteserfahrung hervor, als die Kulturreligion sie kennt. Das bedeutet, wie wir sehen werden, eine Erkenntnis Gottes, die reicher ist als die außerprophetische und wesenhaft von ihr unterschieden. Hier haben wir herausgefunden, dass sie auf eine besondere Weise in der Geschichte der Religion hervortritt, in relativer Eigenständigkeit gegenüber dem Gang der allgemeinen Kultur, was das Gesetz der Einheit des Geistes, so gefasst wie wir oben gesehen haben, zuschanden macht. Eher könnte man ein Gesetz der Arbeitsteilung für die Geschichte des menschlichen Geistes aufstellen. Dieses gibt die Kultur Völkern zur Aufgabe, z. B. den Babyloniern, [42] die für die Geschichte der Religion gewissermaßen im Sande verlaufen wären, wenn nicht Israels Prophetentum einiges von der uralten Weisheit des

---

27 RUDOLF KITTEL, *Der Babel-Bibel-Streit und die Offenbarungsfrage* [. *Ein Verzicht auf Verständigung*, 1903], 12. Vgl. auch vom selben Vf. *Gestalten und Gedanken in Israel* [1926].

hoch gebildeten Volkes aufgenommen und umgebildet hätte; es hat [anderseits] ein Volk dazu ausersehen, das Volk der Religion zu sein und das Zukunftsgebäude der Religion aufzustocken.

»Das Bild von den Gliedern eines Leibes, mit dem der Apostel Paulus so unübertrefflich das Verhältnis schildert, in dem jedes Individuum in der Gesellschaft mit seiner besonderen Berufung und mit seinen verschiedenen Anlagen und Vermögen zu eben dieser Gesellschaft im Ganzen steht, kann auch auf die Völker selbst hinsichtlich deren Rolle und Bedeutung für die große Menschheitsfamilie bezogen werden. Und so wie von den Funktionen der inneren Organe (des Herzens, des Hirns, der Lunge usw.) das Leben des Leibes ganz unmittelbar abhängt, so existiert auch im Blick auf die Völker eine Bedeutung, die nicht von deren Größe und Waffenstärke oder auch nur von ihrer Bildung und Kultiviertheit abhängt.«[28]

Ist der metaphysische und metahistorische Glaubenssprung von der Gottesempfindung und Gottesgewissheit zu Gott, seinem Werk, seiner Selbstmitteilung und Offenbarung vollzogen, so kommt man in der Religionsgeschichte schwerlich darum herum, eine besondere Offenbarung, den Weg der prophetischen Religion, der Offenbarungsreligion, der heiligen Geschichte durch die Zeiten hindurch klar herauszuarbeiten.

Ist nicht der Gedanke einer besonderen Offenbarung, eines auserwählten Volkes der Religion der Liebe und Gerechtigkeit Gottes unwürdig und zuwider? Der alte Einwand des Celsus [43] gilt noch heute. Juden und Christen glauben ihm zufolge, dass Gott speziell um ihretwillen die Welt und den Himmel eingerichtet habe. Er vergleicht die Christen mit Würmern, lässt sie kommen und sagen: »Den Himmel lässt Gott im Stich, und die Erde, so groß sie ist, vernachlässigt er, um allein uns zu regieren. Zu uns sendet er unablässig Boten und will, dass wir ewig mit ihm vereinigt sind«.[29] Die Widerlegung des Celsus durch Origenes mit Aussagen der Schrift über Gottes allumfassende Macht und Liebe und die Universalität des Heils lasse ich beiseite.

Aber es ist eines, auszurechnen, wie Gott in Übereinstimmung mit unseren Gedanken über ihn und sein Wesen hätte handeln *müssen*. Ein anderes ist es, soweit es uns möglich ist, zu untersuchen, *was* er in der Geschichte und im Menschenleben tatsächlich getan hat.

Ich sehe durchaus, wie viel attraktiver für die Apologetik das andere Bild vom Christentum als Blüte der Religionsentwicklung und als deren

---

28 N[ILS] IGNELL, *Menskliga utvecklingens historia* [. *Översigt*] II[, 1857], 345.
29 ORIGENES, *Contra Celsum* IV, 27 f. [das Zitat 28] 71. [Für »um allein uns zu regieren« hat Söderblom: »um sich allein mit uns zu beschäftigen und mit uns zu verhandeln«. Ich folge hier dem Originaltext. D. Hg.]

Ziel ist, in dem die unterschiedlichen Fäden der allgemeinen Offenbarung zusammenlaufen.

Zwar kann man das Christentum in der Welt des Gedankens oder in einem transzendenten Entwicklungsbild als höchstes Stadium der Entwicklung oder als deren Ziel bezeichnen, als einen Punkt, an dem die Entstehung einer neuen Art sich ereignet hat, ein neues Leben, der Übermensch, das übermenschliche Leben – wir Christen sagen: das gottmenschliche Leben. Und die Apologetik hat völlig Recht, wenn sie aufzeigt, dass im Christentum die höhere Einheit über dem Aufgehen der Religion Zarathustras in der Kulturarbeit und Buddhas Kulturverneinung, über der Theokratie der Semiten [44] und der arischen Theanthropie[30], über der Immanenz und Transzendenz der Gottheit gegeben ist. Aber historisch ist es anders zugegangen. Das Land Israels war so gelegen, dass die prophetische Religion mit verschiedenen Religionen und Kulturen in Berührung kam. Von dort bezog sie unschätzbar bedeutungsvolles Material und Impulse für die Ausbildung und Abgrenzung ihrer Eigenart durch Umformung oder Abweisung des Fremden. Abraham kam aus *Mesopotamien*, Joseph und Mose kamen aus *Ägypten*; darin, so sagt Winckler, liegt in großen Zügen eine ganze Bildungsgeschichte vor uns.[31] In *Kanaan* kam das Volk täglich mit der einheimischen Gottesverehrung in Berührung. Seit einem Jahrhundert gilt es als gewiss, dass der Auferstehungsglaube und der Teufelsglaube von den Parsen kamen. Sicher ist, dass die Juden den *Mazdakultus* kennen lernten. Vom *Hellenismus* weist das spätere Judentum Einflüsse auf. W. Boussets reiches und bedeutendes Werk *Die Religion des Judentums im neutestamentlichen Zeitalter* enthält eine sechste und letzte Abteilung mit der Überschrift *Das religionsgeschichtliche Problem*, in der es zusammenfassend heißt, dass »das ... sich immer einheitlicher gestaltende Leben der Menschheit und dessen religiöse Entwicklung ... das ... Judentum mächtiger und mächtiger in seinen Strom hinein[zieht]«, dass »die konstatierten Einflüsse ... bis ins Zentrum der Religion [sich erstrecken]«, und dass »nicht nur *eine* Religion zu dem Werden des Christentums beigetragen [hat], sondern ein Kontakt der Religionen der abendländischen Kulturwelt, der hellenistischen Kulturperiode«, dass »das Judentum [45] die Retorte [war], in welcher die verschiedenen Elemente gesammelt wurden.«[32] Eine derartige allgemeine Auffassung ist nicht neu, sondern ist zu ver-

---

30 [Die letzten beiden Begriffe stellen das Einteilungsprinzip von C.P. TIELES *Kompendium der Religionswissenschaft* dar (wie S. 71, Anm. 18), das Söderblom ab ³1903 bearbeitet und schließlich umgestaltet hat.]

31 Vgl. die S. 72, Anm. 19 genannte Arbeit.

32 WILHELM BOUSSET, *Die Religion des Judentums im neutestamentlichen Zeitalter* [,]1903, 492f. Im letzten Zitat schreibt Söderblom »eine Retorte«.]

schiedenen Zeiten mit unterschiedlichem Nachdruck aufgetreten, schon seit dem Unterfangen der altchristlichen Geschichtsschreibung, alle vorhergehende Religion als Vorbereitung für sich selbst zu deuten. Mit wissenschaftlicher Verlässlichkeit – und dementsprechend maßvoll – wird sie von Bousset vertreten. Aber wie hoch auch solche Einflüsse veranschlagt werden, so wenig ist es doch möglich, aus dem Christentum eine quinta essentia all dieser Elemente, den Gipfel der Religionsentwicklung zu machen. Im 18. Jahrhundert erschienen mehrere Bücher, welche die Religion des Mose aus ägyptischen Priestergeheimnissen[33] oder aus einer verborgenen chaldäischen Weisheit herleiteten. Heute sehen wir klarer, was Israel tatsächlich aus dem Osten empfangen hat. Aber in eine Linie mit mesopotamischer Religion kann man die des Mose nicht stellen. Dafür wissen wir zu viel und sehen, dass das Wertvollste *ausschließliches Eigentum des Prophetentums* ist. Das Christentum stellt sich nicht als Ziel des von der Kultur unterstützten Fortganges der Religionsentwicklung dar, sondern als *Vervollkommnung einer besonderen Offenbarung Gottes*.

Will man eine weitherzige Geneigtheit finden, alles mögliche Gute und Wahre in sich aufzunehmen, so muss man sich anderswohin wenden als zu den Propheten und dem Evangelium, der [46] goldhaltigen Erzader der Religion auf unserer Erde. Das Humanitätsideal des Hellenismus enthielt auch religiöse Momente von beachtlicher Qualität, die am deutlichsten in dem unvergänglich schönen Schwanengesang des hellenischen Geistes ans Licht traten, dem Neuplatonismus. Die ganze religiöse Entwicklung des Menschengeschlechts fand innerhalb seiner Tonleiter ohne weiteres Raum – außer Judentum und Christentum wegen deren ungereimter Ansprüche. Plotin († 270) wollte sein Vaterland nicht einmal erwähnen, wie sein Biograph Porphyrios erzählt.[34] Der Biograph des Proklos († 485) berichtet, dieser sei der Ansicht gewesen, »dass es einem Philosophen anstehe, nicht die religiösen Riten einer bestimmten Stadt oder einzelner Volksstämme zu vollziehen, sondern Oberpriester der ganzen Welt zu sein.«[35] In der Blütezeit der indischen Kultur kamen ebenso schöne Worte

33 Solche Arbeiten erscheinen jetzt erneut. Die Voraussage, die ich in *Några ord om panbabylonism och låneteorier*, Stockholms Dagblads Sonntagsnummer 1903, 30 gewagt hatte, ist bereits ein paar Mal in Erfüllung gegangen: vgl. D[ANIEL] VÖLTER, *Ägypten und die Bibel*[. *Die Urgeschichte Israels im Licht der ägyptischen Mythologie*, 1903] und das von K[ARL] BUDDE in *Das Alte Testament und die Ausgrabungen* [(VTKG 18), 1903], 24 f erwähnte Manuskript.
34 [Vgl. PORPHYRIOS, *Über Plotins Leben und die Ordnung seiner Schriften* 1 (nach der griechisch-deutschen Ausgabe von R. Harder, Plotins Schriften, Bd. Vc Anhang, 1958, 1).]
35 [MARINOS VON NEAPEL, *Proklos oder über die Glückseligkeit*, nach der griechisch-italienischen Ausgabe von R. Masullo (Speculum), 1985, 19, Zeilen 485–487.]

religiöser Weitherzigkeit zum Vorschein, etwa, wenn Krischna in Bhaga-vadgita Kap. IX, dem Hohenlied hinduistischer Frömmigkeit, sagt, wenn man rechten Glauben und Ergebenheit an andere Götter habe, so gälten sie Krischna, wenn auch auf unrichtige Weise. Man denkt an Luthers Worte im Großen Katechismus: »alleine das Trauen und Gläuben des Herzens machet beide Gott und Abegott. Ist der Glaube und Vertrauen recht, so ist auch Dein Gott recht, und wiederümb, wo das Vertrauen falsch und un-recht ist, da ist auch der rechte Gott nicht. Denn die zwei gehören zuhaufe, Glaube und Gott.«[36]

Die Propheten und das Evangelium führen eine andere Sprache. »Nie-mand kennt den Vater als nur der Sohn und wem es der Sohn offenbaren will« [Mt 11,27]. Insoweit ist es richtig, dass »das Christentum, in voll-kommenem Sinn partikularistisch, alle anderen Religionen verwarf, wo-hingegen der Hellenismus, im besten Sinn des Wortes universalistisch, je-der Form von Religion eine gesicherte Existenzberechtigung zugestand.«[37] Das Christentum war sich dessen bewusst, dass es etwas Eigenes besaß; dieser sein »Partikularismus« hat sich als religiös am stärksten von allem in der Welt erwiesen. Denn es besitzt in Christus das, worauf es in der Todesnot des Geistes zuletzt ankommt, die Gewissheit vom lebendigen Gott. Wenn man von dem Interesse absieht, der Religionsgeschichte einen für das Den-ken zufrieden stellenden Verlauf zu geben, und allein auf deren wirkliche Beschaffenheit blickt, dann kann man nicht leugnen, dass die Deutung, die in den Worten des Barnabas und des Paulus beim *auctor ad Theo-philum* liegt: Gott hat »die Völker ihre eigenen Wege gehen lassen, und doch hat er ihnen allezeit Zeugnis hinterlassen«[38], realistischer und tref-fender ist als spätere Konstruktionen, ebenso gewiss wie die Aufforderung: »Bekehrt euch zu dem lebendigen Gott« im selben Text die Unterschieden-heit der Offenbarungs- oder Prophetenreligion gegenüber anderer höherer Gottesverehrung zum Ausdruck bringt. Sir Alfred C. Lyall beschließt eine Übersicht über die religiöse Lage in Indien in seinen *Asiatic Studies* mit der Erklärung, dass er sicherlich nicht den Wegen folgen könne, welche die Einbildungskraft und das Denken vom Glauben an Millionen von Göttern zur Anerkennung eines allumfassenden Geistes oder zu der Einsicht, dass man ihn unmöglich erkennen kann, gegangen sind. »Ich kann lediglich sa-gen: Der Eindruck, der sich mir nach langer persönlicher Beobachtung der

36 [BSLK 560.]
37 K.H.E. DE JONG, *Plutarchus en het antieke Christendom*, in: Theologisch Tijd-schrift [37/]1903 [(315–346), 329].
38 [Freie Wiedergabe von Act 14,16: Gott hat »in den vergangenen Zeiten alle Völker (bzw. Heiden, ἔθνη) ihre eigenen Wege gehen lassen, und doch hat er sich nicht un-bezeugt gelassen«. Das folgende Zitat: Act 14,15.]

Religion in Indien eingeprägt hat, ist der, dass dieses ganze wunderbare Gebäude durch etwas zustande gekommen ist, das ich mangels eines besseren Ausdrucks natürliches Wachstum nennen muss.«[39]

[48] III

Der besonderen Stellung der Offenbarungsreligion zur allgemeinen Kulturentwicklung entspricht eine solche ihr eigene innere Beschaffenheit, die sie gegenüber anderer entsprechender Religion als nicht bloß überlegen, sondern auch als prinzipiell unterschieden ausweist – innerhalb des Rahmens derjenigen Bestimmungen, die aller Religion gemeinsam sind.

Das zeigt sich im Gottesgedanken und im Gottesverhältnis.

Es ist nicht eine Wertung, eine Abwägung von Höher oder Niedriger, die ich im Folgenden vornehmen will, sondern ich will versuchen, in den wichtigsten Grundzügen die wesentliche Ungleichartigkeit zwischen dem aufzuzeigen, was ich hier, *oben vollzogene Restriktionen* vorausgesetzt, unter den Bezeichnungen Kulturreligion und Offenbarungsreligion zusammenfasse. Sodann dürfte es letztlich auf dem eigenen persönlichen Standpunkt in der Religion beruhen, welcher von ihnen in ihrem höchsten und reinsten Ausdruck man den Vorzug gibt.

Der Glaube der Offenbarungsreligion richtet sich auf den *einzigen, lebendigen, geistigen Gott, der in der Geschichte wirksam und dort offenbart ist.*

Mit der Einheit Gottes und seiner lebendigen Persönlichkeit sind die außerprophetischen Gotteserfahrungen und Gottesgedanken tatsächlich ausgeschlossen. Ist Gott in ihnen als lebendig und wirkend gefasst, als tröstend und helfend, warnend und strafend, ist mit anderen Worten der Gottesgedanke mit religiösem Gehalt gefüllt, so ist die Gottheit außerhalb der prophetischen Religion nicht monotheistisch gefasst, sondern befindet sich entweder in dem niederen Stadium der Stammesreligion und darunter, wo man [49] noch nicht von Monotheismus oder Polytheismus reden kann, oder innerhalb des Polytheismus mit seinen nach dem vielfältigen, aber aufs Ganze gesehen einstimmigen Zeugnis der Religionsgeschichte scharf begrenzten Entwicklungsmöglichkeiten. Hat das Streben nach Einheit im Gottesgedanken begonnen sich Geltung zu verschaffen, so erlahmt außerhalb der Offenbarungsreligion Schritt für Schritt das Vermögen, die Vertrauen und Furcht weckende Gewissheit der lebendigen, wirksamen Liebe und Macht Gottes festzuhalten. Zuerst wird der göttliche Monarch über jede unmittelbare Berührung mit der Menschenwelt erhoben, und die Kette der vermittelnden Mächte verlängert sich

---

39 ALFRED C[OMYN] LYALL, *Asiatic Studies*, vol. II [1899], 323.

mehr und mehr. Doch in einem höheren Entwicklungsstadium verschwindet die Gottheit in unbekannter Ferne, jenseits jeglicher positiver Bestimmung. Es ist, *religiös* gesehen, vollkommen konsequent und ein genialer Griff, wenn die Sublimierung so weit fortgeschritten ist, wie Gautama Buddha zu erfahren und zu erkennen, dass ein solcher Gottesgedanke für das Sehnen des Menschen nach Erlösung aus dem Leiden wertlos ist, und den eigentlich religiösen Zustand, das Nirwana, als höchstes und einziges Ziel der Religion rein herauszuarbeiten. Das ist die verzweifelte, aber befreiende und religiös fruchtbringende Konsequenz der Natur- und Kulturreligion.

Die Vollständigkeit dürfte hier einen Zusatz erfordern.[40] Innerhalb der Religion Indiens kam, soweit wir das eruieren können, schon zwei oder drei Jahrhunderte vor Christus eine neue Heilslehre auf, die sich radikal von jener Übungs- oder Unendlichkeitsmystik unterscheidet, die einerseits in das unpersönliche Brahman, andererseits in die methodische Selbsterlösung des ursprünglichen Buddhismus mündete. Ich meine die Bhaktilehre. In der Bhagavadgita, deren klassischer Urkunde [50], in den Bhakti-Sutras und unzähligen späteren Texten wird beschrieben, wie das Heil nicht durch menschliche Vorkehrungen, sondern durch Bhakti, »Hingebung«, Liebe zu einer persönlichen Gottheit erlangt wird. Wir haben es hier nicht mit einer geschichtlichen Offenbarung im eigentlichen Sinn zu tun. Diese Bhakti-Erlösung hat ebenso wenig jemals zu einem wirklichen Monotheismus geführt, wenngleich die liebende und anbetende Seele im Augenblick des Verkehrs mit Gott lediglich mit einer einzigen als persönlich aufgefassten Gottheit rechnet. Doch außerhalb der Marksteine der prophetischen Religionen und der Kirche gibt es in Richtung auf den Glauben an eine persönliche Gottheit keine Erscheinung oder Heilslehre, die der Bhakti-Religion an Bedeutung gleichkommt. Freilich müssen wir uns in diesem Zusammenhang mit den hier gemachten Andeutungen begnügen.

Was rettete den Jahwe-Glauben (und den Mazda-Glauben) vor der Verflüchtigung des Gottesgedankens? Soweit wir zu sehen vermögen, lag die Rettung nicht in etwas, das sich im Lauf der Entwicklung ergab, wie die höhere Moral, die höhere Geistigkeit, der Individualismus oder der Universalismus, sondern sie lag in etwas, das sich bei diesen Volksreligionen

---

40 [Der folgende Absatz über die Bhakti-Religion ist in der 2. Aufl. 1930 hinzugefügt worden. Anlass dafür dürfte das Buch von RUDOLF OTTO *Die Gnadenreligion Indiens und das Christentum*, 1930, gewesen sein, das auf einen 1926 in Uppsala und Oslo gehaltenen Vortrag zurückgeht. Gleichwohl kann man nicht sagen, dass Söderblom erst durch Otto auf diese Frömmigkeitsgestalt aufmerksam gemacht worden wäre; er hat sie bereits in seinem kurz gefassten Lehrbuch *Översikt av allmäna religionshistorien* 1912, 112–116. 122–125 dargestellt.]

von deren Stiftung an vorfand, sie lag in eben dem Umstand, dass sie *gestiftet* waren.

Welches die Vorgeschichte des Ahura-Mazda-Glaubens auch gewesen sein mag, gewiss ist, dass sie, bevor sie zu der Religion des in den Gathas auftretenden Häuptlings Vistaspa und seines Volkes und schließlich des persischen Reiches wurde, der persönliche Glaube des Zarathustra war. Sie ist durch den Filter einer persönlichen Erfahrung und Überzeugung, einer prophetischen Gotteswahrnehmung gegangen. Seine Gotteserfahrung bewirkte eine radikale Umwälzung, deren Bedeutung erst aus der Distanz voll [51] gewürdigt werden kann. Mazda wurde nicht bloß wie Varuna zum Höchsten unter den Göttern und zum Wächter der gesetzmäßigen Ordnung (aša, r̥ta), sondern er wurde im Prinzip der Einzige mit Ausschluss der anderen Götter als böser Mächte, deren Verehrung verboten wurde, und sein Prophet wusste, dass Gott im Wandel der Zeiten seine Sache, die Sache des Glaubens, in der Geschichte zum Siege führen würde.

In den höheren religiösen Schichten der griechischen Kulturwelt hatte man ein deutliches Gespür dafür, dass Zarathustras Religion in Richtung auf eine lebendige Gotteserkenntnis etwas besaß, das den Griechen bei all ihrer religiösen Vielfalt, ihrem kultischen Reichtum und ihrer sublimen philosophischen Kraft und Kultivierung abging. Der Rhetor Dion Chrysostomos im ersten und zweiten Jahrhundert n. Chr. wird von E. Lehmann als vortreffliches Beispiel für den monotheistischen Glauben angeführt, der bei der gebildeten Stadtbevölkerung jener Zeit zu finden sei.[41] Dion spricht von Gott als »dem weisesten und würdigsten Regenten und Gesetzgeber«, und er weist darauf hin, dass die Dichter tatsächlich »den vornehmsten und größten Gott den Vater [...] und König des gesamten vernunftbegabten Geschlechts« genannt hätten. Doch wo von Gottes Regierung und Wirken die Rede ist, d. h. vom »Wagen des Zeus«, hat Dion einen Satz, auf den ich die Aufmerksamkeit lenken möchte. »Aber den mächtigen und vollkommenen Wagen des Zeus hat keiner von den Dichtern würdig besungen, weder Homer noch Hesiod, wohl aber Zoroaster und die Magier, die von ihm gelernt haben.«[42] Man hatte ein Gespür dafür, dass Zarathustra mehr von Gottes Wesen erfasst und erfahren hatte als die Skalden und Weisen von Hellas.

Beim jüdischen Volk stehen im Werk des Mose zwei entsprechende [52] Momente in [noch] größerer Prägnanz und mit gewaltigerem und reiche-

41 Vgl. E[DVARD] LEHMANN, *Hedensk monoteisme[. Bidrag til gudsbegrebets historie* (SSOT 31), 1897], 50 ff.
42 [DION CHRYSOSTOMOS, *Orationes* XXXVI 32.35.40. Söderblom folgt der Übersetzung von Johan Henrik Thomander und hat im letzten Zitat: »den Wagen des mächtigen und heiligen Zeus«.]

rem geschichtlichem Leben im Vordergrund, die Stellung der Persönlichkeit in der Gotteserkenntnis und Gott als der Gott der Geschichte. Auf welche Weise Jahwe zuvor erkannt und verehrt wurde, darüber mag Ungewissheit herrschen. Wird sie sich aufhellen lassen? Kaum jedoch bleibt Raum für Zweifel daran, dass die Gotteserfahrung des Mose, die Offenbarung an Mose und durch ihn, das Grundlegende für die ganze weitere Geschichte der prophetischen Gotteserkenntnis und Gottesverehrung in ihrer tiefen Unterschiedenheit von der Entwicklung der Religionen der Umwelt war. »[...] der Prophet [Mose] hat ihn [Jahve] über die Natur erhoben, indem er ihn zu dem Bundesgott der sieben Stämme machte, nachdem er – und das ist die Hauptsache – für ihn selbst der Gott seines Lebens, sein Retter und Helfer geworden war. Die ganze reiche Entwicklung des Jahvismus über die verwandten Religionen hinaus, von denen er sich anfangs wenigstens äußerlich nicht unterschied, hat ihren Ursprung in der Person des Moses.«[43] 1. Jahwe war durch eine göttliche Selbstmitteilung an Mose in einem besonderen Sinn der *Gott Moses* geworden, ehe er der Gott des von ihm ins Leben gerufenen Stämmebundes wurde.[44] 2. Jahwes Macht und Liebe waren bekannt und bezeugt durch die Befreiung aus Ägypten. Israel erinnerte sich stets der mächtigen Hilfe Gottes und wurde nicht müde sie zu besingen, jenes außerordentliche Naturereignis, das den [53] Erweis und den Ursprung der neuen mosaischen Gotteserkenntnis immer mit dem Auszug aus Ägypten verband. Das Wunderbare, dessen Bedeutung und Reichweite kaum überschätzt werden kann, bestand vor allem darin, dass Mose *Gottes Wirken in der Geschichte* sah. Auch die babylonische Religion kannte einen göttlichen Kampf gegen die Gewalt des Meeres, Marduks Streit mit dem Meeresungeheuer Tiamat, bevor er das Untier der Urzeit tötete und aus dessen Leib die Welt bildete. Gunkel hat gezeigt[45], dass die babylonische Urzeitsage hier und da im Alten Testament ihr Haupt über den Volksglauben hinaus zur Literatur erhebt, wo sonst die Verwandlung des Schöpfungsberichts durch die prophetische Religion vorherrscht. Manchmal vermischen sich der mythische Götterkampf gegen das Meeresungeheuer und die Rettung aus Ägypten durch das Rote Meer

43 C[ORNELIS] P[IETER] TIELE, *Geschichte der Religion im Altertum bis auf Alexander den Großen*, [Geschiedenis van den Godsdienst in de Oudheid tot op Alexander den Groote, dt. v. G. Gehrich] I, 1896, 301.
44 Das ist der Sinngehalt von BUDDES geistvoller, aber in der Durchführung kaum haltbarer Distinktion zwischen *überkommenem* Gottesglauben und dem mosaischen Jahwismus als *gewähltem* Gottesglauben. [Vgl. KARL BUDDE, *Die Religion des Volkes Israel bis zur Verbannung*, 1900, 1–31, bes. 19 f. 29–31: zeitlose Naturreligion contra von Mose eingeführte »Wahlreligion«.]
45 Vgl. HERMANN GUNKEL, *Schöpfung und Chaos* [in Urzeit und Endzeit. Eine religionsgeschichtliche Untersuchung über Gen 1 und Ap Joh 12, 1895], 29 ff.

in den Texten unklar miteinander. Doch drücken sie auf charakteristische Weise die Unterschiedenheit von Natur- bzw. Kulturreligion und prophetischer Religion aus. Im einen Fall ist vom zeitlosen Kampf der Gottheit gegen die wilde Gewaltsamkeit der Natur die Rede, Kultur gegen Natur, Naturordnung gegen Naturgewalt. Im anderen Fall ist die Rede von einer Erfahrung absichtsvollen göttlichen Willens in der Geschichte, von Gottes Eingreifen bei der bedeutungsvollen Geburt des Volkes als Volk.

Der Gottesglaube hat einen doppelten Anhalt neuer Art bekommen. Gott als wirksam in der Geschichte, nicht bloß in der Natur und der Gesellschaftsordnung, sowie Gott nicht bloß als unergründliche Kraftquelle der Unendlichkeit in ekstatischen Zuständen, außerhalb des persönlichen Bewusstseinslebens wahrnehmbar, sondern als der lebendige Gott dem Bewusstsein des Propheten offenbart.

Die zukunftsweisenden Unterschiede zwischen dem Wirken Zarathustras [54] und Moses offenbaren sich von Anfang an unter anderem in den beiden hier berührten Hinsichten. Gottes Wirken in der Geschichte fand für alle Zeit einen ergreifenden und kraftvollen Ausdruck im jüdischen Gottvertrauen. Noch heute nimmt die Befreiung aus Ägypten (besungen im Psalter) einen wichtigen Platz in den jüdischen Gebeten ein. Der Stifter, der Prophet, bekam eine Reihe von Nachfolgern, durch die sich neue Ströme immer reicherer Gottesmitteilung und Gotteserkenntnis ergossen, so dass die Geschichte der Religion Israels nicht bloß eine Entwicklung ihres zu Beginn gegebenen Gehalts, sondern eine sukzessive Neuschöpfung war, vollendet in Jesus Christus. Es liegt nicht wenig Wahrheit in dem bekannten Satz, dass eine Religion streng genommen niemals zu etwas Höherem wird, als sie von Anfang an war. Ihre Geschichte ist ein Ausspinnen, eine Entwicklung und eine Auswertung dessen, was von Anfang an in ihr gegeben ist. Das gilt im Wesentlichen für die Mazda-Religion. Aber in Israel drang neuer Offenbarungsgehalt durch neue Offenbarer ein.

Israels prophetische Religion hat Gottes treue Gnade und Kraft vornehmlich in der Rettung aus Ägypten und in den Persönlichkeiten der Gottesmänner erwiesen gesehen, die er gesandt hat. »Ich habe euch aus Ägyptenland geführt und vierzig Jahre in der Wüste geleitet, damit ihr der Amoriter Land besäßet. Und ich habe aus euren Söhnen Propheten erweckt und Gottgeweihte aus euren Jünglingen. Ist's nicht so, ihr Israeliten?, spricht der Herr.«[46] Die Reihe der [55] Träger und Deuter persönlicher und geschichtlicher Gottesoffenbarung fügt sich zu einer heiligen

46 Am 2,10f. Vgl. Hos 12,13; Jer 7,13; Dtn 18,15ff und andere Stellen. Vgl. J[USTUS] KÖBERLE, *Babylonische Kultur und biblische Religion*[. *Ein erweiterter Vortrag*, 1893], 18.

Geschichte zusammen, in der die Liebe und Gerechtigkeit des lebendigen Gottes sich für den Glauben abzeichnet, so dass die Gottheit im eigentlichen Sinn ein *offenbarter Gott* genannt werden kann, nicht ein »unbekannter« oder verborgener Gott. Eine geschichtliche Offenbarung in diesem Sinn ist allein der hebräischen Prophetenreligion und deren Erben, dem Christentum eigen[47], das in Jesus Christus den Vollender der Offenbarung gesehen hat, die »Fülle der Gottheit leibhaftig«.[48] Deshalb kann es vom religionsgeschichtlichen Standpunkt aus Offenbarungsreligion im ausgezeichneten Sinn genannt werden.

Ich gehe in diesem Zusammenhang von einem *historischen* Gesichtspunkt aus. Ich mache hier nicht den für die Theologie weit wichtigeren *dogmatischen* Gesichtspunkt geltend, der bei der von der Gemeinde und dem Einzelnen gemachten Erfahrung der in Christus vollendeten Heilsgeschichte als einer wirklichen Offenbarung Gottes seinen Ausgang nehmen muss. Ebenso wenig lege ich hier den *apologetischen* Gesichtspunkt zugrunde, der durch Vergleich [56] die Überlegenheit des Christentums aufweist. Sondern ich frage: Haben wir historisch Recht damit, die biblische Religionsentwicklung Offenbarungsreligion im speziellen Sinn zu nennen?

Die Sichtweise der prophetischen Religion auf Gottes Wirken in der Geschichte äußert sich darin, dass die Religionen des Zarathustra und des Mose die einzigen sind, die eine vollständige *Eschatologie* mit Auferstehung, Weltgericht und Weltvollendung ausgebildet haben, den Glauben an ein sittliches und religiöses Ziel für den Lauf der Welt.[49] Nicht die stolzesten Nationen, nicht die älteste oder höchstentwickelte Geschichtsschreibung, nicht die scharfsinnigste Spekulation außerhalb der prophetischen Religionen haben es vermocht, den gewaltigen Gedanken der Schritt für Schritt oder auf einen Schlag verwirklichten Herrschaft Gottes in der Welt zu gebären, den Gedanken eines göttlichen Gerichts über die Völker und Geschlechter und der Vollendung des Weltlaufs in einer Zeit der Vollkommenheit. Nicht Ramses, nicht Hammurapi oder Assurbanipal, nicht

---

47 Vgl. MARTIN LUTHER, *De servo arbitrio* [WA 18, 685,14–17]: »Relinquendus est [...] Deus in maiestate et natura sua, sic enim nihil nos cum illo habemus agere, nec sic voluit a nobis agi cum eo. Sed quatenus indutus et proditus est verbo suo, quo nobis sese obtulit, cum eo agimus, quod est decor et gloria eius, quo Psalmista eum celebrat indutum.« Man muss Gott in seiner Majestät und Natur auf sich beruhen lassen, denn mit ihm als solchem haben wir nichts zu schaffen, und er hat auch nicht gewollt, dass wir in diesem Sinne mit ihm zu schaffen haben sollen. Aber insofern er mit seinem Wort bekleidet und uns überliefert ist, worin er sich uns dargeboten hat, verkehren wir mit ihm. Denn dieses ist sein Schmuck und seine Herrlichkeit, womit er nach dem Loblied des Psalmisten bekleidet ist.
48 [Kol 2,9.]
49 Vgl. zum Folgenden meine Arbeit *La vie future* [wie S. 66, Anm. 11], Kap. IV.

Alexander oder Caesar waren imstande, ihren Unternehmungen einen solchen eschatologischen Horizont zu geben. »Für die Griechen ebenso wie für deren lateinische Schüler ist der Gedanke fremd, dass der ewige Wettstreit einen Sinngehalt, ein Ziel über Sieg oder Niederlage der Kämpfenden hinaus hat« (Harald Hjärne).[50] Für die Mystik (ebenso wie für den Rationalismus) hatten die Apokalyptik und die Geschichte im Grunde keinen Wert. Für sie ist Gottes Wirken zeitlos. Augustin, Bossuet und Hegel haben den inneren Zusammenhang der Geschichte, ihren Sinn und ihr Ziel zu deuten gesucht. Aber dieser Gesichtspunkt ist nicht ihr eigener. Die Philosophie der Geschichte hat [57] in der verachteten oder missverstandenen jüdischen Apokalyptik und deren parsischem Gegenstück das Licht des Tages erblickt. »Gib einem Mann eine rechte Apokalyptik und er ist unüberwindlich«, hat jemand gesagt. Das unüberwindliche Zutrauen dazu, dass der Herr die Zeiten und die Völker in seiner Hand hat und dass er seine treue Heilsabsicht durch Gericht, Glauben an den Sinn des Weltlaufs und Vernunft in allen den Formen, in welche dieser Glaube sich gekleidet hat und noch kleidet, vollenden wird: die unüberwindliche Kraft eines solchen Glaubens ist aus der Gotteserfahrung der Propheten erwachsen.[51]

Im prophetischen Gottesgedanken liegt die Erklärung für das eigentümliche Faktum, dass allein Mazdaverehrer und Jahwegläubige eine regelrechte religiöse Lehre von den letzten Dingen ausgebildet haben. Diese beruht nicht auf deren Nähe oder Berührung untereinander, die eine Entlehnung oder den Einfluss der einen auf die anderen ermöglicht hätte – warum haben nicht andere Völker, die länger Kontakt mit den Persern hatten, sich deren Eschatologie angeeignet? –, auch nicht auf harten Lebensbedingungen oder politischem Druck, die eine ihnen innewohnende Energie und Lebenskraft zu einer Zukunftshoffnung gepresst und verdichtet hätten, die eine Entschädigung für die Leiden der Gegenwart geboten hätte – warum haben nicht andere von Babel und Assur oder anderen harten Herren bedrohte oder unterdrückte Völker, insbesondere Israels nahe Blutsverwandte und Nachbarn, Ammon, Moab, Edom und wie sie alle heißen, Apokalypsen geschrieben und das Weltgericht gepredigt?

[58]IV

Die Geschichte ist Gottes Werkstatt. Die Natur ebenso. »Jahve ist durch Moses nicht von der Natur fern gerückt: im Gegenteil, er beherrschte die

---

50 [HARALD HJÄRNE, *Historiska världsbilder* (1902), in: ders., Svenskt och främmande, 1908, (147–167), 158.]
51 Vgl. HARALD HJÄRNE, *Historiska världsbilder* [(wie vorige Anm., 159–162)]

Natur und offenbarte sich in ihr auch noch fernerhin.«[52] Die prophetische Gotteserfahrung hat die prophetische Religion davor bewahrt, *der verhängnisvollen Entgegensetzung der Naturreligion* von *Natur und Geist* anheim zu fallen. Für die Religion schlägt unausweichlich die Stunde, da das naive Vertrauen zu den Gottheiten schwankt und die natürliche Lebensfreude schwindet. Dann setzt die Periode des Lebensüberdrusses ein. Auf das tiefere Erlösungsbedürfnis haben die Naturgottheiten keine Antwort. Die höhere sittliche Betrachtung und die Verstandeskultur lösen die Natur selbst und das ganze leibliche, als Phänomen wahrnehmbare Dasein in Schein auf, in trügerischen Wahn, wie in Indien, oder macht sie zu etwas Unreinem und Schlechtem, wie in Griechenland. Die Sehnsucht nach Erlösung findet in der Naturreligion keinen Halt, sondern eilt hinter den Vorhang hinaus ins Unbekannte, zu dem reinen, zeitlosen Leben des Geistes, dessen Reinheit bedingt ist durch die radikale Negation alles dessen, was innerhalb der Sphäre des irdischen Daseins liegt. Der Gegensatz von Göttlich und Weltlich, Gut und Böse, Seligkeit und Schmerz, Reinheit und Unreinheit fällt mit dem Gegensatz von Geistig und Leiblich zusammen. Innerhalb dieses Gegensatzes spielt sich das tragische und zu Herzen gehende Schauspiel der vollendeten Naturreligion ab, wie wir es im Brahmanismus und Buddhismus sehen, ebenso wie in den griechischen [59] Heilslehren, die bereits vor Platon auftraten, deren bekannteste und reinste Typen jedoch Platonismus und Neuplatonismus sind. Sowohl bei Platon als auch bei Plotin steht daneben der Gedanke der Schönheit und Harmonie der Welt. »Bei Platon wohnt der Humanist neben dem Mystiker.« Die beiden Gedanken und Interessen halten einander im Gleichgewicht und verflechten sich ineinander, und ihre verschiedenen Verbindungen haben eine interessante und verwickelte Geschichte. Aber der Dualismus wird nie überwunden. Die innere Gotteserfahrung, die auch der Natur- und Kulturreligion zugrunde liegt, ist von der Art, dass sie keinen Halt im persönlichen, sittlichen und geschichtlichen Leben kennt, der ihr im Strom des Daseins Trittfestigkeit und Operationsbasis sichern könnte. Vielmehr nimmt sie ihre Zuflucht zu dem in Dunkel gehüllten, zeitlosen Gestade des unüberschaubaren Stroms. Für sie leuchtet keine Leben spendende Sonne über den Feldern des Daseins, sondern das Auge verliert sich in dem ahnungsvollen Zwielicht der sternenlosen Nacht. Die Religion offenbart noch ihre wunderbare Kraft. Aber wenn Gotteserkenntnis und Erfahrung von Seligkeit unter dem Gegensatz von Geist und Leib, Ruhe und Bewegung stehen und jenseits aller positiven Bestimmungen gesucht werden, dann ist die Folge, dass die Brücke zwischen Religion auf der einen

---

52 C.P. Tiele, *Geschichte der Religion* ...[(wie S. 87, Anm. 43)] I, 301.

Seite und allem Wirken für positive Ziele in dieser Welt, im sittlichen und kulturellen Leben auf der anderen Seite abgerissen wird. Die Kultur ist ein Narrenspiel oder ein Feind. Die Moral wird negativ. Zur Seligkeit gehört für eine konsequente Betrachtung, das leibliche Leben zu ersticken und zu verlassen oder still jegliche Lebensregung einzuschläfern. »Plotin, der Philosoph unseres Zeitalters«, so beginnt Porphyrios seine Lebensbeschreibung des Meisters, »schien sich dessen zu schämen, dass seine Seele sich im [60] Leibe befand.«[53] Lebensanschauung und Frömmigkeitsleben werden zu Asketizismus im eigentlichen Sinn. Der metaphysische Dualismus bringt Weltflucht mittels gewaltsamer Selbstpeinigung oder stiller Gleichgültigkeit mit sich und stellt als Ideal der Religion den reinen Genuss der Kontemplation und der Ekstase (ekstatische Mystik) oder beständige Gemütsruhe (quietistische Mystik) auf. Einen wie hohen Rang die Moral sich auch auf der Jakobsleiter erwirbt, die zur Seligkeit führt, so bleibt sie doch immer Reinigungsmittel, Weg, und wird nicht selber Gottesdienst.

Die prophetischen Religionen in Israel und Iran erweisen sich in der Religionsgeschichte als die einzigen, die den Gegensatz Geist und Leib durchbrochen und damit die Wurzeln des asketischen Lebensideals gekappt haben. Das beruht auf der grundlegenden Erfahrung Gottes als erlösenden, sittlichen Liebeswillens. Er ist zu erhaben, um Abbildung oder Verehrung durch Bilder zu dulden. Die Götterbilder der hohen babylonischen Kultur – ebenso wie die kanaanäischen Idole und Fetische – wurden vom echten Mosaismus nicht als das angesehen, was sie innerhalb der Geschichte des Polytheismus wahrscheinlich sind, als Fortschritt im Einklang mit der Kultur, sondern als Gräuel. Weder die Stierbilder von Jahwe noch das Ahura-Mazda-Bild, das nach dem Muster der mesopotamischen Kunst auf der Inschrift des Darius bei Behistun vom Großkönig angebetet wird, können als Instanz gegen die in der Antike Aufsehen erregende und in der Religionsgeschichte beispiellose Feindseligkeit angerufen werden, welche die echten Religionen des Mose und des Zarathustra[54] gegen die Abbildung der Gottheit an den Tag legten. Etwas [61] völlig anderes ist es, wenn im höheren Stadium der Naturreligion das Göttliche als die abstrakte Einheit jenseits der Vielfalt, als das reine, lediglich negativ bestimmbare Sein aufgefasst wird, welches abbilden zu wollen eine Ungereimtheit und ein Rückfall in das Stadium der Naivität wäre. Der Kultur-

53 PORPHYRIOS, *Über Plotins Leben* ... (wie S. 82, Anm. 34), 1.
54 HERODOT, *Hist.* I, 131, wundert sich darüber, dass »die Perser nicht Statuen, Tempel und Altäre zu errichten pflegen, sondern, wie mir scheint, es sogar denen als [61] Torheit anrechnen, die das tun, weil sie nie geglaubt haben, wie die Griechen, dass die Götter menschliche Gestalt haben.«

standpunkt ist ein völlig anderer. Die Bildlosigkeit in der prophetischen Religion entspricht nicht der ätherischen und fernen Unbestimmbarkeit der Gottheit. Im Gegenteil. Für die prophetische Religion bedeutet das Bild ein totes Ding (Jes 44), der Herr dagegen ist lebendig und wirksam. Das Bild ist das Geschaffene, der Herr ist der Schöpfer. Der Gegensatz ist nicht Geist contra Leiblichkeit, sondern Schöpfer über Geschaffenem, der lebendige, eifrige Gott über jedem Bild oder Gleichnis. Die gleiche Beobachtung kann man in Bezug auf den Opferkult anstellen. Er wurde in Indien lange vor Buddha und auch in Griechenland in einem höheren Stadium aufgegeben, als eine niedere, konkretere Form, welche die geistigere Auffassung nicht benötigte, oder als ein Gottesdienst, der dem nach Erlösung verlangenden Gemüt keine Freude mehr bereitete. Wer sähe nicht, dass die brennende, leidenschaftliche Polemik der Propheten in Gottes eigenem Namen von anderer Art ist? Gott braucht nicht Opfer, er will nicht Opfer, sondern Recht und Gerechtigkeit.

Gehört dann eine *monistische* Auffassung zum Wesen der prophetischen Religion? Nein. In der prophetischen Religion kommt ein anderer Dualismus zum Zuge, der nicht metaphysisch, spekulativ, ein Gegensatz zwischen Geist und Materie ist, sondern praktisch, sittlich, religiös.

[62] Dieser liegt nicht von vornherein am Tage. Die von Zarathustra im Namen des Ahura Mazda bekämpften Daevas wurden als böse Geister angesehen, was bei den vom Mosaismus im Namen Jahwes bekämpften Baalim nicht der Fall war.

Schon die Gathas kennen einen Teufel, *druj*, »die Lüge« par préférence, den Widersacher, »den Bösen Geist«, wie man diese Macht der Lüge und des Todes benennt, die nicht eine Naturgottheit oder die Materie, die Sinnlichkeit ist, die wir von den gnostischen Systemen kennen, sondern das geistige Prinzip und der Herr des Bösen und der Selbstgerechtigkeit. Die beiden Geister, zwischen denen im Lebenskampf die Wahl getroffen werden muss, existierten nach Yasna 30 schon im Anfang und schufen zunächst Leben und Tod, den Himmel für die Guten und die Hölle für die Bösen. In den Gathas ist einzig der Tod der Bereich »des Bösen«. Der Herr hat alles geschaffen, Licht und Finsternis[55], Schlaf und Wachen, Morgen, Mittag, Nacht (Yasna 44). Dann wurde die ganze Schöpfung auf die beiden aufgeteilt. Nach der späteren Auffassung schuf Anra Mainyu böse Mächte, unreine Tiere, böse Himmelskörper usw. gegen die reine Schöpfung des Herrn.

Dieser Dualismus wird jedoch nie mit dem Gegensatz Geist – Leib vermengt. Auch dieser wird in Avesta unaufhörlich erwähnt. Aber der Teu-

55 Vgl. Jes 45,7.

fel hat seinen Anhang sowohl in der geistigen als auch in der körperlichen Welt. Der Herr gab den Fravashis, den Fylgjor[56] einen Leib, um damit gegen das Böse zu kämpfen. Sein sind die reinen Elemente, Erde, Feuer, Wasser. Der Dualismus hinderte die Mazda-Religion nicht, [63] die am unmittelbarsten kulturfreundliche, antiasketische und optimistische Religion zu sein, die es gibt.[57]

Warum wurde nicht Zarathustra, sondern Buddha zum Licht Asiens? Warum gewann nicht der lebenskräftige Vorkämpfer für die nützliche Arbeit, für die Stärke, Reinheit und Gesundheit des Lebens im lohnenden Dienst des Herrn die Herzen der Menschen statt des milden, mitleidvollen Deuters des Weltschmerzes und des Nirwana, der Totenstille? Ich traue mir nicht zu, die ganze Antwort auf diese verwickelte Frage zu geben, die mit der Unterschiedlichkeit zwischen Indien und dem Iran und mit einer Reihe von einschneidenden geschichtlichen Momenten zusammenhängt. Ein Satz der Antwort ist auf alle Fälle der folgende: Weil er [scil. Zarathustra] die Tiefe des Leidens nicht ergründet hat.[58] Die Kraft einer Religion bemisst sich nicht nach deren Lobgesängen, sondern nach deren Erfahrung von Elend und Dunkel des Lebens. Einzig *eine* Religion ist ebenso tief in den Abgrund hinabgestiegen wie die Religion des Weltschmerzes in Indien, ja tiefer als sie. Das ist das Christentum. Aber die Heilsbotschaft ist bei der ersteren pessimistisch: das rechte Leben ist die Totenstille; bei der anderen jedoch optimistisch, trotz der Abgründe, ein ewiges *Ja* gegen alles Nein, wie Carlyle es ganz kurz ausgedrückt hat, nach dem Wort des Apostels 2Kor 1,20: »Auf alle Gottesverheißungen ist in ihm [scil. Jesus Christus] das Ja.«[59] Denn die im Christentum vollendete Offenbarungsreligion ist nicht in dem metaphysischen Dualismus befangen, sondern hat ihn durchbrochen durch die Erfahrung von Gottes in Geist und Natur wirksamem, erlösendem Liebeswillen.

---

56 [Plural von fylgja, in der nordischen Mythologie eine Seele, die ihren Leib latent in sich trägt, hier von Söderblom vergleichsweise zur Erläuterung der Fravashis herangezogen; vgl. VILHELM GRØNBECH, *Kultur und Religion der Germanen* I (dt. v. E. Hoffmayer), Darmstadt ⁵1954, 271. Über die Fravashis, die im Jenseits lebenden Toten der altiranischen Religion, hatte Söderblom in Paris eine Diplomarbeit geschrieben: N. SÖDERBLOM, *Les Fravashis. Étude sur les traces dans le mazdéisme d'une ancienne conception sur la survivance des morts*, in: RHR 39/1899, 229–260. 373–418.]

57 [Vgl. vom Vf., *Du] génie du Mazdéisme*, in: Mélanges Charles de Harlez [, 1896, 298–302].

58 [Vgl. vom Vf.] *La vie future* [wie S. 66, Anm. 11], 392. Ich verweise auf die Darstellung des religiösen Problems von Leben und Tod, die ich im 5. Kap. dieser Arbeit vorgelegt habe.

59 [Vgl. THOMAS CARLYLE, *Sartor Resartus* (1833–34), hg. v. K. McSweeney/P. Sabor (The World's Classics), 1987, 146 (Ch. 9).]

[64] Es ist ein mehr als hundertjähriges Axiom, dass der spätjüdische und christliche Dualismus vom Parsismus herstammt. Hier ist nicht der Ort, die Richtigkeit dieses Satzes zu untersuchen. Genug, dass der Dualismus im Judentum und Christentum (und Islam) von derselben Art ist wie der im Parsismus, der Gegensatz zwischen Gott und Teufel, göttlicher siegreicher Liebe und dem radikalen, unerklärlichen Bösen, Leben und Tod, Gottvertrauen und Verzweiflung, Himmel und Hölle, der Zweikampf zwischen Gut und Böse, in dem wir in der Welt stehen (Eph 6, 11 ff) – nicht der metaphysische Gegensatz zwischen Geist und Materie, Einheit und Vielfalt, dem bestimmungslosen Sein und der Welt. Ist der von Jesu Zeitgenossen geteilte Teufelsglaube des Evangeliums nicht ein dunkler Fleck aus dunklen Zeiten auf dem heiteren Gemälde der Heilsbotschaft? Man macht geltend, dass der Dualismus im Evangelium als von außen eingedrungen und seinem Wesen nach fremd und widersprüchlich ausgeschieden werden müsse und könne. Das dürfte eine landläufige Anschauung sein.[60] Ich kann nichts anderes sehen, als dass die tiefere Erfahrung von Sünde, Leiden und Not, welche die Stärke einer Religion ist, mit Notwendigkeit von dem Dualismus[61] der Propheten zum Dualismus des Evangeliums führte, und dass diese Entwicklung zu den bedeutendsten in der Offenbarungsreligion gehört. An Zeichen für eine solche Einsicht fehlt es nicht in der [65] neueren Theologie.[62] Jesus hat den Dualismus verschärft, nicht gemildert. Weiter als sein »Der Feind hat es getan«[63] ist niemand mit dem Problem des Bösen gekommen. Irgendeine Theodizee findet sich nicht bei Jesus, eine Verteidigung Gottes in der grauenhaften und dunklen Strafsache wegen Not und Sünde von der Art, die Hiobs Freunde im Munde führten und mit der sich die Apologetik aller Zeiten in wohlmeinender Absicht Mühe gegeben hat. Alle Versuche innerhalb des Christentums, dem Dualismus zu entkommen oder über ihn hinwegzukommen, haben ent-

---

60 Vgl. z.B. W[ILHELM] BOUSSET, *Die jüdische Apokalyptik* [, *ihre religionsgeschichtliche Herkunft und ihre Bedeutung für das Neue Testament*, 1903], 61 f. Bousset fügt jedoch hinzu: »Der Dualismus war die Hülle für den gewaltigen sittlichen Ernst und die religiöse Tiefe des Evangeliums.« Damit ist die gewöhnliche rationalistische Betrachtung überwunden.

61 [Im Original steht »Monismus«. Das muss ein Versehen sein, denn Söderblom hatte sich ja kurz zuvor (S. 61 im Original, hier S. 93) gegen eine monistische Interpretation der Propheten ausgesprochen. Der Sinn kann deshalb nur sein, dass der spezifische Dualismus aller Offenbarungsreligion gegenüber den Propheten im Neuen Testament vertieft worden ist. Vgl. das Folgende!]

62 Vgl. A[DOLF] HARNACK, *Die Mission und Ausbreitung des Christentums* [*in den ersten drei Jahrhunderten*, 1902], 92 ff.

63 [Mt 13,28. Söderblom zitiert nach dem Gedächtnis. Im Urtext steht »ein Feind«. In der Sache trifft er jedoch genau die Pointe.]

weder die Kraft abgeschwächt, die in dem unerschrockenen Wirklichkeits-sinn des Evangeliums liegt, oder aber zu der Ungereimtheit geführt, den Dualismus in Gottes Wesen zu verlegen. Das Erstere gilt von allen Versuchen, das Böse zu einem Schatten in der Harmonie des Gemäldes und um ihretwillen zu machen, zu einem notwendigen Moment für eine höhere Entwicklung. Die andere Erklärung ist stets der Antwort des Holländers Robbert Robbertsz an zwei streng calvinistische Pfarrer ausgesetzt, als diese ihn mit der Frage nach dem Ursprung der Sünde in Verlegenheit bringen wollten: »Als die erste Sünde begangen war, gab der Mann der Frau die Schuld, und die Frau der Schlange. Die Schlange, die noch jung und dumm war, schwieg. Jetzt ist sie alt und sicher geworden und kommt zur Dordrechter Synode und sagt, dass Gott das [so] gemacht habe.«[64] Bei Jesus sucht man vergebens Theorien in der einen oder der anderen Richtung. Jesu Theodizee ist nicht eine Deutung für den Verstand, sondern eine Aufgabe für den Willen: »Wachet und betet«, »erlöse uns von dem Bösen«, und eine Glaubensgewissheit bezüglich des Endes: »jetzt ergeht das Gericht über diese Welt; nun wird der Fürst dieser Welt ausgestoßen werden«, »alle [66] Pflanzen, die mein himmlischer Vater nicht gepflanzt hat, die werden ausgerissen.«[65] Aber Jesus hat auch verhindert, dass der Dualismus des religiösen und sittlichen Lebens in einem Naturgegensatz stecken bleibt. Das ganze Leben, das ganze Dasein ist seine Schaubühne. In der Einsamkeit der Seele mit Jesu Christi und unserem Gott geschieht das Entscheidende. Da schöpft man Kraft. Danach wird der Kampf im sittlichen und kulturellen Leben mit positiven Aufgaben ausgefochten, mit Landgewinnen für das Reich Gottes. Luther kennt die beiden Arten von Weltflucht. Er macht Ernst mit dem Wort des Evangeliums: »Ich bitte nicht, dass du sie aus der Welt nimmst, sondern dass du sie bewahrst vor dem Bösen.«[66] Von dieser Bewahrung mitten in der grimmigen Mühsal des Lebens singt Paulus im 8. Kapitel des Römerbriefs seinen Siegesgesang: »Ich bin dessen gewiss.«[67] Seine Worte sind der Widerhall derer des Psalmisten im 73. Psalm: »Herr, habe ich dich.«[68] Die Losung der Religion ist: nicht die Vergoldung der Welt, nicht die Flucht aus der Welt, sondern die Überwindung der Welt.

---

64 [ROBBERT ROBBERTSZ LE CANU (1563–1627) war ein niederländischer Lehrer der Navigation. Religiös zunächst zu den Mennoniten gehörig, wurde er dort wegen seiner freigeistigen Ansichten ausgeschlossen. Die Quelle für die oben angeführte Äußerung habe ich nicht ausfindig machen können.]
65 [Mt 26, 41; Mt 6, 13; Joh 12,31; Mt 15,13.]
66 [Joh 17,15.]
67 [Röm 8,38.]
68 [Ps 73, 25: »Wenn ich nur dich habe«.]

Der Ort der neuen Gotteserfahrung, die in der Religionsgeschichte eine besondere Art von Offenbarung bildet, war das Seelenleben der Propheten. Sie hörten die Stimme des Ewigen und sahen seine Hand ausgestreckt über Völker und Zeitalter. Was zwischen ihnen und Gott vor sich ging, gehört zum Geheimnis des inneren Lebens. Aber just in dem verborgenen Heiligtum des Verkehrs mit Gott liegt der Grund für den klaren Unterschied, den wir zwischen prophetischer Religion und Naturreligion, zwischen [67] Offenbarungsreligion und Kulturreligion wahrnehmen können. Die höhere innere Gotteserfahrung in ihren Grundformen zu untersuchen, gehört zu den vorrangigen großen Aufgaben der Religionspsychologie. Die theologische Religionspsychologie, z. B. bei einem Wilhelm Herrmann, hat einen scharfen Blick für den wesentlichen Unterschied, operiert jedoch mit allzu begrenztem Material und mit einem Gesichtspunkt, der für die Pflege der Religion und die Bedürfnisse der Kirche von hohem Wert ist, aber wichtige Erscheinungen wesentlicher Mystik innerhalb der Offenbarungsreligion, sowohl nach Christus als auch vor Christus, außer Betracht lässt. Die moderne Religionspsychologie in Frankreich, Amerika und England und anderwärts ist noch nicht so weit, dem Unterschied, von dem hier die Rede ist, ihre entschiedene Aufmerksamkeit zu widmen. Das liegt daran, dass sie sich bisher zumeist mit allgemeineren Typen und Erscheinungen beschäftigt hat, in Amerika nach statistischer Methode mit der Sammlung einer Menge religiöser Selbstbekenntnisse, und dass sie ihre Arbeit nicht auf die großen religiösen Persönlichkeiten konzentriert hat, die Schilderungen ihres inneren Lebens hinterlassen haben. Eine Religionspsychologie, die ihre Aufmerksamkeit nicht vornehmlich auf solche Männer wie die Propheten, Paulus, Augustinus, Luther, Pascal und Kierkegaard richtet, kann ohne Zweifel eine wichtige und vielversprechende Arbeit leisten. Die Arbeiten von William James sind ein guter Beleg dafür. Aber man kann nicht erwarten, dass sie zu den tiefen Problemen der Psychologie der Persönlichkeitsmystik vorstößt.

Könnte man nicht die Auffassung vertreten, dass eine solche religionswissenschaftliche Aufgabe von der Geschichte des religiösen Denkens der Christenheit des Nordens zugewiesen ist, wo die Beachtung [68] der Bedeutsamkeit von Begriff und Symbol der Persönlichkeit im religiösen Verhältnis alt und tiefer verwurzelt ist als anderswo? In Schweden hat die Persönlichkeitsphilosophie mindestens ein Jahrhundert lang den leuchtenden Leitfaden der Geistesbildung abgegeben, mit Erik Gustaf Geijer als ihrer typischsten und kraftvollsten Persönlichkeit, Boström als ihrem unvergleichlichen Architekten, Pontus Wikner als ihrem feinen und tiefen Selbstdarsteller und Viktor Rydberg als ihrem universellen Geist. Das Gedankengebäude, das Boström errichtet hat, war in seiner kristallklaren Pracht so vollendet, dass es einen Augenblick lang so aussah, als sei der Arbeitstag zu Ende und als würden kommende Geschlechter, die leben und arbeiten wollten, das fertige Systemgebäude als stattliches Mausoleum seiner strahlenden Schönheit überlassen und sich neue Orte für eine neue Grundlegung suchen. Dass aber die Kontinuität im Grunde trotzdem nicht abgebrochen ist, das bezeugt auf verschiedene Weise, doch mit dem gemeinsamen Gefühl für das Gewicht des Persönlichkeitsprinzips, die Religionsauffassung in allem, was an schwedischer Verkündigung und Behandlung der Religion in der theologischen und philosophischen Wissenschaft echt ist, und ebenso in allem, was zur Erbauung geredet, gesungen und geschrieben worden ist.

Und Dänemark, Kierkegaards Land und Grundtvigs Land! »Alle haben sie – alle wie ein Mann, wie weit sie sich auch voneinander entfernt haben, Wacht gehalten um den Begriff der *Persönlichkeit*. Der ist nicht – wie oft in Deutschland – aufgelöst worden, selbst von Brøchner nicht. Hier ist der Punkt, wo selbst der eingedeutschte Martensen zeigt, dass er Däne ist, hier ist der Höhepunkt, den wir in Kierkegaard erreicht haben; hier ist das bleibend Gültige bei Rasmus Nielsen. Heute redet jeder [69] moderne Schulmeister in Deutschland von ›christlicher Persönlichkeit‹. Aber wie altbekannt ist doch diese Rede bei uns, schon in einer Zeit, als man von dieser Sache in Deutschland kaum geredet hat, wie durchgearbeitet ist dieser Begriff doch in unserem Denken?«[69] – Die Untersuchung der Psychologie religiöser Erfahrung ist dazu verurteilt, sich zurückzuhalten und vor dem Geheimnis, das dem persönlichen individuellen Leben eigen ist, innezuhalten. Aber sie kann vermehrte Klarheit über einen Gegensatz bringen, der nicht zu verwechseln ist mit der Verschiedenheit zwischen künstlichem, virtuosenhaftem und gehaltvollem Erleben. Auch innerhalb der in der Ekstase vollendeten Naturmystik findet sich dieser Unterschied. Hier [dagegen] geht es um den Gegensatz, den wir bereits deutlich vor Augen haben zwischen einem Verkehr mit Gott, der seinen Höhepunkt im reinen Genuss der Ekstase oder in der reinen Gleichgültigkeit des Nirwana erreicht, wo das persönliche, bewusste und willensbestimmte Leben verrinnt und sich wie der Strom im Meer verliert – und einem Verkehr mit Gott, der

---

69 E. LEHMANN, *En tysk Bog og en dansk Betragtning*, in: TT [20/]1903 (IV), 282. [Die zitierten dänischen Denker sind: Hans Brøchner (1820–1875), linkshegelianischer Philosoph und Anhänger von David Friedrich Strauß, Verwandter von Kierkegaard; Hans Lassen Martensen (1808–1884), Dogmatiker, später Bischof von Sjælland (Seeland), konservativer Hegelianer, Gegner Kierkegaards; Rasmus Nielsen (1809–1884), zunächst von Hegel, später von Kierkegaard beeinflusster Philosoph.]

seinen Höhepunkt in der Begegnung der Propheten mit dem lebendigen Gott erreicht, welche die Persönlichkeit umschafft (Jer 1) und neue Gedanken und neue übermenschliche Handlungskraft mitteilt, sowie in Jesu Gemeinschaft mit seinem himmlischen Vater.

Die Wertung fällt je nach der persönlichen Stellungnahme verschieden aus. Ohne Zweifel enthält die zuletzt genannte religiöse Erfahrung mit ihrer Erkenntnis Gottes als einer lebendigen, wirksamen, persönlichen oder überpersönlichen Allmacht, als Herrn des Lebens und der Geschichte, ein weit schwereres Problem für das Denken als die methodische Versenkung der Seele in [70] den dunklen, fernen Grund des Daseins. Aber kein aufmerksamer Beobachter kann den charakteristischen Unterschied leugnen. Am augenfälligsten ist er bei den großen, bahnbrechenden Persönlichkeiten. Man vergleiche Israels Propheten mit den großen meist Ungenannten, die in den Upanischaden zu uns reden. Die Meisterschaft der Inder in der Unendlichkeitsstimmung und deren Theorien wurde schon von den Alten beobachtet. Philostratos legt dem Apollonios von Tyana die Worte in den Mund, dass alle in Gottes Nähe leben möchten, aber allein die Inder es dahin bringen.[70] Man vergleiche Jesus mit Buddha! Man kann den Unterschied in dem ersteren Vergleich mit den Worten Prophet – Mystiker ausdrücken, in dem anderen mit den Worten Gottes vollkommener Offenbarer, Gottes Sohn, Gottmensch – Wegweiser zum Nirwana. Aber die beiden Typen bleiben nicht darauf beschränkt, sondern erstrecken bis zu den Vielen, die im zweiten, dritten, vierten Glied religiös sind und sich auf die Großen berufen. Da das Geheimnisvolle, Unteilbare und Unergründliche sich in beiden findet, kann man sich veranlasst sehen, für beide das Wort Mystik anzuwenden und sie als *Persönlichkeitsmystik* und Naturmystik oder vielleicht besser *Unendlichkeitsmystik* voneinander zu unterscheiden.[71]

Denn der Unterschied liegt in der Rolle des persönlichen Lebens. Die Frage ist: Soll das Persönliche am Ziel und auf der Höhe der Frömmigkeit ruhig gestellt und eingeebnet werden? Oder soll es umgeschaffen und gereinigt werden, so dass das natürliche Ich geopfert und die ewige [71] Liebeseinheit mit Gott, das »Ebenbild Gottes« der Dogmatik, das »Seelenfünklein« der germanischen Mystik des Mittelalters verwirklicht wird und zu einem neuen Menschen heranwächst, zu einem Gottesmenschen, zu dem konzentrierten und wirksamen Leben der sittlichen Persönlichkeit aus Liebe? Ist der Weg zur Erkenntnis des Göttlichen eine *via negationis*,

---

70 [Vgl. Flavius Philostratus, *The Life of Apollonius of Tyana, the Epistles of Apollonius, and the Treatise of Eusebius*, vol. II, Book VI ch. XI, (LCL 17), 44 f.]

71 Vgl. vom Vf. *Nutidsbildning och kristlig innerlighet*, in: Förhandlingar vid studentmötet i Sorö 1903[, 121–139], abgedruckt [als *Bildning och innerlighet*] in När stunderna växla och skrida I[, Uppsala ³1935, 56–75.]

die, wie Plotin sagt, ins Jenseits des Seins führt, dorthin, wo »die Seele, ohne gut oder böse oder irgendetwas anderes zu sein«, ohne Bewusstsein von Leib oder Geist das Göttliche empfängt? Gilt es, mit Hierotheus zu »der geheimnisvollen, ruhigen Stille, die Bewusstsein und Form auflöst« zu gelangen, oder mit dem Areopagiten, Eckhart und Ruysbroek zu »dem göttlichen Dunkel« zu gelangen, »dem namenlosen, formlosen Nichts«?[72] Oder ist der Weg zu Gott eine *via positionis*, die durch völlige Selbstentäußerung und Selbstverleugnung hindurch zu einer reicheren und stärkeren persönlichen Lebensbestimmtheit führt, zu einem göttlichen Liebeswillen, der in dem glühendsten, vollendetsten und künstlerisch gestalteten persönlichen Leben, in Jesus Christus, offenbart ist? Dieser [Weg zu Gott] lässt seine Gegenwart in vielen guten und wunderbaren Gaben spürbar werden, aber nirgends kommt er Gott näher, kennt auch kein *höheres* Verhältnis zu Gott und keine reichere Fülle Gottes als in der höchsten Gabe: in der auf lebendiges Gottvertrauen bauenden persönlichen Liebe, die in ihrer warmen, blutenden oder jubelnden Menschlichkeit klar unterschieden ist von der im Tiefsten kühlen, aber zu allen Entbehrungen und zu den Flammen des Scheiterhaufens klaglos bereiten [72] Selbstaufopferung der Mystik (1Kor 12f). Gott – ist er das große, stille Unendlichkeitsmeer, das sich danach sehnt, die individuellen Splitter ohne Form und Namen in sanftem Schlummer in seinem dunklen Schoß alle wieder zusammenwachsen zu lassen? Oder Gott – ist er die überwältigende, zündende, brennende, heilige Liebe, die persönliches Leben hervorbringt und will? Kann er für uns nur in einem persönlichen Leben der Liebe ausgedrückt werden, so dass es wahr wird, dass *extra hunc hominem nullus Deus reperitur*?[73] »Außer in diesem Menschen ist kein Gott zu finden.« Sind wir ihm am nächsten und am ähnlichsten in der Freude über persönliches Leben und in der Freude darüber, das tiefere Selbst dadurch zu gewinnen, dass wir das selbstische Ich verlieren?[74]

---

72 Vgl. W[ILLIAM] R[ALPH] INGE, *Christian Mysticism*, 1899, 97.103.182.

73 [Hier handelt es sich nach meiner Vermutung um ein aus dem Gedächtnis wiedergegebenes Lutherzitat. Es ist in dieser Form weder durch das gedruckte noch durch das digitalisierte Register der WA zu verifizieren. Doch kommt der folgende Satz ihm sehr nah: »… ut extra Christum sentiamus nullum Deum esse et inveniri posse«, *In XV psalmos graduum* (1532/33), WA 40/III, 337,21 f.]

74 Die Persönlichkeit in diesem Sinn geltend zu machen ist, kurz gesagt, das Gegenteil der selbstherrlichen Ansprüche und Rechte des Individuums. In seinem Aufsatz über Japans amerikanischen Propheten hat Harald Hjärne geschildert, wie Lafcadio Hearn, der griechisch-irische Amerikaner, in seinem Unwillen über das lärmende Gehabe des Individualismus und die dogmatische Herrschaft der Volkssouveränität im Abendland die religiös begründete Solidarität der japanischen Ge-

[73] Mit dem Unterschied, den wir angegeben haben, hängen zwei Unterschiedenheiten zwischen Offenbarungsreligion und mystischer Religion zusammen.

Erstens hinsichtlich der persönlichen Autorität. Die *religiöse* Verbindung des einen mit dem anderen ist innerhalb der Unendlichkeitsmystik bestenfalls etwas Unpersönliches, ein Rezept, eine Anweisung, »Aufklärung«, »Wissen« von der Art und Weise, wie man zur Erfahrung gelangt. Die Macht und Vollmacht großer Persönlichkeiten spielen auch im Bereich der Unendlichkeitsmystik eine wichtige Rolle, denn das gehört zu den Bedingungen menschlichen Lebens. Aber das widerstreitet dem Grundsatz und Wesen der zeitlosen, geschichtslosen Mystik. Innerhalb der Dreieinigkeit des Buddhismus ist *dharma*, die Lehre, die Anweisung, unzweideutig das höchste Moment.[75] Die größten Heroen der griechischen Religionsentwicklung, ein Sokrates, Platon, Plotin, haben um der Reinheit des Gottesverhältnisses willen den Anspruch abgewiesen, für die Zukunft persönliche Autorität auszuüben. Und die Mystik innerhalb des Christentums empfindet die religiöse Beziehung zu Jesus Christus im Evangelium, in der Geschichte, als eine Last und Unvollkommenheit. »Die Mystik ist eine besondere Form der Religion, nämlich eine Frömmigkeit, die das Historische an den positiven Religionen als Last empfindet und abwirft« (W. Herrmann).[76] »Die Bibel [74] ist [...] Schutzwehr gegen allen geschichtswidrigen Mystizismus. Der will nur von innerster Unmittelbarkeit in dem Verhältnis zu Gott wissen; Gefühl und Fantasie gelten ihm als die religiösen Organe; Gemeinschaft und Geschichte kommen für die Re-

---

sellschaft mit etwas verwechselte, das Hjärne »das Nebelreich des unpersönlichen Mystizismus« nennt. Hjärne schreibt: »Er hat sich geirrt – das können wir auf Grund seines eigenen Zeugnisses ruhig sagen. Was er in Wahrheit gesehen hat, das ist nicht der Untergang der Persönlichkeit, sondern ihre Auferstehung zu reicherem Leben in ungebrochener Einbindung in eine verjüngte Gesellschaft. Aus der verwunschenen Tiefe kommen lediglich die dunklen Mächte, welche die bewusste Verantwortlichkeit der Persönlichkeit noch gefangen halten. Aber der Wille, der sich selbst an das Höhere hingibt, ist nicht ein Vernichtungstrieb, sondern just der feste Kern der Persönlichkeit, der umso mehr gestärkt wird, je mehr die Berufung von oben leuchtet und sich weitet. Auf dem Grund des persönlichen, [73] sich selbst aufopfernden Willens ist jede menschliche Gesellschaft erbaut. Schwankt der Grund, so fällt der Bau, und das Wachsen des Baus in die Höhe hängt von der Tragkraft des Grundes ab. Das bezeugt alle Geschichte seit den Tagen der Antike und unserer eigenen Vorväter.« H. Hjärne, [*Japans amerikanske profet*, in: ders.,] Svenskt och främmande[, 1902 (199–209), 206 und 205.]
75 Vgl. meine Schrift *Treenighet*, 1903, 16 ff. [Erweiterte deutsche Fassung: *Vater, Sohn und Geist unter den heiligen Dreiheiten und vor der religiösen Denkweise der Gegenwart* (SgV 58), 1909, 17–25).]
76 [Wilhelm Herrmann, *Der Verkehr des Christen mit Gott* [4]1903, 22.]

ligiosität nur als Hemmungen in Betracht und müssen zum Frommen des Innenlebens nach Kräften abgewiesen werden« (M. Kähler).[77] – In der Bibelfrage kommen diese Unterschiedenheiten noch immer zum Vorschein. Man versucht diese Frage auf dem Schleichweg der mystischen Religion zu lösen. Das Problem, das die kritische Bibelforschung aktuell macht, ist [jedoch] verwickelter, als es dort aussieht. Das alte christliche Grundproblem: wie soll man die unlösbare Bindung des Christentums an eine Erscheinung in der Zeit, an Jesu unverzichtbare persönliche Autorität – mit dem Anspruch des Christentums, die absolute Religion zu sein, und mit der Erhebung des religiösen Verhältnisses über jede Gefahr der Relativität vereinigen, existiert für die Mystik eigentlich nicht.[78]

In der Offenbarungsreligion ist die persönliche Autorität integrierender Bestandteil der Religion und als solcher anerkannt. Das gilt schon für die alttestamentlichen Propheten. Die Offenbarung ist an deren Personen geknüpft, wie es Wellhausen mit unübertrefflicher Klarheit gesehen und ausgedrückt hat. »Das gehört zum Begriffe der prophetischen, der echten Offenbarung, dass Jahwe, über alle ordnungsmäßige Vermittelung hinweg, sich dem Individuum mitteilt, dem Berufenen, in welchem der geheimnisvolle und unzergliederbare [75] Rapport energisch wird, worin die Gottheit mit dem Menschen steht. Losgetrennt vom Propheten, in abstracto, gibt es keine Offenbarung; sie lebt in seinem gottmenschlichen Ich. Eine Synthese scheinbarer Widersprüche entsteht dadurch: das Subjektive im höchsten Sinn, erhaben über alle Satzungen, ist das wahrhaft Objektive, das Göttliche.«[79]

Die Verbindung zwischen der Religion und den auserwählten Gottesmännern wurde in der Folgezeit nicht gelöst, so dass sie vielleicht als niedere, erzieherische Maßnahme bezeichnet werden könnte. Vielmehr ist das in der Religionsgeschichte Unerhörte geschehen, welches das Paradox im Christentum erzeugt, dass die Offenbarungsreligion ihre Vollendung nicht in einer vollkommenen Lehre oder Heilsanweisung, sondern in einer Person erreicht hat. »Einen anderen Grund kann niemand legen.«[80] In dieser Person ist Göttliches und Menschliches, Objektives und Subjektives eins, so dass er zugleich »als die Vollendung der göttlichen Liebe und

---

77 [MARTIN KÄHLER, *Das Offenbarungsansehen der Bibel* (1903), abgedr. in: ders., Aufsätze zur Bibelfrage, hg. v. E. Kähler (ThB 37), 1967 (85–129), 111. Söderblom übersetzt »Mystizismus« mit »Mystik«; für Kähler ist das nicht ganz dasselbe.]

78 In ERNST TROELTSCHS wichtiger Schrift *Die Absolutheit des Christentums und die Religionsgeschichte* [1902] wird das Problem in seiner ganzen Tragweite aufgeworfen.

79 [JULIUS WELLHAUSEN, *Prolegomena zur Geschichte Israels*. Berlin ³1886, 416.]

80 [1Kor 3,11.]

der menschlichen Treue« dasteht (Fr. Fehr)[81] und den Verkehr der Seinen mit Gott vermittelt. Das Persönlichkeitsprinzip ist die Stärke des evangelischen Christentums. Es kennt eine Autorität: die der Persönlichkeit.[82]

Zum anderen ist die mystische Religion im eigentlichen Sinn nur für die *upper ten thousand* geistiger Kultur und Bildung zugänglich. Nur sie haben die Zeit und die Fähigkeit, sich die Erfahrung zu verschaffen, um die es [76] geht. Die mystischen Religionen sind ihrem Wesen nach aristokratisch und müssen mit einer exoterischen Hülle ausgestattet werden, um für »die Mühseligen und Beladenen« zugänglich sein zu können.

Aber Jesus preist seinen himmlischen Vater, dass er es den Weisen verborgen und den Unmündigen offenbart hat.[83] Denn um Gott zu sehen, ist ein reines Herz und eine klare, wahrhaftige Persönlichkeit vonnöten, nicht Wissen und eine kunstvolle Methode; um ihn zu erkennen, bedarf es eines kindlichen Sinnes, nicht einer Philosophie. Die Propheten und Jesus wenden sich an das Gewissen, an die elementare, sittliche Instanz im Menschen, und zählen auf deren Zustimmung. Das Zeichen, das Jesus gab, war das Zeichen des Jona, des Propheten, des Bußpredigers. Daher ist Künstelei die schlimmste Behinderung des Evangeliums. Mit Pharisäern kann Jesus sich nicht verstehen. Aber er kehrt bei Sündern und Zöllnern ein und isst mit ihnen. Die Eintrittskarte seiner Apostel besteht nicht in außerordentlichen Erfahrungen, obgleich sie solche vorweisen können, sondern »durch Offenbarung der Wahrheit empfehlen wir uns dem Gewissen aller Menschen vor Gott.«[84]

Ein doppeltes Missverständnis muss hier ausgeräumt werden. Naturmystik und Unendlichkeitsmystik bedeuten keineswegs die Abwesenheit sittlicher Elemente. Im Gegenteil nimmt *das Sittliche immer größeren Raum* in der »Reinigung« ein, in den Mitteln, die zum Genuss des Göttlichen führen sollen, und das sowohl außerhalb wie innerhalb der christlichen Kirche, in Indien, im Platonismus, Neuplatonismus und Sufismus ebenso wie in der mittelalterlichen Mystik.[85] Aber der Verkehr mit Gott

81 Fredrik Fehr, lt. 1. Aufl: Predigt am Karfreitag 1892. [Die Predigt ist nicht gedruckt. Söderblom schreibt in seinem Notizbuch B 3:4 1892–96, NSS, UUB, dass er sich während der Predigt Aufzeichnungen gemacht habe; briefl. Mitteilung von Staffan Runestam.]

82 Vgl. Harald Høffding, *Religionsphilosophie* [wie S. 63, Anm. 7], 250–254. 279–282. Auf der Linie der Gedanken, die dort dargelegt worden sind, liegt, wenn sie ausgezogen werden, die Autorität der evangelischen Religion: die persönliche Autorität Jesu. Doch werden sie nicht dorthin weitergeführt.

83 [Mt 11,25.]

84 [2Kor 4,2.]

85 Vgl. W.R. Inge, *Christian Mysticism* [wie S. 100, Anm. 72, passim].

selbst liegt *jenseits von Gut* [77] *und Böse*.[86] Das persönliche Leben in seinem ausgeprägten Charakter und seiner Lebensenergie wird durch den Verkehr mit Gott ruhig gestellt, nicht erfüllt und gestärkt. Der Mönchs- und Unendlichkeitsreligion entschwindet die Persönlichkeit. Es ist kein Zufall, dass in dem ersten Mönchsorden, den Pachomius gegründet hat, die Brüder nach dem Alphabet eingeteilt und aufgerufen wurden.[87] Das Sittliche gerät zur Askese, zur Selbstzucht, um über alles »Kreatürliche« hinauszugelangen, nicht aber zu einem unmittelbaren Gottesdienst mit einem positiven Ziel, dem Reich Gottes. Die Reformatoren hatten an ihren Widersachern dies auszusetzen, dass sie nicht sagen konnten, wie der Heilige Geist zuteil wird und wie gute Werke zustande kommen. W. James hat darin Recht, dass niemand und nichts in der römischen Theologie kranke Seelen so herzlich anspricht wie Luther.[88]

Ferner bedeutet der Unterschied zwischen Persönlichkeitsmystik und Unendlichkeitsmystik keineswegs, dass aus der ersteren ungewöhnliche, »anomale« physische und psychische Erscheinungen, Visionen, ekstatische Zustände verbannt wären. In himmlischen Gesichten und außerordentlichen Entrückungen kann Gott seine Macht und Liebe offenbaren lassen. In solche Formen können in der Offenbarungsreligion entscheidende Erfahrungen gekleidet sein. Die Jünger auf dem Berg der Verklärung und Paulus auf dem Weg nach Damaskus sind Belege dafür. Etliche unter den Propheten hatten hellseherische und stürmische Seelenzustände von der Art, wie sie die kanaanäischen Nebi'im auszeichneten, andere nicht.[89] Solche Erfahrungen sind nicht [78] auf die Offenbarungsperiode beschränkt[90], sondern gehören noch in unserer Zeit, je nach der persönlichen Veranlagung und den Wegen Gottes, zur Erfahrung vieler Christen.

---

86 [Die Wendung »jenseits ...« im Original auf Deutsch.]
87 Vgl. L[AUST] MOLTESEN, *Det kristne munkevæsen* [.*Dets Oprindelse og første Udvikling*, 1901], 104.
88 [Gemeint ist wohl WILLIAM JAMES, *The Varieties of Religious Experience. A Study in Human Nature* (1902), Neudruck 1963, 128–130.]
89 Vgl. S[IMON] MICHELET, *Israels profeter som åbenbaringens bærere*, in: Religionsvetenskapliga kongressen i Stockholm 1897, hg. v. S. A. Fries, 1898], 494 ff. Muhammed war Visionär, aber darauf bedacht, nicht den Berufsekstatikern und Sehern seiner Zeit zugerechnet zu werden.
90 Man kann in der Offenbarungsreligion die Offenbarungsperiode, während deren immer neue Gedanken und neue, schöpferische Gotteserfahrung bei den Propheten hervorgetreten sind und die im Evangelium vollendet worden ist, von den Gottesmännern nach dieser Zeit unterscheiden, die sich zur Offenbarung sekundär verhalten. Man möge RUDOLF KITTELS *Geschichte des Volkes Israel* dazu befragen [wie S. 75, Anm. 23]. Im Blick auf Luther kann man im Zweifel sein, inwieweit ihm über seinen Platz als Reformator hinaus auch ein Platz unter den Propheten zuzuerkennen ist.

S. Michelet erinnert an H. N. Hauges Offenbarung am 5. April 1796.[91] Die Beispiele lassen sich vermehren. Aber der Unterschied zur mystischen Religion ist offenkundig. 1. Innerhalb der Offenbarungsreligion fehlen die außerordentlichen Seelenzustände bei mehreren ihrer höchsten Vertreter. Ich will nicht allein darauf pochen, dass von Jesus kein ekstatischer Zug, geschweige denn eine Ekstase im eigentlichen Sinn berichtet wird, denn er nimmt eine Position für sich ein. Aber bei dem Größten unter den Propheten, Jeremia, fehlt jede Andeutung ekstatischer Zustände. Auch Luther hatte dergleichen nicht. 2. Dort wo sie vorkommen, beruft man sich nicht auf sie als auf eine notwendige Voraussetzung, um sich Gott zu nahen, auch nicht als auf das Höchste oder Wesentliche in der Religion. Paulus ist dazu gezwungen, im zweiten Korintherbrief Kap. 12 seine Bescheidenheit zu überwinden und von seinen Gesichten und Offenbarungen zu sprechen. Aber 1Kor 12,31 stellt er die [79] Rangfolge auf und setzt die Liebe über einen so außerordentlichen Zustand wie das Zungenreden.

Ekstatische Zustände kommen in aller Naturreligion als höchster und eigentlicher Verkehr mit Gott vor, in niederen Stadien in heftigen Äußerungen, bei höherer Entwicklung in gereinigten und veredelten Formen. Für praktische Zwecke, für die Anleitung der Frömmigkeit hat die älteste Religionspsychologie in der Naturreligion das Licht der Welt erblickt. In Indien und Griechenland, die auch in dieser Hinsicht zu Lehrmeistern sowohl für den Osten (Sufismus) als auch für den Westen (christliche Mystik) geworden sind, hat man mit außerordentlicher Schärfe und Feinfühligkeit die Bedingungen und Grade des mystischen Zustandes untersucht und beschrieben. Historischer und literarischer Einfluss ist erkennbar. Aber da der Mensch im Grunde [stets] derselbe ist, blieb die Jakobsleiter der Ekstase sich überall im Wesentlichen gleich, auch wo keine Einwirkung stattfand.[92] An ihrer Spitze befindet sich die Ekstase im eigentlichen Sinn, ein so zum Äußersten veredelter und verfeinerter Genuss des Unendlichen, dass sie sich von dem sinnlichen Gefühlsrausch der niederen Mystik himmelweit unterscheidet und sich für die Analyse in luftige

---

91 [Hans Nielsen Hauge (1771–1824) war ein norwegischer Kaufmann und Bußprediger, der in ganz Norwegen und auch in Dänemark gewirkt hat. Die Amtskirche verfolgte ihn mit Misstrauen. Mehrmals wurde er inhaftiert, zuletzt 1804–1811 wegen Übertretung des Konventikelerlasses von 1741. Seine Anhänger, die Haugianer, spielten eine bedeutende Rolle in der norwegischen Frömmigkeitsgeschichte des 19. Jahrhunderts.]

92 Die Unendlichkeitsmystik ist überall ähnlich. [MAURICE] MAETERLINCK meint in *Le Trésor des Humbles* [²1901, 112f], dass Ruysbroeck, »ohne es zu wissen, den Platonismus Griechenlands [kennt], ... den Sufismus Persiens, den Brahmanismus Indiens und den Buddhismus Tibets«. [Vgl.] W. R. INGE, *Christian Mysticism* [wie S. 100, Anm. 72], 171f.

Leere auflöst. Die Ekstase ist ein Zustand außerhalb des Bewusstseins, der keineswegs mit dem zusammenfällt, was der Sprachgebrauch gemeinhin unter der Bezeichnung ekstatische Erscheinungen zusammenfasst. Es sind nicht solche Zustände, was Paulus 2Kor 12 beschreibt. Denn Paulus [80] hat eine Erinnerung an das, was er gehört und gesehen hat. 3. Die eigentliche Ekstase, die das Ziel der Unendlichkeitsmystik ist, ist undenkbar als Form der höheren Gotteserfahrung der Offenbarungsreligion. Denn diese begreift Kenntnis des lebendigen Gottes und Offenbarung seines Wesens in sich. Die Ekstase dagegen schließt jede positive Erkenntnis und jede Mitteilung von Wahrheit aus.

Man möge nicht im Interesse der Rationalität die außerordentlichen Sinneszustände, in denen Gott sich den Menschen nach seinem Wohlgefallen mitteilt, beiseite schieben und missachten. Beiträge zugunsten der außerordentlichen Erfahrungen und des Geheimnisses der Religion[93] sind höchst willkommen gegen die erdrückende Macht des Intellektualismus. Es ist jedoch ein schlechtes Korrektiv, sich Hals über Kopf in Mystizismus zu stürzen. Was Gott in stiller oder stürmischer Entrückung, in Stimmen, Gesichten an heiligen Erinnerungen schenken will, die das ganze Leben hindurch funkeln und leuchten können, das ist Sache seines Wohlgefallens. Nur möge das religiöse Leben ja nicht auf das gerichtet sein, was man sich nicht nehmen kann oder darf! Wir dürfen nicht die Rangordnung des Paulus gegen die der Unendlichkeitsmystik austauschen.

In der komplexen religiösen Schöpfung, die Christentum heißt, fand nicht nur die prophetische Religion, sondern auch die arische Natur- und Kulturreligion ihre Fortsetzung, obwohl deren Unendlichkeitsmystik eine starke christliche Beimischung erhielt, teils durch das Bewusstsein des lebendigen Gottes, das als Erbe vom Evangelium her wirksam war, während die Konsequenz der [81] [mystischen] Schau [eigentlich] immer noch zu Pantheismus oder abstraktem Idealismus führte, teils durch das neue schwärmerische Motiv, das sich aus dem der Geschichte mehr oder minder entrückten Bild Jesu herleitete, teils durch die christliche Moral. Innerhalb des Christentums können die beiden Haupttypen der Innerlichkeit sowohl in mannigfach nuancierten Mischformen studiert werden, wie etwa der Areopagit, Bernhard, Meister Eckhart, Theresa, Wordsworth und Amiel, als auch bei den Persönlichkeitsmystikern, dem am Ende von seinen christlichen Kindheitseindrücken zurückgewonnenen Augustin, einem Luther,

93 [Vgl. die Schrift von] B[ERNHARD] DUHM, *Das Geheimnis in der Religion* [(SgV 1), 1896].

Pascal, John Bunyan, Vinet, Kierkegaard, Wikner. Luther war selbst bezaubert gewesen von der mystischen Religion, der edlen, echten Blüte des Mittelalters, die in ihrer unvergänglichen Schönheit inmitten von Werkerei, Sakramentsmagie, weltlichen Machtansprüchen und dem Unkraut des Verfalls lebte. Wir erinnern uns der warmen Empfehlung Luthers für die Theologia Deutsch, die er 1518 vollständig herausgab. Als Luther später gegenüber der mystischen Religion, so wie sie sich bei Karlstadt und den Zwickauer Propheten mit ihrem unevangelischen Gegensatz von Geist und Leib, Innerem und Äußerem und ihrer Schlagseite zu gesetzlichem Wesen darstellte, seine eigene Sicht, die Befreiung durch Christus in Glauben und Liebe, genauer ausbildete[94], schor er alle »Schwarmgeister« über einen Kamm und war gegenüber vielen von denen ungerecht, welche die besten Traditionen der Mystik fortführten. Klar ist, dass die Exklusivität des religiösen Genies es ihm nicht erlaubte, die mystische Religion als einen anderen Grundtyp zu betrachten, dem in seiner Art [ebenfalls] Existenzberechtigung, Schönheit und [82] Wahrheit und Beheimatung in der Welt der Innerlichkeit und der Hingabe an Gott zukäme.

Luther hat in unvergleichlich reicher und klarer Form »den Verkehr eines Christenmenschen mit Gott« nach Art der Offenbarungsreligion im Gegensatz zur sublimen Unendlichkeitsmystik geschildert. Glaube, Gottvertrauen ist Ausdruck für das Persönlichkeitsverhältnis. Indem er den Glauben auf Christus, auf die Offenbarung und nicht auf eine vieldeutige oder schwankende eigene Erfahrung in Gestalt eines mystischen Gefühlslebens oder der Gesetzeserfüllung gründete, gewann Luther Gewissheit des Heils.[95] Mit der Heilsgewissheit sowie der innigen Verknüpfung des Glaubens mit dem neuen Leben hat Luther für das Leben des geringsten Christen ebenso wie für große Auserwählte auf einfache und klare Weise das Merkmal der Persönlichkeitsreligion und die Überwindung der Mystik (ebenso wie der Gesetzesreligion) beschrieben. Er sagt von seinen Widersachern: »[...] sie leren an keynem ort, wie man doch solle der sünden los werden, gut gewissen kriegen und eyn fridsam frölich hertz zu Gott gewynnen, daran alle macht ligt.«[96]

Luther hat gegenüber den »Schwarmgeistern« auch ein psychologisches Kennzeichen der Gotteserfahrung der Persönlichkeitsmystik angegeben,

---

94 Glaube und Liebe sind das ständig wiederkehrende Grundthema in der Schrift *Wider die himmlischen Propheten.*
95 Vgl. die diesbezüglichen Ausführungen bei A[DOLF] HARNACK, [Lehrbuch der] *Dogmengeschichte* [III, 1890, 691–719].
96 [MARTIN LUTHER, *Wider die himmlischen Propheten, von den Bildern und Sakrament* (1525), WA 18 (62–214), 213,30–32.]

nämlich *terrores conscientiae*, die Gewissenangst, Furcht und Zittern[97], das treffsicher den Unterschied seiner Religion von der Unendlichkeits-mystik bezeichnet: ihre persönliche sittliche Bestimmtheit und ihren Sinn für Gottes Aktivität. Ich zitiere Luthers Brief an Melanchthon vom 13. Januar 1522. Er fordert Melanchthon auf, [83] die vorgeblichen [Zwickauer] Propheten zu prüfen. Dazu gehört es, sie zu fragen, »ob sie Erfahrung haben mit jenen geistlichen Bedrängnissen und göttlichen Wehen, dem Tod und der Hölle. Hörst du [lediglich] Liebliches, Stilles, Devotion (wie sie es nennen) und Frömmigkeit, so sollst du sie nicht anerkennen, selbst wenn sie sagen, sie seien in den dritten Himmel entrückt worden.« Wegen des Gewichtes, das ich diesem Text beimesse, sei er im Original angeführt: »*Quaeres, num experti sint spirituales illas angustias et nativitates divinas, mortes infernosque. Si audieris blanda, tranquilla, devota (ut vocant) et religiosa, etiamsi in tertium coelum raptos sese dicant, non approbabis,* quia signum filii hominis deest, βάσανος, unicus Christianorum et certus spirituum discretor. Vis scire locum, tempus, modum colloquiorum divinorum? Audi: *sicut leo contrivit omnia ossa mea,* et: *Proiectus sum a facie oculorum tuorum,* et: *repleta est malis anima mea, et vita mea inferno appropinquavit.* Non sic loquitur Maiestas (ut vocant) immediate, ut homo videat, imo: *Non videbit me homo, et vivet.* Et stellam parvam eius sermonis non fert natura. Ideo enim per homines loquitur, quod loquentem ipsum ferre omnes non possumus. Nam et Virginem turbavit angelus, sic et Danielem, sic et Hieremias queritur: *Corripe me in judicio,* et: *non sis tu mihi formidini.* Et quid plura? Quasi Maiestas possit cum vetere homine loqui familiariter, et non prius occidere atque exsiccare, ne foeteant odores [84] eius pessimi, cum sit ignis consumens. Etiam somnia et visiones sanctorum sunt terribiles, saltem postquam intelliguntur. Tenta ergo et ne Ihesum quidem audias gloriosum, nisi prius videris crucifixum.*«*[98]

97 [Im Original Dänisch: Frygt og Bæven. Anspielung auf das gleichnamige Werk Søren Kierkegaards.]
98 »Denn es fehlt das Zeichen des Menschensohnes, der Probierstein, der einzige, der die Christen und die Geister sicher unterscheiden kann. Willst du Ort, Zeit, Art der Gespräche mit Gott wissen, so höre: ›wie wenn der Löwe alle meine Knochen zermalmt‹ (Dan 6,25), [und: ich bin von deinen Augen verstoßen (Ps 31,23),] und: ›meine Seele ist übervoll von Leiden, und mein Leben ist nahe dem Tode‹ (Ps 88,4). Die göttliche Majestät spricht nicht (wie sie behaupten) so unmittelbar, dass der Mensch sie sehen könnte, sondern: ›Kein Mensch wird leben, der mich sieht‹ (Ex 33,20). Nicht einmal einen winzigen Funken seiner Rede kann die menschliche Natur ertragen. Deshalb nämlich redet er durch Menschen, weil wir alle es nicht ertragen können, wenn er selbst redet. Auch die Jungfrau hat der Engel erschreckt, ebenso den Daniel. So klagt auch Jeremia: ›Züchtige mich, Herr, doch

Es ist wahr, dass die Rede von den Schrecken des Gewissens, *terrores conscientiae*, die Melanchthon auf Grund der Erfahrung Luthers, wohl kaum seiner eigenen, in die Apologie des Augsburgischen Bekenntnisses von 1531 aufnahm und als notwendige Voraussetzung für die Glaubensgewissheit behauptete, Unklarheit und Unnatürlichkeit in der lutherischen Frömmigkeit erzeugt hat. Man muss Spener in seiner Kritik Recht geben, dass die Erfahrung unter Christen verschieden ist. »Bei Anderen gehet es [85] gelinder her und wird kaum die Kraft des Gesetzes gespüret, dass der Trost des Evangeliums alles wieder heilet.«[99] Es ist unrichtig und unpsychologisch, die Erfahrung des großen Glaubenshelden in dieser Sache zum Muster für alle zu machen. Das hat sich in der Virtuosität des Bußkampfes und im Rückfall in Gefühlsreligion und Gesetzesreligion gerächt.

Aber ebenso wenig geht es an, mit Ritschl und Harnack Luthers terrores conscientiae, seine »geistlichen Bedrängnisse«, angustias spirituales, seine Erfahrung von »Tod und Hölle«, mortes und infernos, als bedingt durch seine individuelle Situation und die Unwissenheit bezüglich des Heils zu erklären, in der ihn seine Kirche gehalten hatte. Denn solche Erfahrungen sind nicht nur Luther eigen, sondern auch den Gottesmännern der Offenbarungsreligion in der Schrift, auf die Luther sich in dem angeführten Brief beruft. Sie sind von vielen namentlich Genannten und Ungenannten nach Luther bestätigt worden. Und noch heute zeichnet eine tiefgreifende und lebendige Gotteserfahrung sich dadurch aus. Sie beschränken sich nicht auf das reflektierte Schuldgefühl, sondern enthalten die ganze Reaktion des Menschlichen bei der Begegnung mit Gottes unendlicher Heiligkeit und Majestät.

Luther schließt außerordentliche und ekstatische psychische Zustände nicht von einem wirklichen Verkehr mit dem lebendigen Gott aus. Er spricht ausdrücklich von »den Träumen und Gesichten der Heiligen«. Diese sind weder notwendige Bedingungen noch ausgeschlossen. Dort offenbart sich

---

mit Maßen‹ (Jer 10,24), ›sei du mir nur nicht schrecklich‹ (Jer 17,17). Was soll man noch mehr sagen? Als ob die [göttliche] Majestät mit dem alten Menschen vertraulich reden könnte, ohne ihn zuvor zu töten und auszutrocknen, damit nicht seine schlimmsten Gerüche stinken, wenn das Feuer ihn verzehrt. Auch die Träume und Gesichte der Heiligen sind schrecklich, jedenfalls nachdem man sie verstanden hat. So schau nun nach, und du wirst nicht einmal von Jesus hören, dass er verherrlicht wurde, bevor du ihn als Gekreuzigten gesehen hast.« [WABr 2 (Nr. 450 (424–427), 425,22–40. Die Passage in eckigen Klammern fehlt in Söderbloms Übersetzung.]

99 [Zit. nach] A[LBRECHT] RITSCHL, *Geschichte des Pietismus* II[/1, 1884], 113. [Die dort angegebenen Fundorte bei PHILIPP JACOB SPENER, *Theologische Bedencken und andere Brieffliche Antworten* III (1702) = Schriften, hg. v. E. Beyreuther, Bd. XIII/1, 1999, 476. 588 enthalten dieses Zitat nicht, wenngleich sie der Sache nach den Gedanken wiedergeben.]

die geistliche und sittliche Art der Persönlichkeitsmystik. In der Unendlichkeitsmystik ist der eigentliche und höchste Verkehr mit [86] Gott an einen ganz bestimmten physischen und psychischen Zustand gebunden, die Ekstase. Ein feines und ätherisches, aber nicht der Wahrnehmung entzogenes Überbleibsel zeigt sich auf diese Weise in der sublim veredelten religiösen Selbstkultivierung in der Kulturreligion, ein Überbleibsel aus deren Ursprung, der Naturreligion.

Luthers Worte an den in der Tiefe der religiösen Erfahrung minder beheimateten Melanchthon erlauben uns einen festen Zugriff auf den psychologischen Unterschied zwischen den beiden Arten der Gotteserfahrung.

Das Kennzeichen der Unendlichkeitsmystik ist »Liebliches, Stilles, Devotion und Frömmigkeit««, blanda, tranquilla, devota et religiosa. Der heilige Franz hörte den Bogenstrich des Engels auf der Saite der himmlischen Geige. Die unendliche Lieblichkeit und Schönheit des Tons war von der Art, dass ein weiterer Bogenstrich vor lauter Seligkeit den Tod gebracht hätte. Die Unendlichkeitsmystik – wir nehmen sie hier immer noch in ihren reinsten Formen – sucht sich ihren Weg zu der Begegnung mit dem Göttlichen, indem sie Stück für Stück das Kreatürliche verlässt, sich aller Bestimmungen entledigt und sich sacht ins Jenseits von Sein und Nichtsein hinausbegibt. Außerhalb der äußersten Schäre[100] bewussten Lebens liegt das Ziel, in Nebel gehüllt. Es ist ohne Raum und Form, ohne Namen und Erinnerungsbild. Die Stunden der echten Ekstase lassen sich nicht einmal schildern, denn das Bewusstsein ist ausgelöscht. Sie sind lediglich von unaussprechlicher Heiligkeit und ätherischem Duft umgeben. Während der Zeit, als Porphyrios bei seinem bewunderten Meister zu Besuch war, erreichte Plotin viermal die Vereinigung mit dem in allem gegenwärtigen göttlichen Leben.[101] [87] Die größte Reinheit im Genuss der Ekstase liegt in der Schritt für Schritt gewonnenen Befreiung bis hin zur äußersten Grenze des Lebens.

Anders in der Welt der Persönlichkeitsmystik, bei einem Jeremia, einem Paulus, einem Augustin, einem Luther, einem Pascal, einem Kierkegaard. Herr, erlasse es mir! Geh weg von mir! O, culpa mea! Meine Schuld! Das arme Menschenwesen zittert und bebt, blutet und jammert. Dort eine ausgestreckte Hand, ein sehnsuchtsvoller, träumerischer Blick. Hier ein Mensch, der zurückschaudert und nicht wagt die Augen zu heben. Dort eine Himmelfahrt. Hier ein Kampf in der Finsternis des Todes. Der von der Gnade Heimgesuchte spürt Gottes gewaltigen Griff über sich und zittert

---

100 [In Schweden eine der Küste vorgelagerte kleine Felseninsel.]
101 Vgl. PORPHYRIOS, *Über Plotins Leben* ... [wie S. 82, Anm. 34, nach der dortigen Zählung 131].

darunter. Aber er entkommt nicht, und er will nicht entkommen, ach, er küsst und segnet die Hand. Denn sie hebt ihn hinauf in eine andere Welt, ins selige Reich des Lebens, und hält ihn so fest, so sicher, dass er Sünde, Tod und Teufel trotzen kann. Dort die Freiheit in der luftigen Weite der Unendlichkeit. Hier die Freiheit in der Hand des Allmächtigen. Dort das Streben zu dem Einen, Großen, Unaussprechlichen. Hier eine Begegnung, in der Stille, in der Wüste, in der Arbeit, mit einem ihn überfallenden, lebendigen, wirksamen Willen, mit einer überschwänglichen, überwältigenden persönlichen Lebensfülle von Heiligkeit und Liebe, vor der alles andere, was Leben heißt, wie ein verschwindender Hauch ist. Dort die große Stille, die ferne Unergründlichkeit des Göttlichen. Hier ein lebendiger, unaussprechlich wirksamer, niederschmetternder und erlösender Gott.

Ich führe den Vergleich, der durch die Unterschiedenheit der Ekstase von den angustiae und terrores der Persönlichkeitsmystik bedingt ist, in psychologischer Hinsicht nicht weiter fort. Wenn man die eigentümlichen und bedeutungsvollen Äußerungen des Verkehrs mit Gott [88] im Seelenleben innerhalb und außerhalb der Offenbarungsreligion studiert, kann man, wenn anders man sich genötigt sieht, den metapsychischen Glaubenssprung von der Erfahrung der Menschenseele zu Gott und seinem Werk zu vollziehen, sich des starken Eindrucks nicht erwehren, dass Gott, wenn ich so menschlich-kindlich und töricht über die unergründliche Wirksamkeit des Allmächtigen reden darf, in der Persönlichkeitsmystik sich auf eine völlig andere Weise eingreifend, sich selbst mitteilend, angreifend, wirksam, offenbarend, erscheinend verhält – in der Welt des Seelenlebens ebenso wie in der Welt der Geschichte.[102] Gehen wir von der Erfahrung zu dem Erfahrenen, so sondert sich ein Teil des Bereichs der religiösen Innerlichkeit als *Bereich einer besonderen Offenbarung Gottes* ab.

Ekstase im höchsten Sinn kennzeichnet nicht die wichtigen, wesentlichen Erfahrungen der Persönlichkeitsmystik. Angustiae und terrores sind der echten Unendlichkeitsmystik fremd. Wir sollten nicht vergessen, dass er, der Einzige, der im Brennpunkt eines persönlichen Lebens unendlicher Liebe selber die unendliche Lebensfülle des Wesens Gottes innehat und mitteilt, Jesus Christus, uns in seiner unergründlichen Gemeinschaft mit dem Vater kein Zeichen für Ekstase erkennen lässt, aber ebenso wenig terrores und angustiae von der Art, wie Gottesmänner vor und nach ihm sie gekannt haben. Gethsemane und Golgatha sind Orte der Angst über alle Angst und der Bedrängnis über alle Bedrängnis. Aber niemals hört man ein »O, culpa mea …, o, meine Schuld …«

---

102 Vgl. E[RIK] G[USTAF] GEIJER, *Föreläsningar över människans historia* [(1841/42), in: ders., Samlade skrifter, hg. v. J. Landquist, Bd. 10, 1929], 217.

[89] Die christliche Gemeinde kann ihre Gewissheit, Gottes Offenbarung, Gottes Wort durch die Propheten und in Christus zu besitzen, nicht auf irgendeine historische oder psychologische Untersuchung stützen. Sie kann nicht in Ungewissheit abwarten, während eine solche durchgeführt wird, sondern sie baut ihre Gewissheit auf die durch jede wiedergeborene Seele bestätigte Erfahrung und Bezeugung der Kirche. Gleichermaßen der wissenschaftliche Ausdruck für das Selbstbewusstsein der Gemeinde, die dogmatische Theologie der Kirche.[103] Es ist jedoch von Gewicht, dass die Ansprüche, die eine solche Gewissheit in sich schließt, im Licht der ganzen geschichtlichen Wirklichkeit der Religion auf unserer Erde untersucht werden. Dann zeigt sich auf überraschende Weise, dass die Offenbarungsgewissheit im Christentum sich nicht darauf beschränkt, der Gewissheit jeder Religion von ihrem Gegenstand analog zu sein, sondern dass ihr eine in der Geschichte und im Seelenleben scharf markierte, tiefgehende Unterschiedenheit innerhalb der Welt der Religion entspricht. Die komparative Religionswissenschaft ist im Großen und Ganzen noch so geblendet von dem wechselvollen Reichtum des Arbeitsfeldes und so erfüllt von Hochstimmung darüber, – zu ihrem eigenen Glück und wahren Wohl ebenso wie zu dem der Kirche – der Umzäunung kirchlicher Formulierung entronnen zu sein, dass sie den Blick nicht konzentriert auf die eigentümliche Grenzlinie innerhalb der Geschichte der Religion gerichtet hat, die unweigerlich die Aufmerksamkeit und eine weit detailliertere Prüfung auf sich ziehen muss, als sie in den hier erörterten »Gesichtspunkten« durchgeführt werden konnte.

[90][104] Die Distinktion, die auf diesen Seiten vollzogen worden ist, darf nicht über Gebühr gepresst werden. Unser menschlicher Verstand ist so beschaffen, dass wir unterscheiden müssen, was in der Wirklichkeit ineinander übergeht. Wir lernen in der Religionsgeschichte einen Verkehr mit Gott kennen, in dem das Subjekt es als sein Ziel betrachtet, sich selbst zu verlieren. Ich und Du fallen zusammen. Auf ihrem Höhepunkt verkündet eine solche Mystik Identität von menschlicher Seele und Gottheit. »Tat tvam asi«. »Ich bin Gott.« Die andere Hauptform des Verkehrs mit Gott in der höheren Religion muss das Selbst verlieren, das begrenzte selbstische Ich, aber nicht um in dem Meer der Unendlichkeit unterzugehen, sondern um sein wahres Wesen in Gott zu gewinnen. Dort hört das Gespräch zwischen einem Ich und einem Du niemals auf. Die Seele wird von Gottes

103 Vgl. L[udwig] Ihmels, *Die Selbständigkeit der Dogmatik gegenüber der Religionsphilosophie*[, 1901].
104 [Der jetzt folgende Abschluss der ersten Abhandlung ist Zusatz der 2. Auflage von 1930.]

Majestät, seiner Macht und Gnade überwältigt, so dass sie vielleicht nicht länger etwas zu sagen oder etwas zu denken oder etwas zu unterscheiden vermag. Die Innerlichkeit der geistigen Gemeinschaft findet zuletzt keine Worte, keinen Ausdruck mehr. Auch hier kommt eine Ekstasis vor, eine Erhebung über das Bewusstsein hinaus. Aber die Einheit ist eine Gemeinschaft, nicht ein Aufgehen.

Diese beiden Typen kommen in der Welt der Religion hier und da in reiner Form vor. Aber oft kann man etwas von dem einen oder dem anderen bei demselben Menschen wahrnehmen. Eine je andere Grundbeschaffenheit stellt sich ein, je nachdem ob die Übung und das Versinken die Hauptsache ist oder ob Gottes Offenbarung und Eingreifen die Hauptsache ist.

[91]2. Die Pforten der Offenbarung[105]

Die Organe der Religion beim Menschen

Wird das Wort Offenbarung in diesem Zusammenhang genannt[106], so kann das nichts Geringeres bedeuten als Erkenntnis des innersten Wesens des Daseins, und man muss hinzufügen, eine Einsicht, einen Einblick, der nicht bloß einen stärkeren oder schwächeren Erkenntnistrieb in uns befriedigt, sondern unserem eigenen Wesen den Bezugspunkt bietet, den es für seine Lebenskraft, seine Rettung und wahre Würde braucht.

Offenbarung sagt [noch] mehr. Das Wort sagt etwas über die Art dieser Erkenntnis. Offenbarung drückt aus, dass der Mensch Empfangender ist, dass Gott sich selbst mitteilt. Weise und Seher ebenso wie die gewöhnlichen Frommen der Religion haben zu allen Zeiten und in weit voneinander entfernten Religionen von der Selbstmitteilung des Göttlichen Zeugnis gegeben, davon, dass die Gewissheit Gottes, der Wahrheit, des Geistes, des Heils als Gabe zuteil geworden ist – und sei es nach einem Suchen,

---

105 [Ursprünglich Vortrag auf der kirchlich-theologischen Konferenz in Örebro 1910 unter dem Titel *Offenbarung*, zuerst gedruckt im gleichen Jahr in den Zeitschriften I religiösa och kyrkliga frågor und Vår lösen sowie als Separatdruck, auch auf Deutsch als *Offenbarung. Eine religionsgeschichtliche Studie*, in: IWW 4/1910, 1563–1574. 1619–1622, sowie als Separatdruck ebenfalls 1910. Die hier gebotene Übersetzung ist von der eben genannten unabhängig.]

106 Näher ausgeführt und begründet sind die im Folgenden vorgestellten Gedanken in meiner Arbeit *Religionsproblemet* [*inom katolicism och protestantism*] II, 1910 [373–471].

nicht aber als Raub an sich gerissen[107], sondern als Geschenk empfangen. Augenscheinlich haben wir es hier mit einem psychologischen Faktum zu tun, [92] bestätigt auch außerhalb des Bereichs der Religion im künstlerischen Schaffen. Die Einsicht kommt plötzlich. Die Gewissheit breitet sich über das Bewusstsein aus wie ein himmlisches Licht. Die Wahrheit leuchtet blitzartig auf. Wenn wir hier über Offenbarung reden, begnügen wir uns nicht damit, eine so geartete Verhaltensweise der menschlichen Seele anzuerkennen. Ist eine solche hervorbrechende Gewissheit und Klarheit nicht mehr als eine eigentümliche Form des psychischen Prozesses, wissen wir nicht, dass wir es mit einer tieferen Wirklichkeit zu tun haben, dann hat das Wort Offenbarung nur uneigentliche Bedeutung und keine volle Berechtigung.

Hier begegnet uns die große, immer wieder in Angriff genommene, das eine Mal verneinte, das andere Mal bejahte Frage: Können wir eine Erkenntnis übersinnlicher Wirklichkeit haben? Können wir in oder hinter dem, was unsere Sinne vernehmen, eine tiefer liegende, wesentlichere Wirklichkeit antreffen? Ist uns eine wirkliche Offenbarung bereits durch die Beschaffenheit unseres Erkenntnisorgans unweigerlich verschlossen? Oder können wir Verbindung mit einer geistigen Welt haben?

Ich werde hier im Hinblick auf diese Frage, die von der Philosophie auf verschiedene Weise beantwortet worden ist und wird, zwei Sachverhalte konstatieren.

Der Wechsel der Ansichten in dieser Sache steht in engem Zusammenhang mit der ganzen Zeitströmung und deren vorherrschender Vorgehensweise. Die Neigung, die Möglichkeit der Offenbarung zu verneinen, kann sich entweder aus einer gewissen Ermüdung des Denkens nach einer Epoche großer Kühnheit in den metaphysischen Fragen herleiten oder daraus, dass die Erfordernisse der Kultur Aufmerksamkeit und Arbeit so energisch und exklusiv auf das [93] Nächstliegende, auf Erforschung und Nutzung der materiellen Ressourcen sowie Untersuchung der Fakten der Historie und des menschlichen Gemüts einstellen, dass man für die Metaphysik, für die Fragen nach dem eigentlichen Gehalt dieses vieldeutigen Daseins keine Kraft übrig hat. Für absehbare Zeit, freilich nicht auf Dauer, kann die Beschäftigung mit dem, was vor Augen ist, einen so starken Eindruck von dessen massiver Gegenständlichkeit vermitteln, dass die geistige Wirklichkeit sich eher als Nebelwelt oder Traumwelt ausnimmt. Das genügt jedoch nicht sehr lange. Denn verfügt die menschliche Intelligenz nur über Zeit, so löst sie die kompakte Gegenständlichkeit der Wirklichkeit in Symbole und Zeichen auf, bei denen der menschliche Geist niemals verwei-

107 [Vgl. Phil 2,6.]

len und auf die er keine wirkliche Wahrheitseinsicht, keinen Glauben und keine Überzeugung bauen kann.

Die Generationen unmittelbar vor uns und wir selbst haben die Abschiebung der metaphysischen Fragen sowohl auf Grund von Ermüdung nach der Überhitzung der schöpferischen Periode als auch auf Grund einer intensiven, in der Kulturgeschichte vielleicht einmaligen Konzentration auf Empirie und Technik erlebt. Jetzt erleben wir auf der ganzen Linie einen doppelten Vorgang. Einerseits begnügt man sich nicht damit – zum Nutzen des Menschengeschlechts, durch Erfindungen in der Heilkunst und in der Technik – die naturwissenschaftlichen Methoden zu handhaben. Man untersucht den Wert und die Bedeutung der Erkenntnis selbst. Und das tun nicht nur Philosophen und Erkenntniskritiker vom Fach. Sondern die in der exakten Wissenschaften und in den deskriptiven Wissenschaften Tätigen selbst blicken zurück und überprüfen kritisch ihre Methoden, indem sie fragen: Was können diese Methoden, Experimente und Theorien uns geben und was können sie uns nicht geben? Dabei ist [94] die Einsicht herausgekommen, dass die grundlegenden Theorien der Naturwissenschaft in gleichem Maß Sinn und Wert besitzen, wie sie als Instrumente für die Beherrschung der Natur gefasst werden, dass sie sich aber in Widersprüche verwickeln, wenn man an ihnen ablesen will, was die Wirklichkeit eigentlich ist. Man kann also nicht einfach bei den Einsichten und Theorien/ Hypothesen der Naturwissenschaften stehen bleiben in der stillschweigenden oder ausdrücklichen Gewissheit, in Atomen und Äther den Zugriff auf das Geheimnis des Seins zu haben. Die Wissenschaftskritik hat die Wissenschaftler unserer Zeit von dieser Position vertrieben.

Aber nicht genug damit. Gleichzeitig bricht ein mächtiges Interesse für die Frage nach der Wirklichkeit selbst auf. Wo sind wir hingestellt und wohin gehen wir? Können wir über irgendetwas gewiss sein? Welcher Art ist in diesem Fall die Wirklichkeit, an der unser Glaube und unser Denken Halt finden kann? Ich denke hier nicht an die bizarren Verrenkungen der Neugier, zu denen der verdrängte metaphysische Trieb nicht selten seine Zuflucht genommen hat. Ich denke vielmehr an das neu erwachte metaphysische Bedürfnis und Zutrauen, welches das kritische Denken in unseren Tagen kennzeichnet. Man will und kann sich nicht damit zufrieden geben, agnostisch von positiver Gewissheit abzusehen, ebenso wenig wie man sich in dem unkritischen Dogmatismus der Metaphysik wiegen kann. Die Tendenz des Zeitalters geht in die Richtung, dass Einsicht in das Wesen der Wirklichkeit sehr wohl möglich, ja für das Leben notwendig ist. Aber man hat viel von dem Zutrauen zu den Erkenntnismethoden verloren, mit denen der intellektualistische Idealismus und Materialismus operierten.

Bevor ich zu den drei Grundphänomenen beim Menschen übergehe, in denen man vorzugsweise Offenbarung gesucht oder erkannt [95] hat und wo sie nach meiner Überzeugung hervorquillt, ist ein Wort über den approximativen und symbolischen Charakter unserer Auffassung von der Offenbarung am Platz. Keineswegs rede ich hier irgendeiner Skepsis das Wort. Im Gegenteil werde ich im Folgenden behaupten, dass Gewissheit und eine sehr bestimmte Gestaltung zum Wesen der Offenbarung gehören. Aber wir müssen uns abgewöhnen, über das Mysterium des Daseins und über Gott ungefähr so wie über eine Gleichung ersten Grades, über Kaiser Wilhelms Politik oder bestenfalls wie über die Kanäle auf dem Mars zu räsonieren. Man versteht, wie abgeschmackt und lächerlich anspruchsvoll gewisse Verfahrensweisen, die größte aller Fragen zu anzugehen, jedem vorkommen müssen, der ein lebendiges Gefühl für das Rätselhafte, Imponierende, Bodenlose, Überreiche in dem Komplex hat, an dem wir als verschwindend kleine Teilchen partizipieren. Klare, feste Instanzen der Lebensanschauung, eine untrügliche Gewissheit von der Art, dass ein Mensch für sie sterben könnte, schließen keineswegs [schon] das Vermögen einer adäquaten Ausdrucksweise in sich. Wie haben doch Propheten und Apostel darum gewusst.

Wir kleinen Erdenwürmer suchen in umfassenden Symbolen die entscheidenden Erfahrungen zu erfassen, welche die Geschichte und das Leben uns vermitteln. Die menschliche Neunmalklugheit verbirgt gerne hinter penibler logischer Präzision die Abwesenheit wirklicher Lebenserfahrung. An die Stelle der unerlässlichen, für alle Wahrheitseinsicht allein selig machenden, intimen Fühlung mit der Wirklichkeit, um die es geht, tritt leicht eine Art Jonglieren mit den Sätzen und Symbolen, die in ihrer Selbstsicherheit um einer leeren Form willen die Sache selbst aus den Augen verliert. Das Gefühl für den wunderbaren, unfasslichen Reichtum, der [96] hinter all unseren Ausdrücken für das Göttliche liegt, muss das Bewusstsein des provisorischen und unvollständigen Charakters unserer Ausdrücke lebendig halten. Die Tauglichkeit und Durchsichtigkeit der Symbole – Gott, Geist, Wirklichkeit, Wahrheit, himmlischer Vater, Gottes Persönlichkeit, Wesen, Leben – bedeutet nicht deren begriffliche Vollkommenheit, sondern sie bedeutet, dass wir sie niemals, ich wiederhole: niemals, verwenden dürfen, ohne dass das Wunder der Wirklichkeit hindurchschimmert. Wenn Staub und Schmutz sich an diesen Fenstern sammeln können, die unsere religiösen Ausdrücke sind, oder wenn wir sie einfach übermalen, um nicht geblendet zu werden, dann nehmen wir nicht länger etwas von der Welt des Geistes wahr, die sie uns zeigen sollten, sondern nur sie selbst, die Zeichen an Stelle der Sache, das Fenster und nicht das Licht und das Bild, für die es durchlässig sein sollte. Unleugbar fehlt uns in viel geistlicher Rede, alter wie neuer, gelehrter wie ungelehrter, der Hintergrund von Wirklichkeit, der allein die Worte aus leeren Lauten, d. h. auf diesem Gebiet: aus Profanierung und Lästerung, in Teilhabe an Wesen und Leben verwandelt.

Schon wenn wir vor einem Menschen stehen, können wir spüren, wie unvermögend eine Formel oder ein Ausdruck ist, sein Wesen wiederzugeben oder einheitlich zusammenzufassen. Wie viel schwerer muss es dann sein, in Worten, die ja immer, wenn es um das Übersinnliche geht, zu Symbolen werden, die sich uns aufdrängende Überzeugung von der Grundmacht der Wirklichkeit, von Gott, zu fixieren. Darin liegt keineswegs Gleichgültigkeit oder Ungewissheit hinsichtlich der Frage nach der Wirklichkeit selbst, so dass wir völlig beliebig unter uns reden lassen und ein Symbol gegen ein anderes austauschen könnten, z. B. Persönlichkeit gegen Unpersönlichkeit in der Frage nach Gottes Wesen, [97] Dualismus gegen Monismus in unserer religiösen Betrachtung. Nein, absolute Gewissheit ist durchaus vereinbar mit dem lebendigen Gespür eines Paulus für die Unergründlichkeit von Gottes Wesen und Wegen.

Die Pforten für die Offenbarung, die im menschlichen Bewusstsein in Frage kommen können, sind drei: die *Intelligenz* oder der Verstand, die *Unendlichkeitswahrnehmung* mit ihrer Betonung des Gefühls, und der *Idealtrieb* oder das Gewissensleben.[108] Sie sind keineswegs gleichwertig.

I. Es war bereits die Rede von der sehr begrenzten Anwendbarkeit der Intelligenz als Quelle für die Erkenntnis der Wirklichkeit. Die moderne Wissenschaftskritik geht in verschiedener Weise auf Kant zurück. Aber er ist keineswegs der erste, der die begrenzte Sphäre der Intelligenz aufgewiesen hat. Die Großen der Religion und des Denkens aller Zeiten, ein Platon und Plotin, ein Paulus und Augustin, ein Luther und Pascal, auch die indischen Denker, haben erfahren und ausgesprochen, dass der Einblick

---

108 [Die Begrifflichkeit lässt den Bezug zu Bergson erkennen, den Söderblom während seiner Pariser Zeit an der Sorbonne gehört hat und mit dem er sich in seinem Buch *Religionsproblemet* ... (wie S. 113, Anm. 106) auseinandersetzt, das im gleichen Jahr wie der Aufsatz erschienen ist, der diesem Kapitel zugrunde liegt. *Intelligence* ist bei Bergson selbst Ausdruck für mathematisch-naturwissenschaftliches Denken, dessen Grenzen er besonders herausgearbeitet hat, und Söderbloms *Idealtrieb* erinnert an die Rolle, die der *instinct* bei Bergson spielt. Vgl. von diesem: *L'évolution créatrice*, 1907, passim. Die folgenden Ausführungen über den Verstand als Instrument wissenschaftlich-technischer Weltbeherrschung weisen außerdem auf Bergsons Lehrer Émile Boutroux hin, den Söderblom ebenfalls gehört hat. Vgl. É. BOUTROUX, *Science et religion dans la philosophie contemporaine* (Bibl. de philosophie scientifique), 1908.]

in das Wesen der Wirklichkeit nicht durch die analytische Untersuchung und Schlussfolgerung des Verstandes, sondern durch andere Kräfte in der menschlichen Seele zustande kommt, durch Intuition, Hingabe an Autorität, durch Willen und Glauben. Die Kultur zeigt, dass die Intelligenz, wenn sie sich einseitig auf Kosten anderer Mächte im menschlichen Leben geltend machen kann, sich auflösend auswirkt auf Gewissheit und Unternehmungslust, auf die Lebenskraft sowohl der Persönlichkeit als auch der Gesellschaft. Die Wirklichkeit löst sich in ein vages Schattenbild auf. Als Wahrheitsquelle gefasst, als Befriedigung des reinen Wahrheitsdurstes, als Offenbarerin des Wesens der Wirklichkeit, erweist sich die Intelligenz teils als [98] arm und unvermögend auf Grund ihrer Abstraktheit, teils als irreführend und auflösend. Doch gefasst als Mittel für praktische Ziele, gefasst als Dienerin des Lebens, die um des Menschen willen mittels ihrer Arbeitshypothesen und Methoden – nicht in das Geheimnis des Daseins eindringt, aber – aus der Natur theoretisch das erhebt und verarbeitet, was dann von der Technik zum Nutzen für die Gesundheit des menschlichen Organismus und die materielle Kultur verwendet werden kann, gefasst als Dienerin des Lebens, nicht als Herrin über das Leben – eine Herrin, die dann eine unbarmherzige Tyrannin würde – besitzt die Intelligenz außerordentliche Fähigkeiten und ihre ureigenste Aufgabe. Daraus folgt nicht, dass die Rolle der Intelligenz im Umkreis der Offenbarung gering ist. Teuer, schrecklich teuer hat das Menschengeschlecht eine derartige Verirrung bezahlen müssen. Es ist sehr schlechte Religionspolitik, gegenüber dem Anspruch der Vernunft geizig und misstrauisch zu sein, aber schwach und nachgiebig gegenüber dem selbstgerechten Obskurantismus. Zwar kann man begreifen, dass Menschen, für welche die Religion hauptsächlich eine weltliche Sache ist, ein Feld für Agitation und Machtstreben, derartiges nicht verstehen können, das weltlichen Zwecken fremd ist. Für solche Menschen gibt es keine reinen Erkenntnisinteressen in der Religion. Aber jeder, für den die Religion Heil und eine Herzenssache über allem anderen ist, sollte sich darauf besinnen, dass unberechtigte Ansprüche von Seiten des Verstandes nicht durch Proteste, sondern durch geistige Arbeit, die zu den wirklichen Quellen und Bedingungen der Offenbarung im geistigen Leben vordringt, wirksam abgewiesen werden können.

Die Aufgabe der Intelligenz innerhalb der Offenbarung ist ebenso wichtig [99] wie weitläufig. Zuerst und zuletzt stellt der Verstand eine unumgängliche Kontrollinstanz dar. Ohne seine pflegende und disziplinierende Wirksamkeit wachsen die Pflanzen der Religion wild. Verstandeskritik ist nötig. Sonst artet der Eifer leicht in Fanatismus aus, die Einbildungskraft in Aberglauben, die Autorität in Klerikalismus oder Buchstabenglauben.

Ferner wird die Intelligenz gebraucht, um das Vorstellungsmaterial der Religion zu ordnen und zu verwalten und seine Geschichte zu erforschen. Die Religion kann nicht bei Fakten und Erfahrungen stehen bleiben. Sie sucht Zusammenhang und Einheitlichkeit. Die Religion begnügt sich nicht damit, das in schriftlicher Tradition Weiterlebende hinzunehmen. Sie will zur Geschichte der Offenbarung in ihrer konkreten Wirklichkeit vordringen, und sie erneuert sich durch die Berührung mit ihr. Viele von den großen Männern der Religion sind Denker, Logiker, Kritiker, Forscher, Gelehrte gewesen, ein Origenes, ein Augustin, ein Thomas, ein Wyclif, ein Calvin, ein Pascal, ein Schleiermacher, ein Kierkegaard, ein Newman, ein Harnack, ein Al Ghazali, ein Nagarjuna, ein Sankara.

Die Verirrung beginnt erst dann, wenn man die große, unentbehrliche, aber begrenzte Rolle der Intelligenz in der Religion aus der einer Kontrolle, Verwaltung, Kritik, Systematisierung in die einer *Erkenntnisquelle*, einer wirklichen Offenbarung verwandeln will. Zwar scheint die Verstandesfrage nach der Ursache hinter dem Allvatergedanken schon in der primitiven Religion zu stehen. Die so genannte natürliche Religion beruht auf der Voraussetzung, dass der Verstand aus der Beschaffenheit der Welt auf Gottes Existenz schließen müsse. Aber auch wenn das so wäre, was ich bezweifle, so wird daraus doch keine wirkliche Religion, bevor andere Momente hinzukommen.

[100] Die Quellen der Offenbarung – oder sagen wir lieber: ihre Kanäle – beim Menschen sind zwei, das *Unendlichkeitsgefühl* und der *Idealtrieb*. Offenbarung und Religion sind in dem Sinn universell, dass diese in irgendeinem Maß bei allen Menschen zu finden ist. Offenbarung und Religion sind in dem Sinn speziell, dass Unendlichkeitsgefühl und Idealtrieb lediglich bei bestimmten Individuen so ausgestaltet sind und einen so klaren Gehalt gefunden haben, dass sie große Gruppen der nach Heil hungernden Menschheit zufrieden zu stellen und zu sammeln vermocht haben.

II. Eine dunkle Stelle im Predigerbuch scheint zu bedeuten, dass »Gott die Ewigkeit in ihr [der Menschen] Herz gelegt« hat.[109] Wahr ist es in jedem Fall. Viele Neuere, ein Cornelis Pieter Tiele, ein Louis Pasteur, ein Friedrich von Hügel wollen im Unendlichkeitsgefühl geradezu den Grund der Religion beim Menschen sehen. Es gibt in der Menschenseele eine Empfindung, die sich nicht mit dem erklären lässt, was die Augen sehen und die Ohren hören. Und vielleicht hat Pasteur Recht, wenn er meint, dass dennoch die Empfindung des Unendlichen die gewisseste von allen mensch-

109 [Koh 3,11.]

lichen Empfindungen sei.[110] Sie führt das Gemüt in eine andere Welt, wo die Seele tiefer und freier atmen kann. Die Heroen der Unendlichkeits-religion haben tausenden und abertausenden edler und innerlicher Seelen eine ewige Heimat erworben. Niemand kann ihre Schriften lesen, ohne zu spüren, dass jener Welt der Unendlichkeit, so weit entfernt von dieser un-serer ganzen Welt, eine Wirklichkeit eignet, eine Macht und ein Zauber, eine Rettung und eine Zuflucht für den Geist. An zwei Stellen in der Ge-schichte hat das Unendlichkeitsgefühl [101] – gewiss nicht ohne den Ideal-trieb, d.h. nicht ohne ethische Momente, nicht in reiner Form, aber doch dominant – weltgeschichtlich bedeutsame Religionstypen hervorgebracht. In Indien nenne ich einen von den großen Namen der Upanischaden als Repräsentanten eines dunklen, aber hinsichtlich seiner Wirkungen un-absehbaren Anfangs: Yajnavalkya – weitergeführt in brahmanischer und buddhistischer Heilslehre. Im Abendland ist der große Systematiker und Mystiker des Unendlichkeitsgefühls Plotin – Vollender des Orphismus und Platonismus, selbst mehr oder minder normierend für die mystischen Strö-mungen innerhalb des Christentums und des persischen Islam. Der arische Geist hat der Unendlichkeitssehnsucht ihre größte Tiefe und Reichweite verliehen. Schwärmt man für eine arische oder indogermanische Fröm-migkeit, dürfte die Unendlichkeitsreligion die besten Ansprüche auf Echt-heit besitzen.[111]

[102] III. Der Idealtrieb (das Gewissensleben) setzt eine andere Art von Abstand als die Unendlichkeitsempfindung, einen, wenn ich so sagen darf, eher rein qualitativen. Das Entscheidende ist nicht der Abstand zwischen

110 [Vgl. Louis Pasteur, Rede zur Aufnahme in die Académie française, in: *Dis-cours prononcés dans la séance publique tenue par l'Académie française pour la réception de M. Pasteur, le 27 avril 1882*, Paris 1882 (1–23), 22.]
111 Ich benutze die Bezeichnung Unendlichkeitsgefühl, weil nach meiner Meinung die Mystik bei allen Menschen einen Bezugspunkt besitzt. Dass Versenkung und Ekstase und selige Erfahrung der Vereinigung mit Gott in außergewöhnlichen Gemütszuständen bestimmte, vergleichsweise wenige Menschen auszeichnet, be-ruht auf besonderen psychophysischen Anlagen und Lebenserfahrungen, in ge-wisser Weise aber auch auf besonderer Vorbereitung und Einübung des Gemüts.
    Der kurze Absatz im Text über das Unendlichkeitsgefühl schließt also auch die Überzeugung ein, dass die Schau, die Kontemplation bei den begnadeten Män-nern und Frauen der Mystik eine wirkliche Wahrnehmung von Gottes Wesen mit sich bringt. Man spricht von einem sechsten Sinn, mit dem der Mystiker die wahre, hinter der Welt der Phänomene verborgene Wirklichkeit wahrnimmt. Wie auch immer man solche wunderhaften Erfahrungen und ungewöhnlichen Seelen-zustände erklären will [102], so muss doch festgehalten werden, dass sie im Zu-sammenhang mit Gefühlen und Erfahrungen stehen, die jedweder Mensch hat, der für geistiges Dasein aufgeschlossen ist.

dem Endlichen [masc./fem., scil. dem Menschen] und dem Unendlichen [neutr.] – zwischen der Geringfügigkeit des Menschen und der Größe Gottes, zwischen der lärmenden Unruhe des Lebens und der Stille der Meditation oder der Ewigkeit – sondern der Unterschied zwischen dem, was ist – Mangel, Halbheit, Sünde – und dem, was sein soll – Vollkommenheit, Ganzheit, Heiligkeit. Der Idealtrieb regt sich bereits als Beunruhigung des Gewissens über den Bruch bestimmter Verhaltensregeln. Aber er wird so weit vertieft und verinnerlicht, bis er schließlich zu einem brennenden Verlangen nach Reinheit und Gerechtigkeit wird, das sich weit über jegliche äußerliche Regel hinaus erstreckt – er wird zu einer unendlichen Forderung und einem Verlangen nach Vervollkommnung, das die Vermählung des Idealtriebs mit der Unendlichkeitsempfindung anzeigt. – Drei Stadien möchte ich für den Ersteren als religionsgeschichtlich wichtig bezeichnen, nämlich einmal ein Ideal in Gestalt von Regeln oder Eigenschaften, welche die sittliche Forderung und das Wesen Gottes zum Ausdruck bringen, sodann ein Ideal (und ein Bild von der Göttlichkeit) in Gestalt eines Menschen, eines Heiligen, eines Heros, eines Avatar, einer Inkarnation, vor allem Christus, dem man dann so weit wie möglich nacheifern soll – so wie die Übereinstimmung mit den Gepflogenheiten und dem Leben des Propheten und seiner Vertrauten im Islam angestrebt und die Nachfolge Christi vom [103] heiligen Franz und dem römischen Katholizismus aufgefasst werden – sowie [schließlich] im Unterschied dazu ein Ideal und eine Gottesvorstellung, die nicht in Regeln und Eigenschaften auszudrücken sind, auch nicht in einem menschlichen Leben bestehen, dem man nachzueifern hätte, sondern in dem Geist, den Christi Person und Werk ausstrahlen. – Der Idealtrieb zielt über alles bloß Menschliche hinaus und sucht seinen Ankergrund in einer überweltlichen, göttlichen Güte. An vier Stellen in der Religionsgeschichte hat der Idealtrieb bedeutende Religionsbildungen hervorgebracht – oder hervorgehen lassen – nicht aller Beimischung von Unendlichkeitsgefühl ledig, aber doch dominant: in China bei Laotse, im Iran bei Zarathustra, in Griechenland bei Sokrates, in Israel bei Mose – vielleicht, wahrscheinlich, schon bei Abraham. Man bemerkt bei diesen allen einen anderen Geist als dort, wo das Unendlichkeitsgefühl der Kanal war, der die Offenbarung von Gottes Wesen zur Menschenwelt gelangen ließ. Man bemerkt die Unterschiedenheit vielleicht am besten, wenn man Sokrates, seine Gewissenstreue und sein zuversichtliches Vertrauen zur Vorsehung mit Platons erhebendem Verlangen zusammenstellt. Aber nirgends brennt das Feuer von Gottes sittlichem Eifer in der Offenbarung alle anderen Momente und Interessen so völlig weg wie bei Mose und in seiner Nachfolge. Die gute Botschaft von Christus ist eine Botschaft von dem unendlichen Ernst und der unendlichen Liebe der Gottesherrschaft.

Meine These ist: In diesen beiden, im Unendlichkeitsgefühl und im Idealtrieb, entspringt der Quell der Religion auf unserer Erde – aus dem göttlichen Innersten des Daseins. Gott offenbart sich uns.

[104] In beiden geschieht eine Hinwendung von bloßer Subjektivität zu Objektivität, von bloßer Frömmigkeit, der religiösen Anlage des Gemüts, zum Offenbarungsglauben.

Wir sind alle mehr oder weniger musikalisch – ja, nehmen wir jedenfalls einmal an, dass es so sei. Etwas vom Leben der Musik lebt in uns. Aber wenn Bach oder Beethoven auftreten, das Unaussprechliche mit ungeahnten Ausdrucksmitteln zum Ausdruck bringend, ja, dann sind sie für uns nicht allein zwei viel musikalischere Menschen als wir anderen, sondern Offenbarungen der Musik selbst. In ihnen begegnet uns der Geist der Musik. Dass der Höhepunkt der Musik für alle Zeiten prinzipiell in Bach erreicht ist, und dass Plotin für immer und ewig die Vollendung der Unendlichkeitsmystik darstellt, ist mir fast genauso gewiss, wie dass Christus in der Geschichte der Gottesoffenbarung niemals übertroffen oder erreicht werden wird. Natürlich kann dafür kein Beweis geführt werden.

Ähnlich in der Religion. Sehnsucht nach Unendlichkeit und Sehnsucht nach Gerechtigkeit (oder Gewissensleben) haben wir alle – hier bedarf es nicht wie im Fall der Musik irgendeines Vorbehalts. Deshalb haben wir einen gewissen Anteil am Leben der Religion; wir sind nicht ausgeschlossen, keiner von uns, vom Leben des Geistes, des Geistes Gottes. Aber der Geist bricht bei bestimmten Menschen mit solcher Mächtigkeit hervor, dass sie für uns zu Offenbarern der Religion und Gottes werden. In ihnen begegnet uns Gott. Wenn wir sie sehen, sehen wir etwas von Gott – wenngleich keiner von ihnen im gleichen Sinn wie Jesus sagen kann: Wer mich sieht, der sieht den Vater. Sie spiegeln in ihrem Wesen etwas von Gottes Macht und Liebe. Luther will, dass jeder für den anderen ein Christus sein soll.

[105] Hier beobachten wir einen eigentümlichen Unterschied zwischen der Religion, die das Göttliche vornehmlich unter dem Aspekt der Unendlichkeit wahrnimmt, und derjenigen, in der die Gewissensfrage das Überwältigende ist. In drei Hinsichten tritt dieser Unterschied auf, in der Frage der Persönlichkeit, der Geschichte und der Autorität. Andere wichtige Unterschiede müssen hier beiseite gelassen werden.

Es liegt in der Natur der Sache, dass Persönlichkeit und Geschichte der Sehnsucht nach Unendlichkeit gleichgültig sind. Denn sie entflieht dem Konkreten, den Komplikationen dieses Lebens und dem Nacheinander des Geschehens in das umhüllende Mysterium des Ewigen. Aber der Gottesglaube, der vom Idealtrieb geboren und angespornt wird, muss die Religion auf persönliches Leben konzentrieren, denn allein in dieser Form, als persönliches Leben, kann *das* Auge in der menschlichen Seele, das Idealforderung heißt, Gott und seine Offenbarung erkennen. Und ist Gottes Wesen etwas, das näherungsweise von uns geahnt und unter den Symbolen der ethischen Selbstverwirklichung und der Leben gebärenden, aufrichtenden, vergebenden Liebe ausgedrückt werden kann, so muss das große Drama des Menschengeschlechts eine Spur davon enthalten, mit anderen Worten, die Geschichte muss in gewisser Weise das Epos des göttlichen Willens selbst sein. Die Religion des Idealtriebs zieht unwillkürlich das persönliche Leben und die Geschichte in den Bannkreis der Offenbarung und sucht und findet Gottes Offenbarung in ihnen – während das Unendlichkeitsgefühl seinem Wesen nach gegenüber der menschlichen Geschichte und ihren Gestalten gleichgültig sein *kann*, ich sage nicht muss, aber *kann*.

Darum stellt sich auch die Autoritätsfrage in gewisser Weise verschieden für sie [die beiden Religionstypen], ich meine die Frage nach der Instanz[112], [106] die der Religion Halt und Festigkeit verleihen kann. Wir können das innerhalb des Christentums sehen, wo die Religion sich aus dem Zustand der Unmündigkeit erhoben hat und sich nicht länger mit dem Machtspruch einer äußeren Instanz, einer Hierarchie, eines Buchstabens oder einer Synodenmehrheit zufrieden geben konnte. Da ist die vom Platonismus und Neuplatonismus beeinflusste Mystik gern in ihre eigenen Gefilde entflohen – im äußersten Fall, auf dem Boden der esoterischen Wahrheit, unbekümmert um jegliche Autorität, versunken in die Schau; während ein Paulus, ein Augustin, eine Birgitta, ein Luther, ein Pascal, ein Bunyan, ein Kierkegaard die Autorität auf die Person Christi übertragen und an ein verherrlichtes Bild von Christi Glauben und Gesinnung gebunden haben. Offensichtlich müssen die schöpferischen, die offenbarenden Persönlichkeiten als solche für den Idealtrieb eine ganz andere Bedeutung bekommen als für die Sehnsucht nach der Unendlichkeit.

Offenbarung bedeutet, dass Gott sich vernehmbar macht, dass das Göttliche hindurchschimmert. Ich meine also, dass die Augen der Menschheit, um das zu sehen, eigentlich zwei sind, die Unendlichkeitssehnsucht und der Idealtrieb – beide wertvoll, im Normalfall [miteinander] verbunden – aber einmal das eine, einmal das andere Auge bestimmend für das Bild, das die Seele sich von Gott macht. Die Unendlichkeitssehnsucht sieht vor allem – und offenbart es uns in ihren großen Vertretern – die Erha-

---

112 [Schwedisch *myndighet*, das sowohl Mündigkeit als auch Autorität und Instanz bedeutet. Im Folgenden stellt Söderblom diesem Begriff in einem Wortspiel die *omyndighet*, Unmündigkeit, gegenüber. Das lässt sich im Deutschen nicht nachahmen.]

benheit der göttlichen Wirklichkeitswelt über die kleinen Sorgen und Zeitmaße dieser Welt. Aber damit diese Ferne das Göttliche nicht verflüchtigt, muss der Idealtrieb, der Hunger und Durst nach der unendlichen Zuspitzung und Erhebung des Lebens, [107] dazukommen. Er drängt sich kühn in den Vordergrund und erlangt das Unmögliche: der Wirklichkeit, des Wesens Gottes selbst in seiner positiven, überwältigenden Macht und Majestät gewiss zu werden.

Wo? In der Natur, im Lauf der Welten, im Verlauf und der Entwicklung des Lebens? Ja, aber nur dunkel, zweifelhaft – die Offenbarung muss da schon zuvor in einem innerlicheren Bereich geschehen und vorausgesehen worden sein, im Gewissensleben, in der Geschichte. Keiner hat das besser ausgedrückt als Wallin:

> Doch blieb für mich dein Sinn verhüllt,
> Dein Herz ich nimmer fand.
> Im finstern grenzenlosen G'fild
> Ich wie ein Staub verschwand.
>
> Doch – Sinai im Morgengrau'n,
> Auf Tabor tagt' es jetzt.
> Von Nebel frei, die Seelen schau'n
> Dein Wohlgefallen, das Gesetz.
>
> Zusammen trifft der Zeiten Qual
> mit ewigreichem Trost;
> Der Himmelsstimmen Widerhall
> Ertönt' in Menschenbrust.[113]

Diesen Weg hat die Offenbarung genommen, diesen Weg nimmt sie noch immer. Nirgends ist die Gewissheit des Wesens Gottes – gewonnen durch den Ernst des Idealtriebs – stärker und reiner als bei Jesus. Bei niemandem hat diese Gewissheit auf persönlich und geschichtlich wirkungsvollere Weise das ganze Wesen durchdrungen. Niemand ist daher auf dieselbe Weise Offenbarung wie er. Bei niemandem schimmert das Göttliche [108] genauso stark durch. Es ist keine Willkür, wenn wir uns an ihn wenden. Man fragt: Warum gerade an ihn? Die Religionsgeschichte antwortet: es gibt für den Idealtrieb keine Wahl. Denn die Wirkungen seines Auftretens sind von der Art, dass sie ihm einen zentralen und einzigartigen Platz an-

---

113 [Nach dem Choral *Dig, ljusens Fader, vare pris* von JOHAN OLOF WALLIN, *Den svenska psalmboken* (1986) Nr. 63, Strophen 5–7; im Wallinschen Gesangbuch von 1819, das zu Söderbloms Zeit noch in Gebrauch war, Nr. 141, V. 5.6.8.]

weisen. Die Eigenart und Wirkung seiner Person sind im Wesentlichen dadurch bedingt, dass er selbst nicht isoliert dastand, sondern in einer Reihe von Deutern der Gottesgewissheit, in einer Geschichte, die mehr als typisch ist, sie ist wie keine andere Geschichte geladen mit Offenbarungsgehalt. Sowohl diese Personen – die großen Männer des Idealtriebs vor und nach Jesus bis zum heutigen Tage, vor allem er selbst – als auch diese Geschichte nehmen sich für uns in einem besonderen Sinn als Offenbarungsgeschichte aus, weil die Motive, Kräfte und Konflikte niemals in irgendeiner Geschichte von den Mitspielern selbst auf gleiche Weise wie von den Propheten in der biblischen Geschichte geklärt, durchlebt und ausgewertet wurden. Die Propheten und ihre Nachfolger sind Märtyrer für ihren Glauben an den Gott der Geschichte geworden. Ich meine [damit] nicht, dass irgendeine Rechtgläubigkeit ihren Glauben als Ketzerei verdammt hätte. Vielmehr hat ihre Forderung nach einem ethischen Kern in der Geschichte sie in eine tragische innere Spannung versetzt, auch wenn diese nicht für alle zu äußerem Leiden oder blutigem Tod geführt hat. Aber diese der Geschichte zugehörigen Märtyrer verhelfen ihrem Glauben zum Sieg.

Man möge nun nicht die verschwindende Geringfügigkeit der biblischen Offenbarungsgeschichte im Vergleich mit all dem, was auf unserer Erde geschehen ist, und die verschwindende Geringfügigkeit der ganzen Menschheitsgeschichte im Vergleich mit dem Universum heranziehen. Ich antworte auf das Erstere, dass die Wissenschaft [109] empirisch sein muss. Sie kann sich nicht mit dem befassen, was man im Voraus für wahrscheinlich halten könnte. Es sollte vielleicht eine andere Geschichte geben, ebenso erhellend über Gottes Willen wie die biblische, und es sollte andere Offenbarer geben, ebenso bemerkenswert wie Christus. Aber es gibt keine. Die Wissenschaft muss die Wirklichkeit annehmen, so sonderbar wie sie nun einmal ist, und Ernst mit ihr machen. Auf das Zweite – die verschwindende Geringfügigkeit der Menschenwelt im All – antworte ich, dass das Quantitative auf eine prinzipielle Betrachtung, die Wesen und Gehalt sucht, keinen Eindruck machen kann – es ist etwas gänzlich Relatives, ob ich in Millionstel Millimeter oder in Billionen Kilometern messe. Innerhalb unserer Erfahrung offenbart sich die Wirklichkeit im menschlichen Leben in intensiverer und höherer Gestalt als sonst im Universum.

Lies, forsche, wäge alles, was in Frage kommen kann! Unschlüssigkeit könnte möglicherweise bezüglich des Vorrangs des Unendlichkeitsgefühls oder des Idealtriebs aufkommen. Unter unseren Zeitgenossen gibt es solche, die der Mystik des Unendlichen und der Einheit den Vorzug geben. Aber wenn man den Idealtrieb höher schätzt, wenn man im Vordringen des Gotteswillens im Leben, in der Sinnerfüllheit des Daseins, im Offenbarungsgehalt der Geschichte und des persönlichen Lebens eine stärkere Macht für Heil und Zukunft, einen reicheren der Seele und dem Menschengeschlecht verliehenen Segen erblickt als in einer Religion, die vom Göttlichen eigentlich bloß dessen fernen stillen Frieden als Zuflucht aus der Zeitlichkeit und der Geschichte wahrnimmt – dann kann nicht gut ein Zweifel darüber bestehen bleiben, dass Christi Leben und die Geschichte, in der es steht, die Gottesoffenbarung par préférence innerhalb unseres [110] Geschlechts sind, bleibend, durchaus unerreichbar. Dort, wenn irgendwo, wird die kalte Hülle des Weltwesens gesprengt, und das glühende, brennende, wärmende Feuer des Lebensgrundes, des göttlichen Geistes bricht hervor – immer noch wirksam als der Geist des Auferstandenen, des Herrn. Doch zu einer wirklichen Offenbarung werden Christus und die biblische Geschichte nicht eher, als sie die Decke von den Augen genommen hat[114] und uns göttliches Leben hat sehen lassen, Gottes Willen am Grund dieses ganzen Daseins – wo wir in unserem Wesen festsaßen, in eigener Initiative und Meditation [seine] Tiefe ergründend – in unserem inneren Leben, in der Menschengeschichte, in der wir selbst kämpfend und leidend und staunend stehen, im Geschehen der Natur, in der Entwicklung des außermenschlichen Lebens, vielleicht auch in den Veränderungen und den Gesetzen der anorganischen Natur.

Wie kann der Zusammenhang, an den die Wissenschaft glaubt und den sie in allem, was ist und geschieht, konstatiert, wie kann der dann für uns zur Offenbarung werden, zum Zeugnis vom lebendigen Gott, von göttlichem Willen?

Am ehesten bietet sich der Ausweg an, den Kausalzusammenhang in Zielbestimmtheit zu übersetzen – der Blick richtet sich nach vorn, was geschieht, ist nicht bloß eine Folge von Ursachen, sondern im Grunde Ausrichtung auf ein Ziel. Ich gehe gedankenlos durch die Menge, halb gestoßen von meinem Hintermann, halb aufs Geratewohl den Weg ins Freie suchend. Da treffe ich einen Menschen, und dieses Treffen wird für das Leben bestimmend. Das Ereignis wird von mir notwendig unter den Gesichtspunkt der Führung, eines Zwecks gestellt. – Zusammenwirkende Ursachen bringen mich in eine Lage, die ich bitter beklage – Jahre später preise ich sie als einem [111] mir damals verborgenen Zweck dienend. – Die Wissenschaft schildert die Geschichte Israels als kausalen Zusammenhang bis hin zum Auftreten Jesu. Der Glaube sieht in dieser Geschichte eine Vorbereitung für das große Ziel: Christus. – Die Wissenschaft untersucht die Gesetze der Vererbung. Würde man die Faktoren kennen – was unmöglich ist – könnte man aus vielen Stammbäumen die Kombination herleiten,

114 [2Kor 3,16.]

die sich in Gustaf Erikson Vasas geistigen Gaben zeigte. Für uns ist klar, dass er der Mann war, der für sein Werk bestimmt und gerüstet war.

Die Übersetzung von Kausalität in Teleologie ist also innerhalb gewisser Grenzen anwendbar. Aber es erheben sich Einwendungen dagegen, das Problem der Offenbarung damit als gelöst anzusehen, dass die Generalisierungen, die wir Naturgesetze nennen, als Gottes Wille gelten sollen. Eines ist der uns verborgene Zusammenhang der Wirklichkeit selbst, ein anderes unsere Generalisierungen und »Naturgesetze«.

1. Wir müssen uns hüten vor einer teleologischen Erklärung von der Art, wie die Katze darüber grübelt, dass die Vögel Flügel haben, welche die Hungrige des Futters berauben – vielleicht gerade in dem Augenblick, da die Pfote ihn greifen wollte. Da gerät die Katze in Anfechtung. Die Katze findet die Weltordnung ungerecht – aber löst die Schwierigkeit durch Erwartung eines Tausendjährigen Reiches, da die Vögel keine Flügel mehr haben werden. Dieses Gleichnis, das aus einer Wendung in Østrups Katzenbuch entstanden ist[115], kommt mir in den Sinn, wenn ich gewisse fromme teleologische Räsonnements höre – die das Geheimnis der Seele und die teuflischen Anfechtungen oder tröstlichen himmlischen Erscheinungen des kämpfenden Glaubens zu einer Art erbärmlicher Nützlichkeitslehre herabwürdigen.

[112] 2. Noch ernster ist eine andere Schwierigkeit. Die Kausalität stellt oft die grausamste Sinnlosigkeit dar. Wird sie einst ihre befriedigende Erklärung in einem höheren Licht bekommen? Dennoch bleibt ein Rest. Die Offenbarung besteht nicht bloß in einer Übersetzung des Kausalzusammenhanges, einem andersartigen Einblick in ihn – sie besteht in *Kampf gegen Widerstand*. In allen Bereichen des Lebens gewahren wir so klar wie nur möglich den Gegensatz zwischen dem Trägen, Toten, das hemmt, erstickt, selber der Auflösung anheim fällt, und der vorwärts strebenden, stets beinahe überwundenen und doch unermüdlichen und sieghaften Lebenskraft. In den höheren Bereichen spitzt sich dieser Gegensatz zu. Wir finden im Geschehen außerhalb wie innerhalb der Menschenwelt Herabziehendes und Behinderndes. Gottes fortgesetzte Schöpfung, allezeit fortgesetzte Schöpfung ist zugleich ein Kampf. Ich sehe, wie sehr dies zu den Bemühungen einer einheitlichen Welterklärung im Widerspruch steht. Und mir ist die Unzulänglichkeit unserer gedanklichen Versuche, die Wege der Wirklichkeit und das Leben Gottes zu fassen und auszudrücken, lebhaft bewusst. Aber es wird mir immer klarer, dass der Dualismus – nicht ein absoluter Dualismus, sondern ein Dualismus mit Hoffnung und Gewiss-

---

115 [Vgl. F.L. Østrup, *Vor medskabning katten, tolv Breve til Sofie, tolv Aar gammel*, 1905, 25 f (dänisch).]

heit der Einheit – die Wirklichkeit richtiger wiedergibt als der Monismus, je stärker wir ihn auf das Leben zuspitzen. Wiegt sich jemand in monistischer Ruhe, so hat er Satans Abgründe nicht gesehen. Ich gönne es ihm, [denen] zu entrinnen. Doch wenn es darauf ankommt, unser Dasein zu deuten, steht ihm wohl kaum das Wort zu.

ehr als eine Übersetzung von Kausalität in Teleologie möchte ich eine andere Betrachtung befürworten.

Wir haben es mit zwei Ebenen zu tun, der Ebene der Wissenschaft und [113] der Ebene der Offenbarung. Auf beiden befassen wir uns in gewisser mit der Wirklichkeit. In der Wissenschaft jedoch auf sehr abstrakte Weise. Das heißt, unsere Erkenntnis entnimmt der Wirklichkeit das, was sich in diesen Kausalzusammenhang einordnen lässt und was die Voraussetzung dafür ausmacht, die Natur für unsere Zwecke zu benutzen. Natürlich steht diese wissenschaftliche Gesamtschau mit ihren Hypothesen in Relation zur Wirklichkeit. Es fehlt den beiden Ebenen nicht der Zusammenhang miteinander. Aber ihre [scil. der wissenschaftlichen Gesamtschau] Zweckbestimmung ist nicht nur theoretisch, nicht bloß Wissen, sondern Herrschaft.

Anders bei der Ebene der Offenbarung. Dort gelangen wir in größere Tiefen, als die bloße Intelligenz es vermag. Denn dort lassen wir uns auf Gnade und Ungnade mit der Wirklichkeit selber ein. Dort bleiben wir auch wahrlich nicht Herren, sondern sind gründlich Unterworfene – zu unserer eigenen Ehrenrettung. Dort wollen, ja müssen wir auf etwas Bestand Habendes zugehen, auf das wir uns stützen können. Das ist kein Gedankenspiel, auch keine Erforschung oder Erkundung, die eine praktische Zweckbestimmung erkennen ließe und deren praktische Anwendbarkeit ihr Wahrheitskriterium wäre. Vielmehr wollen wir in die Wirklichkeit selbst eindringen und auf sie hören. Richtiger: Gott selbst dringt auf uns ein.

Wir können, wie ich an einigen Beispielen gezeigt habe, die wissenschaftliche Ebene mit der Ebene der Offenbarung zur Deckung bringen und die Sache so auszudrücken versuchen: Gott wirkt durch die Naturgesetze. Doch eigentlich dienen die beiden Sichtweisen verschiedenen Zwecken. Die so genannten Naturgesetze bringen nicht das Wesen der Wirklichkeit zum Ausdruck. Kein kritischer Wissenschaftler glaubt daran, dass die Wirklichkeit aus Äther und Atomen besteht – sehr wohl aber wissen [114] wir, Wissenschaft Treibende ebenso wie andere, dass Gott die wahre Wirklichkeit ist.

Die Gewissheit des lebendigen Gottes gewinnen wir wie die Propheten und Apostel dadurch, dass wir an Gottes Leben teilhaben. Je vorbehaltloser wir uns der Wirklichkeit, d.h. den Forderungen des Lebens hingeben können, in Besserung und Gehorsam, in leidenschaftlicher Anstrengung, in stiller Selbstpreisgabe und Ruhe, desto sicherer werden wir die Gewissheit gewinnen und behalten, dass Gott existiert und dass Gott unergründliche, mächtige Güte ist, die sich durchsetzt und uns hindurchzutragen vermag. Sind wir strikt aufrichtig und gewissenhaft, so müssen wir sagen, dass wir nicht so viel von Gottes Offenbarung erblicken können. – Das ist in jedem Fall unsere, nicht Gottes Schuld. – Und doch sind wir ihm in unserem Leben begegnet, wir werden, wenn wir zurückblicken, seiner Führung gewahr. Die Geschichte enthüllt uns bisweilen Gottes Handlungsweise. In einer Situation, die trostlos und hoffnungslos erscheint, schimmert vielleicht eine Ahnung von Gottes Plan durch – sollen wir es wagen, sie fest zu ergreifen und daran zu glauben? Wir müssen trotz allem glauben. Wir müssen hoffen gegen alle Hoffnung. Droht das tote Geschehen die Offenbarung zu überwuchern und zu verdecken – so haben wir uns zur Bibel zu begeben. Dort ist der Himmel offen, und das Licht scheint durch den grauen Nebel und die Furcht erregende Finsternis unseres Daseins hindurch.

Im gleichen Maß wie wir beten und arbeiten, vermögen wir die Offenbarung festzuhalten. Die Mystik spricht von einer Reinigung, einer via purgativa, die den ersten Teil der Himmelsleiter der Seele ausmacht, auf der sie zum göttlichen Leben aufsteigen will. Zu dieser Reinigung gehört das sittliche [115] Leben und die Vervollkommnung des Menschen. In Wirklichkeit ist der Zusammenhang zwischen dem sittlichen Leben des Menschen und seinem Verkehr mit Gott noch enger, als er dort beschrieben wird. Einzig als aktiver Kämpfer für das ewige Gut bei sich und anderen befindet sich der Mensch in der Sphäre, wo er eigentlich mit Gott verkehren kann. Für den, der betet und kraft seines Gebets notwendig auch geistig und in dem ihm möglichen Umfang körperlich arbeitet, hat es wenig oder gar keinen Sinn, nach Gottes Wirklichkeit und Gottes Werk zu fragen. »Wenn jemand dessen [Gottes] Willen tun will, wird er innewerden, ob diese Lehre von Gott ist oder ob ich von mir selbst aus rede.«[116] Niemand dürfte daran zweifeln können, dass Der existiert, mit dem er [Jesus] fleißiger und mit größerem Gewinn verkehrt als irgendein Mensch. »In ihm leben, weben und sind wir.«[117] Er ist unser Leben.

116 [Joh 7,17.]
117 [Act 17,28.]

[116] 3. Die Fortsetzung der Offenbarung[118]

Ein Beitrag zur Erläuterung der allgemeinen
Religionsgeschichte und der christlichen Theologie
und zur Deutung des Offenbarungsglaubens

I.

In manchen späteren Schriften des Alten Testaments und im Judentum gewahrt die Frömmigkeit Gottes Handeln nicht mehr in der gegenwärtigen Geschichte und deren Persönlichkeiten – eher schon in der weisen und großartigen Einrichtung der Natur – sondern, was die Geschichte betrifft, allein in den einstigen Offenbarungswundern. Durch die Stellung, die Christus in der Gottesgemeinschaft der Christen bekam, befindet sich das Christentum hinsichtlich des Offenbarungsglaubens in einer anderen Lage. Aber eine gewisse Ähnlichkeit besteht, mutatis mutandis, zwischen demjenigen Judentum, das die Gewissheit einer Offenbarung eigentlich allein in der längst verflossenen Vergangenheit festzuhalten vermochte, und der protestantischen Durchschnittsmeinung, nach der Gottes Offenbarung als in der Vorzeit abgeschlossen und in dem heiligen Buch vollständig niedergeschrieben vorliegt.

»Und Gott sprach zu Mose.« So stand es in der Lesung. Der Junge las es. Aber sein jüngerer, rationalistischer veranlagter Bruder unterbrach ihn: »Auf keinen Fall kann Gott auf die Art zu Menschen sprechen.« Der Schuljunge wusste Bescheid: »Sei still, du, damals konnte er das.«

[117] Hinter einer solchen Auffassung steht ein Stück unveräußerlicher christlicher Überzeugung. Die Offenbarung liegt ein für allemal vollendet in Jesus Christus vor und bedarf nach ihm keiner Umformung oder Verbesserung. Bei Johannes heißt es vom Geist im Munde Jesu: »Er wird's von dem Meinen nehmen und euch verkündigen.«[119] Christus, der gelitten hat unter Pontius Pilatus, der Christus der Geschichte im Licht des Glaubens, gilt für alle Zeiten. Die Geschichte, die in der Bibel erzählt wird, stellt Gottes Offenbarung in einem vollkommeneren, reicheren, gewichtigeren Sinne dar als irgendeine andere Geschichte. Der in der Bibel wiedergegebene einzigartige Offenbarungsgehalt der Geschichte erscheint einem

---

118 [Ursprünglich Vortrag anlässlich einer theologischen Promotion an der Universität Uppsala 1911 unter dem Titel *Ett bidrag till den kristna uppenbarelsens tolkning*, in ähnlicher Form im gleichen Jahr auf der internationalen Studentenkonferenz des Student Christian Movement in Konstantinopel noch einmal gehalten unter der Überschrift: *Does God Continue to Reveal Himself to Mankind?*]
119 [Joh 16,15.]

Räsonnement a priori ganz unmöglich und unglaublich, erfährt jedoch durch die vergleichende Religionsforschung, sobald diese sich in dem verwirrenden Reichtum der Religionsgeschichte hat orientieren können, bis zu einem gewissen Grad eine unerwartete Bestätigung.[120] Denn die Geschichte ist nicht nach den Gesetzen der Logik eingerichtet. Was man dort vorfindet, kann recht ungereimt sein, ja, man würde zunächst sagen, dass es undenkbar sei. Aber es ist trotzdem geschehen. Es ist Material für die Forschung, die hier wie anderwärts, um wirkliche Resultate zu erzielen, sich zuhörend, empfangend, erklärend unter ihren Gegenstand stellen muss, nicht mit Herrscherallüren über ihren Gegenstand. In der Geschichte der Religion offenbart sich übernatürliches Leben, aber nicht auf die Weise, wie das menschliche Denken es gerecht und richtig findet. Wie wir früher in diesem Buch versucht haben zu zeigen, entspricht das wirkliche Bild der Religionsgeschichte dem Wort des Paulus von einer allgemeinen Offenbarung, innerhalb [118] deren man die besondere Offenbarung herausheben kann. Oder, um Ausdrücke zu verwenden, die keine metaphysischen Implikationen haben: Innerhalb der Religion des Menschengeschlechts treten Erscheinungen auf, die in besonderer Weise den Namen Offenbarungsreligion verdienen. Wie unmöglich es indessen ist, an eine göttliche Selbstmitteilung zu glauben und sie mit Christus oder mit der Bibel abgeschlossen sein zu lassen, zeigt sich, wenn man die folgenden beiden Fragen zusammenstellt: »Offenbart Gott sich weiterhin der Menschheit?« und »Hat Gott sich irgendwann der Menschheit offenbart?« Die zweite Frage steht drohend hinter der ersten und zeigt die Unmöglichkeit, eine wirkliche Offenbarung zu behaupten, ohne sie auch auf die gegenwärtige Zeit zu beziehen. Wie könnte ein Mensch, der nicht an irgendeine göttliche Einwirkung glaubt, wie könnte jemand, für den der lebendige Gott nicht existiert, von einer Gottheit überzeugt werden, die sich einmal den Menschen offenbart hat, wenn sich Gott nicht jetzt ihm selbst als lebendig und seine eigene Erlösung bewirkend offenbart? Es gibt Christen, die an Gott nicht allein als an ein Gesetz oder ein Prinzip oder ein großes, alles durchdringendes Mysterium glauben, sondern als an einen Willen, eine Liebe, die sich den Menschen bekannt gemacht hat, die aber dennoch der Meinung sind, dass die Offenbarung mit Christus oder mit der Bibel aufgehört hat. Die folgende Darstellung will einen Beitrag zu einer Durchführung des christlichen Offenbarungsgedankens leisten, indem sie auf eine fortgesetzte göttliche Selbstmitteilung hinweist, die als schöpferische Kraft und erlösender Wille am klarsten auf drei Weisen hervortritt:

120 Vgl. Abschnitt II und den Art. [des Vf.] *Communion With Deity* in: ERE [3, 736–740 (1910)]

1. in der Natur, 2. in der Geschichte, [119] 3. im sittlichen Leben; näher bestimmt 1. im Genie als einem Teil der Natur, 2. im Zusammenhang und in der Zielrichtung der Geschichte, 3. in der Wiedergeburt und Charakterbildung des Einzelnen. Denn insoweit diese fortgesetzte Offenbarung innerhalb der Christenheit stattfindet, stellt sie ein Weiterwirken Christi dar. Der Glaube an ihn und die Erfahrung seiner lebendigen Macht sind das gemeinsame Kennzeichen alles Christentums.

Gott hat sich in Christus offenbart, so weit sind die Theologen Pius' X. und Professor Wilhelm Herrmann einig. Aber sogleich scheiden sich die Wege. Es stellt eine Konzentration, eine felsenfeste, diamantharte Position dar, wenn im neueren evangelischen Denken nicht einzelne Ereignisse oder irgendwelche Sätze oder Schriften, sondern das innere Leben Christi mit dem Vater und seine göttlich strenge, starke Liebe die eigentliche, für ewig gültige Offenbarung ausmachen. Doch ist jemand Gott in Christus begegnet, so kann er Christus nicht auf Dauer isolieren. Wer sagt: »Gott in Christus offenbart«, der sagt zugleich: »Gott offenbart sich in der Natur«; wer sagt: »Gott in Christus offenbart«, der sagt zugleich: »Gott offenbart sich in der Geschichte«.

Die alte Kirche benutzte das Wort »Natur« für Christus. Wie sehr der neuzeitlichen Theologie auch daran liegen mag, die Kontinuität mit dem zu sehen und zu vertreten, was die Kirche in der Sprache jener Zeit damals als Postulat des Glaubens verkündete: zwei Naturen, eine göttlich, eine menschlich, so muss sie das Wesen des Erlösers heute von anderen Gesichtspunkten aus erforschen und mit anderen Mitteln ausdrücken. Ist das Göttliche für uns [120] Natur? Ist das spezifisch übertierisch Menschliche Natur? Was wir Natur nennen – ist das wirklich Natur in dem alten, substanziellen Sinn des Wortes? In neuerer Zeit hat man eine andere Distinktion in der Person Christi vorgenommen. Die moderne Theologie zieht die Trennlinie zwischen Natur und Charakter, zwischen dem, was bei Jesus gegeben, ererbt, »natürlich« war, wie es das in jedem menschlichen Wesen ist, und dem, was Werk seines Willens, seiner Selbsterziehung war, das ist: die sittliche Persönlichkeit, der Charakter, der Ernst und die Reinheit der Liebe und der Gerechtigkeit in ihm – was wir bei jedem menschlichen Wesen sein sittliches und geistiges Leben nennen, sofern es ein solches besitzt. Die moderne Theologie hat – nicht ohne pietistisches und rationalistisches Erbe – Christi erlösende Kraft in seiner sittlichen Vollendung und mächtigen Liebe gesehen. Eine solche Betrachtung bedeutet natürlich einen Fortschritt in der Auffassung von Christus und der Offenbarung. Doch ist sie befriedigend? Lassen Sie uns von einem rein empirischen und historischen Standpunkt aus fragen: »Was war dasjenige, das in der Person Christi selbst – abgesehen von der Einzigartigkeit seiner geschichtlichen Situation und anderen religionsgeschichtlichen Umständen, die zu berühren wir in einem anderen Abschnitt dieses Aufsatzes Veranlassung haben werden – seine einzigartige religiöse Bedeutung ausmachte, von der die Geschichte zeugt?« Natürlich wird man antworten: »Seine geistige und sittliche Größe, der intensive Ernst seines Willens, seine göttlich leidenschaftliche Barmherzigkeit, sein energisches Eintreten für persönliche Wahrhaftigkeit.« Gewiss, das ist das Wichtigste. Aber können wir hierbei stehen bleiben? Man denke sich irgendeine Persönlichkeit von grundlegender Bedeutung oder Propheten oder Apostel oder große [121] Heiligengestalt: Lässt sich deren Einfluss einzig aus ihrer großartigen Sittlichkeit und Güte erklären? Nein, dahinter steht die Natur, die hohe Begabung. Er hat sich nicht selbst geschaffen. Woher kommt er? In einer Predigt von 1544 fragte Luther: »S. Petrus, Paulus, Augustinus, Ambrosius, Johannes Huß, Ich Doctor Martinus, woraus sind diese alle worden?«[121] Wäre Pascal auch noch so heilig und entschieden gewesen, hätte er doch niemals sein Lebenswerk vollbracht und seinen Platz in Gottes Reich auf Erden gefunden, wenn er nicht, ganz ohne eigenes Zutun, mit den außergewöhnlichen und starken Gaben, die wir alle an ihm bewundern, zur Welt gekommen wäre. In noch weit höherem Maß gilt das natürlich von Christus. Mein Einwand richtet sich [also] dagegen, dass man Christi Gottheit allein aus der Wahrheit, Heiligkeit und Liebe in seinem Leben zu verstehen sucht, ohne die Schätze und unvergleichlichen Gaben zu berücksichtigen, die in Marias Schoß verborgen lagen – das heißt, ohne mit Gottes Offenbarung in der Natur und durch die Natur zu rechnen. Dass Jesus zum Erlöser der Welt wurde, beruhte nicht allein auf seiner großartigen Sittlichkeit, sondern in erster Linie auf dem Geheimnis der Begabung, die ihm von Geburt an verliehen war. Die Offenbarung bedeutet nicht allein Christi Heiligkeit, sondern auch das Wunder in seiner Natur, in seinem menschlichen Blut. Man könnte hinzufügen, dass das enge Band zwischen natürlicher Begabung und sittlicher Stärke unser Begehren, in der Einrichtung der Welt Gerechtigkeit zu sehen, oft auf schwere Proben stellt. Um einen annähernd erhellenden Vergleich und Anknüpfungspunkt für die Deutung der Person Christi zu gewinnen, ist es selbstverständlich, dass wir uns den [122] außerordentlichen Persönlichkeiten der Geschichte zuwenden müssen. Eine Auffassung von der Gottheit Christi, die jegliche Vergleichbarkeit mit ihnen abschneidet, streitet ebenso sehr gegen das Dogma wie gegen das Evangelium.

---

121 [Predigt über 1Kor 15,35 am 25.5.1544, WA 49 (422–441), 435,35 f.]

Das Auftreten des *Genies* zeigt auf seine Weise stets, dass das Wesen des Daseins Schöpfung ist, ewige Neuschöpfung, nicht ein toter Ursachenzusammenhang. Oder mit anderen Worten, die innere Notwendigkeit, die hinter dem liegt, was unsere Augen sehen und unsere Ohren hören, ist der Drang der Notwendigkeit zu schaffen, hervorzubringen, zu erlösen, lebendig zu machen, Neues aus dem verborgenen Reichtum des Wesens heraufzuführen, nicht eine mechanische Notwendigkeit, die das schon Vorhandene bloß verwaltet und auf neue Weise kombiniert. Denn im Genie bricht eine mächtige Woge neuschaffender Kraft hervor. Es ist uns gewiss, dass die Entstehung des Genies durch bestimmte Gesetze bedingt ist. Viele Stammbäume stehen hinter dem Kind, in dessen ungeborenem Leib der wunderbare Reichtum schlummernd liegt. Erbe, gefährliches Erbe, gutes Erbe, kümmerliches Erbe haben in tausenden Erbvariationen bei seinen Vorvätern variierende Resultate ergeben. Kombination und gegenseitige Einwirkung erfolgen von Vaters und Mutters Anlagen, aber auch von früherem Erbgut, das sie, ohne selbst aus dessen Vorzügen Nutzen zu ziehen oder unter dessen Last zu leiden, auf geheimnisvolle Weise von den Generationen vor ihnen auf das Individuum oder die Individuen übertragen, die nach ihnen eine dunkel vorbereitete Möglichkeit zum Guten oder Bösen übernehmen werden. Die geniale Begabung selbst bricht gewöhnlich auf scheinbar so jähe und unvermittelte Weise hervor wie die Erscheinungen, die man in der Biologie nach de Vries[122] [123] mit einem Wort benennt, welches das Unverstandene an der Sache zum Ausdruck bringt: Mutation. Für niedere Organismen, angefangen von der Pflanzenwelt und der niederen Tierwelt, sind außerordentlich scharfsinnige Analysen der Bedingungen der Vererbung gemacht worden. Natürlich gibt es verborgene Gesetze der Vererbung, die teilweise von der Forschung aufgedeckt werden können. Es gibt unzählige Fakten und Einzelheiten bei den vorangegangenen Generationen, die berücksichtigt werden müssen, wenn es gilt, das menschlich gesehen Plötzliche und Geheimnisvolle im Auftreten des Genies zu erklären. Keine Addition hoher und schöner Eigenschaften kann ein solches Resultat ergeben. Das Rätsel der Zeugung und Vererbung ist natürlich viel komplexer als eine Addition. Wir werden niemals die Ursachen und Bestandteile eines schöpferischen Geistes vollständig analysieren können. Aber wir glauben und wissen mit der ganzen höheren Bildung, dass es keine Regellosigkeit gibt, nichts Zufälliges, keine Unterbrechung des wirklichen Zusammenhanges, obwohl das menschliche Auge die Reihe der Ursachen und Wirkungen nicht zu durchdringen vermag. Der christliche Glaube und der synthetische Blick auf das Leben und die Geschichte wissen etwas mehr.

122 [Hugo de Vries (1848–1935), niederländischer Botaniker.]

Er weiß, dass Gott in dem komplexen Zusammenhang der Generationen am Werk ist, und dass der rechte Mann sich dort einfindet, wenn er gebraucht wird, um sein Werk zu verrichten. Leider scheint es nicht überflüssig zu sein, noch einmal nachdrücklich hervorzuheben, dass unser Argumentationsgang sich nicht auf die Art, die Plötzlichkeit im Hervortreten des Genies richtet – das Plötzliche, Rätselhafte beruht auf der Unvollkommenheit unserer Analyse des Zusammenhangs der Generationen – sondern auf die Eigenart des Genies selbst, auf das Resultat.

[124] Auf seine Weise gilt von jedem Menschen, dass er in seinem Wesen etwas Originelles und Eigentümliches besitzt, das keinem anderen vollständig gleicht. Geijers Wort, dass es keinen Menschen gibt, der nicht irgendetwas besser kann als jeder andere, ist nicht bloß eines von den tröstlichsten Worten, die je gesagt worden sind, sondern es ist auch wahr. Doch bei den schöpferischen Begabungen tritt das Neue und Eigentümliche deutlicher hervor.

Eben das Vorkommen von schöpferischen Geistern lässt uns ahnen, dass das Leben seinem Wesen nach eine fortgesetzte Schöpfung ist, nicht bloß eine Verwaltung.

Auf die Arbeitsweise des Genies, es sei mit welchem Material auch immer, Menschenherzen, Staaten, Heere, Töne, Farben, Zahlen, Materie, Worte, hat der Sprachgebrauch mit treffsicherem Instinkt das Wort Schöpfung angewandt. Neues kommt auf, Originelles, etwas nie Dagewesenes. Es ist nicht immer leicht zu sagen, worin das Neue besteht. Aber dass es neu ist, das unterscheidet das Geniale vom bloß Talentierten. Am besten kommt diese Eigentümlichkeit heraus, wenn man an das Faktum denkt, dass das noch so Talentierte, aber [eben] bloß Talentierte mit Geschick nach Regeln und Vorbildern zustande kommen kann. Das Geniale dagegen gibt selber nach seiner Art Anlass für neue Regeln, welche die Analyse nachträglich herausfindet. Zuerst ereignet sich die *Schöpfung*: die Offenbarung, die Schönheit des Charakters, das Gemeinschaftswerk, das Kunstwerk, dann kommt die *Lehre*: die Theologie, die Ethik, die Staatslehre, die Kunsttheorie. Das ist genauso wie in Gottes geschaffener Welt: erst die Blume, dann die Botanik. Das Genie tritt auf als ein Moment in dem fortgesetzten Schöpfungswerk des Allmächtigen. Es [125] arbeitet auch im Bewusstsein der Teilhabe an einem Wunder. Schon Platon wusste, dass die Inspirierten Dinge sagen, deren ganze Tragweite sie nicht im Stande sind zu erfassen. Harald Hjärne schrieb: »Es sind nicht alles Seher, die ihre eigenen Gesichte zu deuten vermögen.«[123] Die Geschichte bestätigt diese Beobachtung. Gott allein weiß es. Künftige Geschlechter wer-

123 [HARALD HJÄRNE, *Svenskt och främmande*, 1908, 206.]

den nicht müde, sich in die Werke der Genies zu vertiefen und immer neue Lehren und neue Erbauung aus ihnen zu beziehen. Und es liegt eine heilsame Warnung für uns, meine Herren Professoren, in dem Paradox, dass die Großen immer Recht haben, selbst wenn sie einander widersprechen.

Doch hiermit ist die ganze Bedeutung der schöpferischen Wirksamkeit des Genies noch nicht einmal angedeutet. Sie hat eine andere, fast noch merkwürdigere Seite, die man selten beachtet. Ich kann sie nennen: den organischen Zusammenhang zwischen Gottes ganzem fortgesetzten Schöpfungswerk und der Arbeit der Genies. *Die Genies sind zu Deutern der Schöpfung Gottes eingesetzt.* Das Dasein ist schwer zu deuten und erscheint leicht sinnlos, erbitternd sinnlos. Durch ihren Zugriff, ihre Persönlichkeit und ihre Schöpfungen helfen die Genies uns dazu, einen Sinn im Dasein zu ahnen oder zu sehen, und das nicht bloß, nicht einmal in erster Linie als Denker, sondern als Helden, Märtyrer, Propheten und Heilige, als Künstler, Erfinder oder Dichter. Ihre eigentümliche Begabung zeigt auf diese Weise eine geheimnisvolle Verbindung zur Schöpfung selbst auf. Ich kann die Sache mit einem sehr schlichten Beispiel illustrieren. Man sagt – vielleicht mit einer Portion spaßhaften Snobismus': »Dieser Sonnenuntergang ähnelt einem Gemälde von dem und dem.« Es ist schon so; vor [126] ihm und ohne ihn hat man nicht dieselbe Pracht und Farben gesehen. Warum hat die europäische Menschheit Jahrtausende lang bis vor anderthalb Jahrhunderten in der wilden Gebirgslandschaft niemals Schönheit gesehen? Luther wanderte zweimal durch die Schweiz, ohne die Alpen zu sehen. Er hatte sonst durchaus Augen zum Sehen, ganz besonders um die Schönheit der Natur zu sehen. Erst Rousseau und die Romantik lehrten das Abendland, die Pracht der Alpenwelt [zu entdecken]. In China und Japan sah man die Herrlichkeit der Schneeberge viel früher. Aber in beiden Fällen hat das Genie die Sache offenbart, das heißt: Gottes Schöpfung gedeutet. Das Genie zeigt darauf, dann ist es wie das Ei des Columbus. Etwas Ähnliches offenbart sich in weit wichtigeren Lebensbereichen. Was das poetische und künstlerische Genie betrifft, so ist die Sache von Erik Gustaf Geijer ausgesprochen worden. »Die Menschheit hat einen schweren und mühsamen Weg zurückzulegen. Ziel und Regel sind, was wir Gottes Ordnung nennen. Diese ist zwar in seinem ewigen Ratschluss gut aufgehoben; doch hat er dem geliebtesten seiner geschaffenen Wesen auch als Schularbeit aufgegeben, sie zu bedenken und umzusetzen. Hiermit geht es nun recht wechselhaft und wundersam zu, wie vor Augen ist, und es gäbe wenig Hoffnung, dass das Werk zu einem guten Ende käme, wenn der Schulmeister nicht seine Hand mit im Spiel hätte. Furcht erregend ist auch, dass sogar der Begriff der Ordnung verloren ginge, wenn er allein durch die Wirklichkeit illustriert würde. Der Glaube richtet zwar beständig sein Auge auf das Ziel, aber er sieht nur stückweise, wenig mehr als das goldene Kreuz, das die Spitze des Gotteshauses krönt. Die Wissenschaft forscht nach dem Grundriss, aber das bleibt nur Stückwerk. Darum [127] hat Gott auf dieser langen und mühsamen Bahn der Menschheit auch hier und da Menschen von der besonderen Beschaffenheit an den Weg gestellt, aus ihrem Inneren auf verschiedene Weise und mit verschiedenen Mitteln – Worte, Laute, Farben, Proportionen – *Bilder* hervorzubringen und vorzuspiegeln, die einen Widerschein von Gottes Ordnung von sich geben. Solcher Widerschein von Herrlichkeit wird das *Schöne* genannt und erfrischt die Sinne der Menschen.«[124]

Wir sehen an Geijers Worten, wie der *Deuter* der Schöpfung und das *Werkzeug* der Schöpfung ineinander übergehen. Noch deutlicher wird diese Verbindung, wenn wir zu den Genies der Geschichte kommen. Kein Genius höherer Art hat sich damit begnügen können, das Dasein und das Leben sinnlos zu finden und im Materialismus zu verharren. In der Geschichte finden wir eine Reihe von Genies, die für engere oder weitere Kreise einen Sinn im Leben geschaffen haben, wenn dieses im Begriff zu sein schien, in egoistischer Kleinlichkeit und tatenloser Verzettelung zu zerfallen. Die Genies verändern die Situation. Das Leben, eben noch leer wie ein leerer Sack oder träge wie ein voller Sack, erwacht aufs Neue, bekommt Männlichkeit und Energie, und Kräfte, ungeahnte – ach, gäbe es doch bei den gewöhnlichen Menschen solche Kräfte! – werden gesammelt und für übermenschliche Ziele eingesetzt. Wir kennen das aus der Geschichte der Völker. Wie wurde doch in Dänemark alles durch Absalon in Bewegung gesetzt, so wie später durch die große Margaretha.[125] Wie bekam doch das Leben in Frankreich neue Muskeln und neuen Willen durch Jeanne d'Arc und durch die große Revolution – möge die große kleine Jungfrau mir die Zusammenstellung verzeihen! – in England unter Elizabeth und Cromwell, in Schweden durch Gustaf Vasa und Gustaf II [128] Adolf, in Russland durch Peter den Großen, in den Vereinigten Staaten durch Washington, in Deutschland durch Bismarck. Der Ernst und die Kraft ihres Geistes erfüllte ihr Zeitalter mit Sinn und Opferbereitschaft.

---

124 [ERIK GUSTAF GEIJER, *Rez. K.E. Fahlcrantz, Ansgarius. Episkt försök* (1836), in: Samlade Skrifter 7, 1928 (267–277), 270 f.]

125 [Absalon war dänischer Erzbischof und Berater des Königs Valdemar I. im 12. Jahrhundert, unterstützte die dänische Expansionspolitik der Zeit; Margrethe I. (1353–1412), dänische Königin; unter ihr entstand 1397 die Kalmar-Union, die unter dänischer Oberhoheit ganz Skandinavien einschließlich Finnland, der Shetland-Inseln, Island und Grönland umfasste, ab 1448 dann nur noch Dänemark und Norwegen sowie zeitweise, bis 1523, Schweden. (Norwegen ging nach dem Wiener Kongress 1814 an Schweden, mit dem es bis 1905 eine Personalunion bildete.)]

Mancher sehnt sich zuweilen aus der gegenwärtigen Trübheit und Schwüle nach diesen, den heroischen Zeiten zurück. Wie Carlyle in seiner Einleitung zu Cromwells Briefen schreibt: Das »alte ›Regiment Gottes‹, nach dem alle wahren Menschen in ihren verschiedenen Sprachen und Lebensformen stets gestrebt haben, dem modernen Regiment des Nicht-Gottes Platz machend, den die Menschen Teufel nennen: Dies in seinen vielfältigen Bedeutungen und Resultaten ist ein Anblick, der in einem ernsthaften Menschen Nachdenklichkeit hervorruft!«[126] Sein Wunsch, dass es eine Geschichte alles Heldenmuts geben sollte, bedeutet für mich zugleich, dass es eine Geschichte der fortgesetzten Offenbarung Gottes geben sollte. – Das Wichtige ist, dass die Augen geöffnet werden, um den Heldenmut in unserer eigenen Zeit zu sehen, nicht zuletzt den, der für jetzt gestellte Aufgaben gebraucht wird.

Tiefer und weiter als die Männer der Politik gehen die Heroen der Religion. Sie haben gekämpft und eine neue Gewissheit des Sinnes in Gottes Wegen gewonnen – gewonnen, nein, auf den Knien geschenkt bekommen. Sie kämpften für ihre Sache und ihre Zeit, aber der Gewinn wurde uns zuteil, den Vielen. Gott war mit ihnen, und sein Geist wirkt durch sie.

[129] Melanchthon bezeichnete Luther in einem Brief von 1537 als einen von Gott gesandten Propheten. Weniger verwunderlich war, dass bei dessen Tod die Trauer sich starker Ausdrücke bediente. Doktor Jonas sagte in seiner Leichenpredigt in Eisleben, wenn die Zeiten am schlimmsten gewesen seien, hätten zuvor die größten Propheten und Gottesmänner gelebt, und auf deren Tod sei jedes Mal eine schwere, schreckliche Strafe gefolgt.[127] Melanchthon sprach in seiner Vorlesung unter anderem die Worte: »Nicht durch menschlichen Scharfsinn ist die Lehre von der Vergebung der Sünden und dem Glauben an den Sohn Gottes entdeckt worden, sondern sie ist uns von Gott durch diesen Mann eröffnet worden; wir sehen auch, dass Gott ihn erweckt hat«, und seine lateinische Leichenrede erinnert daran, dass Gottes Gegenwart in der Kirche von den auserwählten Dienern des Herrn bezeugt wird, welche die schönsten Blumen der Menschheit darstellen. Bugenhagen sprach von Luthers hohem Apostel- und Pro-

---

126 »… antique ›Reign of God‹, which all true men in their several dialects and modes have always striven for, giving place to modern Reign of the No-God, whom men name Devil: this, in its multitudinous meanings and results, is a sight to create reflections in the earnest man!« [OLIVER CROMWELL's *Letters and Speeches* I, ed. Thomas Carlyle, ³1857, I.]

127 [Die Angabe über Melanchthons Brief muss auf einem Versehen beruhen, denn die oben zitierte Aussage findet sich in den Briefen des Jahres 1537 nicht. Zu Jonas vgl. *Tröstliche Predigt Vber der Leich D. Doct. Martini Luther zu Eißleben den XIX Februarij gethan* durch D. JUSTUM JONAM. Michaelem Coelium, 1546, Der Erst Sermon, Bogen D III.]

phetenamt und erinnerte an Hus' Voraussage.[128] Seinem Jahrhundert galt
Luther nach Dürers Worten als »gottgeistige« Person, den die Bibel und
die Propheten des Mittelalters vorausgesagt hatten, das heißt als das großartige Werkzeug von Gottes Geist. Johann Klajus aus Herzberg schrieb:
»... dass der heilige Geist, der durch Moses und die anderen Propheten in
reinem Hebräisch und durch die Apostel Griechisch geredet hat, auch gut
Deutsch geredet hat durch sein auserwähltes Werkzeug Luther.«[129] [130]
Ein weit offizielleres Zeugnis gibt die Formula Concordiae, die Luther
nicht nur »den fürnehmbsten Lehrer der Augsburgischen Confession«
nennt, sondern auch sagt, dass »dieser hocherleuchte Mann« (im lateinischen Text: »der mit einzigartigen und herausragenden Gaben des Heiligen Geistes erleuchtete Held«) »im Geist gesehen« habe, wie es nach seinem Tod weitergehen werde.[130] Die altlutherischen Dogmatiker widmen in
der Dogmatik der Sendung Luthers einen besonderen Locus, den wir als
einen Ansatz für die Behauptung einer Fortsetzung der Offenbarung beachten müssen. Bei dem bedeutendsten Mann der lutherischen Scholastik,
Johann Gerhard, kommt Luthers Sendung, insbesondere zur Verteidigung
gegen die Päpstlichen, mehrmals zur Sprache. Die Einwendungen gegen die
Rechtmäßigkeit und den göttlichen Sinn von Luthers Auftreten zu wider-
legen, war Bestandteil seiner These, die evangelischen Glaubensgemein-
schaften seien die wahre katholische Kirche.[131] Bei der Jubiläumsfeier 1617
widmete er Luthers Sendung eine Disputation, in seiner Dogmatik wird
die Sache mehr als einmal berührt und ist in Kap. XXVI Gegenstand einer
besonderen Abteilung. Im Kapitel über das Letzte Gericht wird gegenüber

---

128 [PHILIPP MELANCHTHON, Ansprache an seine Studenten in der Vorlesung am
19.2.1546, in: CR 6 (58f, hier 59), im Original lat.: Neque enim humana sagaci-
tate deprehensa est doctrina de remissione peccatorum et de fiducia filii Dei, sed
a Deo per hunc virum patefacta; quem etiam a Deo excitatum vidimus fuisse«
(von Söderblom in etwas abweichender deutscher Übersetzung zitiert); ders., Ora-
tio Vber der Leych D. Martini Luthers ... verdeutscht durch D. Caspar Creutzi-
ger, in: Vom Christlichen Abschied auß diesem tödtlichen leben des Ehrwirdigen
Herrn D. Martini Lutheri bericht durch D. Justum Jonam u.a., 1546, Bogen D 2
(lat. Originalfassung CR 11, 726–734, hier 727f); JOHANN BUGENHAGEN, Ein
Christliche Predig vber der Leych D. Martini Luthers, ebd., Bogen F 3 + G 1.]
129 [Vgl. ALBRECHT DÜRER: Dürers schriftlicher Nachlass, hg. v. K. Lange/F. Fuhse,
1893, 164. Zu Klajus: JOHANNES CLAJUS (Klaj) d. Ä. (1535–1592), Vorwort zu
Grammatica Germanicae Linguae⁵1610,)(4 verso: »... Spiritum Sanctum, qui per
Mosen caeterosque Prophetas [130] pure Ebraice, & per Apostolos Graece locutus
est, etiam bene Germanice locutum esse per electum suum organon Lutherum.«]
130 [FC, SD VII, in: BSLK 981,28; 983,34; 984,41.]
131 Man beachte den Titel von JOHANN GERHARDS Confessio catholica, in qua doctrina catholica et evangelica, quam Ecclesiae Augustanae Confessioni addictae
profitentur, ex Romano-catholicorum scriptorum suffragiis confirmatur, 1634–37.

den Päpstlichen bestritten, dass Luther ein falscher Prophet gewesen sei, weil er gesagt habe, dass das Gericht [131] bald eintreffen werde.[132] Im Kapitel über die Kirche[133] wird insbesondere gegen Kardinal Bellarmin der doppelte Satz der lutherischen Dogmatik verteidigt, dass Luthers Sendung sowohl ordinaria als auch extraordinaria war. Die Beweise für das Erstere waren Luthers auf die übliche Weise empfangene Berufung[134] und Weihe zum Priesteramt 1507, wobei die Unreinheit des ordinierenden Bischofs der Gültigkeit des Amtes selbst nicht schadete, sein Doktorat der Theologie von 1512 mit dem Eid, der ihn dazu verpflichtete, keine falschen Lehren zu verkündigen, sowie die rechtmäßige Berufung auf die Professur an der Wittenberger Universität 1508. Für eine außerordentliche Berufung forderte Bellarmin, dass sie durch Wundertaten bestätigt werde. Gerhard stellt anheim, ob es denn nicht ein Wunder war, dass ein Mann ohne Waffenmacht mit der Macht des Wortes und den Waffen des Unbewaffneten der Macht der ganzen Welt Herr wurde. Denn

Roma orbem domuit, sed Romam Papa subegit,
Viribus illa suis, fraudibus iste suis.
Quantum isto major Lutherus major et illa,
Orbem urbemque qui docuit calamo.[135]

Was Luthers Auftrag angeht, zu reformieren und den Antichrist zu entlarven, so lag darin nach Gerhard etwas Höheres als die gewöhnliche priesterliche Berufung. [132] »Obwohl er nicht unmittelbar von Gott dazu berufen worden war wie die Propheten und Apostel, auch nicht wie sie aus unmittelbarer Eingebung des Heiligen Geistes gesprochen hat (in diesem Sinn bestreiten einige, dass die Berufung Luthers außerordentlich, d.h. unmittelbar gewesen sei), kann man doch nicht leugnen, dass etwas Außerordentliches und Einzigartiges in diesem Reformationswerk und in der Entlarvung des Antichrist mitwirkte«, was auch durch die Weissagungen darüber in der Schrift, durch Luthers Begabung, Seelenstärke, Erfolg usw. bewiesen sei. In Kap. 26 *De ministerio ecclesiastico* ist eine ganze Sektion (sectio VIII) dem Thema *De vocatione Beati Lutheri* (Von der Sendung des seligen Luther) gewidmet, und der soeben wiedergegebene Gedankengang wird dort näher ausgeführt. Es war nicht schwer für die

132 Vgl. *Loci theologici*, 9 Bände, 1610–22, Bd. 9, Kap. 31, § 84.
133 *Loci theologici*, Bd. 5, Kap. 25, § 200.
134 [Schwedisch *kallelse*, das hier sonst mit »Sendung« übersetzt ist.]
135 Rom hat die Welt bezähmt, doch wurd's vom Papst unterworfen,
    Die Stadt tat's mit Kraft, List und Betrug braucht der Papst.
    Wie viel größer ist Luther, größer als beide zusammen,
    der die Stadt und die Welt lehrt mit der Feder allein.

alten Dogmatiker, in Luthers Schriften Bezugnahmen auf seine nach der üblichen Ordnung empfangene Berufung zum Amt des Evangeliums zu finden; es ist bekannt, welchen Rückhalt Luther – wie so mancher nach ihm – in dem ihm auferlegten öffentlichen Auftrag fand. »Ich habs offt gesagt und sag es noch: Ich wolt nicht der wellt gut nemen für mein Doctorat, Denn ich müste warlich zu letzt verzagen und verzweiveln jnn der grossen schweren sachen, so auff mir ligt, wo ich sie als ein Schleicher hette on beruff und befelh angefangen, Aber nu mus Gott und alle wellt mit zeugen, das ichs jnn meinem Doctor ampt und Predig ampt offentlich hab angefangen ...«[136] Gerhard schreibt, wie die Priesterschaft in Jerusalem Johannes' des Täufers (Joh 1,25) und Christi (Mt 21,23) rechtmäßige Berufung angetastet habe, so tue dies jetzt der päpstliche Klerus vergeblich Luther an. Wie wir im Folgenden sehen werden, ist es gar [133] nicht schwer, sehr starke Aussprüche auch über eine außerordentliche Ausrüstung und Aufgabe, die ihm von Gott anvertraut sei, in Luthers Mund zu finden. Aber solche Aussprüche, außer dem über die Weissagung von Hus, die Luther auf sich selbst bezog, werden von Johann Gerhard nicht angeführt. Quenstedt schreibt ausdrücklich, dass Luther niemals und nirgends auf eine unmittelbare oder außerordentliche Sendung hingewiesen habe.[137] Darin hat er Recht. Luther war ebenso wie den ihm nachfolgenden Systematikern daran gelegen, die amtliche Rechtmäßigkeit und Kontinuität in seinem Auftreten festzustellen, und dieses Anliegen wurde durch sein klares Bewusstsein, ein außerordentliches Werkzeug Gottes zu sein, nicht beeinträchtigt. Es ist sehr verständlich, dass die Dogmatiker des Luthertums in Polemik und Verteidigung gegen die Päpstlichen von solchen für unser Verständnis Luthers höchst wertvollen und charakteristischen Aussagen von ihm über sich selbst, die von den Widersachern damals als Zeugnisse gottloser, ja teuflischer Überheblichkeit gedeutet wurden und noch gedeutet werden, keinen Gebrauch gemacht haben. Das »Außerordentliche und Unvergleichliche, das gewiss nicht ganz und gar mit der unmittelbaren und gänzlich außerordentlichen Sendung der Apostel zusammenfällt«, sich aber dennoch über die gewöhnliche priesterliche Berufung erhebt, beweisen Johann Gerhard und die Dogmatiker vor und nach ihm deshalb vornehmlich oder ausschließlich mithilfe bekannter Sachverhalte, bloß ausnahmsweise mit Luthers eigenen starken Worten über sich selbst. Aegidius Hunnius, von seinen Zeitgenossen als [134] »einer der bedeu-

---

136 [MARTIN LUTHER, *Von den Schleichern und Winckelpredigern* (1532), WA 30/III (518–527), 522,2–7.]
137 [JOHANN ANDREAS QUENSTEDT], *Theologia didactico-polemica, sive systema theologicum*, 1691, Cap. XII, 3 obs.

tendsten Theologen, die sich Lutheraner nennen wollen« charakterisiert, hatte für den Anteil des Außerordentlichen an Luthers Sendung den schon früher von ihm verwendeten Terminus[138] etabliert, den Gerhard und die anderen als Ausdruck für eine Zwischenstellung zwischen den Aposteln und den übrigen Dienern der Kirche aufnehmen. Luthers vocatio ist »heroisch«, heroica. Gerhard führt sechs Beweise oder Serien von Beweisen an: 1. Voraussagen oder Weissagungen in der Schrift (Jer 51,48; Dan 11,44; Mal 4,5; II Thess 2,9; Apk 14,6) und von Johannes Hus über Luthers Auftreten; 2. Luthers hervorragende und seltene Gaben, »mit denen der allgütige Gott dieses sein für die Bekämpfung des Reiches des Antichrist bestimmte Werkzeug so freundlich ausgerüstet hat, wie einmalige Gelehrsamkeit, höchste Geläufigkeit der Sprachen, Schärfe des Urteils, eine schlechthin bewundernswerte Geschicklichkeit in der Übersetzung der Schriften, göttliche Beredsamkeit, eine fast in jedem einzelnen Satz verborgene Kraft des Geistes«; 3. »der heroische, auch in den größten Gefahren unerschütterliche Mut Luthers«; 4. seine wunderbare Rettung aus Hinterhalt und Gewalt; 5. seine eigenen Weissagungen kommender Ereignisse – hier verweist Gerhard auf eine spezielle Schrift über Luthers Voraussagen und auf den Locus über die Kirche[139] –; der bemerkenswerte Erfolg der evangelischen Predigt nicht durch weltliche Macht; sondern durch das Wort. Quenstedt nimmt in seinem streng scholastisch konzipierten *Systema theologicum* dasselbe Argument unter der Frage auf: »An B. Lutheri vocatio ad Ministerium docendi in [135] Ecclesia fuerit legitima et ordinaria?«[140] Von den Ergänzungen, die er zu den Beweisen für eine außerordentliche göttliche Sendung angibt, seien die Wiederherstellung der Lehre von der »lebendig machenden Rechtfertigung« und von den »lebendigen Werken, die aus dem Glauben fließen«, sowie Luthers geisterfüllte Choräle und glühende, wirksame Gebete genannt.

In ihrer Weise offenbaren etliche der echten und großen Heiligen der Christenheit in ihrem begnadeten Geist etwas von Gottes eigenem Wesen; sie lassen uns spüren, wie der Vater Jesu Christi bis heute lebt und wirkt. Doch von keinem gilt das, soweit meine Kenntnis und mein Urteil reichen, in höherem Grad als von Luther, ob man nun auf die Originalität und die prophetische Bedeutung seiner Gedanken oder auf die Frische, Kraft und den Reichtum seiner Persönlichkeit als Zeuge von Gottes lebendiger Nähe blickt. Mit Sokrates, Christus, Paulus und den Allergröß-

---

138 *Disputatio 10 in Augustanam Confessionem*, nach J. Gerhard.
139 § 300, soll heißen § 290.
140 Kap. XII quaestio III: »Ob die Berufung des sel. Luther zum Lehramt in der Kirche rechtmäßig und ordnungsgemäß war«.

ten – und den bloß Eingebildeten – teilte er das Bewusstsein von seiner Bedeutung. Schon am 25. Januar 1521 berief er sich in einem Brief an seinen Kurfürsten darauf, dass er alles [, was er getan habe,] für das Heil und die Seligkeit der Christenheit und zum Frommen der deutschen Nation getan habe.[141] 1533 schrieb er in der Verteidigung gegen Herzog Georgs Anklage, er habe zum Aufruhr aufgerufen: »... solchen rhum und ehre habe ich (von Gottes gnaden) davon, Es sey dem teufel und allen seinen schupen [Gefolge] lieb oder leid, das sint [seit] der Apostel zeit kein Doctor noch Scribent, kein Theologus noch Jurist, so herrlich und klerlich die gewissen der Weltlichen stende bestettigt, [136] unterricht und getröstet hat, als ich gethan habe, durch sondere Gottes gnade, das weis ich für war. Denn auch Sanct Augustinus noch Sanct Ambrosius (die doch die besten sind jnn diesem stücke) mir nicht gleich hierin sind, des rhüme ich mich, Gott zu lob und danck, dem Teuffel und allen meinen Tyrannen und feinden zu leid und verdries ...«[142] Denn »der Gaben Gottes soll man sich rühmen,« heißt es an einer anderen Stelle. Ein oberflächliches Urteil oder Vorurteil sieht in solchen Worten Überheblichkeit. Doch man studiere gründlich den Mann, seine ungekünstelte Demut und seine Bedeutung in der Geschichte der Religion – der Offenbarung Gottes –, man sehe ihn gegen die Hölle der Angst und Verzagtheit kämpfen oder im Gottvertrauen »sich jubelnd darüber freuen, dass er einen gnädigen Gott und Vater hat, ja durch eherne Berge und Widerwärtigkeit aller Art mit unerschrockenem und unbesiegbarem Geist hindurchbrechen und urteilen, dass alles von Honig, Milch und Wein fließe, ... schon nicht mehr sterblich, sondern das ewige Leben lebend.«[143] Niemand kann [137] sich in den Mann vertiefen, ohne in seinen stolzen Worten die Klarheit der begnadeten Gottesmänner über ihre Sendung wiederzuerkennen; eine Einsicht, die sie nicht hochmütig machte.

Wenn die großen Genies Gott von ganzem Herzen und bewusst dienen, werden sie zu Heiligen. Die Lehre von den Heiligen ist in der evangelischen Theologie zu kurz gekommen, zugleich mit der Beseitigung ihres

141 [WABr 2 (253–255), 254 f: »... daß ich ... alles, das ich geschrieben und gelehrt habe, ... Gott zu Lob, zu Heil und Seligkeit gemeiner Christenheit, der ganzen deutschen Nation zu gut ... getan habe.« Die oben in eckige Klammern gesetzten Worte sind vom Hg. nach dem Originaltext Luthers ergänzt.]

142 *Verantwortung der aufgelegten Aufruhr von Herzog Georgen* (1533), WA 38 (96–127), 103,4–12.

143 [Von Söderblom] itiert nach JOHANNES GOTTSCHICK, *Das Verhältnis von Diesseits und Jenseits im Christentum*, in: ZThK 9/1899 (136–182), 149 [– auch dort weder im lateinischen Urtext noch mit Markierung der Auslassungen noch mit Quellenangabe zitiert. Fundort: WA 44, 766,39–767,3 (Genesisvorlesung). Der Anfang des Satzes dort lautet übersetzt: »Wer da glaubt, dass er einen gnädigen Gott und Vater hat, ... sollte der sich nicht freuen und jubeln«.]

Kults im Namen des Evangeliums. Ich gebe in der Lehre von den Heiligen der römischen Kirche und Theologie insoweit Recht, als Heilige diejenigen Christen sind, die auf besondere Weise Gottes Macht offenbaren; göttliche Macht darf jedoch nicht auf primitive Weise in ungewöhnliche Fälle von Suggestion verlegt und als Mirakel bestimmt, sondern muss in Übereinstimmung mit einem christlichen Gottesbegriff verstanden werden.[144]

Die Bedeutung des Wortes Heilige ist auf mancherlei Weise verdreht worden. Man denkt sie sich als Gegenstand für Verehrung und Kult, als wären sie etwas für sich selbst. [138] Nach ihrem Selbstzeugnis haben sie nichts aus sich selbst zu eigenem Ruhm, sondern alles von Gott.

Ich kenne keine andere richtige Beschreibung der Heiligen als diese: Heilige sind die, welche in Leben, Wesen und Wandel klar und unzweideutig zeigen, dass Gott lebt. Soll ich einige von denen aufzählen, die heute unter uns leben oder von denen, deren Wesen und Umgang ebenso lebendig vor uns stehen, nachdem sie diese Welt verlassen haben, wie zu der Zeit, als sie sich hier in unserem Lebenskreis oder in unserer Nachbarschaft befanden? Ich glaube nicht, dass es nötig ist, hier Namen zu nennen. Jeder von uns, der nachdenkt, findet die Namen von selbst.

II.

Ein Ehrenplatz unter den Heiligen kommt den Großen der Religion zu, die sich mit Leib und Seele dafür eingesetzt haben, Gottes Willen in der *Geschichte* zu befolgen und aufzuspüren. Ich verwende mit Absicht die Reihenfolge »befolgen und aufspüren«. Denn im Reich Gottes kann man nichts erkennen, so lange man nur als Zuschauer dastehen will; einzig diejenigen, die Gottes Willen ganz und opferbereit befolgen, können Gottes Willen erkennen. Sonst ist ja die Reihenfolge die, dass man sich vorsehen und verstehen will, bevor man sich auf eine Sache einlässt. Aber im Reich Gottes ist es umgekehrt. Hier befinden wir uns mitten in dem zweiten Bereich von Gottes fortgesetzter Offenbarung, in der *Geschichte*, und müssen uns zu denen begeben, die zuerst in der Geschichte eine wirkliche Offenbarung Gottes sahen: zu Mose und den Propheten und in seiner Weise auch zu Irans Propheten Zarathustra. Die Geschichte als Zusammenhang von Geschehnissen [139] in Vergangenheit und Gegenwart ist [auch] vor

144 Für den *Catechismus ex decreto concilii Tridentini* [Catechismus Romanus, 1566] III, II q. VIII–XIV stellen die Heiligen in Übereinstimmung mit der Tradition eigentlich Gegenstände kultischer Verehrung dar, deren veneratio und invocatio lediglich so zu gestalten ist, dass man Gottes Ehre nicht zu nahe tritt. – Zur Bedeutung von Sanctus vgl. HIPPOLYTE DELEHAYE, *Sanctus*, in: AnBoll XXVIII/1909, 145–200. Vgl. auch meinen Aufsatz *Helgon* [1910] in: När stunderna växla och skrida [I, ³1935, 305–314].

ihnen und anderwärts gedeutet worden. Geschichte als Ausrichtung auf ein Ziel, über alle menschlichen Berechnungen und Machtkombinationen hinaus auf Gottes vollständigen Sieg hin, das heißt auf ein vernünftiges Ziel, ist nicht vor Mose und den Propheten bzw. außerhalb ihres Wirkungskreises bewusst geworden.[145] Wie fremd der Gedanke einer Offenbarung in der Geschichte für die griechisch-römische Antike war, kann man z. B. bei Cicero sehen. In *De natura deorum* gruppiert er in gewohnter Weitschweifigkeit und Systematik die Äußerungen der göttlichen Vorsehung, ohne jedoch den Gedanken jemals auch nur zu streifen, dass Gott in den Geschehnissen und im Zusammenhang der Geschichte erscheine. Für den Mosaismus waren die Wunder der Geschichte grundlegend. Gott hatte sein unterdrücktes Volk aus Ägypten errettet. Die Geschichte erzählte von seiner Gerechtigkeit und Gnade. Was ist das, was die Propheten und ihre Seelenverwandten von anderen Heiligen und Großen der Religion unterscheidet? Für alle Heiligen bezeichnend ist, dass sie Gottes Gesinnung tief erfahren und zu des Nächsten Frommen offenbart haben. Doch andere Große der Religion haben Gott gesucht und erfahren, indem sie *aus* der Geschichte in den zeitlosen Verkehr mit Gott geflohen sind. Die Propheten verkehren mit Gott in der Geschichte; ihre innere Erfahrung wird stärker und reicher dadurch, dass sie von Gottes Wirken in der Geschichte erfüllt ist. Dort hören sie Gottes Stimme – sie hören auch andere Stimmen, sie hören die Stimmen eines leichtsinnigen, unbußfertigen und besserwisserischen Volkes, sie sehen Überheblichkeit und Verstockung, Unbegreiflichkeit und Dunkel, so dass es [ihnen] manchmal schwarz vor Augen [140] wird; die Trümmer zusammenbrechender Reiche und der selbstgerechte Nationalismus ihrer Landsleute drohen und füllen ihre Augen mit Staub. Der nationale Untergang verursacht tragischen Schmerz, denn er erscheint ihnen sittlich bedingt und unausweichlich. Doch sie wissen, dass Gott lebt und trotzdem die Fäden in der Hand hält. Das Kennzeichen prophetischer Frömmigkeit zu allen Zeiten ist: Gott spricht zu mir, zu uns, in der Geschichte, in der kleinen Geschichte des Einzelnen, in der großen Geschichte. Wir brauchen nicht zum Alten Testament zurückzugehen, um sie aufzufinden. Das größte Zeugnis für Gottes Offenbarung in der Geschichte ist Christus selbst.

Jesus stellte sich selbst so deutlich wie möglich in Abhängigkeit von der vergangenen Geschichte seines Volkes, aufgefasst als die Art und Weise des Handelns Gottes mit ihm. Er ist gekommen, um das Gesetz und die Propheten zu erfüllen, nach den Knechten ist er der Sohn.[146] Mehr noch:

---

145 Vgl. HARALD HJÄRNE, *Historiska världsbilder* (wie S. 90, Anm. 50), 155–164.
146 [Mk 12,1–12 parr.]

Sein Verhältnis zur Geschichte seiner Zeit ist das des Propheten.[147] Jesus lebte nicht in der stillen Nische der Mystiker, sondern war ein Kämpfer mitten im Gewimmel des Streits. Jesus stand nicht auf dem Beobachterhügel, sondern mitten unter den Menschen im Gedränge – wenn er auch oft »sich auf den Berg zurückziehen musste, er für sich allein«.[148] Seine Geltung für jede Zeit und für jede menschliche Seele gewann Jesus nicht dadurch, dass er den Blick von seiner Zeit abwandte und sich außerhalb ihrer Bestrebungen stellte, sondern dadurch, dass er tief in die Lebensfragen seines Volkes in dem bestimmten Augenblick eintauchte, in den er gestellt war. Kein Volk hat seine Geschichte so intensiv durchlebt wie Israel. [141] Keine Persönlichkeit ist fester mit der Geschichte verklammert als Jesus. Wie stritt er doch für dieses Volk: »Lass den Baum noch dieses Jahr stehen!«[149] Wie stritt er doch mit diesem Volk um dessen Seele: »Wie oft habe ich deine Kinder versammeln wollen!«[150] Wenn die Geschichte nicht Gottes Offenbarung ist, wird Jesu ganzes Bemühen unverständlich, ja, eine einzige große Illusion. Will man Christus dabei haben, muss man die Geschichte dazunehmen. Denn er steht in ihr mit voller Verantwortung und stärkster dramatischer Spannung. Christi Zusammengehörigkeit mit der Geschichte zeigt sich am besten in seiner Erwartung des baldigen, gewaltigen Hereinbrechens der vollendeten Herrschaft Gottes. Die Umwälzung stand vor der Tür. Keine wichtigere Erkenntnis ist in unseren Tagen von der Theologie errungen worden als die Einsicht in den eschatologischen Charakter der Botschaft Christi. Das Reich würde kommen. Christus selbst würde vor dem Abtreten seiner Generation mit großer Herrlichkeit in den Wolken des Himmels offenbart werden. Es ist nichts daran zu verhehlen oder zu befürchten, dass Christus eine drohende Katastrophe erwartete, die nicht eintrat. Im Gegenteil. 1. Die Erwartung der baldigen Umwälzung gehörte zu Christi vollkommener Menschlichkeit, die im Prinzip von der Kirche stets festgehalten wurde. 2. Die Naherwartung erwies sich als höchst bedeutungsvoll für seine Sendung, denn diese eschatologische Spannung trug dazu bei, seine Forderungen so zu verdichten, dass sie Festigkeit und Grundsätzlichkeit gewannen, und zugleich wurden sie zu einer idealen Höhe emporgetrieben[151], die sie über sein

147 Vgl. EINAR BILLING, *De etiska tankarne i urkristendomen* II, 1907, 6 ff.
148 [Vgl. Mt 14,23.]
149 [Vgl. Lk 13,8.]
150 [Mt 23,37.]
151 [Die Verben »verdichten« und »emportreiben« sollen die schwedischen Wörter »sammanpressa« und »pressa upp«, wörtlich »zusammenpressen« und »emporpressen«, wiedergeben. Das Wortspiel lässt sich im Deutschen nicht nachahmen.]

eigenes Zeitalter hinaus tauglich macht. Die Augenblicke waren kostbar. Der Schwache hätte gerufen, wäre geeilt, ängstlich vom einen zum anderen gesprungen, oder er hätte alle Arbeit aufgegeben und sich mit den Händen im Schoß hingesetzt, um [142] zum Himmel emporzublicken oder mit den Apokalyptikern zu spekulieren, wie das zukünftige Leben wohl aussehen würde. Den Starken überkam eine Ruhe wie sonst nie. Der [eschatologische] Hochdruck schuf gesammelte Energie. Für all das wichtige Unnötige – die Kultur – hatte Jesus keine Zeit. »Euer himmlischer Vater weiß, dass ihr all dessen bedürft.«[152] Aber für das, was getan werden sollte, hatte er viel Zeit. Er behandelte jeden persönlichen Fall mit der großen Gewissenhaftigkeit dessen, für den der gegenwärtige Augenblick mit Ewigkeit erfüllt ist; sein Blick liebkoste die Blumen auf dem Feld, seine Unterweisung zielte geradewegs ins Herz des sittlichen Lebens. 3. Die eschatologische Erwartung war des Weiteren kein flüchtiger Zufall; sie findet sich bei vielen Großen der Geschichte. Das beruht nicht bloß darauf, dass die Lebenszeit des Einzelnen kurz ist und das Ende vor der Tür steht, auch nicht bloß auf dem psychologischen Faktum, dass uns im Augenblick höchst konzentrierten Lebens der Tod ohne seinen Schrecken nahe ist.[153] Angesichts des Ideals ist die Zeit [143] immer kurz, auch wenn noch eine Strecke von Jahrmillionen vor dem Menschengeschlecht läge. Mitten in zukunftsträchtiger Arbeit haben die tiefen Geister der Geschichte in einer eschatologischen Stimmung gelebt. Die Finsternis drängte sich ihnen auf, aber in ihrem Inneren befand sich das Ziel als Forderung und als gegenwärtige Wirklichkeit. Das Ziel war von der Art, dass keine bloß menschliche Entwicklung es fassen konnte, aber die himmlische Erscheinung war nahe. Für sie ebenso wie für Jesus bedeutete die eschatologische

---

152 [Mt 6,32.]
153 Dies wurde im Jahr 1911 geschrieben, einige Jahre vor dem großen Krieg. Die Weltkatastrophe bescherte uns einen unerwarteten Kommentar zu den eschatologischen und apokalyptischen Schriften. Deren scheinbar phantastisches Schauspiel bekam einen Sinn. Die kleine Apokalypse, die in den drei synoptischen Evangelien enthalten ist, spricht von der Not der Endzeit. Befanden wir uns nicht schon mitten in den beginnenden Geburtswehen? Das Drama der Apokalyptik war nicht mehr eine bloße Kuriosität. Es füllte sich mit Leben und Gehalt. Das Buch der Offenbarung im Neuen Testament gewann viele neue Leser. Keine anderen Texte in der Schrift und der heiligen Literatur der Menschheit können besser wiedergeben, was die Menschen empfanden. Früher hatten die eschatologischen und apokalyptischen Schriften nach Apologetik verlangt. Man versuchte in der [143] Auslegung, sie abzumildern, ihre wilden und bunten Bilder wegzuerklären. Die Zuversichtlichkeit der Kultur duldete keine derartigen Bizarrerien. Aber als die Weltnot eine Zeitlang gewütet hatte, brauchten sie keine Auslegung mehr. Am allerwenigsten konnte man sie wegerklären (1930).

Erwartung und Stimmung, wie irrlichternd sie auch aussehen mochte, dass sie hinter den Engelsstimmen und dem Donnergetöse der Geschichte das erschauten, was eigentlich geschieht: Der Fürst dieser Welt wird ausgestoßen, und der Menschensohn zieht alle zu sich (Joh 12,29–32).

Der Glaube an Gottes fortgesetzte Offenbarung hat seit den Propheten eine Literatur geschaffen, beseelt von schwermütiger Hinwendung weg von den Fragen der Gegenwart zu einer gewaltigen Katastrophe oder von einem Entwicklungsgedanken hellerer Färbung. Was wichtiger ist, die Gewissheit Gottes als des eigentlich Handelnden im Drama der Geschichte hat Persönlichkeiten hervorgebracht, die Gottes Licht ausstrahlen. Lassen Sie mich einige von ihnen aus der abendländischen europäischen Christenheit nennen: die mittelalterliche Kirche und Frankreich haben die schönste, Jeanne d'Arc, wir haben sie schon genannt; das Luthertum hat Luther und Gustaf Adolf, der Calvinismus Calvin, Gaspard de Coligny [144] und Cromwell. Die Geschichte ist schwer zu verstehen. An Stelle der Pläne Gottes sieht die Frömmigkeit dort gerne ihre eigenen kurzlebigen Ideale. Mit Recht ist apologetische Neugier in Verruf geraten. Aber der große Grundgedanke wird vom Glauben unseres Herzens festgehalten, auch wenn unsere trüben Augen seinen konkreten Bezug nicht klar erkennen können: Gott regiert. Am besten haben die einsatzbereiten Mitkämpfer und die echten Genies der Geschichtsforschung das erkannt. Eines von deren seltenen, aber schwerwiegenden Bekenntnissen mag hier zu Wort kommen: »Die Gesetze der menschlichen Entwicklung gehen ihren ungestörten Gang durch die Zeiten im Einklang mit oder im Widerspruch zu dem Willen der handelnden Personen und Völker. Welches sind diese Gesetze? Niemand kennt ihr innerstes Wesen, aber ihre Wirkungen verspürt man zuweilen mehr oder minder deutlich, wenn man aufmerksam auf die Stimmen der Vergangenheit lauscht. Manchmal schimmert in genau der Art und Weise, in der die Ereignisse ihren Zusammenhang untereinander ausbilden, gleichsam etwas hervor, das einem menschlichen Antlitz gleicht, mit einem zugleich strengen und milden Lächeln über die Völker, die meinen, ihre eigenen Wege zu gehen, aber immer wieder auch dorthin gelangen, wohin sie niemals wollten. Wenn dieses Aufblitzen ein Irrlicht ist, so erwacht doch gleichwohl die Ahnung, dass die unerbittlichen Gesetze der Entwicklung in Wirklichkeit nicht ein System trockener Regeln sind, sondern Äußerungen eines persönlichen Willens, gegen den kein anderer etwas ausrichten kann. Und mitten in der Weltgeschichte erhebt sich eine Persönlichkeit, die keiner von den anderen gleicht, die wir kennen. Er weist auf ein Ziel voraus, wo alle Irrwege der Völker in einem Frieden zusammenlaufen, der alle ihre Pläne und Träume übersteigt. Der Glaube an Christus ist eine Macht der Entwicklung und des Lebens, die seit Seinen Tagen die Welt [145] auch gegen ihren Willen beherrscht, aber den Willen derjenigen stärkt, die in Seinen Dienst treten.«[154]

[146] Der Himmel ist nach den Tagen der Bibel nicht verschlossen. Der Christ sieht ihn über der Bibel offen wie nirgends sonst, und wenn die Finsternis droht ihn zu verschlingen, wendet er sich der Bibel zu, um zu sehen, wie das ewige Licht die Nebelschwaden durchdringt. Gottes Offenbarung schreitet immer weiter fort. So weit stimmen wir mit der römischen Auffassung überein. Aber hier stellt sich ein wichtiger Unterschied ein. Der Romanismus sagt: »Gottes fortgesetzte Offenbarung stellt eine Institution dar, die ihre Spitze im Papst hat.« Wir sagen: »Gottes fortgesetzte Offenbarung ist die Geschichte.« Wir meinen, dass die Kirche Gottes Werk und Gottes Werkzeug ist. Die religiöse Bedeutung der Kirche wird zuweilen überschätzt, aber oft auch unterschätzt. Gott hat der Kirche das göttliche Vorrecht und die aufrüttelnde Pflicht anvertraut, der Welt in Wort und Tat und Sakrament Gottes Gnade mitzuteilen. Unser Glaube an eine

154 HARALD HJÄRNE; *Gustaf Adolfs minne*, in: ders., Svenskt och främmande (1892, 35–56), 55 f. – Dänemark wurde in Grundtvig ein prophetischer Geist zuteil, für den die Geschichte, die vorzeitliche, die vergangene, die gegenwärtige und die zukünftige Gottes Werkstatt war. Er deutete die Zeichen der Zeit. Er ermahnte und verurteilte sein Volk aus der Eingebung des Geistes. Er zeigte seinem Volk dessen Platz in Gottes gnädigen Absichten. EDVARD LEHMANN, der in dem Buch über Grundtvig den Zeitgenossen und der Nachwelt sein vielleicht schönstes Werk geschenkt hat, sicherlich ein Erbteil, das verpflichtet, stellt ihn in eine Reihe mit den Propheten aller Zeiten, nicht bloß mit den vier großen und zwölf kleinen in Israel, sondern mit »Mönchen und Nonnen aus den Klöstern des Südens und Nordens, russischen Bauern, englischen Handwerkern, amerikanischen Volkspredigern, hochkultivierten Schriftstellern, einem Franz und einer Birgitta, einem George Fox, einem Joseph Smith, einem Thomas Carlyle, einem Dostojewskij, Propheten heute und morgen wie vor Jahrtausenden.« [E. LEHMANN, *Grundtvig*, 1929, 246] Bezeichnend für Grundtvigs prophetischen Blick auf die Geschichte ist, dass das Letzte, was dem Alten an seinem Todestag, dem 14. nach Trinitatis am 1. September 1872 vorgelesen wurde, nachdem er in der Kirche Vartovs gepredigt hatte, nach Hause gekommen war und sich auf seinen Stuhl gesetzt hatte, Geijers Geschichte des schwedischen Volkes und das Historische Archiv [Historisk Arkiv, Zeitschrift] war. Lehmann erkennt bei ihm die Inspiration und Intuition des Propheten, seine Schau. Des Weiteren war Grundtvig die Berufung zum Richter anvertraut. Er trat mit seiner Bußpredigt wie Israels Propheten auf und sagte freimütig die Wahrheit. Er urteilte hart wie Jeremia, gegen seinen Willen, gegen die Empfindsamkeit seines Herzens. Die Liebe war das Tiefe, das Göttliche in seinem Wesen. Und trotz allem betrachtete er die Zukunft kraft seiner Inspiration und seines christlichen Glaubens mit unüberwindlicher Hoffnung. Er blickte zurück zum Anfang der Zeit. Er blickte voraus auf deren Abschluss. Er lernte Gottes Willen in der Saga Dänemarks zu sehen, ebenso wie in der Weltgeschichte im Ganzen. Das Reich wird kommen, das Tausendjährige Reich. Der Seher im Norden deutete die Gesichte des Offenbarungsbuches. (1930)

fortgesetzte Offenbarung in der Geschichte zwingt uns, mit größerer Gewissenhaftigkeit und Ehrfurcht als bisher den Wert von Menschen, Mitteln und Einrichtungen zu schätzen, welche die göttliche Führung unseren
Kirchen im Verlauf der Geschichte verliehen hat. Die Kirche sollte mehr,
als es geschieht, ihre Augen öffnen, um zu sehen, wie Gott sich immer weiter offenbart. Der protestantische Satz von der ein für allemal in der Bibel
geschehenen Offenbarung Gottes – vielleicht mit dem Zusatz: und in den
Sakramenten – ist wahr und muss mit neuem Nachdruck geltend gemacht
werden. Aber zugleich wird die hauptsächlichste Lektion der Bibel selbst
leicht vergessen, dass Gott immer noch lebendig ist und nicht älter oder
minder wirksam geworden ist als in seinen jüngeren Tagen. Die römische
Anschauung findet den Biblizismus des Protestantismus borniert und sagt:
»Gott ist in seiner Kirche, [147] er spricht durch das kirchliche Amt« –
und zugleich schneidet dasselbe Amt die Verbindungen zur wirklichen Geschichte ab und begräbt sich verzweifelt in einem Mausoleum überhol-
ter Gedanken und Vorstellungen. Gegen die römische Theorie erheben
wir deshalb zwei Einwendungen: 1. Sie lässt Gottes fortgesetzte Offenbarung den Boden der Geschichte verlassen und in einer Institution aufgehen; 2. Sie lässt Gottes fortgesetzte Offenbarung den Bereich des Lebens
verlassen und in einem theologischen System aufgehen, das einst lebendig
war, doch jetzt ein ehrwürdiges Denkmal der Vergangenheit ist. Gott offenbart sich in der Geschichte ebenso wohl außerhalb der Kirche wie in
ihr – Kyros, der heidnische Herrscher, wurde von dem Propheten Messias
genannt[155] –, ebenso wohl in den Geschicken der Völker wie in den Einrichtungen der Religion. Steht man auf der Akropolis und lässt den Blick
auf dem Wasser des Saronischen Golfs entlang der kühn geschwungenen
Küstenlinie von Kap Sunion bis hinab in die Bucht von Eleusis hinter Salamis schweifen, kann man sich fragen, was für die Geschichte der Herrschaft Gottes und die Förderung der Menschheit mehr bedeutete, Marathon und Salamis, wo die Athener für ihren Staat kämpften, oder Eleusis
ganz hinten in der Stille der Bucht, wo sie Trost gegen die Vergänglichkeit
suchten. Es kann sein – man weiß es nicht –, dass Staatsmännern in einer
bestimmten historischen Situation größere Bedeutung für das Reich Gottes zukommt als einigen tausend Predigten. Es kann sein, dass einige träu-
mende und handelnde Utopisten mehr für die Ziele Gottes ausrichten als
die vollkommenste und stattlichste Hierarchie oder eine wohl ausgewo-
gene und angesehene Frömmigkeit, die sie Narren nennt. Es kann sein,
dass politische Veränderungen im Fernen Osten und die Bündelung der
geistigen und [148] materiellen Kräfte in direkterem und allumfassendem

155 [Vgl. Jes 44,28.]

gegenseitigem Einfluss und Wettbewerb – mit kultureller Nivellierung auf der Oberfläche: großenteils dasselbe Curriculum an der Shansi-Universität wie an der Universität in Paris, und in der Tiefendimension ein immer offenerer und schärferer Wettbewerb zwischen den großen Typen menschlicher Lebensgestaltung – oder soziale Bewegungen innerhalb unserer eigenen Zivilisation eine mächtigere Offenbarung enthalten als die Aktivitäten der Kirchen. Gottes Stimme kann selbst durch solche Lippen zur Menschheit reden, die seine Existenz leugnen. Diese Sätze stellen keineswegs Paradoxe dar, sondern sind ganz buchstäblich gemeint. In dem komplexen Fortgang der Ereignisse kann Gottes Wille von demjenigen dunkel geahnt werden, der kämpfend am Streit teilnimmt oder sich mitverantwortlich im Rahmen der Werte fühlt, auf die es ankommt; plötzlich kann der Dunst sich auflösen, und er darf ahnen, was geschieht. Es gibt Zeitströmungen, in denen ein waches christliches Auge kaum umhin kann, Gottes Werk zu erkennen. Theoretisch und praktisch wird das Christentum ihnen gegenüber auf die Probe gestellt. Lebt es, denkt es, wirkt es im Angesicht des lebendigen Gottes oder eingeschlossen in der faden Selbstzufriedenheit des Klüngels[156] und in einer Art esoterischer Künstelei oder in einer toten Scholastik? Besitzt es Empfänglichkeit für göttliche Einwirkung oder ergeht es sich in Formen, Training, Suggestion? –

Die Gewissheit göttlichen Wirkens in der Geschichte ist nicht aus einer Betrachtung des Geschehensverlaufs und der Triebkräfte der Kultur entstanden, sondern aus einer zentralen religiösen Erfahrung persönlicher Art bei den Propheten. Der Offenbarungsglaube lebt weiterhin unter den gleichen Bedingungen. Geijer fand es Furcht erregend, »dass sogar der Begriff der Ordnung [149] verloren ginge, wenn er allein durch die Wirklichkeit illustriert würde.«[157] Es ist leicht zu zeigen, wie der Grundgedanke unserer Zivilisation, *Entwicklung*, von der biblischen Offenbarung herkommt, von der unsere Bildung insofern lebt, wie weit auch der Optimismus der modernen Entwicklungsenthusiasten von der Gerichtspredigt der Propheten entfernt ist. Dass das Nachdenken über das Geschehen und den Weltlauf, wenn es sich Zeit gelassen hat, in den anderen Kulturkreisen und, wo es von naturalistischen Voraussetzungen ausgegangen ist, auch in unserer Kultur, unfehlbar beim ewigen Kreislauf gelandet ist und noch landet, liegt so sehr am Tage wie nur möglich. Die freundlichen Kulturheroen und Kultursklaven begehen eine glückliche Inkonsequenz, wenn

---

156 [Klüngelwirtschaft, schwedisch *kotteri*, war einer der Hauptvorwürfe, die Söderblom gegen die Erweckungsbewegung erhob, von der er herkam und deren Erbe er im Übrigen lebenslang hoch schätzte.
157 [S. o., S. 136 f bei Anm. 124.]

sie glauben, sie könnten den Grundgedanken der biblischen Offenbarung preisgeben und doch sich des Voranschreitens erfreuen – nicht zu reden von den wirklichen Fortsetzern des Prophetentums, die seine theoretischen Leugner sind, aber ihre Kräfte redlich und selbstvergessen für die Zukunft anstrengen. Eine hinreichend weitsichtige und eingehende Kulturanalyse dürfte schwerlich um die Einsicht herumkommen, dass das Einzige, was den rastlosen Muskeln der abendländischen Bildung und Technik eine Seele geben und unsere Kultur und ihre Bestrebungen vor Selbstwiderspruch und Selbstzerstörung retten kann, die Gewissheit ist, dass das Dasein im Grunde Wille, Schöpfung, Offenbarung ist, sowie eine auf diese Gewissheit gegründete Lebensform. Aber so wie eine solche Einsicht in ihrer geschichtlichen Entstehung – in Israels Mosaismus und bei Zarathustra, Beweise für einen früheren Ursprung haben wir nicht – nicht aus Spekulation über die menschliche Kultur und Geschichte hervorging, sondern aus der [150] Mystik des persönlichen Verkehrs mit Gott, so hat sie noch immer durch die Zeiten hindurch bei den Menschen, die solche Gewissheit auf religiös und geschichtlich wirkungsvolle Weise durchlebt und behalten haben, ihren Grund nicht in Schlussfolgerungen aus dem äußeren Weltlauf und aus den kulturellen Verhältnissen, sondern in den inneren Konflikten und Durchbrüchen des persönlichen Lebens. Der Mensch muss durch seelische Not und die Anziehungskraft des Geistigen aus der Geschichte und der Kultur *heraus* gezwungen werden und Gottes Macht spüren, um zu lernen, Gottes Offenbarung *in* der Geschichte zu sehen.

III.

Wir kommen von den schöpferischen Genies und von der Geschichte zu dem dritten Bereich für Gottes Offenbarung, der Neuschöpfung des Einzelnen. Was bedeutet es, dass jemand im eigentlichen Sinn Christ ist oder wird? Wir antworten in diesem Zusammenhang zweierlei: 1. dass eine Schöpfung an ihm geschieht, dass etwas Originelles sich an ihm zu erkennen gibt, in seiner Weise analog mit dem Genie in dessen Auftreten; 2. dass er bewusst in die Geschichte der Offenbarung eintritt.

1. Gott schafft Neues beim Einzelnen. Wir haben den mysteriösen Schöpfungsprozess wahrgenommen, der sich bei besonders begabten Menschen zeigt. Auch bei dem gewöhnlichen Mann und der gewöhnlichen Frau kann etwas geschehen, das dem Genie gleicht. Die Entsprechung braucht natürlich nicht in einer eigentümlich intuitiven oder ekstatischen Aktivität des Seelenlebens zu bestehen. Jedenfalls ist *diese* Entsprechung nicht wesentlich. [151] Überhaupt muss man sich hüten, psychologischen Eigentümlichkeiten und Merkwürdigkeiten ein Gewicht zuzumessen, das sie bloß scheinbar besitzen. Die Entsprechung liegt im Resultat: darin,

dass etwas relativ Neues und Ursprüngliches zutage tritt. Das geschieht in der neuen Freiheit, die durch die vollkommene Unterwerfung unter den Willen Gottes erlangt wird. Die sittliche Selbstständigkeit, die geistige Persönlichkeit, der neue Mensch ist ebenso wenig nach Rezept gemacht, wie das Werk des Genies nach einer fertigen Regel zustande kommt; im neuen Menschen kommt ein über die Natur erhobenes Leben zu Gesicht, das sein Prinzip in sich selbst trägt. Wenn ein Mensch sich in Reue und Zerknirschung resolut von der Sünde abwendet, wenn eine Seele sich auf Gnade und Ungnade aufrichtig in Gottes richtende und erlösende Barmherzigkeit fallen lässt, wenn ein Mensch trotz Zwang, Versuchung und Berechnung ganz einfach seine Pflicht tut, wenn er sich von ganzem Herzen im Gebet sammelt, wenn in Verwirrung und Versuchung die Klarheit den Sieg davonträgt, wenn überhaupt die Persönlichkeit ihre Freiheit behauptet, dann geschieht in dem heiligen Moment eine Schöpfung. In der Bekehrung, in der Geburt zu einem neuen Leben, wenn innere Wahrhaftigkeit aufrichtig und ohne Ängstlichkeit praktiziert wird, auf den Höhepunkten des sittlichen Lebens und des Verkehrs mit Gott wird die Seele durch Gottes Kraft in einen Zustand erhoben, der in seiner Ursprünglichkeit dem Genie gleicht. Ich führe gern Kierkegaards Wort an, dass das Leben ein Gedicht ist, das wir selbst dichten sollen; aber ein Christ lässt Gott sein Leben dichten.[158]

Wie wesentlich die sittliche Selbstständigkeit für das Christentum ist, geht unter anderem aus ihrem anerkannten Verhältnis zu dem innerlichsten und untrüglichsten religiösen Kennzeichen der christlichen Frömmigkeit hervor, dem Gebet des Herzens. Das [152] Kennzeichen wirklicher Gebetserhörung, nicht bloß künstlich herbeigeführter Suggestion, ist seit alters darin gesehen worden, dass Gottes Nähe sich nicht bloß – oder gar nicht – durch eine gewisse Gefühlsstimmung kundtut, sondern durch neu verliehene Kraft gegenüber Sünde und Beschwernissen. Die großen Beter der Christenheit haben sich für ein sittliches Kriterium der Gebetserhörung nicht mit erhöhter Vitalität unter günstigen Umständen, Ruhepausen in Müdigkeit, Sammlung in Verzettelung und Unruhe zufrieden gegeben, sondern sie haben im Gebet Stärke gegen teuflische Versuchung, Ruhe zum Arbeiten trotz stürmischer Angriffe, bitterer Missverständnisse und schweren Unglücks, Gottvertrauen in geistiger und leiblicher Anfechtung und den geistigen Gewinn des Leidens empfangen. Keine Wahrheit ist in neuerer Zeit klarer formuliert worden, als dass zum Wesen des

---

158 [Vgl. SØREN KIERKEGAARD, *Enten – Eller* II, Samlede Værker 3, ³(1962) 1982, 130 (Übers. E. Hirsch: Entweder/Oder II, GW 2./3. Abt. Düsseldorf 1961, 145 f).]

Christentums die sittliche Selbstständigkeit gehört. Kant ist in diesem Stück der authentische Deuter des Evangeliums, und es ist völlig richtig, wenn man – tadelnd oder lobend – in Kants Lehre von der Majestät und Unbedingtheit der sittlichen Forderung eine Nachwirkung oder Ausarbeitung des metaphysischen Glaubensgrundes der christlichen Sittlichkeit erblickt. Kants dürftige Religion innerhalb der Grenzen der bloßen Vernunft[159] ist in einem Punkt tief und wunderbar; vor dem Grundfaktum des sittlichen Lebens fällt er zu Boden und betet an, da empfindet er unbedingte Ehrfurcht und Gehorsam ohne Widerspruch. Wilhelm Herrmann ist wirklich von Kant aus, aber in derselben Richtung, den Schritt zu Ende gegangen, wenn er nicht bei der rein formalen Unbedingtheit der Gewissensforderung stehen bleibt, sondern den Menschen zu Christus weiterführt, bei dem die Forderung einen konkreten Inhalt hat, der den Menschen verdammt und tötet, solange [153] er auf eigene Faust zurechtkommen will, der jedoch eine göttliche Schöpfung an ihm vollzieht, nämlich Vertrauen auf Gottes Barmherzigkeit, sofern er Gottes Hand an sich arbeiten lässt.

Wenn wir unter bestimmten Gesichtspunkten die sittliche Befreiung des Einzelnen mit der Daseinsform der schöpferischen Begabung zusammenstellen[160], bedeutet das keine Verkennung der Sonderstellung des Sittlichen im Verhältnis zu einer bloß natürlichen oder bloß von der Kultur geprägten oder einer bloß von der Eigenart der genialen Begabung geprägten Form des Menschseins. Eigentlich besteht zwischen einem persönlichen Leben, das zentral von innen her von einer geistigen und sittlichen Erneuerung beseelt ist, und einem menschlichen Dasein ohne einen solchen über die bloße Natur erhobenen Ausgangspunkt der allerwesentlichste Unterschied, den wir in der uns zugänglichen Hierarchie des Daseins konstatieren können. Nichtsdestoweniger weist das sittliche Leben, wenn es sich über Gesetzlichkeit und Gewohnheitsmoral zu persönlicher Selbstständigkeit erhoben hat, schlagende Analogien zum genialen Schaffen auf. In beiden Fällen, beim sittlichen Charakter ebenso wie beim Genie, liegt eine Norm vor, aber nicht in Form einer äußerlichen Regel, eines im Voraus fertigen Schemas oder eines Vorbilds zur Nachahmung, sondern als ein inneres Prinzip, dessen Resultat nicht im Voraus bestimmt werden kann, das aber in jeder seiner Funktionen seine eigene Regel darstellt und, sobald es verwirklicht vorliegt, einen Zusammenhang [154] und eine Schönheit offenbart, die der

---

159 [Bei Söderblom deutsch, aber nicht als Buchtitel gekennzeichnet.]
160 Eine meisterhafte Schilderung anhand der Wirklichkeit, wie die Erweckung den Menschen aus seinem gewöhnlichen Vermögen zu einem höheren Dasein erhebt, hat uns SELMA LAGERLÖF in *Ein gefallener König* geschenkt.

Eigentümlichkeit des Lebens entsprechen. Norm lediglich in der Bedeutung von Muster zu fassen, nach dem etwas geformt wird, heißt das Wesen der Wirksamkeit genialen Schaffens ebenso wie das des eigentlichen persönlichen Lebens zu verkennen. Das innere Prinzip – für das Kunstwerk oder für die sittliche Persönlichkeit – äußert sich ferner in beiden Fällen als unbedingt, wie ein Zwang, aber nicht wie beim Triebleben oder einer von außen auferlegten Nötigung ein Zwang, der versklavt, erniedrigt und schließlich spaltet und die Einheitlichkeit unmöglich macht, die den sittlich mündigen Menschen auszeichnet, sondern eine Unbedingtheit, die, sofern ihr in dem überschäumenden Arbeitseifer der schöpferischen Begabung oder in den Mühen und Entscheidungen des Gewissenslebens Gehorsam geleistet wird, die Freiheit und den inneren Zusammenhalt erlangt, steigert und bestärkt. Dieser unbedingte Zwang aus einem inneren Prinzip offenbart, und das ist die dritte Entsprechung, in beiden Fällen die Eigenart des Lebens, fortgesetzte Schöpfung zu sein, die Neues auf den Weg bringt. Bereits im primitiven Stadium der Religion nimmt die Einweihung in die Mysterien des Stammes oft die Form an, dass man meint, die jungen Menschen sterben und werden dann zu einem neuen, höheren Leben wiedergeboren, so dass sie tatsächlich »zweimal geboren« sind.[161] Die endlos variierende Symbolik der Mysterienriten und der religiösen Ausdruckswelt von Dahinsterben und Auferweckung zu einem höheren Dasein bekommt einen neuen, bestimmteren und bemerkenswerteren Gehalt, wenn sie auf die sittliche Erneuerung angewandt wird. »Der neue Mensch« ist mehr als eine Redensart – er ist die Offenbarung eines aufsteigenden Schöpfungsprozesses.

[155] 2. Das Christentum des Einzelnen bedeutet des Weiteren, dass die Geschichte der Offenbarung sich in ihm fortsetzt. Er findet heraus, dass sein Leben eine Wahl enthält: Soll Gott schöpferisch oder die Verödung zerstörerisch an ihm wirken? Das Weltdrama nimmt die Seele gefangen. Keine Neutralität gibt es in den großen Gegensätzen von Leben und Tod, Schöpfung und Untergang. Jedes menschliche Wesen muss sich an dem Kampf beteiligen.

Gleichzeitig wird der Einzelne in die Geschichte der Offenbarung eingefügt, die bereits stattgefunden hat, sie wird zu einem Handeln Gottes an ihm. Die Geschichte wird seine Geschichte. »Das geschah für mich.« »Für euch gegeben, für euch vergossen.«[162] Zum wichtigsten Ereignis im

---

161 [Anspielung auf die grundlegende Unterscheidung von »once-born« und »twice-born« in W. James' Religionsphilosophie, vgl. WILLIAM JAMES, *The Varieties of Religious Experience. A Study in Human Nature* (1902), Neudruck New York 1963, 166–258.]

162 [Anspielung auf die Einsetzungsworte zum Abendmahl nach Lk 22,19 f.]

Leben des Einzelnen wird Jesus Christus. Aber nicht nur das. Was sich in der eigenen kleinen Geschichte der Seele zuträgt, bekommt einen neuen Inhalt, es wird zu Gottes Handeln an seinem Kind.

Der christlich religiöse Begriff *Wunder* besagt, dass ein Ereignis im äußeren oder inneren Leben oder eine Persönlichkeit auf ihre Weise als eine göttliche Offenbarung darstellend erkannt und deshalb als einem tieferen Zusammenhang der Wirklichkeit zugehörig angesehen wird, als es der Ursachenzusammenhang ist, den die Wissenschaft konstatiert. Für die so genannte primitive Vorstellungsweise, für das Heidentum und für antikes Denken auch noch in der christlichen Kultur ist Wunder das, was man nicht versteht. Für den christlichen Glauben ist das Wunder das Gegenteil, nämlich das, was der Glaube wirklich versteht. Wir müssen diese wesentliche Unterschiedenheit näher betrachten.

Ein Mann stirbt, aber kein Pfeil hat ihn getroffen, kein Löwe hat ihn getötet, kein Wasser hat ihn ertränkt – für den [156] primitiven Menschen ist der Fall ein Mysterium; Magie, Zauberei, eine mächtige, geheimnisvolle und gefährliche Kraft oder Willensmacht muss da mit im Spiel gewesen sein.

In einem höheren Bildungsstadium verknüpft man Ereignisse und Erscheinungen zu einem umfassenden Zusammenhang, aber dieselbe Gemütsverfassung kann fortbestehen; ein verblüffendes Ereignis, ein ungewöhnlicher Fall, ein Faktum, das man nicht erklären kann, wird vielleicht direkt auf einen Geist oder eine Gottheit oder die übernatürliche Kraft eines Menschen zurückgeführt und auf diese Weise zu einem Wunder erklärt. Der Begriff des Wunders, des Mirakels, war für die antike Auffassung: das Unerklärte oder Unerklärliche. »Das Wunder ist das, was Verwunderung wecken kann, ob es die Natur übersteigt oder nicht« (Forcellini).[163] Wunder war gleichbedeutend mit Merkwürdigkeit, Vorzeichen, Ungeheuer, erschreckender Unerklärlichkeit, oder dem, was durch seine Größe oder Schönheit Verwunderung weckt.

Eine besondere Bedeutung bekam das Wort bei den kirchlichen Schriftstellern auf Grund von deren [das Sein] übergreifendem Gottesbegriff.[164] Wunder war für sie das, was die Kräfte der geschaffenen Natur übersteigt oder entgegen der gewohnten Ordnung der Natur geschieht und Gott allein zum Urheber hat. In der kirchlichen Auffassung blieb als das We-

---

163 [Egidio Forcellini, in: J. Facciolatti et al., *Lexicon totius Latinitatis*, t. III, 1821, s. v. miraculum: »quidquid admirationem afferre potest, sive supra naturam sit, sive non …«]

164 [Schwedisch »övergripande«, das auch »generell« bedeuten kann. Gemeint ist, wie das Folgende zeigt, ein abstrakter, ontologischer Gottesbegriff wie der des Thomas von Aquin, bei dem Gott derjenige ist, in dem esse und essentia zusammenfallen, *De ente et essentia* cap. VI.]

sentliche des Wunders dessen Nichterklärbarkeit aus dem Naturzusammenhang übrig; der naturgeschichtliche Gesichtspunkt blieb trotz des christlichen Gottesgedankens vorherrschend oder zumindest gleich stark wie der religiöse. Charakteristisch tritt dies in den Definitionen des großen Thomas hervor, die im Wesentlichen von der evangelischen Scholastik festgehalten werden. Der Begriff »Wunder« wird [157] wird in seiner *Summa Theologiae* als das bestimmt, was »außerhalb der Ordnung der gesamten geschaffenen Natur geschieht«; in diesem Sinn »tut Gott allein Wunder.« Überschreitet das Wunderbare nicht den Bereich der Natur, wenngleich es über unsere Erkenntnis hinausgeht, ist es nur für uns ein Wunder, aber nicht in sich selbst (non simpliciter, sed quoad nos).[165] In seiner Apologetik, *Summa contra gentiles* oder *Summa philosophica*, unterscheidet Thomas auf dieselbe Weise zwischen dem bloß Verwunderlichen, simpliciter mirum, dessen Ursache dem einen Menschen, aber nicht einem anderen verborgen ist, und dem Wunder, miraculum, dessen Ursache niemand in diesem Leben fassen kann, weil Gott selbst diese Ursache ist. »Wunder im eigentlichen Sinn ist deshalb das zu nennen, was von Gott her außerhalb der gemeinhin in den Dingen beobachteten Ordnung geschieht.«[166] Der Hauptgesichtspunkt bleibt demnach auch hier der negative, dass der Mensch die Ursache nicht fassen kann, weil sie Gott, nicht die Natur ist. Der Dualismus zwischen Gott und der Natur, dem Schöpfer und seiner Schöpfung, die nebeneinander gestellt werden, tritt noch deutlicher hervor, wo Thomas die drei Grade von Wundern angibt, den höchsten, da Gott etwas tut, was die Natur niemals tun kann, wie wenn zwei Körper gleichzeitig denselben Platz einnehmen, oder wenn die Sonne zurückgeht oder stillsteht, oder wenn im Meer ein Weg entsteht, über den man durch es hindurchgehen kann; den zweiten Grad des Wunders, in dem Gott etwas zustande bringt, was die Natur auch tun kann, aber nicht in derselben Reihenfolge, wie wenn [158] ein Wesen nach dem Tod lebt, seine Sehkraft nach der Blindheit bekommt usw.; sowie den dritten und niedrigsten Grad, da Gott etwas tut, was die Natur auch zuwege zu bringen pflegt, aber ohne die Kräfte der Natur anzuwenden, wie wenn jemand durch göttliche Kraft von einer Krankheit geheilt wird, die geheilt werden kann, oder wenn es ohne Mitwirkung der Natur regnet. Das Wunder besteht also darin, dass Gott unter Umgehung des Kausalzusammenhanges

---

165 STh I q. 110, art. 4. [Söderblom bringt die Worte »uns bekannten« schon in dem von ihm zitierten Satz, wo sie aber noch nicht hingehören, wie der Text des Thomas zeigt.]

166 Liber III, cap. 101: »Illa igitur proprie miracula dicenda sunt quae divinitus fiunt praeter ordinem communiter observatum in rebus.« [Söderblom schreibt statt »proprie« versehentlich »simpliciter« und verwirrt damit die Unterscheidung.]

handelt, den er eingerichtet hat und der die geschaffene Natur ausmacht. Auch in diesem Kausalzusammenhang ist Gott als die letzte Ursache zugegen, aber im Wunder suspendiert er die uns zugänglichen sekundären Ursachen und greift ohne deren Vermittlung direkt ein. Augustinus hatte von seinen platonischen Voraussetzungen her eine andere Lehre vom Wunder vorgetragen. Für ihn war alles eigentlich gleichermaßen wunderbar, alldieweil Gottes alles durchdringende Schöpfermacht überall gegenwärtig ist. Aber für den Menschen stellen sich gewisse ungewöhnliche, aus Gottes ewigen Machtmitteln hervorgegangene Ereignisse vorzugsweise als Wunder dar; sie können jedoch nicht im Gegensatz zur Natur stehen, die ja Gottes eigenes Werk ist. Der Gegensatz liegt in unserer auf den gewöhnlichen Gang der Natur begrenzten Erkenntnis.[167] Aber der von dem aristotelischen Weltbild beeinflusste Wunderbegriff des Thomas mit seinem Gegensatz zwischen der geschaffenen Kausalordnung und Gottes durch seine göttliche Weltlenkung bedingtem Eingreifen gewann die Oberhand als kirchliche Orthodoxie und wurde zu der Theorie von der gelegentlichen Suspension des Naturgesetzes ausgebaut. Der im Grunde sittlich und religiös indifferente Charakter des Naturwunders oder Mirakels in diesem Sinn tritt indessen in dem strengeren Wunderbegriff [159] der Scholastiker, wo das Wunder als außerhalb der Möglichkeiten der geschaffenen Natur liegend Gott vorbehalten ist, nicht so deutlich hervor wie bei dem weiter gefassten Wunderbegriff, nach dem auch der Teufel Wunder tun kann. Natürlich fehlen religiöse Gesichtspunkte keineswegs, wie wenn Augustin unterscheidet zwischen Wundern, die lediglich Verwunderung wecken (ludicra), und solchen, die großen Nutzen mit sich bringen (utilia), oder wenn die Scholastiker zwischen den Wundern des Teufels und Gottes unterscheiden, welch letztere die Bestätigung der Wahrheit und die Erlösung der Menschen zum Ziel haben.[168] Vielmehr gehört das Wunder zu Gottes Weltlenkung. Aber in seinem Begriff kann der religiöse Gehalt die antike Naturbetrachtung nicht durchbrechen.

Dies war jedoch [bereits] lange vorher in der Bibel geschehen, schon in solchen alttestamentlichen Schriften und Aussprüchen, die vom Geist des Mosaismus und der Prophetie durchdrungen sind, für die das Wunder Gottes Handeln um der Erlösung willen bedeutet. Gewiss ist die Betrachtung der Offenbarungsreligion zuweilen mit dem gewöhnlichen antiken

---

167 [AURELIUS AUGUSTINUS, *De civitate Dei* XXI, 8.]
168 [AURELIUS AUGUSTINUS, *De utilitate credendi* cap. 6.] Nach JOH. GERHARD, *Loci theologici* (wie S. 140, Anm. 132), De ecclesia (vol. V), sectio XI [, 271]. [Söderblom schreibt versehentlich statt Loci: Systema, wohl eine Verwechslung mit Quenstedts *Theologia didactico-polemica, sive systema theologicum*, vgl. S. 141, Anm. 137.]

Mirakelbegriff vermengt worden, aber sie ist die entschieden vorherrschende und tritt nicht selten in ihrer Reinheit zutage. Den Ehrenplatz nehmen die großen geschichtlichen Wundertaten der Vorzeit und ihresgleichen in den späteren Schicksalen des Volkes vor und nach dem Exil ein, solange die Frömmigkeit genügend geistige Spannkraft oder Geister besaß, um sie zu deuten; doch selbst Ereignisse im Leben des Einzelnen oder im Leben kleinerer Kreise, ja, alles was Gott gemacht hat, die Natur ebenso wie das Gesetz[169], ist [160] ein Wunder für den, dem die Augen geöffnet sind, Gottes Werk zu sehen. Der Grundbegriff für die biblischen Religionen ist nicht Kult oder Frömmigkeit, sondern Offenbarung. Im Neuen Testament stehen die Machttaten Jesu im Dienst der Sendung, der Liebe und der Gottesherrschaft, im Gegensatz zu »Zeichen und Wundern«. Für die streng supranaturale Betrachtung, die das Christentum auszeichnet, stellt Gottes Werk und Welt als Ganzes ein Wunder dar, insofern darin Gottes gnädiger Wille hervortritt. Dieser Wille, nicht die phänomenalen Ursachen, ist der wirkliche Weltzusammenhang. Deshalb ist das Wunder für die Offenbarungsreligion nicht das Unbegreifliche oder Mirakulöse, sondern das, was der Glaube begreift. Im gleichen Maß, in dem der Glaube Gottes Nähe vernimmt und eine göttliche Absicht wahrnimmt in dem, was geschieht, enthüllt es sich als Wunder und Offenbarung.[170] Erik Gustaf Geijer schrieb am 9. November 1842 an Fredrika Bremer: »Wir sagen: ein *Wunder*, nicht im Sinn des *Unerklärlichen*, sondern im Sinn *des nur aus sich selbst Erklärbaren*.« »… dass hier nicht die Unkenntnis das Wunder produziert, wird am besten dadurch bewiesen, dass die Untersuchung das Wunderbare darin nicht abschwächt, sondern es vielmehr erst richtig zum Bewusstsein bringt.«[171]

Vieles, sagen wir: das Meiste von dem, was in der Natur und im menschlichen Leben geschieht, ist entweder uninteressant oder dunkel oder rätselhaft oder sogar eine Versuchung zu Zweifel und Verzagtheit. Es kann sein, dass sich in diesen Ereignissen gar nichts Geheimnisvolles findet; der Kausalzusammenhang ist vielleicht so deutlich und natürlich [161] und banal wie nur möglich. Es kann auch sein, dass für die wissenschaftliche Erklärung Schwierigkeiten in diesen Ereignissen vorliegen. Aber für den Glauben sind sie tot, sinnlos oder rätselhaft, beunruhigend – der Glaube kann nicht in den geistigen Zusammenhang eindringen, der Glaube versteht nicht, was Gott meint. Das Faktum ist vielleicht sonderbar, es ruft

---

169 Ps 19. Vgl. EINAR BILLING ebd. [wie S. 146, Anm. 147], 15.
170 Vgl. NILS JOHAN GÖRANSSON, *Gudsförhållandets kristologiska grund* II, 1910, 100 ff.
171 [Samlade Skrifter 13, 1931 (661–666), 663 f.]

Fragen, Untersuchungen hervor – aber es ist kein Wunder im religiösen Sinn. Dort wo der Glaube von Wundern spricht, dort ist er zu Hause, dort versteht er und weiß: Gott hat das für die Erlösung der Menschheit getan, zu Hilfe und Trost dem, den es betrifft. Das Geschehnis, um das es geht, kann für die Wissenschaft ein ewiges, großes Problem sein, so wie Jesu Person und die Entstehung des Christentums, oder die natürlichste Sache der Welt, ein Ereignis im Leben eines Menschen, unbedeutend für andere, wichtig für denjenigen, der es erlebt – vom religiösen Gesichtspunkt aus ist das Ereignis erfüllt mit Sinn und Gehalt, denn Gott begegnet dort dem Menschen, Gott macht sich der Menschheit oder einem Einzelnen bekannt. Diese Begegnung gehört zur Welt des inneren Lebens, ist aber verknüpft mit der Geschichte, insbesondere mit dem Auftreten Christi. Die Wissenschaft muss davon Notiz nehmen und entdeckt vielleicht, dass ein solches Wunder oder Offenbarungsmoment, das auch für die äußere Gestaltung des Lebens und der Geschichte bedeutungsvoll, ja umwälzend war, einem mächtigen Wirklichkeitsreich angehört. Es wäre eine Verunglimpfung der Wissenschaft ebenso wie der Religion, wenn man versuchte, die religiöse Deutung an die Stelle der natürlichen, wissenschaftlichen zu setzen. Die Religion bewegt sich auf einer tiefer liegenden Ebene der Wirklichkeit, ihre Wunder bezeichnen [162] nicht eine – gelegentliche – Lücke in der Kausalerklärung. Das religiöse Wunder ist etwas Positives, Gottes Handeln, nicht etwas Negatives, das Unbegriffene.

Für Christus war alles Wunder, das heißt, er sah Gottes Wirksamkeit überall, nichts war für ihn tot und sinnlos. Die Heroen und Heiligen der Christenheit waren ebenfalls imstande, Gottes Werk zu sehen und mit dem Göttlichen zu verkehren, wo der gewöhnliche Mensch gedankenlos und blind mitten durch die Wunder Gottes hindurchwandert.

∗ ∗ ∗

Der Unterschied zwischen der allgemeinen Religionsforschung und der christlichen Theologie besteht darin, dass der Offenbarungsglaube für die Letztere wesentlich ist. Für die christliche Theologie ist die Religionsgeschichte zugleich eine göttliche Selbstmitteilung. Die allgemeine Religionswissenschaft lässt die Frage nach der Offenbarung offen. Ihr Vertreter kann von der Überzeugung beseelt sein, dass hinter den Erscheinungen der Religion eine überweltliche Wirklichkeit steht, oder er kann den für die Religion grundlegenden Glauben an das Geistige leugnen oder hinsichtlich der Offenbarung in Frage und Ungewissheit verharren, vielleicht lediglich der Unmöglichkeit gewiss, irgendetwas darüber zu wissen, oder es kann ihm das Interesse für die Frage nach der Wahrheit der Religion fehlen. Verschiedene Standpunkte zum Offenbarungsgedanken dürfen natürlich nicht die Forschungsmethode selbst und die historischen und psychologischen Untersuchungen beeinflussen, so dass diese durch Dogmatismus in die eine oder andere Richtung fehlgeleitet werden. Das Heilmittel gegen derlei Fehler [163] kann nicht in irgendeinem Verbot für den Forscher bestehen, eine Überzeugung zu haben, sondern einzig und allein in der richtigen Anlage der Untersuchung, in Gewissenhaftigkeit und Ernst und in der Bereitschaft des wissenschaftlichen Geistes, sich erkannter Wahrheit zu beugen.

Zum biblischen Offenbarungsglauben gehört die Überzeugung, dass ein Teil der Religionsgeschichte Offenbarung in eigentlicherem und reicherem Sinn darstellt als diese Geschichte sonst. Die Lehre von einer besonderen Offenbarung muss im Licht der geschichtlichen Wirklichkeit geprüft werden. So viel lässt sich dann mithilfe einer hinreichend gründlichen Orientierung konstatieren, dass der Abgrenzung einer besonderen Offenbarung innerhalb der allgemeinen Offenbarung durch den biblischen Glauben annähernd ein besonderer Religionstyp entspricht, den wir nach Usener Offenbarungsreligion nennen[172], ohne mit dieser Bezeichnung etwas über das metaphysische Problem auszusagen, das eine göttliche Selbstmitteilung aufwirft. Wir konstatieren lediglich die historische und psychologische Eigentümlichkeit der betreffenden Propheten- oder Persönlichkeits- oder Berufungsreligionen. Dieser Religionstyp, die Offenbarungsreligion, geht auf besondere psychologische Voraussetzungen zurück, die wir in unserem zweiten Kapitel benannt haben, und besitzt eine in unserem ersten Kapitel aufgewiesene eigentümliche Konstitution[173], deren [164] charakteristische

---

172 [In der Tat hat HERMANN USENER in seinem berühmten Buch *Götternamen*, Frankfurt a.M.1896, diesen Begriff geprägt. Indessen benutzt er ihn (nach der unveränd. ³1948, 348f) lediglich für diejenige besondere äußere (christliche) Offenbarung, die als einzige in der Lage gewesen sei, den Übergang aus der antiken Religionswelt zu einem echten Monotheismus zu bewirken.]

173 Henri Bergson hatte ein paar Jahre vor dem Weltkrieg die Einladung der Olaus Petri Stiftung angenommen, an der Universität Uppsala eine Serie von Vorlesungen zu halten. Es kam ein Briefwechsel über das Thema dieser Vorlesungen zustande, welche die Grundgedanken seiner Philosophie auf die Geschichte und den Menschen beziehen sollten, insbesondere seine Theorie der »schöpferischen Entwicklung«. Ich [164] fragte ihn, ob ihm ein Zusammenhang mit dem Geschichtsverständnis der Propheten bewusst sei. Denn überall außer in der prophetischen oder Offenbarungsreligion ist die Geschichte im Grunde sinnlos, eine Wiederholung desselben Einerlei, Sünde und Elend und Erlöser für verschiedene Epochen, die nach der Kosmologie der alten Inder, die im griechischen Denken und in China ihre Entsprechungen hat, in einem, man ist versucht zu sagen: astronomischen, Ausmaß aufeinander folgen. Ein Ziel für die Geschichte und die Weltentwicklung finden wir allein beim Prophetentum im Alten und Neuen Testament, das den Gedanken eines Weltziels dem Islam vererbt hat, und in Zarathustras Schöpfung.

und wesentliche Unterschiedenheit von der antiken Vorstellungsweise im Übrigen von der kulturgeschichtlichen Analyse noch in solchen Richtungen innerhalb des modernen Denkens erkannt werden kann, die bewusst oder unbewusst Ableger der Offenbarungsreligion sind.[174]

Doch wenn die Abgrenzung eines besonderen Offenbarungsbereichs durch den christlichen Glauben demnach eine [165] gewisse Analogie zur Herausarbeitung der Offenbarungsreligion als eines hinreichend bestimmten Typs innerhalb der Religionsgeschichte durch die Religionswissenschaft aufweist, so kann doch diese Abgrenzung weder im Raum noch in der Zeit eine absolute Differenz bilden, ebenso wenig wie die Zusammengehörigkeit alles dessen, was Religion heißt, von der Religionsforschung aufgehoben werden kann. In der Tat entspricht dem Zusammenhang, der alle Religionsformen zu einer einheitlichen Gruppe von Erscheinungen verbindet, der prophetische und christliche Glaube an eine göttliche Selbstmitteilung auch außerhalb des »auserwählten Volkes« und der Christenheit einschließlich deren Einflussbereichs. An anderer Stelle habe ich versucht, was die verschiedenen Völker und Kulturen betrifft, den christlichen Glauben auf eine göttliche Einwirkung auch außerhalb des Bereichs der besonderen Offenbarung zu beziehen. Worin das Offenbarungsmoment in einer gegebenen Religionsform vom christlichen Gesichtspunkt aus besteht, kann schwer zu bestimmen sein; unmöglich wird es, wenn man eine intellektualistische Betrachtung anstellt. Aber *dass* ein Maß von Offenbarung, das heißt, von göttlicher Selbstmitteilung vorliegt, wo immer religiöse Aufrichtigkeit zu finden ist, ist vom Offenbarungsglauben innerhalb und außerhalb des Christentums ausgesprochen worden.[175]

Bergson antwortete, dass ihm eine solche Beziehung nicht bewusst sei, aber er fühlte sich von dem Gedanken angesprochen und wollte ihn näher untersuchen. Als Bergsons bedeutender Schüler Professor Jacques Chevalier voriges Jahr Uppsala besuchte, kam die Rede auf die Voraussetzungen von Bergsons Philosophie. Ich erwähnte meine Vermutung und bekam daraufhin zur Antwort, dass ein französischer Kritiker Bergson in Bezug auf diese seine Lehre für jüdisch hielt. Das Urteil spricht für eine richtige Orientierung. Denn das Verständnis von Wirklichkeit, vom Wesen unter dem Symbol von Zielrichtung, Wille, Schöpfung, Verwirklichung, Vorandrängen, Fortschritt, Kraft, Energie, Leben hat seinen Ursprung im Prophetentum (1930). [Bergson hatte »en principe« Vorlesungen im Rahmen der Olaus-Petri-Stiftung zugesagt, vgl. seinen Brief vom 21.3.1910, im Archiv der Stiftung, UUB. Über die folgenden 20 Jahre hat Söderblom seine Einladung immer wieder erneuert, aber Bergson bat aus Gründen der Arbeitsüberlastung und schließlich auch schwerer Krankheit jedes Mal um Aufschub. Am Ende sind die Vorlesungen niemals zustande gekommen.]

174 Vgl. *Religionsproblemet* ... [wie S. 113, Anm. 106] II, 235 ff. 415 ff und zur Frage der »Pforten der Offenbarung« ebd. II, 258 ff.
175 Vgl. *Religionsproblemet* ... II, 445 ff. 454 ff.

Auf den obigen Seiten ist ein Versuch gemacht worden, die universelle Beziehung des Offenbarungsglaubens in Bezug auf die Zeit anzudeuten. Ebenso gewiss wie die göttliche Selbstmitteilung nach der Überzeugung des Christentums für alle Zeiten gültig und unerschöpflich in der heiligen Geschichte vorliegt, insbesondere in der Persönlichkeit Christi, ebenso unmöglich ist es, [166] den Glauben an die Offenbarung festzuhalten, ohne ihn über die Zeit der Bibel hinaus auszudehnen. Es liegt in der Natur der Sache, dass hier nur Grundlinien gezogen werden können; schwerlich lässt sich wohl irgendeine genauere Kartierung der fortgesetzten Offenbarung versuchen, ohne dass Profanierung oder Subjektivismus eintritt. Es ist jedoch wünschenswert und notwendig, die Gewissheit einer fortgesetzten Offenbarung mit konkretem Inhalt zu füllen und zu deuten.

Die drei Momente, die hier vorgestellt worden sind: das Genie, die Geschichte und die geistige Persönlichkeit, stellen meiner Meinung nach die wichtigsten Gesichtspunkte der Einteilung für die Religionsgeschichte im Ganzen dar, also nicht der Monotheismus, der ebenso oft theoretisches oder politisches Einheitsstreben ist, auch nicht die allgemeine Entwicklung der Moral, die zwar unter gegenseitiger Beeinflussung von der und auf die Religion erfolgt, jedoch keineswegs gleichförmig mit der Entwicklung der Religion verläuft – sondern: 1. die Verknüpfung der Religion in verschiedenen Stadien und in verschiedenen Hinsichten mit einem Heros, einer Erlösergestalt oder einem Propheten, insbesondere mit einer göttlich auf Erden wirkenden Persönlichkeit, sei es ein vergöttlichter Mensch oder ein vermenschlichtes mythisches Geschöpf oder Christus, ferner 2. das Verhältnis der Religion zur Geschichte und 3. der Ort der ethischen Werte innerhalb des Heils selber und des Gottesdienstes.

Das Studium der Religion

nach dem Neudruck der 2./3. Auflage von 1916
hg. von Erland Ehnmark

Lund
C. W. K. Gleerups förlag 1951

Wissenschaftlichkeit im Studium der Religion – so wie auch sonst – beruht nicht auf der Abwesenheit persönlicher Überzeugung, am allerwenigsten auf der Abwesenheit einer religiösen Überzeugung. Die Wissenschaftlichkeit wird durch die Resultate erwiesen; sie beruht auf wissenschaftlicher Begabung und Wahrheitsliebe.

Die Forderung, dass der Theologe Sinn für Religion oder eine bestimmte religiöse Überzeugung besitzen oder einer religiösen Gemeinschaft angehören soll, ist, soweit sie berechtigt ist, in der allgemeinen wissenschaftlichen Forderung der Vertrautheit mit dem Gegenstand enthalten. Sie liegt daher in der Sache selbst. Wird sie in irgendeinem anderen Sinn erhoben, so ist sie unvereinbar mit dem Wesen der Wissenschaft.

Daher kann die Wissenschaft keinen prinzipiellen Unterschied zwischen Religionswissenschaft und Theologie anerkennen.

***

Die kursiv gedruckten Überschriften sind als Randtitel gedacht. Sie sollen die Darstellung nicht unterbrechen, sondern nur übersichtlicher machen.

Lund, den 7. Oktober 1907
N. S.

[E 53] I. Über das Studium der Religion, Stoff und Anordnung

Definition

Eine Einleitung in das Studium der Religion sollte wohl mit einer Definition beginnen, die besagt, was Religion sei. Es gibt viele. Sie sind von zweierlei Art. Die einen, entsprechend dem, was die Alten einen »historischen Religionsbegriff« nannten, wie die von Marillier, Durkheim, Duhm und James, wollen in einer Formel den Umfang aller der Erscheinungen beschreiben, die darunter fallen. Die anderen, entsprechend dem, was die Alten einen »philosophischen Religionsbegriff« nannten, wollen das Wesen der Religion aussagen, ihre Idee, wie sie näherungsweise angedeutet ist in den niederen Formen der Religion, mehr und mehr verwirklicht in den höheren. Hierher gehören die besten, die von Schleiermacher, ferner die von Sabatier und Herrmann.

Marillier: »Die Religion ist [...] die Summe der affektiven Zustände, die im Geist des Menschen von dem dunklen Bewusstsein der Gegenwart von Mächten in ihm und um ihn herum geweckt werden, die ihm zugleich überlegen und ihm analog sind, mit denen er in Verbindung treten kann, der Vorstellungen, die von diesen Gefühlen hervorgebracht werden und ihnen bestimmte Gegenstände bereitstellen, und der rituellen Handlungen, zu denen er durch den vereinten Einfluss dieser [E 54] Gefühle und dieser Glaubensvorstellungen herausgefordert wird«.[1] Durkheim, der Soziologe, geht den umgekehrten Weg: »Die Erscheinungen, die man religiös nennt, bestehen in obligatorischen Glaubensvorstellungen, die mit bestimmten Handlungen zusammenhängen, die sich auf die in diesen Glaubensvorstellungen gegebenen Gegenstände beziehen. [...] In zweiter Linie nennt man auch freiwillige Glaubensvorstellungen und Handlungen religiös, die sich auf gleiche oder ähnliche Gegenstände beziehen.«[2] Duhm: »Religion ist ein ständiger Verkehr zwischen einem bestimmten unsichtbaren Wesen und seinen menschlichen Angehörigen«. Dies will jedoch keine Definition sein, sondern allein eine Umschreibung dessen, »was die elementaren Religionen selber von sich aussagen«, nicht von dem, »was tiefe Philosophen aus der Religion zu machen wissen«. »Gewiss wird eine Definition des Wesens der Religion, wenn überhaupt jemals, so doch erst nach jahrhundertelanger Arbeit möglich sein.«[3] William James: Die Religion ist »die totale Reaktion [eines Menschen] auf das Leben.«[4]

---

1 [LÉON MARILLIER, Art. *Religion*, in: GE 24, 346. Die Dreiteilung (affektive Zustände – Vorstellungen – rituelle Handlungen) dieser Definition spielt auch bei Söderblom immer wieder eine Rolle.]

2 [ÉMILE DURKHEIM, *De la définition des phénomènes religieux*, in: ASoc 2/1898 (1–28), 22. 28. In seinem Hauptwerk hat Durkheim diese rein formale Definition durch eine materiale ersetzt, die auf dem Begriff des Heiligen als der Setzung der Autorität der Gesellschaft durch diese selbst aufbaut: *Les formes élémentaires de la religion*, 1912, 65 (Die elementaren Formen des religiösen Lebens, dt. v. L. Schmidt, 1984, 75).]

3 [BERNHARD DUHM, *Die Gottgeweihten in der Alttestamentlichen Religion*, 1905, 5.]

4 [WILLIAM JAMES, *The Varieties of Religious Experience. A Study in Human Nature* (1902), Neudruck 1963, 35: »a man's total reaction upon life« (Übers.: Die Vielfalt der religiösen Erfahrung, dt. v. E. Herms, 1979, 45).]

Schleiermacher: »Die Religion ist das Gefühl der schlechthinnigen Abhängigkeit.«[5] Sabatier: »Das Gebet des Herzens.«[6] Herrmann: »Die Wahrheit des inneren Lebens«.[7] Wir ersparen uns hier eine Diskussion der Sache. Die Definition wird bestenfalls als Resultat aus dem Studium hervorgehen, nicht als Einfallstor dastehen, gar noch als dreinschlagendes Schwert, welches das Studium verstümmelt.

Psychologie und Geschichte

Es kann nicht zweifelhaft sein, wo die Religion ihren Sitz hat und wo die Forschung sie deshalb zu suchen hat. Zuerst und zuletzt ist die Religion in der inneren Welt des Menschen als Äußerung des Seelenlebens gegeben, als Ehrfurcht, ahnungsvolle Andacht, Furcht, Zuversicht, Hingabe, Vertrautheit, als eigentümliche Erfahrungen – all das stellt für den Frommen einen Reflex der Einwirkung höherer Mächte, einer übermenschlichen Wirklichkeit dar. Soweit menschliche Forschung im strengen Sinne vordringen kann, hat die Religion ihre Quelle in der menschlichen Seele. Was dahinter steht, darüber kann es [E 55] verschiedene Meinungen geben. Der Glaube hat seine Erfahrung und seine Gewissheit einer göttlichen Einwirkung. Für die Religionsforschung ist diese Gewissheit eine Äußerung des seelischen Lebens, mit dem sie als mit einem Faktum rechnen muss. Aber die Frage nach der Wirklichkeit, auf welche die Religion verweist, ob es eine solche gibt und wie sie beschaffen ist, liegt jenseits der allgemeinen wissenschaftlichen Beobachtung und kann nicht abgelöst werden von der persönlichen Überzeugung des Forschers. Hingegen sollte keine Uneinigkeit darüber herrschen können, dass hinter allen Riten und Zeremonien religiöser Art, wie äußerlich und mechanisch und gedankenlos wiederholt, wie unverstanden oder unterschiedlich verstanden von den sie Ausführenden sie auch sein mögen, irgendeine Art inneren Erlebens steht. Wir sehen in einem niederen Stadium von »Religion« eigentlich ausschließlich Riten. Diese Riten können unter Umständen älter sein als die Motive und Vor-

5 [Vgl. FRIEDRICH SCHLEIERMACHER, Der christliche Glaube, ²1830/31, § 4.]
6 [Vgl. AUGUSTE SABATIER, Esquisse d'une philosophie de la religion d'après la psychologie et l'histoire, 1897, 25 f (Übers.: Religionsphilosophie auf psychologischer und geschichtlicher Grundlage, dt. v. A. Baur, 1898, 19 f.]
7 [Vgl. W. HERRMANN, Die Lage und Aufgabe der evangelischen Dogmatik in der Gegenwart, in: ZThK 17/1907 (1–33. 172–201. 315–351), 333 (abgedr. in: W.H., Schriften zur Grundlegung der Theologie Bd. 2 = TB 36/II, hg. v. P. Fischer-Appelt (1–87), 70): »Die Religion ist nichts anderes als das Wahrhaftigwerden des individuellen Lebens in der reinen Hingabe an Eins.«]

stellungen, die uns erlauben, sie religiös zu nennen. Man kann z.B. Tänzen und Pantomimen, die anfangs allein um des Rhythmus, des rhythmischen Bedürfnisses willen ausgeführt werden, magische und religiöse Intentionen unterlegen. Aber sobald die Gebräuche heilig geworden sind und etwas von der Festigkeit religiöser Sitte angenommen haben, setzen sie eine innere Motivation voraus, die freilich auch wiederum in der Folge vergessen werden kann. Dasselbe geschieht in höheren Stadien. Eine Zeremonie wird von Geschlecht zu Geschlecht von Tausenden wiederholt, oder ein Lehrsatz wird von Generationen in Ehren gehalten, ohne dass einem die frommen Erfahrungen oder das brennende religiöse Bedürfnis [noch] bewusst sind, die einst in den Ritus hineingelegt wurden oder den Brauch oder die Formulierung schufen. Man deutet vielleicht beide auf ganz andere Weise, oder man denkt überhaupt nicht an das, was sie bedeuten.

Ein genialer Religionsforscher unserer Zeit, Bernhard Duhm in Basel, meint nicht ohne Grund, dass es in den Ursprungszeiten der Religion in der Kindheit des Menschengeschlechts jenseits der Reichweite unseres Wissens insoweit ebenso ausgesehen hat wie in den späteren Stadien der Religion und in ihren höchsten Erscheinungen, als einige wenige die eigentlichen Träger der Religion waren, die Vielen sie jedoch auf deren Autorität hin übernommen haben, ohne das eigentümliche Geheimnis der Religion zu kennen.[8] Demnach soll die religiöse Erfahrung in der Seele, die Offenbarung, ursprünglich [E 56] in einer Form, die wir uns nicht leicht vorstellen können, einigen wenigen Auserwählten zu Eigen gewesen sein, einigen »religiösen Genies« in der Menschheit jener Zeit, von denen sodann Vorstellungen, Bräuche und Sitten, halb verstanden, halb unverstanden, sich allmählich in immer weiteren Kreisen ausgebreitet haben. Möglicherweise, ich wage zu sagen: wahrscheinlich, haben wir schon ganz früh in primitiven Verhältnissen, sobald es Religion gibt, einen Unterschied zu machen, der in gewisser Weise dem entspricht, den wir heute beobachten können, zwischen so etwas wie einer allgemeinen Religiosität, einer frommen, andächtigen Einstellung zum Leben auf der einen Seite, und einer eigentümlichen, persönlich ausgeprägten Erfahrung im Verkehr mit Gott auf der anderen Seite.

Gewiss ist in jedem Fall, dass die Religion, je mehr sie ihrer selbst bewusst geworden ist, desto eindeutiger ihr eigenes Heiligtum in der Tiefe des Herzens gesucht hat. Fragen wir uns, was es ist, das einen Menschen fromm macht, so wird es bei einigem Nachdenken offenbar, dass es nicht bestimmte Werke sind. Die frommen Werke können vollbracht werden,

8 [Vgl. B. DUHM, *Die Gottgeweihten* ... (wie S. 168, Anm. 3), 12–14.]

ohne dass etwas von wirklicher, echter Religion zu bemerken ist. Ebenso wenig sind Vorstellungen und theoretische Sätze dafür bestimmend. Die so genannten religiösen Sätze oder Anschauungen lassen sich auffinden. Und doch ist der Mensch, [der lediglich solche Sätze vertritt,] soweit unser instinktives Urteil reicht, nicht fromm. Denn Religion bezeichnet eine geheimnisvolle Heiligkeit und einen Reichtum, die im Innersten der Persönlichkeit wohnen und sich über sie ausbreiten. Wir sind uns darüber einig, dass die Religion in der Tiefe des Seelenlebens, oder wie wir ausdrucksvoller zu sagen pflegen, im Herzen, gesucht werden muss, wenn sie denn überhaupt im Ernst zu finden sein soll.

Das Studium der Religion ist demnach Religionspsychologie, Untersuchung der Religion als einer Erscheinung des Seelenlebens, deren Gestalt, Verlauf, Ort und Bedeutung in der inneren Erfahrungswelt des Menschen. Das Studium der Religion gehört zur Erkenntnis des Seelenlebens des Menschen – mit allem, was dazugehört. Wenn es gilt, die Psychologie der Religion kennen zu lernen, müssen wir auch die Zugangsweisen dazunehmen, mit denen wir das Seelenleben erschließen können; dazu gehören die Ausdrücke, die sich das Seelenleben in Vorstellungen und Handlungen verschafft. Doch alles läuft darauf hinaus, zur Erkenntnis der Vorgänge und der [E 57] eigentümlichen Beschaffenheit des inneren Lebens zu gelangen, die wir Religion nennen.

Ebenso offenkundig ist es, dass die Religion eine tief eingreifende Erscheinung im Zusammenleben der Menschen miteinander, in der menschlichen Gesellschaft, in der Geschichte darstellt. Sie ist eine soziale Erscheinung. Zur Psychologie kommt die Geschichte.[9] Die innere Welt der Religion, insbesondere insoweit sie bei den Großen der Religionsgeschichte zu finden ist, spiegelt sich im geschichtlichen Leben der Menschheit. Schon die primitiven Gemeinschaften haben ihre eigentümlichen religiösen Äußerungen, die eine zusammenhaltende Kraft darstellen. Es werden Gemeinschaften von der Religion gebildet, diese werden durch gemeinsame Bräuche zusammengehalten – Mysterien, Riten, Opfer, Gebete –, gemeinsame Vorstellungen – Mythen, Lehren, Dogmen –, durch gemeinsame Abhängigkeit von einer großen Persönlichkeit, durch Organisationen für gemeinsame Zwecke, durch gemeinsam durchlebte Schicksale, durch gemeinsame

9 [Geschichte in diesem Sinn steht bei Söderblom immer zugleich für Soziologie. Den letzteren Begriff vermeidet er hier wie auch sonst nach Möglichkeit, um mit seiner Darstellung des sozialen Aspekts der Religion nicht in die Nähe E. Durkheims gerückt zu werden, dessen Erklärung der Religion als Mittel zur Selbstautorisierung und Selbstvergottung der Gesellschaft er entschieden ablehnt: Die Religion bildet Gemeinschaft, nicht umgekehrt.]

innere Erfahrungen. Die Religion ist eine Macht der Geschichte ebenso sehr wie des seelischen Lebens.

Diese beiden Hauptzweige des Studiums der Religion, Psychologie und Geschichte, sind Bestandteile jedes theologischen oder religionswissenschaftlichen Forschungszweigs, dem eine religiöse Bedeutsamkeit zukommt, und machen dessen eigentliches Material aus.

Worin besteht zum Beispiel das, was das Studium der religiösen Urkunden des Christentums zum lohnendsten Forschungsgebiet macht? Antwort: Wir können dort in die Werkstätten eines kräftigen und eigentümlich religiösen Lebens ohnegleichen hineinblicken. Die Religionspsychologie hat dort Schätze zu heben. Die wunderbare Welt der Religion in der menschlichen Seele kann dort wahrgenommen und studiert werden – teils in dem, was die großen Gottesmänner selbst über ihr Zusammenleben mit Gott, über ihre Offenbarungen und Heimsuchungen, über ihre Angst, ihre Erlösung, ihre Anliegen verraten, sowie in dem, was wir über die inneren Kämpfe, Niederlagen und Siege, geistigen Hunger und Sättigung der einfacheren Frommen hören; teils in den Ermahnungen, Warnungen und Anweisungen, die für Verbesserung, Führung und gesundes Wachstum des religiösen Lebens gegeben werden. Solche Weisungen und Ratschläge von den Propheten, Jesus und [E 58] den Aposteln sind jeweils ihrer eigenen religiösen Erfahrung entsprungen.

Aber die Bibel ist nicht nur eine Galerie religiöser Persönlichkeiten, nicht allein eine psychologische Beispielsammlung. Sondern die religiösen Persönlichkeiten ordnen sich ein in eine Geschichte, wo äußere Begebenheiten und innere Erfahrungen eine Entwicklung mit vielen Fäden bilden, einen Zusammenhang, der zu verschiedenen Zeiten unterschiedliche Gestalten religiöser Gemeinschaftsbildung, Anschauung und gottesdienstlichen Lebens hervorbringt. Die Bibel selbst versteht sich als ein noch unvollendetes Drama, dessen Personen Gott und die Menschen sind. Die religiösen Erfahrungen bei, bzw. die Offenbarungen an einen Abraham, einen Mose, einen Amos, einen Jeremia, bis zu Jesus und Paulus sind Hauptmomente in dieser Geschichte. Aber zu ihr gehören ebenso die Erfahrungen des Volkes, der jüdischen Gemeinschaft und der ersten christlichen Gemeinde. Der Forscher mag den Glauben daran, dass Gott die Hauptperson in dieser Religionsgeschichte ist, teilen oder nicht, die Forschung nimmt hier [jedenfalls] einen ausgedehnten und komplexen, doch strengen und folgerichtigen Zusammenhang wahr, der die Bibel zu einer unvergleichlichen Urkunde für die Religionsgeschichte macht – ebenso sehr wie für die Religionspsychologie.

Das angeführte Beispiel zeigt auch, wie Religionspsychologie und Religionsgeschichte ineinander greifen. Es könnte Gründe geben, daran zu erinnern, nachdem die Religionspsychologie in unseren Tagen als ein endlich ihrer selbst voll bewusster Zweig des Studiums der Religion auftritt, zwar mit einer Selbstständigkeit, Zielbewusstheit und methodischen Planmäßigkeit, die neu sind, doch gleichwohl nicht als etwas völlig Neues. Jegliche brauchbare Behandlung der Religion in Exegese – Bibelwissenschaft – Kirchengeschichte, Dogmengeschichte, allgemeiner Religionsgeschichte muss Religionspsychologie einbeziehen. Keine wirkmächtige religiöse Persönlichkeit kann auch nur annähernd verstanden werden, ohne dass man versucht zu klären, was sich in ihrem Inneren ereignet hat, und die Eigenart ihrer persönlichen Frömmigkeit zu verstehen. Kein Historiker von Rang, am allerwenigsten ein [E 59] Religionshistoriker, kann ohne psychologischen Blick auskommen – und keine noch so gut ausgearbeitete religionspsychologische Methode kann die Kunst des geborenen Historikers und Psychologen ersetzen.

Auf schwer verständliche Formulierungen oder himmelhohe Gedankengebäude der großen Denker und Väter der Religion fällt ein erhellendes Licht, wenn der Vorhang aufgezogen wird, der die entscheidenden Krisen von deren innerem Leben verhüllt. Wie natürlich fügt sich doch zum Beispiel vieles früher Unbegriffene oder sonderbar Umgedeutete in der Theologie des Paulus zusammen, wenn es mit der großen Wende seines Lebens auf der Straße nach Damaskus in Verbindung gebracht wird. Welche großartige innere Geschlossenheit gewinnt doch Luthers ganze Verkündigung, wie unerhört impulsiv sie auch in all den polemischen oder stärkenden Aussprüchen sein mag, zu denen verschiedene Situationen ihn herausforderten – wenn man die Gefahr für seine Seele sieht: Hoffnungslosigkeit und Verzweiflung, und wie sinnlos ist es doch, ihm vorzuwerfen, dass er nicht Moral gepredigt oder historische Probleme gelöst hat, wo sich für ihn doch alles auf das Verlangen konzentriert, gequälten Menschenherzen wirklichen Trost und Freiheit zu schenken. Oder wie viel besser versteht man doch Gautama Buddhas Lehre in ihrem Verhältnis zu der asketischen Virtuosität und brahmanischen Spekulation seiner Zeit, wenn man an seine eigene persönliche Erfahrung denkt anhand der Tradition, die in diesem Stück eben dadurch ihre innere Wahrheit erweist.

Auf Grund vieler zusammenwirkender Umstände sind in bedeutungsvollen Epochen des Lebens der organisierten Religionsgemeinschaften die religiösen Ausdrücke zu Dogmen verdichtet worden. Diese nehmen dann ihren eigenen Weg. Sie breiten sich wie Fluten über ein weites Gelände aus, manchmal trüb, verödend und erstickend. Wie Flüsse und Fluten in unterschiedlichen Gegenden unterschiedliche Namen haben, so unterliegen die Dogmen in unterschiedlichen Zeiten verschiedenen Deutungen. Man denkt vielleicht wenig daran, dass sie, wie merkwürdig sie sich auch

ausnehmen mögen und wie eigenmächtig sie auch daherkommen können, ihren Ursprung aus einer frischen Quellader im religiösen Seelenleben
herleiten. Vielleicht war bei ihrer Entstehung noch anderes als religiöse Erfahrung und religiöses Bedürfnis beteiligt. Aber sie können nicht begriffen
werden, wenn man nicht [E 60] nach dem religionspsychologischen Ursprung sucht. Andernfalls können die Dogmen höchstens durch mehr oder
minder tiefsinnige und fruchtbringende Umdeutungen gerettet werden –
mit dem Recht des Lebenden hat ein späteres Geschlecht die volle Befug-
nis, in alte Worte eine neue Bedeutung zu legen, wenn es das will und kann
und braucht, so ist es immer geschehen und so wird es immer geschehen –
oder sie können als beschwerliche, aber heilige und verdienstvolle Bürde
getragen werden, sofern man sie nicht mit verständnisloser, oberfläch-
licher und deshalb unwirksamer Kritik abfertigt.

Oder man wende sich den unverständlichen und wunderlichen Berichten in den Chroniken verflossener Zeiten zu! Die moderne psychologische
Forschung – insbesondere die Religionspsychologie – hat Erklärungen zu
bieten. Von einem entscheidenden Tag in den Geschicken des Christentums, den die Gemeinde um des weltverändernden geistigen Inhalts, nicht
um der ekstatischen Formen willen bis heute als Pfingsten feiert, als Tag
der Entrückung, als Fest des Geistes, berichtet die Apostelgeschichte über
Zungenreden, in dem die Anwesenden ihre unterschiedlichen Mutterspra-
chen zu erkennen meinten, von Zungen wie von Feuer, die sich zerteil-
ten und sich auf jeden einzelnen von ihnen setzten, und von einem Brau-
sen vom Himmel wie von einem daherfahrenden heftigen Unwetter. Man

hat gemeinhin die ganze Erzählung ist als Werk des Erfindungsvermögens
der Legende betrachtet – wenngleich freilich damit sicherlich nicht erklärt.
Man vergisst bei der Beurteilung alter wie neuer Traditionen leicht, dass
von nichts nichts kommt. Zum Zungenreden gibt es ja überreiche Parallelen aus verschiedenen Völkern und aus unserer eigenen Zeit. Aber auch die
Lichtphänomene und das Geräusch des Sturms sind Wirklichkeitsschilde-
rung. Sie – diese »Photismen« – spielen bekanntlich eine wichtige Rolle,
teils bei gewissen eigenartigen Geistern – für Swedenborg war eine solche
Lichtwahrnehmung Beweis für die Wahrheit seiner Gedanken oder Offenbarungen – teils in psychischen Erregungszuständen vor allem in religiösen Massenbewegungen. Von der mächtigen Erweckung in Wales wird
viel Derartiges erzählt. Das Werk des Geistes ist dankenswert, selbst wenn
dessen Auftreten ungestüm ist. Leider können andere Erweckungsbewe-
gungen nicht [E 61] so leicht wie diese davon freigesprochen werden, die
nervösen Phänomene auf ungesunde Weise um ihrer selbst willen zu kulti-
vieren und sie nicht als gefährliches Nebenprodukt der geistigen Krise zu
betrachten. Der Orient kennt in dieser Beziehung gewagtere Möglichkei-

ten. Bei den Erweckungsversammlungen, die vor einigen Jahren in Poona und in anderen Gegenden Indiens stattgefunden haben, kamen Visionen von Funkenregen vor, und Gesichter von Personen wurden von sichtbarer Lohe so täuschend entflammt, dass deren Freunde mit Wasser kamen und zu löschen versuchten. Man hörte auch das Sausen mächtiger Winde, und Menschen wurden von unsichtbaren Kräften über Stühle und durch Türen geschleudert. Der Religionsführer und der Moralist kann über dergleichen nichts Vernünftigeres sagen, als was ein kleiner krummbeiniger jüdischer[10] Schneider-Zeltmacher bereits an die Korinther über die Sache geschrieben hat.[11] Aber für den Religionshistoriker ist die Psychologie auch bei solchen sekundären und keineswegs auf die Religion beschränkten oder für sie charakteristischen Erscheinungen erhellend.

Oder man nehme die religiösen Organisationen. Wie soll man den Franziskanerorden und seine Geschichte verstehen ohne ein wenig von der Psychologie des Franziskus selbst, oder den Jesuitenorden ohne die persönliche Eigentümlichkeit des Ignatius von Loyola? Wie soll man das kirchliche Leben in weiten Kreisen der angelsächsischen Welt verstehen und einschätzen ohne Kenntnis der Psychologie der Erweckung?

Die Geschichte der Religion kann nicht ohne Psychologie geschrieben werden. Die Religionspsychologie ihrerseits setzt stets eine Geschichte voraus. Die Rolle, welche die Geschichte spielt, ist von ganz unterschiedlichem Gewicht bezüglich unterschiedlicher Arten von religiöser Mystik. Das Versinken nimmt sich ziemlich gleich aus bei einem indischen Bettelmönch, bei einem Platoniker aus dem alten Griechenland, aus dem Kloster des altchristlichen Syrien, aus dem mittelalterlichen Persien, Frankreich und Deutschland oder aus dem Cambridge des 17. Jahrhunderts, und bei einem gegenwärtigen Mystiker des All-Lebens- oder Nirwana-Typus. Individualität und Zeitsituation machen sich auch bei diesen geltend, doch weit mehr in jener grundlegenden religiösen Erfahrung, die ich zum Unterschied von dieser »Unendlichkeitsmystik« [E 62] als »Persönlichkeitsmys-

10 [Mir ist sonst keine Stelle bekannt, an der Söderblom ein derartiges antisemitisches Klischee benutzt. Dass er kein Antisemit war, zeigen sowohl seine lebenslange Freundschaft mit dem Uppsalienser Rabbi Gottlieb Klein (vgl. meine Arbeit N. *Söderblom und seine Zeit*, 2011, 66. 104) als auch seine heftige Reaktion auf die Dreyfus-Affäre (vgl. N. SÖDERBLOM, *Brev – Lettres – Briefe – Letters*, hg. v. D. Lange, 2006, Nr. 18. 28. Da der Satz im Text ja auch keinen kritischen oder polemischen Inhalt hat, wird man die Stelle eher als Beleg für die Selbstverständlichkeit ansehen müssen, mit der solche Vorstellungen in der damaligen westlichen Gesellschaft verbreitet waren. Eine Rechtfertigung für ihre Verwendung ist das natürlich nicht.

11 [1Kor 14,1–18.]

tik« zu charakterisieren versucht habe, wozu die Propheten und Sokrates, Paulus, Augustinus, Luther, Bunyan, Pascal, Kierkegaard, Wikner und andere gehören. Aber selbst die zeitloseste mystische Frömmigkeit, die nichts von Welt oder Geschichte oder irgendetwas Äußerlichem wissen will, hat doch ihre bestimmten geschichtlichen Voraussetzungen, wenngleich sie weniger wesentlich sind, als wenn es um solche religiöse Erfahrung geht, in der die Persönlichkeit stärker ausgeprägt ist. Die Geschichte kann nicht unberücksichtigt gelassen werden, soll die Religionspsychologie ihre eigenen Aufgaben erfüllen können. Dem mit der Religionsgeschichte Vertrauten stehen die unterschiedlichen Typen religiöser Erfahrung in ihren wesentlichen Zügen klar vor Augen. An einer inneren Erfahrung, die sich selbst nicht in irgendeine Beziehung zu Christus oder zur Bibel setzt, kann der Religionshistoriker vielleicht [trotzdem] sofort erkennen, dass sie der Traditionslinie der biblischen Offenbarungsreligion angehört und – soweit menschliche Wissenschaft und Berechnung zu urteilen vermögen – nirgendwo sonst möglich ist. Hingegen kann sich eine Frömmigkeit, die mit dem Namen Christi hantiert und sich für ihre Sprache der Propheten, der Psalmen und des Paulus bedient, als ihrem Wesen nach einer ganz anderen Traditionslinie angehörend entpuppen als der, die sich durch die Bibel hindurchzieht.

Religionspsychologie und Religionsgeschichte sind die beiden Beine des Studiums der Religion, die es stets benutzen muss, um irgend voranzukommen. Aber teils ist die Religion ein so ausgedehntes und verwirrendes Gebiet mit so vielfältigen Arbeitsanforderungen, teils hat sie bereits eine so lange und bedeutende Forschungsgeschichte aufzuweisen, dass man dem Studium der Religion keineswegs damit einen Dienst erweisen würde, dass man dessen traditionelle Disziplinen mit einem Federstrich abschaffen und die ganze Masse von Stoff und Arbeit einzig auf diese beiden Hauptabteilungen aufteilen würde.

Das wäre sehr unpraktisch, unter anderem deswegen, weil Geschichte und Psychologie unaufhörlich ineinander übergreifen.

Wir müssen hier wie stets genauer zusehen, wie es sich in der Wirklichkeit verhält, und unsere Arbeit entsprechend einrichten, damit sie [E 63] so fruchtbringend wie möglich wird. Ich frage darum zuerst nach einem festen und zentralen Punkt, von dem man ausgehen kann, so dass das Ganze nicht in der Luft hängt und man nicht ein schiefes und einseitiges Bild von dem Ganzen bekommt.

Das Christentum ist das nächstliegende
und wichtigste Gebiet für das Studium der Religion.

Der Ausgangspunkt und zugleich Mittelpunkt für das Studium der Religion ist in dem religiösen Gebilde gegeben, das uns am nächsten liegt und für uns unvergleichlich am meisten bedeutet: im Christentum. Denn wenn es die Aufgabe der Erkenntnis ist, uns in unserer Welt zu orientieren, in unserer geistigen und zeitlichen Welt, dann muss man im Namen aller vernünftigen Ordnung mit dem Nächstliegenden beginnen und sich am meisten an das Wichtigste halten.

In der Geschichte des Staatswesens und der Kultur wird von uns Schweden unvergleichlich mehr Zeit auf die Geschicke des Vaterlandes verwendet als auf die Chinas, obwohl dieser letztere Staat an sich weit umfassender, älter und bedeutender ist. Die eigene Literatur wird weit eingehender studiert – oder sollte jedenfalls so studiert werden – als selbst die englische oder die russische. Die Sprachen, denen unsere Sprachforscher die meiste Arbeit widmen, gehören zu unserem Kulturkreis. In den juristischen Fakultäten an unseren Universitäten beschäftigt sich die überwiegende Zahl der Lehrstühle mit dem eigenen Recht, dessen Geschichte, Prinzipien und Inhalt. Römisches Recht wird im Vergleich mit dem einheimischen Recht [nur] knapp behandelt, obgleich ihm in der Entwicklung der Menschheit eine größere Bedeutung zuerkannt werden muss, und obgleich es auch auf die Geschichte des einheimischen Rechts stark eingewirkt hat. Dem alten babylonischen Recht oder dem gegenwärtigen japanischen Recht kann gar keine oder nur geringe Aufmerksamkeit gewidmet werden, so interessante Gegenstände für die juristische Forschung sie auch sein mögen. Es wäre ungereimt, darüber Klage zu führen.

[E 64] Schon aus ähnlichen Gründen ist es offensichtlich, dass der unvergleichliche Löwenanteil des Studiums der Religion für uns Studium des Christentums bedeuten muss – insofern auch hier das Studium den reellen Sinn haben soll, unser geistiges Inventar für uns zu klären und die Welt zu erhellen, in der wir geschichtlich stehen, und sich nicht von Dilettantismus oder irgendeiner unkundigen und vorübergehenden Moderichtung leiten zu lassen. In den der Religion gewidmeten Fakultäten an unseren Universitäten ist das Studium auf diejenige Religion zugeschnitten, welche die Religion der schwedischen und der abendländischen Geschichte und Kultur ist. Wir müssen einsehen, dass dieses Verfahren das richtige ist, weil das Christentum unserem geistigen Horizont weit näher liegt und für unser geistiges Leben unvergleichlich mehr bedeutet als Mazda-Kult, Islam, Buddhismus, Brahman-Atman-Lehre, indisches und buddhistisches Bhakti, Laotses und Kong-fu-tses Tao, Shinto usw. zusammengenommen.

Gleichzeitig müssen wir damit zufrieden sein, dass unsere Universitäten Lehrstühle mit der außerbiblischen Religionsgeschichte als Aufgabenbereich besitzen.[12] Unsere Examensordnung fordert, im Unterschied zu dem, was in den meisten Ländern und Kirchen der Fall ist, dass der zukünftige Religionslehrer Bekanntschaft mit den anderen Religionen gemacht haben soll. Das ist eine neuzeitliche Forderung an Wissenschaft und Wissen, der man auch bei uns noch stärker als bisher gerecht werden muss, wenngleich die allgemeine Religionsgeschichte bei uns weit mehr anerkannt ist und in der Ausbildung der Religionslehrer zur Geltung kommt als z. B. in England und Deutschland. Wir werden im Folgenden sehen, wie wichtig die allgemeine Religionsgeschichte nicht bloß für eine vollständige und richtige Auffassung von der Religion im Ganzen, sondern auch für eine schärfere Bestimmung der Eigenart des Christentums ist.

Doch abgesehen von dem lokalen und historischen Faktum, dass das Christentum unsere, die Religion des Abendlandes ist, sprechen für dessen beherrschende Stellung innerhalb des Studiums der Religion noch andere sachliche Gründe, die keine Entsprechung in den Wissensgebieten politische Geschichte, [E 65] Kultur- und Literaturgeschichte, Sprachwissenschaft und Rechtswissenschaft haben, die oben als instruktive Analogien angeführt wurden.

Das Christentum ist reicher an Material für das Religionsstudium als irgendeine andere Religion, und das, wenn mir eine solche Ausdrucksweise der Kürze halber gestattet ist, sowohl in der Breite, in der Tiefe als auch in der zeitlichen Erstreckung. Das erste – was die Breite angeht – hat Adolf Harnack mit Recht geltend gemacht, wenngleich er damals diese Einsicht gegen die Einführung der allgemeinen Religionsgeschichte als Universitätsfach gewendet hat. Seither hat dieser große Theologe sich für die Einführung der allgemeinen Religionsgeschichte an der theologischen Fakultät der Berliner Universität eingesetzt.[13] Im Christentum gibt es alles. In seiner religiösen Vorgeschichte in Israel begegnet uns der Gegensatz zwischen alten und später hinzugekommenen heidnischen Bräuchen und Vorstellungen des Volksglaubens und der prophetischen Religion, die all

---

12 Zu den theologischen Lehrstühlen in Uppsala und Lund, welche die Religionsgeschichte umfassen, hat ein großzügiger Stifter eine Professur speziell für diesen Gegenstand an der Stockholmer Hochschule hinzugefügt.

13 [Für HARNACKS frühere Auffassung vgl. seine Rektoratsrede *Die Aufgabe der theologischen Fakultäten und die allgemeine Religionsgeschichte* (1901), in: ders., Reden und Aufsätze II/1, Gießen²1906, 159–187. Als 1909 der Berliner systematisch-theologische Lehrstuhl Otto Pfleiderers frei und für Allgemeine Religionsgeschichte umgewidmet wurde, hat sich Harnack energisch für die Berufung Söderbloms eingesetzt (der dann allerdings nur auf den zweiten Platz kam und Edvard Lehmann den Ruf überlassen musste) und damit seine Position revidiert.]

die Jahrhunderte hindurch ihren Kampf gegen sie führte. Das Christentum seinerseits kam mit mancherlei Volksreligion in Berührung, die Eingang in die Kirche fand und sich gerne dort festsetzte. Wir können innerhalb der höchst komplexen Erscheinung, die sich Christentum nennt – die Geschichte kennt keine kompliziertere Gestaltung – Bilderdienst und Magie, ekstatische Epidemien und Vielgötterei studieren. Sublime Mystik hellenischen Ursprungs tritt dort auf, aber ebenso die Anbetung des Vaters und der Christusglaube des Evangeliums. Hierarchische Welteroberungsprogramme gedeihen neben der heiligen Gleichgültigkeit des Eremiten. Luthers Berufsideal zeichnet sich gegen die mönchische Frömmigkeit ab. Ein ganzes Orchester von Rassentemperamenten spielt dort – die Juden in der Bibel, ein Paulus und Petrus, spekulative Griechen, empfindsame, empfängliche Syrer und fromme Ägypter, weltgestaltende Römer und die Germanen mit ihrem eigentümlichen Rechtswesen und Sinn für persönliche Selbstständigkeit, gallische Begriffsklarheit, deutscher und nordischer Tiefsinn, englische Mischung von praktischem Blick und schwärmerischer Hingabe.

Hierzu kann etwas angefügt werden, was insbesondere die Religionspsychologie betrifft. Ich meine die tiefe und persönliche Ausgestaltung des inneren Lebens. Trotz der Begeisterung für die indischen [E 66] und ostasiatischen Religionen hat man bereits eingesehen – selbst Forscher, die in keiner Weise parteiisch für das Christentum eingenommen sind –, dass kein Religionskomplex auch nur annähernd über so viel Material für das Studium des inneren Lebens der Religion verfügt wie das Christentum. Das beruht auf zwei miteinander zusammentreffenden Umständen. Das Christentum hat den Blick des Menschen nach innen gerichtet. Das gilt auch von den mystischen indischen und altgriechischen Heilslehren. Aber im Christentum geschieht das nicht nach so festen und uniformierenden Richtlinien wie bei jenen, insbesondere bei den indischen. Es bedeutet [hier] nicht eine Verstandeseinsicht und ein Schritt für Schritt für alle gleiches Training nach einer vorgegebenen, wohl abgewogenen und als richtig befundenen Regel. Vielmehr bedeutet es Selbstprüfung, Vertiefung der Persönlichkeit und freie, individuell nuancierte Ausgestaltung durch Gottes Wirksamkeit in der heiligen Geschichte und in deren Hauptperson Jesus Christus sowie in den Geschicken des eigenen Lebens. Der Buddhismus hat einen Ausdruck, der in bestimmten Verbindungen ein gängiger Terminus ist: »das reine, fleckenlose Wahrheitsauge«, oder »das reine, fleckenlose Auge der Wahrheit«. Dessen Bedeutung ist so einfach wie nur möglich. Gemeint ist die alte indische und buddhistische Erkenntnis der Vergänglichkeit von allem; diese ist es, die das Wahrheitsauge sieht. Mit Wahrheitssuche im abendländischen Sinn hat das nichts zu tun. Aber es ist verständlich, dass ein Abendländer und Christ eher einen christlichen Sinn da hineinlegen wird: Halte dich streng an die Wahrheit, was auch kommen mag, sei dir selber treu! Ein abendländischer Leser denkt nicht an die probate, für alle gleichermaßen trostlose Erkenntnis und Flucht des Mönchs in den Frieden. Auf der einen Seite, d. h. in den indischen und hellenischen Heilslehren ebenso wie in analogen Formen von Mystik in der Christenheit und im Islam finden wir eine vollendete, im Detail ausgearbeitete Selbstdisziplin, um dem Leiden des Lebens zu entkommen und durch die Befreiung von ihm die Seligkeit zu erfahren. Auf der anderen Seite. d. h. im echten Christentum, finden wir ganz einfach die Forderung innerer Wahrheit – ein Zeitgenosse will sogar auf diese Weise das Wesen der Religion bestimmen.[14] Diese Andeutungen sollten das überraschende Faktum begreiflich machen, dass die indischen Religionen und Buddhas Ordensliteratur, die sich mit so großartiger Konzentration [E 67] auf das innere Leben richten und in unzähligen Beschreibungen den sich stets gleich bleibenden Seelenzustand der frommen Hingabe und Ausrichtung auf Innerlichkeit schildern, dennoch im Vergleich mit dem Christentum ärmer an religionspsychologischem Material sind und bei aller bezaubernden Zartheit und Schönheit sich neben den anhand des wunderbaren Reichtums des Lebens selbst vielfältig ausgeprägten Bildern inneren Lebens, die das Christentum besitzt, einförmig ausnehmen. Die Selbstdarstellungen innerhalb des Christentums, zu denen nicht einmal der Stoizismus irgendwelche richtigen Gegenstücke besitzt, sind auf ihre Weise Ausdruck nicht bloß für die christliche innere Einkehr und deren vielfältige Verbindungen mit der Philosophie, sondern auch für den Sinn für persönliches Leben, der das Evangelium auszeichnet. Es sind christliche Impulse, die in späterer Zeit sogar Asiaten zu lebensvollen, individuell geprägten und für das Religionsverständnis überaus lohnenden Schilderungen ihrer eigenen inneren Geschichte veranlasst haben.

Wir kommen jetzt zu dem, was ich die Reichhaltigkeit der biblischen Religionsentwicklung genannt habe, in ihrer zeitlichen Erstreckung. Die biblische Religionsentwicklung, von Mose an – oder vielleicht früher, von Abraham an – beschreibt über ihren gesamten Weg einen langen, dramatisch lebensvollen, in einer Reihe von Persönlichkeiten fortschreitenden religiösen Geschehenszusammenhang. Wir können dort wie nirgends sonst eine inhaltlich reichhaltige und durch die gesamte historische Zeit sich er-

---

14 [Gemeint ist Wilhelm Herrmann; s. o. S. 169 bei und mit Anm. 7. In der 2. Aufl. von 1908 (S. 20) hatte Söderblom noch die Bemerkung eingeschoben, dass er diese Bestimmung »nicht glücklich« finde – weshalb, ist mir nicht recht einsichtig geworden. Jedenfalls hat er diesen Einschub 1916 ersatzlos gestrichen.]

streckende religiöse Kontinuität studieren. Das einzige Vergleichbare, was die Religionsgeschichte aufzuweisen hat, ist die indische Traditionslinie von den Vedagesängen über Opferspekulation, Brahman-Atman-Schau, Mönchswesen, buddhistische Selbsterlösung und Bhakti (Gottergebenheit) bis zu dem komplizierten Wirrwarr des gegenwärtigen Hinduismus – mit ihrem einfachen Fazit. Diese Linie ist unentbehrlich als vollständiges Bild einer Entwicklung, welche die höheren und höchsten Natur- und Kulturreligionen in Ägypten und Babylonien, im antiken Griechenland, im sufischen Persien des Mittelalters und der Unendlichkeitsmystik im christlichen Europa nur in Fragmenten zeigen, und als ein Gegenstück und in vielen Stücken als Gegensatz zu der Traditionslinie der biblischen Religion. Das Christentum mitsamt seiner Vorgeschichte im Judentum weist etwas auf, das Indien fehlt: eine prophetische oder Offenbarungsreligion, und zwar eine solche, [E 68] die durch eine Reihe von Neuschöpfungen prophetischer Art voranschreitet – im Unterschied zu der Schöpfung des Zarathustra – und ihren Charakter bis in die höchste Bildungsstufe hinein beibehält. Die biblische Religionsentwicklung durchläuft mehr Stadien, besitzt ein machtvolleres, schicksalsträchtigeres dramatisches und geschichtliches Leben und beschreibt einen Prozess, der hinsichtlich seines inneren Gehalts und der positiven Leistungen von Persönlichkeiten und Gedanken reichhaltiger und erhellender ist.

Man hat gesagt: Wer *eine* Religion kennt, der kennt keine.[15] Niemand kann dazu nachdrücklicher seine Zustimmung geben als ich – zu der Notwendigkeit für die Religionsforschung, den Blick über die eigene Religion hinaus auszuweiten. Immer noch warten auch etliche biblische Fragen auf eine völlig zufrieden stellende Beleuchtung, die allein vor einem breiteren religionsgeschichtlichen Hintergrund erfolgen kann. Doch im Blick auf die biblischen Religionen muss man zugeben, dass diese schon zwei sind, Judentum und Christentum, und dass schon die eigene komplexe Geschichte des Christentums einem das Recht gibt zu sagen, größeres Recht als irgendeine andere: Wer diese Religion kennt, der kennt mehr als eine Religion.

Der große Raum, den das Christentum im Studium der Religion einnimmt, ist weiter dadurch bedingt, dass es, weltgeschichtlich gesehen, die wichtigste Religion ist. Erst in unseren Tagen hat der europäische Gesichtskreis begonnen, sich zu einem wirklich weltgeschichtlichen Horizont auszuweiten, im gleichen Maß wie Ostasien ernstlich zur abendländischen Weltpolitik hinzugetreten ist. Gleichzeitig hat man allgemeiner eingesehen, welche außerordentliche Rolle der Buddhismus als Faktor in Asiens

---

15 [Vgl. MAX MÜLLER, *Einleitung in die vergleichende Religionswissenschaft*, ²1876, 14.]

Machtkämpfen und sozialen Beziehungen gespielt und welche Wunder er für die Erziehung und Disziplin der Völker und die Milderung der Sinne und der Sitten vollbracht hat. Trotzdem kann heute nicht einmal für einen überzeugten Buddhisten, der die großen Linien und die gegenwärtige Lage der Weltkultur verfolgen kann, irgendein Zweifel darüber bestehen, dass das Christentum – wie immer man dann auch seinen Einfluss in verschiedenen Fällen beurteilen mag – für die Geschichte der Welt mehr bedeutet hat als der Buddhismus. Die beherrschende Stellung, die das Christentum als Gottesglaube, Christusmystik oder Kirchenbildung, als Lebensregel, [E 69] Gedankenwelt und Kraftquelle für die abendländische Kultur und Geschichte besaß und noch besitzt, hat in der asiatischen Welt keine Entsprechung. Das ist tief im Charakter der Religionen begründet.

Man braucht bei dergleichen offenkundigen Fakten nicht stehen zu bleiben. Man kann zu einem wertenden Vergleich fortschreiten.

Eine Wertung der Religionen sollte objektiven wissenschaftlichen Charakter annehmen können, sofern man sich nur über den Gesichtspunkt der Wertung einig wird. Nimmt man als Maßstab die Lebenstauglichkeit für den Einzelnen und die Gesellschaft, die Kraft und Schönheit des Lebens, die reiche Ausprägung der Persönlichkeit, das Vermögen, zum Trost und zur Freisetzung von Handlungskraft zu dienen, und das Vermögen, dem menschlichen Gemeinschaftsstreben einen tragenden Grund und ein letztes sammelndes Ziel zu verschaffen, so sollte man dem in der gegenwärtigen Religionswissenschaft – trotz der bedeutenden Bewunderer des Buddhismus und des Vedanta – allgemein akzeptierten Verständnis des Christentums als der höchsten Religion nicht widersprechen können. Freilich spielt bei einer Wertung ein subjektives Moment mit. In der Frage nach der höchsten vorhandenen Religion können sich verschiedene Meinungen herausstellen. Deshalb können wir in diesem Zusammenhang von dieser Frage absehen. Schon die zuvor genannten Gründe rein historischer Art motivieren zur Genüge den beherrschenden Platz des Christentums im Studium der Religion.

Wenn daher das Christentum immer der wichtigste Gegenstand der religiösen Forschung bleiben muss, so muss das Studium der Religion zweckmäßigerweise damit beginnen, mit den Evangelien.

Ich werde in Kürze angeben, wie die verschiedenen Disziplinen, die zusammen die christliche Theologie bilden, sich untereinander gruppieren.

Es ist eine gute pädagogische Regel, zuerst die Aufmerksamkeit durch den Gegenstand selbst gefangen nehmen zu lassen, bevor man dessen Voraussetzungen und Umwelt erkundet. Etwas, das als Einleitung, zum besseren Verständnis und zur richtigen historischen Einordnung des Gegenstandes dienen soll, begegnet auf diese Weise einem lebendigeren Interesse. Eine gewaltige Persönlichkeit, ein folgenreiches Ereignis beleuchtet rund um sich herum das Grau des Gewöhnlichen und sonst Vergessenen.

[E 70] Die Evangelienforschung

Das Studium der Religion soll irgendwo in die Geschichte hineingreifen. Das Unpraktischste ist, beim Anfang beginnen zu wollen und zuerst das am schwersten Zugängliche von allem zu untersuchen, die frühesten religiösen Vorstellungen der Menschen. Soll man irgendwo mit dem Studium des Fortgangs der Geschichte einsetzen, so kann das zweckmäßig dort geschehen, wo eine neue Epoche in der Geschichte der Religion deutlicher gesetzt ist als anderswo. Und das ist geschehen durch das Auftreten Jesu.

Ich schlage deswegen als zweckmäßigen Beginn das Studium der Evangelien vor. Für alle Erkenntnis will man jetzt zu den Quellen gehen. Innerhalb der historischen, der Geisteswissenschaften entspricht die Bekanntschaft mit Urkunden erster Hand dem, was Anschauungsmaterial, Tiere, Pflanzen, Steine, Erdarten für die Naturwissenschaft sind und was das Experiment für die exakten Wissenschaften ist. Mit der evangelischen Erzählung tritt der Sachverhalt ein, dass dieselben Urkunden, die für die wissenschaftliche Forschung Quellen darstellen, allen zugänglich sind. Die Evangelienforschung hat in unseren Tagen eine Höhe und einen Umfang erreicht, die sowohl in den darin verwendeten neuen Ressourcen, in Gelehrsamkeit, Genialität und Scharfsinn als auch in ihrer Bedeutung für die Kultur insgesamt dieses Forschungsfeld in die erste Reihe der wissenschaftlichen Arbeit der Gegenwart stellen. Unermesslichen Gewinn hat man aus besserer Anwendung der alten Hilfsmittel und aus neueren Hilfsmitteln gezogen, die der Erkenntnis des religiösen Zustandes und der Sprachen der Zeit Jesu dienen, sowohl der Umgangssprache Jesu selbst und seiner Landsleute als auch des Griechisch der Evangelien. Ein ungeahnt reiches Material für das Verständnis der griechischen Umgangssprache fließt in unseren Tagen, insbesondere aus Funden aus dem hellenistischen Ägypten in Gestalt von Schriftstücken, die zum täglichen Leben gehören, Kontrakten, Abrechnungen u. dgl. Was jedoch die Sache selbst betrifft, Jesu Persönlichkeit und Auftreten, so sind die profanhistorischen Auskünfte und die außerhalb der vier harmonischen Evangelien zu finden-den Jesusworte und Erzählungen über ihn von verschwindend geringem Gewicht und Umfang im Vergleich [E 71] mit den Evangelien. Aller Religionsunterricht muss nach meiner Meinung die evangelischen Erzählungen zum Ausgangspunkt nehmen[16] – und warum nicht, wenn es [denn schon] auf diesem einzigen Gebiet geschehen kann, in Übereinstimmung mit der anerkannten Unterrichtsregel, direkt anhand der Quellenschriften selbst? Doch auch das höhere und selbst das höchste Studium der Religion soll zweckmäßigerweise die Evangelien zum Ausgangspunkt haben und muss um seiner selbst willen fortwährend in ihnen seinen Mittelpunkt oder Richtpunkt haben, um das letzte Ziel nicht aus dem Blick zu verlieren, herauszufinden, was die Religion ihrem Wesen nach ist. Die wissenschaftliche Erforschung dieser vier Urkunden, die jedes Kind lesen kann, ist in unseren Tagen so anspruchsvoll und weitläufig, dass man an mehreren Hochschulen besondere Lehrstühle für Evangelienforschung neben den Lehrstühlen für das übrige Neue Testament hat.

Das schwierigste und wichtigste literarische Problem auf dem Gebiet der Jesusforschung ist die Frage nach der Entstehung des Johannesevangeliums und seine Verwendbarkeit als Dokument für das Leben Jesu, nicht bloß für die Kenntnis der Gedankenwelt eines urchristlichen Schriftstellers. Die Deutung des ganzen historischen Stoffs des vierten Evangeliums als lediglich einer symbolischen Einkleidung der Gedanken und Tendenzen des Verfassers hat Bankrott gemacht. Doch das, was Geschichte ist, von dem zu sondern, was die eigenen Leistungen einer mächtigen Schriftstellerpersönlichkeit sind, bereitet große Schwierigkeiten und wird wohl niemals im Detail zu einer endgültigen Entscheidung führen können. Über den literarischen Prozess, der hinter den drei synoptischen Evangelien steht, ist man in bestimmten Hauptzügen ziemlich einig. Aber hinsichtlich des vierten Evangeliums herrscht nicht einmal über die Frage Einigkeit, ob es eine einheitliche Schöpfung [E 72] oder die Überarbeitung einer früheren Schrift ist.[17] Man meint, im vierten Evangelium die dort auftretenden Gestalten,

16 In bester Absicht die evangelischen Erzählungen weiter auszustaffieren, um sie vielleicht konkreter und anschaulicher zu machen, oder sie mit späterer und heutiger frommer und schöner Dichtung über Jesus zusammenzustellen, zeigt Mangel an künstlerischem Geschmack, historischem Urteil und Genauigkeit und an pädagogischem Takt. Die evangelischen Erzählungen sind für alle Zeiten, was sie sind. Selbst wenn sie, wie in der Geburtserzählung, Dinge enthalten, die eher religiöse Poesie als Historie sind, ist es irreführend, an diesen Schöpfungen herumzubasteln.

17 Auch Wellhausen hat versucht, Zusätze zu identifizieren. – Die wachsende Überzeugung von dem historischen Kern des Evangeliums ist in neuerer Zeit von immer zahlreicheren Forschern, vor allem von S. A. Fries, verknüpft worden mit der alten Tradition von einem Presbyter Johannes, wohl zu unterscheiden von dem Sohn des Zebedäus, dem Bruder des Jakobus. Dieser Presbyter sollte dann der Verfasser und Augenzeuge sein, der sich in der intimen Bekanntschaft des vierten Evangeliums mit Jerusalem und Jesu dortigem Aufenthalt zu erkennen gibt. Kein Jahr vergeht, ohne dass irgendein bedeutender Forscher sich dem Hinweis auf den Presbyter Johannes an Stelle des Fischers Johannes anschließt. [Söderblom hat diese gewagte

insbesondere die Hauptperson, hinter einem bemalten Fenster sich bewegen zu sehen. Manchmal erscheinen sie in voller Klarheit. Dann wieder werden sie von einem dunklen Farbenspiel verdeckt. Man kann nicht entscheiden, ob dies von einem Denker herrührt, der seine Betrachtung über das vor langer Zeit Geschehene gestülpt hat, oder ob halbverstandene Äußerungen des Erlösers selbst dieses eigenartige Halbdunkel auf sich gezogen haben.

Das Studium des Alten Testaments

Das Evangelium fordert jedoch eine Einleitung, die nicht bloß die Zeitgeschichte Jesu, sondern die ganze religiöse Entwicklung in dem Volk, dem er angehörte, umfasst. Jesus selbst bezeichnet sich als die Vollendung des Gesetzes und der Propheten. Er weist also selbst auf die goldene Kette von Propheten und Gottesoffenbarern in Israel hin und verlangt im Zusammenhang mit ihnen gesehen zu werden. Zwar deutet sein Auftreten auf den wesentlichen Unterschied zu den Propheten hin, dass er in einer Weise auf seine eigene Persönlichkeit verweist, die bei ihnen keine Entsprechung hat. Diese zentrale Stellung seiner Person ist in seiner Messianität und in den Bezeichnungen Herr und Retter ausgedrückt, die im Neuen Testament für Jesus gebraucht werden, in der Septuaginta dagegen sich auf Gott beziehen. – Aber diese Unterschiedenheit, die zugleich die Unterschiedenheit zwischen Judentum und Christentum, die Unterschiedenheit zwischen Glauben an Ideen und Glauben an [E 73] die Persönlichkeit ist, Sammlung um eine Idee und Sammlung um eine Persönlichkeit, kommt nur dadurch zu ihrem Recht, dass man Jesus, den Propheten aus Nazareth, in der Reihe der Propheten sieht, in die er selbst sich hineinstellt. Das ist das zugleich Progressive und aufs Engste Verbindende in der biblischen Kette von Gottesmännern, das deren Eigenart ausmacht.

Hypothese selbst vertreten, vgl. N. Söderblom, *Kristi pinas historia. Vår Herres Jesu Kristi lidande. En passionsbok för stilla veckan och andra veckor*, (1928) [4]1965, 187–192. Wie er zu der Wahrnehmung ihrer großen Durchsetzungskraft gekommen ist, lässt sich im Rückblick kaum nachvollziehen. Zu Samuel Andreas Fries vgl. dessen Schrift *Det fjärde evangeliet och Hebreerevangeliet. Bidrag till frågan om de Johanneiska skrifternas uppkomst och det fjärde evangeliets betydelse för kristendomens historia*, 1898. Während seiner Tätigkeit als Pfarrer in Paris hat Söderblom manches Streitgespräch mit dem bedeutenden katholischen Modernisten Alfred Loisy geführt, der mit der herrschenden Meinung der historischen Kritik das vierte Evangelium spät datierte und keinem Augenzeugen zuschrieb. Das muss man hier mithören.]

Die Notwendigkeit des alttestamentlichen Studiums für das Verständnis der im Evangelium bezeugten religiösen Neuschöpfung geht schon aus der außerordentlichen Vertrautheit mit der jüdischen Bibel hervor, die Jesu Wort und Auftreten verraten. Um ihn auch nur annähernd zu kennen, müssen wir die heiligen Schriften kennen, mit denen er seine Seele genährt hat.

Die neuere Bibelforschung hat die Lücke ausgefüllt, die nach der älteren Auffassung zwischen den letzten Schriftpropheten und dem großen Propheten klaffte, der nichts Schriftliches hinterlassen hat und dessen Glanz, an und für sich herrlich, durch die Nähe zu dem alles übertreffenden, von Jesus ausgehenden Glanz verdunkelt wurde: Johannes dem Täufer. Man weiß jetzt, dass ein bedeutender Teil der Literatur des Alten Testaments in diese letzten Jahrhunderte vor Christus fällt. Sie waren unter anderem von Bedeutung für die Kodifizierung des Gesetzes.

Der Ausgangspunkt für die neue, fruchtbringende Epoche alttestamentlicher Forschung, die mit Wellhausens Namen bezeichnet zu werden pflegt, obwohl nicht er sie eingeleitet hat, war die Erkenntnis, dass die Gesetzessammlung in ihrem gegenwärtigen Zustand aus der Zeit nach den großen Schriftpropheten stammt. Die Reihenfolge zwischen dem »Gesetz« und den »Propheten« wurde umgestellt. Der geschichtliche Horizont wurde begrenzt, so dass Mose in den Schatten trat, während das Licht schärfer als je zuvor auf die Gestalten der großen Schriftpropheten fiel und sie in ihrer Eigentümlichkeit klarer profiliert und größer als zuvor erscheinen ließ. Niemand hat die imposante Mystik in ihrem Verkehr mit Gott und den religiösen Heroismus ihrer Haltung so gezeichnet wie Wellhausen. Man war geradezu geneigt, in einem Amos, einem Hosea und deren Nachfolgern die Schöpfer der [E 74] ethischen und geistigen Gottesanbetung zu sehen, deren hartnäckiger Kampf gegen Volksglauben, Naturreligion, nationale Selbstgerechtigkeit und Ritualismus der Entwicklung der israelitischen Frömmigkeit eine in der Religionsgeschichte einmalige Dramatik verleiht.

Die Weiterführung der Arbeit hat den Gesichtskreis erweitert und Mose als den ersten und grundlegenden der großen Propheten erscheinen lassen. Der Blick reicht noch weiter zurück und spürt der religiösen Bedeutung Abrahams nach. Was das Gesetz betrifft, so sieht man, dass viele Bräuche und Vorschriften in die Zeit lange vor Mose zurückgehen, obwohl sie erst nach dem Exil, nach einem sehr verwickelten Prozess in Tradition und Literatur die Systematisierung und Zusammenfassung erfahren haben, in der sie vorliegen. Aber der prophetische Geist, der in der Gesetzessammlung zum Vorschein kommt, und wohl auch gewisse grundlegende Formulierungen stammen direkt oder indirekt von Mose. Er ist Israels Religionsstifter.

Nicht bloß für das Gesetz ist die spätere Zeit von Bedeutung gewesen. Das Frömmigkeitsleben während der Unterdrückung und später in der Zeit der Makkabäer hat unvergleichlichen Ausdruck gewonnen in den Psalmen, die damals an den Tag gekommen sind. In den letzten vorchristlichen Jahrhunderten kochen Zukunftshoffnungen aus dem engen Kessel heißer Frömmigkeit hoch. Sie nehmen Gestalt an in Gesichten und Prophetien neuer Art, so wie in den Gesängen von Jes 24–27 und vor allem im Danielbuch. Eine neue Literaturgattung wächst heran, die apokalyptische, die zum größeren Teil außerhalb der als kanonisch anerkannten Büchersammlung, der Bibel, verblieb – das Buch der Offenbarung erhielt erst nach hartnäckigem Widerstand seinen Platz in ihr – aber von der alten Christenheit trotz der Siege der reinen Lehre an abgelegenen Orten bewahrt wurde, nicht selten allein in äthiopischen, koptischen, armenischen, slawischen oder anderen exotischen Übersetzungen, und ist jetzt wieder aufgefunden und bearbeitet worden. Diese postkanonische jüdische Literatur hat große Bedeutung für das Verständnis der Frömmigkeit der Juden zur Zeit Jesu. In der Bibel war das Judentum der letzten vorchristlichen Jahrhunderte reichlicher vertreten, bis die reformierten Prinzipien der großen englischen Bibelgesellschaft, welche die apokalyptischen Bücher ausschloss, seit dem Jahr 1826 [E 75] die Bibelausgaben auch der evangelisch-lutherischen Christenheit zu beeinflussen begann.[18] Geringfügig ist der religiöse Gehalt in manchen dieser Apokryphen – doch nicht schwächer als im Buch Esther –, aber andere wie das Buch der Weisheit, das Buch Jesus Sirach und die Makkabäerbücher besitzen religiösen Wert und stellten früher eine beliebte und oft zitierte Lektüre dar. Gustav Vasa schickte Herzog Johan am 1. September 1558 »aus guter Meinung einige Sentenzen und Sprüche, aus dem Buch des Jesus Sirach ausgezogen; deren Inhalt und Lehre du beherzigen mögest«.[19] Sämtliche Apokryphen sind höchst aufschlussreich für die jüdische Frömmigkeit, können aber natürlich in keiner Weise mit den Büchern verglichen werden, die den Kern der jüdischen Bibel ausmachen.

Die alttestamentliche Literatur zeigt dem Leser einen reichen religiösen Prozess. Hinter dem Ganzen steht ein Volksglaube, nahe verwandt mit dem der benachbarten Stämme und Völker, der Kennzeichen und Institutionen aufweist, ganz ähnlich denen, die wir überall auf der Erde in dem großen allgemeinen Gebiet der niederen Religion und darüber hin-

---

18 Vgl. FRITZ A. BESKOW, *Svenska bibelsällskapet 1815–1915*, Gedenkschrift zu deren 100-jährigem Jubiläum, 1915, 37 ff.

19 [Söderblom lässt den Brief an Herzog Erik gerichtet sein; das ist aber ein Irrtum. Die Stelle steht in: GUSTAF VASA, *Valda bref*, utg. av Nils Edén, 1901, 66 (Hinweis von Staffan Runestam).]

aus unbeirrt durch die Zeiten hindurch fortbestehend finden. In Verbindung mit reicheren materiellen und politischen Ressourcen und den allgemeinen Fortschritten der Bildung entwickelt sich eine in größerem Stil organisierte Gottesverehrung mit Priestern, Opfern und Tempel, für einen oberflächlichen Betrachter ganz einfach eine Entsprechung zu der Kultur der großen Kulturstaaten nach Maßgabe der Möglichkeiten der alten Israeliten. Ansätze zum Polytheismus fehlen ebenfalls nicht. Aber hinter dieser Opferreligion stand der prophetische Gottesgedanke des mosaischen Offenbarungsglaubens, seinem Wesen nach so beschaffen, dass er schließlich die Opferreligion durch einen geistigen, ethischen Gottesdienst ersetzen sollte, auf sonderbare Weise mit jener verflochten, aber von den Propheten in einer je nach ihrer individuellen Gotteserfahrung, Temperament und der Zeitsituation reich differenzierten Polemik behauptet gegen das, was Volk und Könige oder Priester für heilig hielten oder nach ausländischem Vorbild zu der von ihnen vermuteten Förderung der Religiosität einführen wollten. Nach dem Exil bildete sich unter den neuen Verhältnissen ein neuer Frömmigkeitstyp, eine [E 76] Gesetzesreligion. Aber innerhalb von deren Schale und neben ihr haben die Innerlichkeit und der Universalismus der Propheten eine weitere Entwicklung durchgemacht oder weitergelebt.

In allen diesen vier Bereichen, zuunterst der Volksglaube, [dann] der höhere Opferkult, das von den Propheten fortgeführte Werk des Mosaismus, das Israels Unicum ist, und die jüdische Gesetzesfrömmigkeit, hat die Religionsforschung der letzten hundert Jahre mehr zuwege gebracht als in irgendeinem anderen Bereich der Geschichte der Religion. Von den Problemen, die noch im Dunkel liegen, nenne ich hier eines: die Vorgeschichte des Mosaismus und Jahwismus.[20] Wo fand sich der Gottesname Jahwe vor Mose und was bedeutete er? Was für einen Kult und Gottesglauben hatten die Terachiden, die nach dem 1. Mosebuch aus Ur in Babylonien und dann von Haran nach Kanaan wanderten? Sind irgendwelche Eindrücke, die Mose von den Kulturreligionen in Ägypten und Arabien empfing, von Bedeutung für seine persönliche Erfahrung und religiöse Neuschöpfung? Neue Funde können uns neues Material verschaffen. Die Durcharbeitung der Religionsgeschichte im Ganzen ermöglicht einen schärferen Blick.

---

20 Vgl. meine Arbeit *Das Werden des Gottesglaubens* (Gudstrons uppkomst, dt. v. R. Stübe), 1916, 297 ff.

An das Evangelium schließt sich am engsten das Urchristentum an. Teilweise sind beide unzertrennlich. Die Kenntnis von Christus ist uns durch die Auffassung der Evangelisten und Apostel von ihm vermittelt. Zum Leben und Werk einer Persönlichkeit gehört der Eindruck, den sie auf die Zeitgenossen macht. Wir haben weder die Möglichkeit noch das Recht den Versuch zu machen, Jesus von dem Zeugnis von ihm zu isolieren. Allein auf Grund dieses Zeugnisses können wir uns ihm nähern und eine richtige Auffassung von ihm gewinnen. Und was das Theoretische angeht, so ist das Urchristentum – wie das Christentum in seiner ganzen Geschichte – Zeugnis von Christus. Aber das Urchristentum ist nicht nur Zeugnis von Christus. Es besteht aus einer Reihe von Persönlichkeiten, unter denen Paulus sich am höchsten erhebt, aus [E 77] beginnender Gemeindebildung und aus dem sich ausbildenden neuen Gottesdienst. Und das Zeugnis von Christus als dem Messias wird zur Theologie ausgebildet bei Paulus, im Hebräerbrief und in der Logoslehre des Johannesprologs. Die Urkunden des Urchristentums sind – abgesehen von den Evangelien, die auch Gedanken und Verhältnisse ihrer Abfassungszeit, Jahrzehnte nach Jesu Tod, nicht bloß ihren Gegenstand, den Erlöser bezeugen – die Apostelgeschichte, die Briefe und das Buch der Offenbarung. Es ist schwer, die Grenze zu ziehen. Das Neue Testament selbst ist ja eine Grenze, so wie es vorliegt. Doch eine ziemlich äußerliche und willkürliche Grenze. Es gibt Schriften, die hier keinen Eingang gefunden haben, die für die Kenntnis des Christentums während eines Jahrhunderts nach Christi Tod mehr bedeuten als die eine oder andere Schrift im Neuen Testament. Die *Lehre der zwölf Apostel* ist erheblich wichtiger als der Judasbrief. Die neutestamentliche Forschung hat die neutestamentlichen Schriften zum Gegenstand: die Persönlichkeiten, das Frömmigkeitsleben, die Strömungen, die dort geschildert werden und die durch andere Schriften aus der ältesten Zeit zusätzliche Erhellung und festere Konturen bekommen.

Wir erhalten somit
alttestamentliches und
Evangelienforschung,
Geschichte des Urchristentums } neutestamentliches Studium

Oder, wenn man so will, die Religionsgeschichte Israels und des Judentums und die Religionsgeschichte des ursprünglichen Christentums, oder kurz: die biblische Religionsgeschichte.

Das ist eine Vielfalt von Disziplinen. Die Sprachen müssen studiert werden. Gründlichere Religionsstudien sind undenkbar ohne Sprachstudien, die den Zugang zu den Urkunden selbst eröffnen. Diese wissenschaftliche Forderung wurde von Luther zu einer religiösen Forderung gemacht. Vom Humanismus übernahm er den Gedanken, sich an die Quellen zu halten, und der hat sich in der evangelischen Christenheit insgesamt eingebürgert. Diese anerkennt keinen feststehenden heiligen Text – überhaupt keine äußere Autorität, die den Weg zwischen dem Menschen [E 78] und der Wahrheit versperren darf –, sondern sie verwendet alle Hilfsmittel der Wissenschaft dazu, in direkten Kontakt mit den Urkunden zu kommen, die am ehesten, wenngleich keineswegs photographisch, sondern vermittelt durch menschliches Temperament, die für das Christentum grundlegende geschichtliche Wirklichkeit abbilden. Die Forderung, welche die lutherischen Kirchen an ihre Religionslehrer stellen, dass sie in der Lage sein sollen, sich an den hebräischen und griechischen Urtext der Bibel zu halten, hat etwas Großes und Unveräußerliches. Die Kirche kann sich diesen Luxus, wie manche geneigt sind es zu nennen, durchaus leisten, solches stolze Erbe zu behalten und zu verwalten, samt der ganzen Forderung wirklicher Wissenschaft und voller Parität mit der Forschung der Zeit, die dazugehört.

– Von anderen Religionen, die heilige Texte besitzen, hatten der Parsismus, der Brahmanismus und der Buddhismus längst die Sprachen vergessen, in denen die gedankenlos aber andächtig und mit äußerster Sorgfalt heruntergeleierten heiligen Texte abgefasst sind, als abendländische Gelehrte vor mehr als hundert Jahren anfingen, die Avestasprache, Sanskrit, Pali zu erkunden und bald Asiens frommen und gelehrten Priestern und Mönchen den sprachlichen Hintergrund ihrer eigenen Religionsurkunden beibringen konnten. Heute floriert solche Forschung in deren eigenen Kreisen. –

Die Sprachen selbst tragen die Spuren der Geschichte der Religion. Insbesondere gilt das von der Sprache, die bislang die gehaltvollsten geistigen Erfahrungen durchgemacht hat, vom Griechischen. Dieses war zunächst ein außerordentlich geschmeidiger und schöner Ausdruck für eine in ihrer Art vollendete und vielfältige geistige Welt, als Muttersprache Homers, Pindars, des Aischylos, des Sophokles und Euripides, des Sokrates, Platons, des Aristoteles, Epikurs, des Poseidonios und Plotins. Es bedurfte der Vorarbeit von Jahrhunderten in der jüdischen Diaspora, bevor eben diese wunderbare Sprache im Stande war, den neuen Inhalt des Christentums zum Ausdruck zu bringen. Dieselbe Sprache in den Urkunden über die beiden bemerkenswertesten und wichtigsten Gestaltungen und Hervorbringungen abendländischer Bildung! Und ein vollendeter Ausdruck für beide, obwohl diese sich in vielen Hinsichten wesentlich voneinander unterscheiden. Ein paar Beispiele sollen eine Ahnung davon vermitteln, was [E 79] das bedeutet. Ich wähle ein Wort vom Los des Einzelnen, [und] eines vom Geschick des Menschengeschlechts, nach antiker und nach christlicher Anschauung. Palingenesia bedeutete in der Antike Wiedergeburt zu einer neuen Existenz gemäß dem Volksglauben an die Seelenwanderung sowie das Eintreten der neuen, identischen Weltperiode, im Christentum dagegen (in Übereinstimmung mit dem Sprachgebrauch in bestimmten Mysterien, nach dem uralten, primitiven religiösen Ausdruck für die Einweihung in die heiligen Riten des Stammes als Tod und neues Leben) Neugeburt, die Verwandlung der Menschenseele zu einem höheren Leben. Apokatastasis ton panton drückte die auch in Indien und in heutiger naturwissenschaftlicher Spekulation vorkommende Vorstellung einer »Wiederkehr aller Dinge« aus, nämlich dass durch die Determination der Atome und Naturkräfte nach bestimmten langen Zeiträumen in ewigem Kreislauf immer wieder genau derselbe Weltzustand eintrete. In der Apostelgeschichte[21] bedeutet es »Verwirklichung von allem«, was Gott durch die Propheten spricht, und im christlichen Sprachgebrauch im Allgemeinen das Ziel der Vollendung, auf das hin das Dasein sich durch alle Verwirrung und alles Dunkel hindurch richtet. Bis heute ist keine andere so hohe und in sich geschlossene geistige Bildung wie die griechische vom Christentum aufgesogen worden. Nur zwei andere kann man damit vergleichen – und auch wieder nicht vergleichen, wenn wir auf das freie, schöne, reiche Wachstum des Menschen blicken – die indische und die ostasiatische. Deren Sprachen werden einmal den gleichen Beweis enormer Flexibilität erbringen wie die griechische. Sie sind bereits dabei zu versuchen, den christlichen und abendländischen Geist zu verstehen und zum Ausdruck zu bringen, der ihren eigenen Gedankenwelten so fremd ist. Für das gebildete japanische Bewusstsein beginnt z. B. deren uralte Bezeichnung für Geist, Gottheit: kami (kami no mitji = chinesisch shin-to, »der Weg der Geister«, »der Götter«) bereits, etwas von dem christlichen Gottesgedanken aufzunehmen. Aber bislang hat allein das Griechische die Kraftprobe bestanden, die dessen Studium als Religionssprache einen einzigartigen Inhaltsreichtum verleiht.

Zu den Sprachstudien kommt die Textanalyse, teils der Arbeitsgang, anhand vorliegender Handschriften und Zitate zu dem ältesten und besten Text zu gelangen, teils die historisch- kritische [E 80] Untersuchung des Alters, der Komposition und des Inhalts der verschiedenen Schriften. Dank des Eifers und Erfolges, mit dem die kritische Bibelforschung betrieben worden ist, haben wir heute ein klareres Bild von der Entwicklung der israelitischen Religion als je zuvor. Und Jesu geistige Umwelt, auch seine

---

21 [Act 3,21.]

Gestalt selbst, erscheinen lebendiger als in Zeiten, die ihm näher standen. Je weiter dieses moderne Bibelstudium fortschreitet, desto mehr befreit es sich von orthodoxem oder radikalem Dogmatismus, dem der suchende Geist fehlt und der die Forschung bloß als Beispiel und Beweis für das ansieht, was er schon im Voraus genau weiß, von kleinlicher Engstirnigkeit und unkritischer Skepsis. Zugleich gewinnt es einen weiteren Gesichtskreis, eine vielseitigere Methode, stärkeren Wirklichkeitssinn und einen kritischeren und gesunderen historischen Blick.

Hier stellt sich eine Aufgabe, die bislang nicht einmal ansatzweise in ihrem ganzen Umfang behandelt werden kann. In welchem Maße ist die Religionsentwicklung in der Bibel von anderen Religionen beeinflusst worden, mit denen sie in Berührung gekommen ist, mit assyrisch-babylonischer, ägyptischer, altarabischer, kanaanäischer, persischer und griechischer Religion? Hinsichtlich der kanaanäischen ist die Sache am einfachsten. Was die persische und griechische angeht, so ist man über die ersten tastenden Versuche hinausgelangt. Unsere bessere Kenntnis der babylonischen Kultur zeigt uns bereits die ganze alte orientalische Kulturwelt in größerem Zusammenhang und klarerem Licht und verspricht mehr. Sie ist unentbehrlich für die Bibelinterpretation. Aber das Wetterleuchten des Vermutens und der blendenden Patentantworten blitzt immer noch nach Kräften. Ägypten stand vor hundert Jahren in einem solchen Zusammenhang auf dem Tapet und wird bereits allmählich wieder mit einbezogen, um Babel nicht allein das Feld zu überlassen. Auch mit der arabischen und kanaanäischen Kultur müssen wir rechnen, – sie harren dringend besserer Kenntnis. Es kommt für die biblischen Studien darauf an, diese Probleme klar in den Blick zu fassen, ohne sich durch die unmotivierte Angst vor fremdem, in der Bibel frei verwendetem Stoff verwirren zu lassen – die Sintfluterzählung ist z.B. offensichtlich babylonischer Herkunft, und anderes mehr – oder auch durch den schönen [E 81] Gedanken, dass das Judentum und nach ihm das Christentum den Lebenssaft der alten Religionen in sich aufgenommen haben und deshalb einen historischen Zusammenfluss vieler edler Quellen darstellen. So schön der Gedanke ist, darf er doch nicht zu Konstruktionen eines Synkretismus Anlass geben, wo ein solcher nicht existiert. Dieselbe Frage kehrt in einem uns zeitlich näher liegenden Bereich wieder, in der Organisation des Christentums als Religion und in deren Entwicklung. Es ist so offenkundig wie nur möglich, dass die historische Kirche auf ihre Weise nicht bloß das Evangelium und das Prophetentum fortgeführt hat, sondern auch die antike Kultur, insbesondere griechische Religiosität und Philosophie. Man muss sich lediglich klar machen, dass die Kirche und die Kirchen keineswegs die Gottesherrschaft ausmachen, von der Jesus sprach und die er erwartete und in der Liebe und der Wahrheit verwirklicht sah. Diese unrichtige Vermengung von Gottesherrschaft nach der Predigt Jesu und Kirche hat viel Verwirrung und viele Fehlschlüsse erzeugt. Jesus polemisiert weder gegen die Religion noch errichtet er eine neue. Er vertritt und bewirkt die Reinigung, den Freimut und die Hoheit menschlichen Lebens in der Gemeinschaft des Vaters, gegen alle bewusste und unbewusste Unwahrheit im Leben, gegen Hoffnungslosigkeit und Erdgebundenheit. Die Kirche ist nicht seine Stiftung. Sehr wohl aber ist es ihre Aufgabe, die Gottesherrschaft zu verkündigen und den Geist Christi zu verwirklichen. Die Kirche ist die treue Bewahrerin des religiösen Schatzes der Menschheit. Denn soweit wertvolle Erfahrungen und religiöse Gedanken aus Hellas kommen, hat sie sie zu pflegen, in der universellen religiösen Überzeugung von Act 17,27. Roger Bacon proklamierte ein Programm, das mutatis mutandis immer noch seine Schönheit und Gültigkeit besitzt, als er in seinem 1266 vollendeten Opus Majus schrieb, dass er sich ein progressives Papsttum wünsche, das in »ununterbrochener und harmonischer Entwicklung das Werk weiterführe, das mosaisches Gesetz und griechischer Intellekt begonnen hatten«.[22] Das hat die Kirche getan. – Doch wenn es gilt zu sehen, was im Kult und den Vorstellungen der Kirche als synkretistische Gebilde aus der Antike kommt und was sich aus den eigenen Voraussetzungen des Christentums gebildet hat, so ist dies in [E 82] mehreren wichtigen Punkten noch recht dunkel. Man hat bisher mangels Durcharbeitung des Materials oft [nur] generalisiert.

Die Geschichte der christlichen Religion

Die Kirchengeschichte ist die Geschichte der christlichen Religion und beginnt deshalb bereits im Neuen Testament, wenngleich Gewicht und Reichtum des Stoffs eine Arbeitsteilung veranlasst haben. Die Kirchengeschichte umfasst eine vielfältige Entwicklung, voll von Elementen, die ganz anderen und niederen religiösen Gebilden angehören als der des Evangeliums, eine Welt von Persönlichkeiten, Volkscharakteren, Gebräuchen, Organisationen und Gedanken.

Die Quellen müssen in vielen Sprachen aufgesucht werden, von denen Griechisch und Latein die wichtigsten sind. Dazu kommen die verschiedenen Volkssprachen. Ein besonderes Gewicht hat für uns die Geschichte

22 [Das Zitat stammt nicht von Bacon selbst, sondern aus der Einleitung des Hg., vgl. ROGER BACON, The Opus majus, hg. v. J.H. Bridges (2 Bd.), 1900, Bd. 1, LXXXXII.]

des Christentums in Schweden, ein Forschungsfeld reich an unbeackertem Gelände, wo jedoch die Arbeit heute mit Lust und Liebe wie nie zuvor betrieben wird.

Dogmengeschichte

Ich gehe nicht auf die Disziplinen ein, in die sich die Kirchengeschichte, der reichhaltigste Gegenstand der Theologie, verzweigt, Missionsgeschichte, Geschichte der Kirchenordnung, Geschichte des Kultus, der Frömmigkeit usw. Uns interessiert sie am ehesten nicht als Bild der Schicksale der kirchlichen Gemeinschaften, sondern als die Entwicklung der christlichen Frömmigkeit selbst, wie sie in den Gemütern gelebt und sich Ausdruck verschafft hat, teils theoretisch in Bekenntnissen, Dogmen und Theologie, teils praktisch im Kult und in der Lebensgestaltung, im christlichen Ideal, in der Einstellung von Frömmigkeit und Kirche zu Familie, Staat, Wissenschaft, Kunst. Das Erstere gehört zur Dogmengeschichte. Sie lehrt uns, die Formulierungen zu erkennen und zu verstehen, mit denen das Christentum aufgetreten ist und noch auftritt, und sie angemessen zu würdigen.

[E 83] Die Geschichte des christlichen Frömmigkeitsideals

Damit hängt die Geschichte des Frömmigkeitslebens selbst, die Geschichte der Gottesverehrung und die Geschichte des christlichen Ideals oder der christlichen Ethik ganz eng zusammen. Man hat im Laufe der Entwicklung des Christentums ganz unterschiedliche Auffassungen davon gehabt, was es bedeutet, ein Christ zu sein. Die innere Erfahrung selbst hat verschiedene Gestalt gehabt, je nach Temperament, Zeitumständen und herrschenden Persönlichkeiten und Idealen. Soll man Gott im Evangelium oder jenseits der Vielfalt des Seins suchen? Soll man mit Christus verkehren wie mit einem feinfühligen Liebenden oder wie mit dem Herrn in der Welt des Menschen? Ist das Staatswesen von Gott oder vom Teufel? Ist die Kirche ein Staat über den Staaten oder eine geistige Gemeinschaft neben den weltlichen? Soll man ins Kloster gehen oder nicht? Wie soll man der Weltlichkeit entkommen? Wo soll man Gott dienen? Bedeutet das Christentum geradezu Selbstaufgabe oder beinhaltet es Selbsterhaltung, den Gewinn des wahren Selbst? Die Ideale fremder Religionen und Kulturkreise sind mit denen des Evangeliums zusammengeführt worden. Aus der Antike kam die Beurteilung des Materiellen als Quelle von Irrtum und Sünde. Innerhalb der orientalischen Welt geschah das Folgenreichste in Ägypten: was den Glauben an Christus angeht, im Vollzug der Anwendung des Logos-gedankens auf Christus vor allem durch Origenes, und was das Leben angeht, nicht ohne Einwirkung der Asketen der griechischen Philosophen-schulen, durch die ersten christlichen Eremiten und Klöster. Der Ort der Vermählung de Logosgedankens mit dem Christusglauben war Alexandria, die Geburtsstätte des christlichen Mönchswesens war die Thebais in Oberägypten. Der große Athanasius hat prägend auf beide gewirkt durch die nicänische Formel von 325 und durch seine Lebensbeschreibung des heiligen Antonius.

Im Abendland sind, wenn nur die Allerallerwichtigsten berücksichtigt werden sollen, drei oder vier Namen zu nennen: Augustin, Schöpfer, Normgeber und nie versiegende Quelle des abendländischen Christentumstypus, ferner der einflussreichste Gestalter mittelalterlicher Mönchsfröm-migkeit, der heilige Bernhard, sowohl [E 84] Kirchenfürst als auch schwär-merischer Schilderer der Christusliebe anhand der feurigen Erotik des Hohenliedes, und der heilige Franz, Schöpfer eines neuen, von den Evan-gelien inspirierten Mönchsideals. Kein Mönch hat eine solche Macht wie Gottes kleiner Armer und Jesu Christi Troubadour. In seiner Zeit weckte er mit seiner ansteckenden Fröhlichkeit und Liebe eine Frömmigkeit, die der Christenheit neues Leben verlieh. In unseren Tagen ist er als das religi-öse Ideal der neukatholischen Bewegung lebendiger denn je.

Martin Luther schöpfte aus seiner inneren Erfahrung und dem Evange-lium ein neues Lebensideal, ein neues Gottvertrauen und eine neue Frei-heit. Religionsgeschichtlich gesehen ist er gleich nach Paulus das mäch-tigste schöpferische Genie des Christentums.

Nächst dem Studium der Urkunden des Christentums in der Bibel ist es unbedingt erforderlich, einen lebendigen Eindruck von diesen epoche-machenden Gestalten der Frömmigkeit zu bekommen, durch Lektüre von Augustins Bekenntnissen, einer Franziskus-Biographie, wozu als Zeug-nisse der edelsten mittelalterlichen Mystik hinzugefügt werden können: *Von der Nachfolge Christi, Theologia Deutsch* – auf Schwedisch *Die christliche Vollkommenheit* (Ritschls Schrift gleichen Namens, ebenfalls übersetzt, stellt das Ideal der Reformation vor). Von Luther kann man z. B. die Thesen wählen, den *Sermon von dem Sakrament der Buße*, die drei reformatorischen Hauptschriften, *An den christlichen Adel deutscher Nation und von des christlichen Standes Besserung*, die folgenreichste: *Von der babylonischen Gefangenschaft der Kirche*, und die großartigste: *Von der Freiheit eines Christenmenschen* (in schwedischer Übersetzung von Fredrik Fehr), die Kirchenpostille – man beachte die Vorreden!, – die Vorworte zum Römer- und Galaterbrief, den Kleinen und Großen Kate-chismus und schließlich die dem Leser am wenigsten zugängliche, aber zutiefst aufschlussreiche und am schärfsten sich abgrenzende seiner Schriften, das Buch gegen Erasmus von der Unfreiheit des Willens.

Als Nächstes seien die Erbauungsschriftsteller der lutherischen Kirche genannt: Arndt, Johann Gerhard, Scriver, Spener, Bengel, in Schweden Olaus Petri und Nohrborg; ferner das [E 85] großartigste Volksbuch der angelsächsischen Frömmigkeit – vielleicht der ganzen Erbauungsliteratur –, John Bunyans *Pilgerreise*; sowie das edelste literarische Erzeugnis des neueren Katholizismus, Pascals *Gedanken*.

Eine unvergleichliche Quelle für die Kenntnis christlicher, insbesondere evangelischer Frömmigkeit, ist das Gesangbuch. Da kann man wahrlich die Religion in unverfälschten Ausdrucksformen aus verschiedenen Zeiten studieren. Zu dem, was allgemeines Eigentum ist, kommen in unserem Gesangbuch nationale Töne und Frömmigkeitszüge. Kein Gesangbuch, nicht einmal das dänische, ist so stark von der künstlerischen Kraft eines Liederdichters geprägt wie das unsere von der Wallins. Eine Anleitung zum Gesangbuch, welche die Zeitfolge angäbe und auf die Frömmigkeitstypen der Epochen und der Liederdichter hinwiese, würde erheblichen Nutzen bringen. Das Choralstudium hat sich allzu sehr an die Außenseite gehalten. Es ist das Geheimnis und der Zusammenhang des christlichen Lebens, was man dort suchen soll. Die eigentliche Aufgabe des Gesangbuchs ist die Erbauung. Es sollte jedoch auch in einem allgemeineren Sinn dem Studium der Religion dienen, von der elementaren Unterweisung bis zum wissenschaftlichen Studium. Nirgends gibt es einen so konzentrierten Extrakt des Frömmigkeitslebens der Christenheit, zugleich Zeugnis von Gemeinschaft und von Raum für die Eigenart der Persönlichkeit. Spegel neben Wallin, die wunderbare Poesie der *Dagvisa*[23] neben Luthers prophetischer, einfacher Kraft und Klarheit. Die Vertrautheit mit dem Wunder der Pfingstchoräle wirft mehr Licht auf den dritten Artikel als viele dogmatische Beschreibungen. Da ich oben ein Beispiel von Pfingsten gewählt habe, will ich ebenso mit Pfingsten den Erkenntniswert des Gesangbuchs belegen. Man beachte, wie die Choräle das Wunder des Pfingsttages wiederzugeben verstehen. Die Entrückung kannten sie. Man denke z. B. an Paul Gerhardts Pfingstchoral, von Spegel ins Schwedische übertragen. Das ekstatische psychologische Phänomen des Zungenredens selbst wird freilich mit keinem Wort erwähnt. Es wird

23 [Wörtlich: Tagesweise oder Tageslied. Es handelt sich um den bekanntesten schwedischen Choral (ursprünglich Volkslied) aus dem Mittelalter »Den signade dag som vi nu här ser från himmelen ned till oss komma«, Der gesegnete Tag, den wir heut' hier sehn vom Himm'l herab zu uns kommen; *Den svenska psalmboken* von 1986, Nr. 175 in der Bearbeitung von Johan Olof Wallin 1812, nochmals bearbeitet von Olof Hartman 1978.]

stattdessen wie bereits in der Apostelgeschichte mit der historischen Universalität des Christentums interpretiert, verwirklicht durch die Macht des Heiligen Geistes.

Du lehrst mit vieler Zungen Laut
All irdisch Volk zu preisen Gott.[24]
[E 86] Du kannst unterweisen
Unsern Gott zu preisen
In der Sprachen vielen.[25]

Über das Gebet und die Gebetserhörung geben die Gebetslieder klare Auskunft. Das Gesangbuch lag natürlich zu nahe, als dass man es im Ernst dazu benutzen würde, das Christentum kennen zu lernen. Aber es ist nicht zu spät dafür.

Der zur Verfügung stehende Platz gebietet mir, von den Zeugen und Urkunden persönlicher christlicher Frömmigkeit in den letzten gut hundert Jahren lediglich zu nennen für Schweden: Schartau, Thomander, Wallin, Geijer, Wieselgren, C. J. L. Almquist, Fjellstedt, Rosenius, Rydberg, Vikner, Fehr, J. C. Bring, P. Eklund, G. Billing, Rudin, J. A. Ekman, V. Norström, N. Beskow, J. A. Eklund; für Dänemark: Grundtvig, Kierkegaard, Martensen, M. Pontoppidan, F. L. Østrup; für Norwegen: Ibsens *Brand*, Heuch, G. Jensen, Chr. Bruun, Klaveness, Garborg, J. Jansen, Joh. Johnson; für Finnland: Runeberg, Topelius; für Deutschland: Schleiermacher, Fichte, Jacobi, L. Harms, Wichern, v. Hofmann, Tholuck, Rothe, Beck, Spitta, Luthardt, Ritschl, Herrmann, Kähler, Harnack, Naumann; für England und Schottland: Th. Arnold, Maurice, Kingsley, Fr. Robertson, Fr. Newman, Carlyle, M. Arnold, Sir John Robert Seeley, Dekan Stanley, Martineau, Keble, Pusey, Spurgeon, S. Wilberforce Lightfoot, Westcott, Moule, Ingram, Illingworth, Inge, Livingstone, Gordon, Balfour, Coleridge, Wordsworth, Browning (beide), Tennyson, Christina Rossetti, Th.

24 [Aus der 4. Strophe des Chorals »Kom, Helge Ande, Herre god«, *Den svenska psalmboken* 1937, Nr. 133, nach dem Hymnus »Veni, creator spiritus« des Hrabanus Maurus in der Bearbeitung von J. O. Wallin. In der deutschen Fassung M. Luthers, EG 126,4 steht stattdessen: »Des Vaters Wort gibst du gar bald / mit Zungen in alle Land.« Die Nr. 51 im heutigen schwedischen Gesangbuch stellt eine völlige Neufassung dar.]
25 [Aus der 2. Strophe des Chorals »Ande, full av nåde« (Geiste, voller Gnade), *Den svenska psalmboken* 1937, Nr. 137. Dieser Choral ist die stark umgedichtete Bearbeitung des Liedes von Johann Franck »Brunnquell aller Güter«. Hier wird der schwedische Text ins Deutsche übersetzt, weil die Originalfassung nicht genau den Gedanken enthält, an dem Söderblom interessiert ist. (Vgl. JOHANN FRANCK, *Geistliches Sion* ..., 1674, 26–28). Weder der ursprüngliche Choral Francks noch seine schwedische Version ist in den neueren Gesangbüchern noch zu finden.]

Chalmers, Erskine, H. Drummond, J. Watson; für Amerika: Emerson, Moody, Phillips Brooks; für Frankreich: Ad. Monod, Bersier, de Pressensé, Sabatier, Ch. Wagner, W. Monod; für die Schweiz: Vinet, Amiel; für den Katholizismus: de Maistre, Lamennais, Lacordaire, Montalembert, Veuillot, Dupanloup, Kard. Pie, Dom Guéranger, Loisy, Kard. Newman, Manning, Tyrrell, Möhler, Schell, Fogazzaros *Ein Heiliger*; für den Bereich der orthodoxen Christenheit Pobedonoszew, Dostojewskij, Tolstoj, Vater Johannes, Mereschkowskij.[26]

[E 87] Dies sind bloß einige wenige von den literarischen Persönlichkeiten und Dokumenten christlicher Frömmigkeit aus dem letzten Jahrhundert.

Die Ausdrucksformen religiösen Lebens in gemeinsamer Anbetung Gottes und Andacht gewähren einem sehenden Auge wichtige Einblicke.

Symbolik

Manche derartige Denkmäler, die wir bereits in der Behandlung der Dogmengeschichte berührt haben, haben eine spezielle Bedeutung. Die Kirchengemeinschaften blicken auf wichtige Grundlegungsepochen und entscheidende Augenblicke zurück, als die Lehre im Widerstand gegen Anschauungen formuliert wurde, die gefährlich und bedrohlich erschienen, und als äußere und innere Ursachen eine gemeinsame Bezeugung der geistlichen Schätze, von denen die Gemeinde lebt, durch die Schaffung und Annahme von Bekenntnisurkunden erzwangen. Diese bleiben sodann »symbola«, symbolische Schriften, und stellen eine Fahne dar, die, auch wenn ihre Farben verblassen, doch ein gemeinsames geistiges Vaterland bezeichnet. Eher lässt die den zeitlichen Zwischenraum ausfüllende Luft die Farben undeutlich ineinander verfließen. Es erfordert vielleicht ernsthafte Arbeit, sich ihnen in ihrer Zeit zu nähern, sie zu verstehen und Leben und Gewissheit des Glaubens in ursprünglicher Frische und Glanz aus

---

26 [Es ist hier weder möglich noch notwendig, diese Liste im Einzelnen zu kommentieren. Für das inhaltliche Verständnis ist auf dreierlei zu achten: 1. die internationale Konzeption, 2. die ökumenische Weite mit der Verschiedenheit der Konfessionen, 3. das bewusste Nebeneinander sehr unterschiedlicher Frömmigkeitsformen – Grundtvig neben Kierkegaard, Schleiermacher und Fichte neben L. Harms und Tholuck usw. Es geht Söderblom also darum, »die Wolke der Zeugen« in ihrem Umfang und in ihrer individuellen Differenzierung zu dokumentieren. Schließlich sei darauf hingewiesen, dass im Text der hier benutzten Ausgabe John Keble nach Tennyson versehentlich zum zweiten Mal genannt wird; in den früheren Auflagen fehlt die Doppelung.]

ihnen hervorstrahlen zu sehen. Man möge den symbolischen Charakter solcher Schriften für die Frömmigkeitsrichtungen, denen sie gehören, nicht mit dem persönlichen christlichen Bekenntnis verwechseln, das in späteren Zeiten die Ausdrucksweise und Vorstellungswelt der Symbole als sehr fremd empfinden kann, während es zugleich seine Einheit mit ihrem Geist bekennt. Es kann für die Kirche durchaus nötig werden, ihr Verhältnis zu diesen Denkmälern auf Grund ihrer lebendigen Erfahrung zu präzisieren, und sie kann neue gemeinsame Bezeugungen ihres Glaubens und Wollens benötigen. Aber die symbolischen Urkunden können und dürfen nicht geändert werden, sie gehören der Geschichte an. Ihnen kommt eine so bedeutende Stellung zu, dass sie zum Gegenstand eines besonderen theologischen Forschungszweigs gemacht worden sind, der Symbolik. Insofern die Symbolik das Wesentliche und für die Frömmigkeit der verschiedenen Kirchen der Christenheit Charakteristische herausarbeitet, ist [E 88] sie eine Vorarbeit und Hilfswissenschaft für die Philosophie der Religionsgeschichte, die am Ende die Typen und Ideale der großen Religionen zusammenstellt und bewertet.

Statistische Theologie

Ein fruchtbringendes, aber abgesehen von kurzen Gelegenheitsaufsätzen noch wenig gepflegtes Studium ist die theologische Statistik oder statistische Theologie. Sie zieht einen Querschnitt durch die gegenwärtige Zeit, so wie die Symbolik ein Bild des christlichen Glaubens zu der Zeit bietet, da die Symbole in die Welt kamen. Wie ist die eine oder andere Kirche heute organisiert? In welchem Verhältnis steht der Glaube zu Staat und Volksleben? Was denkt oder lehrt man bei uns, in Stuben und Herzen, von Kanzeln, in sonstiger Rede, in Schrift und Gesängen von Christus und dem Heil? Wie wird das christliche Leben verstanden? Kann man sich von der Gebundenheit durch ein dogmatisches Schema frei machen und so dann die lebendige Religion z. B. bei einem bedeutenden zeitgenössischen Prediger oder Schriftsteller oder in geläufigen geistlichen Gesängen und Schriften analysieren, so kann man gleichermaßen überraschende und erhellende Resultate im Blick auf das gewinnen, was das eigentliche Lebenselement der Frömmigkeit ist.

Indessen ist ein Bild des gegenwärtigen Christentums in Lehre und Lebensideal nicht bloß durch eine solche statistische Untersuchung zu gewinnen. Ein solches ist gegeben oder sollte zumindest gegeben sein auf eine tiefer eindringende Weise, nicht als Referat einer Durchschnittsauffassung, sondern als ein aus dem wahren Wesen des Christentums und aus dem gegenwärtigen Bedürfnis der Frömmigkeit mit der ganzen Kunst der Wissenschaft erhobenes und produziertes Idealbild, in Dogmatik und Ethik. Beide können auch als spekulative Wissenschaften aufgefasst werden, wovon später mehr. Aber im eigentlichen Sinn bieten sie eine von innen heraus, d. h. aus der gereinigten und durchleuchteten Erfahrung der christlichen Gemeinde heraus [E 89] vollzogene Darlegung des Glaubensinhalts und Lebensideals in wissenschaftlicher, systematischer Form, unter Anwendung der vorhandenen Ressourcen an Weltbetrachtung und Ausdrucksmitteln und im vollen Schein des Lichtes, das historische und psychologische Forschung über Ursprung und Geschichte des Christentums verbreiten. Dieses historische Wissen verschafft der heute lebenden christlichen Kirche Klarheit über ihren Ausgangspunkt und den Weg, den sie zurückgelegt hat. In der Dogmatik und der Ethik spricht sich in der strengen Form der Wissenschaft das Selbstbewusstsein der Kirche aus, das Bewusstsein von Wesen und idealen Zielen ihrer Frömmigkeit. Sagt die Statistik, wie die gegenwärtige christliche Frömmigkeit aussieht, so sagen Dogmatik und Ethik, nachdem sie von Bibelforschung, Kirchengeschichte und auch der Religionsphilosophie (über die wir später sprechen werden) Aufklärung bezogen haben, wie die christliche Frömmigkeit aussehen *soll*, um in Wahrheit sie selbst zu sein und ihren Platz auszufüllen. Christliche Dogmatik und Ethik schließen das historisch-psychologische Studium des Christentums ab und vollenden es. In ihnen liegt die christliche Religion vor mit ihrem Glauben und ihren Ausdrucksformen in Kult und Leben der menschlichen Gemeinschaften, erprobt durch die Erfahrung der Gemeinde und mit Augen betrachtet, die durch die Sehhilfe der Wissenschaft geschärft sind. Das ist es, was Dogmatik und Ethik – oder wie sie zusammengefasst werden: systematische Theologie – sein sollen. Beide stellen große Anforderungen an ihre Bearbeiter. Eine Menge Dogmatik und Ethik ist, bei näherem Zusehen, lediglich ein etwas durchgerührter Aufguss dessen, was vorausgegangene Zeiten in der Geschichte der Kirche, wie die alte griechisch-christliche Spekulation und die Scholastik in der mittelalterlichen Kirche und in den evangelischen Kirchen nach der Reformation, in großartiger Einheitlichkeit, Gelehrsamkeit und gedanklicher Kraft mit dem Material und den Ausdrucksmitteln ihrer Zeit geschaffen haben.

Man fühlt sich an die Worte des persischen Chronisten und Kommentators Tabaris über Hanbal erinnert: »Er war kein Theologe, lediglich ein Traditionalist.«[27] Es kommt für die Dogmatik und Ethik der Gegenwart darauf an, das zu tun, was jene Zeiten tüchtig und auf eine Weise, die alle Zeiten bewundern müssen, in Wahrnehmung ihrer Verantwortung getan haben, nämlich die Wirklichkeit im seelischen Leben und im gemeinsamen Leben, in Glaube und Anbetung und Gemeinschaft darzustellen, die das Christentum ausmacht, so dass sie [E 90] nicht durch fremde Zusätze verdunkelt oder verunreinigt oder durch Formulierungen vernebelt wird, die nicht mehr zureichend sind, sondern tiefer in ihrem Wesen aufgefasst und in klareren Konturen vor Augen steht.

Für die lutherische Orthodoxie oder Scholastik nenne ich das klassische Originalwerk, das unsere Literatur besitzt: Anders Nohrborg, *Die Seligkeitsordnung des gefallenen Menschen, vorgestellt in Betrachtungen über die jährlichen Evangelien der Sonn- und Feiertage*[28], Postille und Dogmatik in einem und damit für ihr Teil bezeugend, dass die Dogmatik, die nicht dazu taugt, nach ihr zu predigen, nichts wert ist. Eine Wiederbelebung in origineller Form erfuhr die lutherische Orthodoxie in unserem Land in den Predigten eines anderen Mannes, in ihrer Ganzheit oder im Entwurf so sorgfältig ausgearbeitet, dass sie, obgleich er selbst nicht [auch nur] eine Anzahl von ihnen gedruckt oder ihren Druck geplant hatte, nach seinem Tod in großen Auflagen herauskamen. Bei Henrik Schartau ist der psychologische Gesichtspunkt in einer Weise beherrschend, die den alten Dogmatikern auf Katheder oder Kanzel fremd ist. Seine Psychologie ist summarisch, aber in der Hauptsache so treffend, dass er mit seinen festen Regeln zur Selbstprüfung und zur Selbstdisziplin der Frömmigkeit – in seiner Nachfolge oft zu unmenschlichem Zwang verknöchert oder zum Pharisäismus ausgeartet – ein Organisator religiösen Volkslebens wurde wie niemand sonst in unserer Kirche.

Die Arbeiten in Dogmatik und Ethik sind ebenso sehr Denkmäler christlicher Frömmigkeit wie die Urkunden, die ich oben [E 86; hier 179] in erster Linie genannt habe, bloß mit dem Unterschied, dass deren Ausdrucksformen in Chorälen, Gebeten, Selbstbekenntnis, Betrachtung, Ermahnung, Zeugnis unmittelbarere – und deshalb verlässlichere Bezeugungen der lebendigen Frömmigkeit sind, die sich vorfindet, und mit dem

---

27 [Muhammad ibn Jarir al-Tabari (839–923) war ein bedeutender muslimischer Historiker in Bagdad. Ahmed ibn Hanbal (780–855), Jurist, hatte sich für die Rückkehr zu einem »reinen« Islam eingesetzt und sich in diesem Sinn als Reformer verstanden.]

28 ANDERS NOHRBORG, *Den fallna människans salighetsordning, föreställd uti betraktelser öfver de årliga sön- och högtidsdagars evangelier* [,1771].

[weiteren] Unterschied, dass die Arbeiten in Dogmatik und Ethik den Glaubensinhalt in systematischer Form darstellen und deshalb unvergleichlich vollständiger, streng gesichtet und einheitlich geordnet sind. – Man kann im Zweifel darüber sein, zu welcher von beiden Gruppen man Nohrborg und Schartau zählen soll. Die begriffsmäßige, dogmatisch geordnete Darstellung gibt das Recht dazu, obwohl es sich um Predigten handelt, sie auch hier anzuführen.

[E 91] Für die Dogmatik trat mit Friedrich Schleiermacher, gest. 1834, eine neue Epoche ein. Sein 1821/22 zuerst erschienenes Werk *Der christliche Glaube nach den Grundsätzen der evangelischen Kirche im Zusammenhange dargestellt*, schwedische Übersetzung 1842–44, ist die berühmteste dogmatische Leistung der evangelischen Christenheit und eine der berühmtesten der ganzen christlichen Kirche. Aus der dogmatischen Arbeit nach ihm wird hier einzig das Werk genannt, das durch seine originelle Kraft am tiefsten auf den Fortgang dieser Wissenschaft eingewirkt hat: Albrecht Ritschls *Die christliche Lehre von Rechtfertigung und Versöhnung* III, 1874.[29]

Was die Ethik betrifft, so geschah es erst in der allerletzten Zeit, dass man in vollem Ernst versuchte, das Wesen der christlichen Ethik[30] aus der Zentralerfahrung und dem Prinzip des Christentums selbst, nicht als christliche Umarbeitung oder als christlichen Zusatz zu einer ethischen Grundauffassung und einer Aufstellung von Morallehren, die aus der Antike stammen. Der Versuch wurde von W. Herrmann in seiner *Ethik* unternommen; die erste Auflage erschien 1901.

Für die Dogmatik und Ethik der Zukunft sind die Vorarbeiten in vollem Gang. Sie werden in drei Richtungen betrieben, in zweien davon mit großem Eifer und Erfolg. Der Systematiker muss die Arbeit berücksichtigen, die in den letzten beiden Generationen in dem lebendigsten Zweig christlicher Theologie geleistet worden ist, nämlich die Bibelforschung. Sonst wird die bereits entstandene Kluft zwischen systematischer und historischer Theologie vertieft – und die Dogmatik bleibt auf jener Isolierbank, aus der nach Reuterdahls bekanntem Ausdruck schließlich eine Leichenbank wird.[31] Die neuen Erkenntnisse und Gesichtspunkte, die hinsichtlich der alttestamentlichen Offenbarungsgeschichte und des Ursprungs des Christentums gewonnen wurden, sollen verarbeitet werden und der Dog-

---

29 Wird illustriert durch seine historische Hauptarbeit *Geschichte des Pietismus* I–III, 1880–1886.
30 [Im Original steht irrtümlich »Religion«.]
31 [Vgl. HENRIK REUTERDAHL, *Hwad är Religion?*, in: Theologisk Quartalskrift 1828, H. 2 (13–27) 26 f.]

matik zugute kommen. Eine Reihe systematisch begabter und geschulter jüngerer Forscher zeigt Interesse und Fähigkeiten in dieser Richtung.

[E 92] Ferner wird die Dogmatik einerseits aus der modernen Religionspsychologie, andererseits aus der religionsgeschichtlichen Forschung in deren vollendeter Form als vergleichender Religionswissenschaft Nutzen ziehen. Diese Disziplinen sollen den Blick schärfen einerseits für das Wesen der Religion und ihren Ort in den Anlagen und dem Leben des Menschen, andererseits für die Eigenart des Christentums. Mit diesen beiden Lieblingsdisziplinen der modernen Religionsforschung muss der christliche Dogmatiker und Ethiker sich um seiner Aufgabe willen Vertrautheit verschaffen.

Insbesondere aber ist etwas Drittes erforderlich, nämlich ein tiefes Eindringen in das christliche Phänomen als solches. Dies ist bestimmt nicht die Stärke der gegenwärtigen Zeit. Das Feld der Religionsforschung hat sich so geschwind erweitert und neues Material strömt in solcher Menge hinzu, dass im Allgemeinen keine Zeit oder Gedanken für eine solche Konzentration übrig waren. Doch sowohl unter denen, die theoretische Gewissheit suchen, als auch unter denen, die sich aus einem Herzensbedürfnis in die transzendentale Tiefe der Seele versenken, finden sich jetzt allmählich solche, die sich in Hingabe für die große Aufgabe sammeln.

Allgemeine Religionsgeschichte

So weit das historische und psychologische Studium des Christentums.[32] Aber damit ist die Welt der Religion nicht am Ende. Auch nicht mit dem, was mit der Geschichte des Christentums aus dem Grund einhergeht, dass es damit geschichtliche Berührung gehabt hat oder noch hat. Die geographische Lage und das Schicksal des jüdischen Volkes waren so beschaffen, und [auch] die Geschichte des Christentums ist so beschaffen, dass die biblische Religionsgeschichte erstaunlicherweise mit allen wichtigsten Erscheinungen der Religion in Berührung gekommen ist. Die alttestamentliche Religion hatte durch die Terachiden und das Exil vor allem mit dem vorderasiatischen Kulturzentrum vor allen anderen, Babylonien, Kontakt, mit Ägypten – Josef, Mose –, mit dem kanaanäisch-syrischen Volksglauben während ihrer ganzen Geschichte, mit den Persern während und nach dem Exil [E 93) – Kyros, der »Gesalbte des Herrn«, Jes 45,1 – und

---

32 [Man beachte, dass auch die systematische Theologie diesem Kapitel zugerechnet wird. Für die historische Seite ist dafür FRIEDRICH SCHLEIERMACHERS *Kurze Darstellung des theologischen Studiums* (1811, ²1830) das Vorbild gewesen.]

mit dem Hellenismus – auf gewaltsame Weise, nach Habakuk[33] und unter Antiochos Epiphanes nach dem Danielbuch, vornehmlich aber auf friedliche Weise unter tiefgehender griechischer Einwirkung[34], deren größter Vertreter Philo von Alexandrien war. Das Christentum bekam noch mehr mit antiker Religion und Religionsmischung und griechischer religiöser Spekulation zu tun. Die Mission brachte es zu den germanischen, keltischen und slawischen Kulten und Götterlehren, von denen uns die Kenntnis der am höchsten entwickelten, der nordischen, sehr am Herzen liegt. Aus christlichen Impulsen entstanden zwei sehr ungleichartige Religionsbildungen mit welthistorischen Ansprüchen, eine Theosophie und eine Offenbarung, der Manichäismus und der Islam, von denen der Letztere sich in seinen Anfängen, bevor Muhammed nach Medina kam, als christlich-jüdische Eingottverehrung verstand. Handel, Mission, Politik haben die weltgeschichtliche Lage vollendet, in der sich das Christentum heute befindet. Dessen Berührung wird immer enger und sein Wettstreit immer spannender mit dem Islam, mit den wichtigsten religiösen Bildungen in der bunten indischen Religionswelt, mit dem Buddhismus und mit chinesischer und japanischer Lebensweisheit und Gottesanbetung. Eine Darstellung der Geschichte der christlichen Religion sollte deshalb das Wichtigste der Religionsgeschichte als ganzer einbeziehen. In unserem Zusammenhang kommen die Religionen freilich nicht in dem Maß in Betracht, in dem sie zufällig historisch mit Israel und dem Christentum in Berührung gekommen sind, sondern um ihrer selbst willen, um ein möglichst vollständiges Material für das Studium des Phänomens Religion und für dessen Beurteilung zu hinterlassen – wobei insbesondere das Verhältnis des Christentums zu den geschichtlichen Religionen und zu der aus dem allgemeinen Religionsstudium hervorgehenden Erkenntnis des Wesens von religiösem Bedürfnis und religiöser Anlage nicht in historischer, sondern in prinzipieller Hinsicht ermittelt wird.

[E 94] Wir könnten, analog unserer Aufstellung der Disziplinen christlicher Religionswissenschaft oder Theologie, von einer buddhistischen Exegese und Ethik sprechen, von Kirchenrecht und Dogmatik des Islam, von Exegese und Kirchengeschichte der Mazda-Religion, von konfuzianischer und taoistischer Urkundendeutung und Gesellschaftslehre usw. Solche Disziplinen werden in gewisser Weise in den buddhistischen Klöstern in Japan und in islamischen Anstalten in Kairo und anderwärts betrie-

---

33 Vgl. B. Duhm, *Das Buch Habakuk*, 1906.
34 Wenngleich Friedländer deren Bedeutung übertreibt. Vgl. Moritz Friedländer, *Die religiösen Bewegungen innerhalb des Judentums im Zeitalter Jesu*, 1905.

ben, [allerdings] in Methode und Gehalt der christlichen Theologie wissenschaftlich bis zur Unkenntlichkeit unterlegen.

Für unser Wissen von den außerbiblischen Religionen schulden wir den abendländischen Sprachforschern, Missionaren und Ethnographen größten Dank. Ohne deren grundlegende Arbeiten könnte die Religionsgeschichte nicht als selbstständige Wissenschaft auftreten. Noch heute kann man schwerlich der Forderung etwas abmarkten, dass derjenige, der die Religionsgeschichte als akademischer Lehrer vertritt, außer den biblischen Sprachen über Kenntnisse in einem außerbiblischen, für die Religion wichtigen Sprachgebiet oder über ethnographische Schulung verfügen muss.

Auch das nachbiblische Judentum hat seine eigene theologische Wissenschaft, die ich jedoch für mein Teil geneigt wäre, mit dem alttestamentlichen Studium zusammenzuführen, da dieses Judentum und das Christentum zwei Äste am selben Stamm sind, von denen das Judentum nicht durch Originalität oder historisches Gewicht eine selbstständige Disziplin begründet.

Aus leicht einzusehenden Gründen wird von uns im Abendland das Studium der außerbiblischen Religionen unter dem Titel allgemeine Religionswissenschaft zusammengefasst. Bei diesem Studium kann man, ebenso wie bezüglich des Studiums der biblischen Religionen, gar nicht stark genug betonen, dass man keinen lebendigen Eindruck vom Geist der fremden Religionen hat, bevor man nicht bloß mit Beschreibungen von ihnen, sondern zuerst und zuletzt mit Erzeugnissen von deren eigener Frömmigkeit Bekanntschaft gemacht hat. Zu den Quellen! Ein paar Seiten aus Chinas Klassikern bieten mehr an wirklicher Vorstellung von der chinesischen Reichsreligion und dem Geist von Kong-fu-tse als irgendwelche Schilderungen. Höre [E 95] Buddha und die Tradition reden, oder höre die alte Mönchsgemeinde die buddhistischen Hymnen intonieren. Lausche der Herzensergießung eines frommen Hindu gegenüber seiner geliebten Gottheit – in Schriftform, wenn du nicht die gleiche Möglichkeit hast, einen unmittelbaren Eindruck von deren Andacht und Kult zu bekommen wie von christlicher Frömmigkeit durch Teilnahme am Choralgesang und Gottesdienst. Ein wacher und nicht durch Starren auf einen Punkt oder gut gemeinte monistische Vermengung verwirrter Sinn wird dann in der Lage sein, Christentum und Buddhismus, evangelischen Christusglauben und Krischna-Schwärmerei oder ähnlich beschaffenen Jesuskult, christliches Gottvertrauen und indisches Bhakti auseinander zu halten. Der Sinn für die Eigentümlichkeiten des Lebens und der Wirklichkeit, gewöhnlich dadurch verschleiert, dass man seine Kenntnis aus dritter, vierter, fünfter Hand bezogen hat, soll durch den Umgang mit den Urkunden aufgefrischt werden. Und was nach langen Erkundungen bloß totes Wissen auf die

Autorität anderer hin oder Rechthaberei in der einen oder anderen Richtung ist, wird durch die Bekanntschaft mit den eigenen, echten Ausdrucksformen der Frömmigkeit zuerst ein lebendiger Eindruck, später, nach der erforderlichen Analyse, in seiner Weise ein klares Verständnis werden; ich meine damit den Unterschied in Geist und Wesen zwischen dem, was nahezu gleich aussehen kann. Will man irgendwo in der Lage sein, einer Religion ihr Geheimnis zu entlocken, so muss das in deren frommer Erfahrung und in deren reinstem Ausdruck geschehen.

Doch die Urkunden sind in vielen schwer zugänglichen Sprachen abgefasst. Es gibt Übersetzungen in westliche Sprachen, wenngleich noch nicht im notwendigen Umfang. Aber für ein eingehendes Studium ist es erforderlich, zumindest irgendeinen festen Punkt oder ein paar zu haben, an denen man mit seinem Wissen an den Grundtext herankommt. Dies sowie die noch relativ geringe wissenschaftlich einwandfreie Literatur in der allgemeinen Religionsgeschichte und der vergleichenden Religionswissenschaft machen den wissenschaftlichen Unterricht in diesem Fach schwieriger als in den meisten anderen Universitätsfächern. Für das Studium der wichtigsten Erscheinungen der außerbiblischen Religionsgeschichte wird jetzt auf Schwedisch eine Auswahl von Originalübersetzungen unter dem Titel *Främmande religionsurkunder* angeboten.[35]

[E 96] Zur Religionsgeschichte gehört das Studium der Entstehung und Geschichte jeder lebenden oder toten Religion. Von den vielen zurzeit dringenden Aufgaben seien hier einige genannt.

Trotz der geographischen und historischen Nähe des Islams zum Christentum ist seine religiöse Entwicklung nach Muhammed von der abendländischen Religionswissenschaft weit weniger bearbeitet worden als z. B. Indiens Religionsgeschichte. Doch bieten die Lehrbildung, das Frömmigkeitsleben und die innere Geschichte des Islam Elemente von unschätzbarem Wert als Material für die vergleichende Religionskunde und als Erhellung christlicher Dogmengeschichte. – Im Parsismus gehört das Zarathustra, die einzige wirkliche Parallele der Religionsgeschichte zu Mose, umgebende Dunkel zu den Dingen, die weiterhin zur Erforschung locken, wenngleich mit geringen Erfolgsaussichten wegen der Kargheit der Quellen. Wichtig sind die unsicheren Fragen der Chronologie der Avesta-Schriften, des Verhältnisses von achämenidischer und avestischer Religion usw.

In Indien heftet sich das Interesse an die Geschichte des Buddhismus. Erst in jüngerer Zeit hat man begonnen, die Bedeutung des Mahayána und ähnlicher Strömungen zu schätzen. Ausbreitung, Gestaltung und Schick-

---

35 [*Främmande religionsurkunder i urval och öfversättning*, 3 Bd., hg. v. N. Söderblom u. a., 1907/08.]

sale des Buddhismus im Osten und Norden sind unvollkommen bekannt. Die japanischen, chinesischen und tibetanischen Klöster und vielleicht auch Zentralasiens Sandwüsten bergen reiche Schätze für unser Wissen. Den unförmigen Massen buddhistischer Literatur, die wir kennen, fehlt es an kritischer Behandlung. Man ist [hier] öfter unsicher bezüglich der Jahrhunderte, als man es bei den Evangelien bezüglich der Jahre und Jahrzehnte ist. Die Entstehung der Bhaktifrömmigkeit in Indien stellt eines der bemerkenswertesten Probleme der Religionsgeschichte dar. Nicht zu reden von den Fragen, die sich an den Ursprung der Upanischaden-Spekulationen knüpfen, an die Entstehung und Geschicke der alten Mönchsorden und Sekten, und von der Religionsliteratur, die für die allgemeine Benutzung noch nicht zugänglich ist.

Chinas Religionsgeschichte erfordert eine langwierige Bearbeitung, bevor sie sich unseren Augen so klar darbietet wie die biblische und sogar die indische. Eine Reihe von großen und fruchtbaren [E 97] religionsgeschichtlichen Aufgaben wartet auf uns. Material ist im Überfluss vorhanden für den, der den Hindernissen der Sprache trotzen kann. Ein praeterea censeo ist endlich in Erfüllung gegangen, seit die ersten Auflagen dieser Schrift an den Tag gegeben wurden, insofern für die Sinologie eine Stelle an der Universität Uppsala geschaffen worden ist.

So viel sehen wir, dass sich Chinas einheimische Traditionslinie der Religion sowohl von der indischen als auch von der prophetischen unterscheidet. In ihrer Art ist sie einzigartig. Der Shang-ti der Chinesen, »der Herrscher in der Höhe«, weist Züge auf, die einen auf den Gedanken bringen, dass dessen Ursprung ein solcher himmlischer Urvater ist, wie er bei den Naturvölkern die Antwort auf die Fragen nach dem Ursprung aller Dinge ist, der aber genau zu unterscheiden ist von dem Gegenstand des Ahnen- und Totenkultes, wie wir ihn auf der ganzen Erde kennen, ebenso wie von Naturgeistern und Naturgöttern. Shang-ti hat sich durch die Zeiten hindurch gehalten. Sein Kult und sein Wesen sind im Zuge der Verfeinerung der Sitten veredelt und mit ethischen Elementen versehen worden. Das Denken hat die Gottesgestalt zurechtgestutzt, ohne sie wie in Indien ihrer Persönlichkeit zu berauben. Aufgeklärte Männer haben die üppige Mythenbildung und die unwürdigen Vorstellungen des Volksglaubens sorgfältig ferngehalten oder lahm gelegt und die Religion den höheren Anforderungen der Gesellschaft angepasst, doch ohne wie Israels Propheten von der Gottheit ergriffen zu sein. Etwas Moralistisches und Gemessenes liegt über dieser deistischen Gottheit. Doch erhebt sie sich so sehr über andere Mächte des Daseins, dass man von so etwas wie einem Monotheismus eigener Art reden kann. Der uralte Opferdienst und die Zeremonien für Shang-ti, für Ahnen und Götter sind wie nirgends sonst zu einer Schule der

Veredlung und des Gemeinschaftsgeistes gemacht worden. Es ist ein neues, drittes Totalbild religiöser Kontinuität, durch die ganze bekannte Menschheitsgeschichte sich erstreckend und immer noch welthistorisch bedeutsam, das sich hier neben die beiden anderen stellt, die sicherlich reicher und wichtiger sind, das biblische und das indische.

Die Religionen der babylonisch-assyrischen und ägyptischen Kulturländer bergen noch viele unentdeckte Geheimnisse, insbesondere bezüglich der gelehrten priesterlichen Spekulation astronomischer [E 98] und kosmographischer Art, aber auch in anderen Hinsichten.[36] Die uralte geistige Bildung des Zweistromlandes ist durch ihre Auswirkungen wichtiger[37], diejenige Ägyptens in religiöser Hinsicht interessanter.

36 Eine bemerkenswerte ägyptische Prophetie über Heimsuchung und Hilfe ist von Lange in den Verhandlungen der Berliner Akademie 1903, 601, mitgeteilt [HANS OSTENFELDT LANGE, *Prophezeiungen eines ägyptischen Weisen aus dem Papyrus I 344 in Leiden*, in: SPAW 22/1903, 601–610] und seitdem von mehreren Forschern behandelt worden. Überhaupt sind wir trotz aller Funde und Entzifferungen über wesentliche Fragen der ägyptischen Religion im Ungewissen.

37 Babels astronomische und astrologische Weisheit hat in der ganzen alten Welt Einfluss ausgeübt. Doch keineswegs muss man mit den Panbabylonisten annehmen, dass alle Himmelsmythologie aus »der altorientalischen Weltanschauung« stammt. Gespräch mit der Kleinen, fünf Jahre alt, auf der Bergweide. Die Sonne ist dabei unterzugehen. »Sie geht unter, aber sie geht nicht schnell nicht.« – »Wohin geht sie denn?« – »Zu sich nach Hause natürlich.« – »Wo ist das denn?« – »Da drüben, ganz hinten. Da hat sie ihr Haus. Da geht sie hin und geht zu Bett.« Nach einer Weile: »Die Sonne hat auch ein Pferd.« – »Woher weißt du das, Kleines? Hast du gesehen, dass die Sonne ein Pferd hat?« – »Nee,« abweisend, als ob das ein törichter Gedanke war. – »Woher weißt du denn, dass die Sonne ein Pferd hat?« – »Na ja, sie fährt von da nach da«, nach Osten zeigend, »und dann kommt sie wieder vor«. Darauf ist sie gekommen, trotz des täglichen Umgangs mit ihrer aufgeklärten Schwester, dem Schulmädchen. Die Mythen vom Wagen oder Boot oder sonstigem Gefährt der Sonne haben tatsächlich für sie ursprünglich die Aufgabe, die unsichtbare nächtliche Bewegung der Sonne von Westen nach Osten zu erklären.

Die Möglichkeiten des menschlichen Erfindungsgeistes sind tatsächlich recht begrenzt. Als Mereschkowskij die christliche Synthese zeichnen soll, die er verkündet, greift er auf den uralten Mythos von der Ehe zwischen Himmel und Erde zurück: »Man muss die Erde ganz und gar lieben, bis zu ihrer äußersten Grenze, bis zum Himmel, man muss den Himmel ganz und gar lieben, bis zu seiner äußersten Grenze, bis zur Erde, und dann wird man verstehen, dass dies nicht eine zwiefältige Liebe ist, sondern *eine* Liebe, dass der Himmel die Erde umschließt wie der Liebende die Geliebte (die zwei Hälften der Welt, zwei Geschlechter) und dass die Erde sich dem Himmel hingibt, ihren Schoß für ihn öffnet: das irdische Mysterium, wie Dostojewskij sich ausdrückt[, berührt das Mysterium der Sterne].« [Die in eckige Klammern gesetzten Worte fehlen bei Söderblom. Das Zitat folgt hier der von ihm benutzten schwedischen Übersetzung von E. Weer: *Tolstoj och Dostojevski II: Tolstojs och Dostojevskis Religion*, 1907, 229. Eine deutsche Übersetzung habe ich nicht feststellen, sondern nur den 1. Band finden können: Tolstoj und Dostojewskij als Menschen und als Künstler.]

Von den einzelnen Volksreligionen liegen uns die griechische und die altnordische am meisten am Herzen. In der ersteren treten jetzt die Hauptströmungen allmählich klar hervor: 1.Volksglaube, Riten, Staatskult; 2. die homerische Frömmigkeit, vollendet von den großen Sängern [Skalden]; 3. orphisch-dionysische, asketisch-ekstatische Erlösungsreligion, vollendet von Platon und dem Neuplatonismus. – In der nordischen Götterlehre steht die Frage nach christlichem Einfluss,[E 99] seit Bischof Finn Jonsson im 17. Jahrhundert obenan. Die durch Bugges kühne und gelehrte Beiträge zustande gekommene Erweckung ist nach gewaltigen Umwälzungen in ein ruhigeres Fahrwasser gekommen.[38] Man hat jetzt begonnen, die Grundsätze und Erkenntnisse der modernen Kult-, Mythen- und Volksglaubenforschung auf die altnordischen Quellen anzuwenden. Schade nur, dass das Material, besonders in den Edda-Gesängen, so mager ist und eine so absonderliche Skalden-Gelehrsamkeit über sich hat ergehen lassen. Die Archäologie leistet wichtige Beiträge. Ein neuer Faktor von Gewicht, um das Alter der altnordischen Kulte und Mythen zu bestimmen, ist deren Übernahme durch die Finnen, die jetzt, nach Fritzner, u. a. von A. Olrik und Kaarle Krohn, dem späteren Fachmann auf dem finnisch-ugrischen Sprachgebiet und für finnische Mythologie, genauer nachgewiesen worden ist.

Außer den Volksreligionen oder gestifteten Orden, Kirchen, Lehr- und Frömmigkeitsformen der einzelnen Kulturkreise hat sich die Religionsgeschichte mit dem Grund des Volksglaubens, seinen Bräuchen und Vorstellungen zu beschäftigen, aus denen die stärker individualisierten Kulte und die höheren Religionen hervor wachsen. Dieser auf der ganzen Erde fast gleiche, wenngleich nach Ländern und Völkern und Kulturstadien nuancierte Komplex von Observanzen und Vorstellungen verliert sich für unseren Blick in der Nacht der Vorgeschichte. Im primitiven Stadium bildet all das im Leben der Menschen, was sich dann zu Religion, Wissenschaft, Moral, Kunst, Hygiene, Verwaltung, Nahrungssuche ausdifferenziert, noch einen einzigen Klumpen, in dem schwer auszumachen ist – ebenso wie manches Mal auch in der höheren Kultur –, was mit einigem Recht Religion genannt werden kann. Sobald irgendeine Art von Kult vorkommt, ist Religion vorhanden.

---

38 [Sophus Bugge (1833–1907), norwegischer Indogermanist, hatte in seinen Arbeiten zur Edda christlichen Einfluss auf die Sagas behauptet und so mit der zuvor herrschenden romantischen Auffassung des Germanentums gebrochen. Söderblom hat sich in seiner Dissertation *La vie future ...*, 1901, 212 Anm. kritisch zu ihm geäußert. Der Ausdruck Erweckung für die durch Bugge hervorgerufene lebhafte Diskussion ist auch im Schwedischen ungewöhnlich.]

Wo, wie z. B. in Australien, eigentlicher Kult nicht vorkommt, können doch in niederen ebenso wie in höheren Stadien Stimmungen, Vorstellungen und Handlungen vorkommen, die zur Religion zu zählen sein dürften.

Besonders wichtig ist die Frage von Magie und Religion. In einem späteren Stadium tritt die Magie teils als eine Art wunderliche Wissenschaft und Technik, teils als eine Benutzung guter oder böser Mächte für die Zwecke des Menschen auf, eine Benutzung, mit der [E 100] die göttliche Macht gezwungen wird, statt mit Furcht oder Hingabe oder mithilfe passender Riten behandelt zu werden. In diesem Fall tritt die Magie als der schlimmste Feind der Religion auf und umgekehrt, wenngleich der Kult zur Magie degenerieren kann. Aber im früheren Stadium ist die Frage schwieriger. Ist die Magie auch dort der Verfall der primitiven Frömmigkeit? Oder ist die Magie das Ursprüngliche, aus der später etwas, das Frömmigkeit oder Kult genannt werden kann, entstanden ist? Oder ist es vielmehr unmöglich, bei den Primitiven die Trennlinie zu ziehen, und Magie und »Religion« fallen zusammen? Man bemerkt höchstens den Unterschied zwischen Riten zum Nutzen – »Religion« – und Riten zum Schaden – »Zauberei«. Wir befinden uns hier in einem Grenzgebiet, das Gewicht hat für die Entscheidung darüber, was Religion ist. Hat man die Religion nicht in ihrer höheren und höchsten Offenbarung zu Gesicht bekommen und ist mit ihr vertraut geworden, tappt man im Dunkeln und streitet um Worte. Herauszufinden, wie die unzivilisierten (wie die Franzosen sagen) oder Naturvölker (wie die Deutschen sagen), oder die Wilden oder die Primitiven sich ihre Riten, die übernatürlichen Mächte und das Verhältnis zu ihnen denken, stellt eine der dringendsten und am emsigsten bearbeiteten Aufgaben der gegenwärtigen Religionswissenschaft dar. Neues Material kommt hinzu durch methodischere und gründlichere Untersuchungen, als man früher auf die »Wilden« verwendet hatte. Engländer und Amerikaner haben neben den Holländern das meiste geleistet, sowohl in der Sammlung als auch in der Bearbeitung. Die Deutschen haben sie jetzt eingeholt. Der umfassendste und am reichsten dokumentierte Versuch der Verallgemeinerung, der gemacht worden ist, ist der von Frazers *The Golden Bough*.[39] Andere Grundsätze leiten die scharfsinnige, ein wenig scholastische Schule in Paris unter Durkheims Leitung.

---

39 [JAMES GEORGE FRAZER, *The Golden Bough. A Study in Magic and Religion*. In der 1. Auflage (1890) hatte Frazer die Magie als Vorstufe der Religion angesehen, aber seit der 2., auf 6 Bd. erweiterten Auflage von 1900 (^{3}1906–1915: 12 Bd.) den Gegensatz zwischen beiden behauptet (Vol. I, Preface, S. XX). Söderbloms oben wiedergegebener Text reflektiert noch deutlich die dadurch hervorgerufene Debatte.

Die Philosophie der Religionsgeschichte.
Die Geschichte der Religion.
Vergleichende Religionswissenschaft.

Doch die Religionsgeschichte kann nicht bei einer Darstellung dieser struppigen Vegetation urwüchsigen Heidentums und bei einer Schilderung der einzelnen Kulturbilder verharren, die man Volksreligionen, [E 101] Orden, Kirchen nennt. So wie man in der Geschichte von einer Geschichtsphilosophie spricht, welche die Gesetze und die innerste Bedeutung der Geschichte zu ergründen sucht, so zieht die Philosophie der Religionsgeschichte das Fazit aus der Religionsgeschichte. Die Letztere muss auf ein höheres wissenschaftliches Ziel zusteuern, nämlich eine Geschichte der Religion, wobei sie natürlich für sich nutzt, was die Geschichte der christlichen Religion zur Erhellung beizutragen hat. Die Geschichte der Religion (nicht bloß der Religionen) ist ein schwieriges Unterfangen, muss jedoch der Forschung als Ziel vor Augen stehen. Alles, was sich zu Recht unter dem belächelten, aber in Wirklichkeit sehr ehrenwerten und bedeutungsvollen Namen »vergleichende Religionswissenschaft« einordnen lässt, bereitet die Geschichte der Religion vor. Diese hat zu untersuchen: die Grundformen der Religion in deren unterschiedlichem Auftreten in verschiedenen Gegenden, die Verbindung der Religion mit der Kultur, wie ein Religionsstadium ein anderes bedingt, ferner die Voraussetzungen für die prinzipiellen Unterschiedenheiten, die in der Welt der Religion auftreten – nicht als verschiedene Stadien einer Geschichte, sondern als parallele Erscheinungen, die nicht eine auf die andere reduziert werden können. Die Geschichte der Religion soll nach Formen und Gesetzen für das Wachstum der Religion gezeichnet werden.

Man hat sich dabei zwei unterschiedliche Totalbilder zurechtgemacht, die, wenn sie denn mit der Wirklichkeit übereinstimmten, die Sache erleichtern würden. Man hat gemeint, dass jede höhere religiöse Bildung eine Synthese der vorangehenden [Plural] sei und dass die Geschichte der Religion die sich allmählich vollziehende Synthese aller Religionen der Welt bis hin zu der vollkommenen bedeute.[40] Nach dieser Ansicht hat jede Religion ihr Wort zu sagen, damit die Religion in ihrer Fülle verwirklicht werde. Jede Religion stellt einen Edelstein in der Krone dar, die, einmal von der Entwicklung vervollständigt, die Vollendung der Religionsgeschichte sein soll. Die verschiedenen Religionen und Religionsrichtungen leisten jede ihren unentbehrlichen Beitrag. Religionsgeschichte bedeutet ein sukzessives Zusammensuchen des Besten von allen. Nach der anderen

40 [Söderblom denkt hier wohl an Hegels Religionsphilosophie.]

Auffassung gelangt jede Religionsrichtung für sich zum Ziel, wenn sie nur die Zeit dazu hat. Die verschiedenen Religionen sind Analogiebildungen, die analoge Stadien durchlaufen und die [E 102] dazu bestimmt sind, in dasselbe Resultat zu münden, das nicht durch Zusammenwerfen oder Beeinflussung erreicht wird, sondern dadurch, dass jede Religion ihre Richtung bis zum Ende verfolgt. Die Religionsgeschichte wird auf diese Weise zu einer Sammlung mehr oder weniger unvollständiger Exempel für eine im Grunde gleiche Evolution. Deren Fazit, die Philosophie der Religionsgeschichte, oder die Geschichte der Religion, stellt die Analyse einer dieser Evolutionslinien mit der erforderlichen Ergänzung durch die anderen dar.

So schön die erstere Grundanschauung ist, so unmöglich ist es leider, sie der Wirklichkeit aufzudrücken. Die höheren und höchsten Stadien der Religion, die Upanishaden, Buddha, Bhakti, Laotse, Sokrates, Platonismus, die Propheten, Jesus, Luther sind nicht aus einem Zusammenwirken verschiedener Religionen hervorgegangen, sondern sind, mit vertieften Wurzeln, aus dem ureigenen Boden der [je] eigenen Religion erwachsen. Insoweit hat die andere Anschauung Recht. Ihre schönsten Früchte hat die Religionsforschung durch die eingehende Analyse *eines* religiösen Verlaufs erzielt. Die verschiedenen Religionsrichtungen zeigen Entsprechungen, die besonders in den niederen Stadien vollkommen oder bedeutend sind und die sich danach auf ihrem ganzen weiteren Weg fortsetzen. Welche schlagenden Parallelen zeigen doch Ägypten mit Babylonien, Indien mit Griechenland, gar nicht zu reden von der überall auf der Erde sich fast gleichen Allmende des Volksglaubens und der »primitiven« Riten, die den Ausgangspunkt für unseren historischen Horizont ausmacht. Aber die verschiedenen Religionsrichtungen sind nicht alle gleichbedeutend. Ein Teil stellt im Wesentlichen einen Beleg, wenn man so will, für den gleichen Organismus in verschiedenen kulturellen Klimaten dar. Man könnte sie Variationen nennen. Aber es gibt auch »Mutationen« und »Artunterschiede«.[41] »Mutationen« haben sich in einem sehr frühen Stadium ereignet. Ist dieses Stadium durchlaufen, kann keine »Entwicklung« oder Macht der Welt die eine in die andere Art überführen – z. B. indische Brahman-Atman-Frömmigkeit oder griechische Heilslehre in zarathustrische oder mosaische Prophetenreligion und geschichtlich und persönlich begründeten Monotheismus. Die Wege teilen sich früh, um dann nie mehr zusammenzulaufen. Je weiter man kommt [E 103] – beim Vergleich Buddha/Christus wenn möglich noch deutlicher als bei dem Jajnavalkya/Jesaja –, desto mehr lassen die Inhalte ihre Wesensverschiedenheit erkennen. Ich bin davon überzeugt, dass die Religionsgeschichte selbst zu einer Einheit führen wird, in der das

41 Vgl. Friedrich Schleiermacher, *Der christliche Glaube*, ²1830/31, § 7,1.

Lebenstüchtigste in der Welt der Religionen zu seinem Recht kommt. Ich bin auch davon überzeugt, dass in dieser Einheit die höchsten religiösen Äußerungen außerhalb des Christentums, insbesondere im indischen Denken und im Buddhismus, ihren Beitrag leisten werden. Es liegt in der Idee des Christentums, im Evangelium, dass die Persönlichkeit verwirklicht, nicht in eine Form gezwängt werden soll; im Hause des Vaters sind viele Wohnungen[42] für verschiedene menschliche Gemüter und verschiedene Volkscharaktere. Nicht Uniformität, sondern Einheit ist das Ziel der Religionsgeschichte ebenso wie der Geschichte überhaupt. Aber eben doch Einheit, so dass der wahre Universalismus des Christentums, der letztlich die universale Bedeutung der Person Christi ist, zum Ausdruck kommt.

Der Weg dorthin ist jedoch nicht Synthese, sondern Wettstreit. Das Fazit, das die Religionswissenschaft oder Theologie aus dem Studium der Religionen zieht, das ist die Philosophie der Religionsgeschichte, wird also nicht durch eine Schritt für Schritt sich vollziehende Synthese der geschichtlichen Gestalten der Frömmigkeit oder durch eine an verschiedenen Stellen exemplifizierte Evolution dargestellt, obwohl beides zu ihr gehört, sondern die Philosophie der Religionsgeschichte mündet in die Offenlegung verschiedener Typen und *deren vergleichende Wertung* aus. Das Erstere, die eigentümliche Art jeder einzelnen Religion und Kirche und Religiosität herauszuarbeiten und sie in einer Tabelle zusammenzustellen, war das, was Schleiermacher »Apologetik« nannte. Mit der »Polemik«, die er ihr hinzufügte, meinte er indessen nicht den wertenden Vergleich, den ich anstrebe, erst recht nicht das ergebnislose Gezänk zwischen Religionen und Konfessionen, an das der Name Religionspolemik uns denken lässt. Polemik bedeutete für Schleiermacher, innerhalb jedes einzelnen Frömmigkeitstyps gegenüber allerhand Auswüchsen dessen Wesen zu behaupten. Polemik im Verhältnis zum Katholizismus ist also nach Schleiermacher nicht, gegen ihn zu opponieren, sondern aufzuzeigen, wie Magie und Fetischismus das Ideal von Weltflucht, Versenkung [E 104] und Liebe verderben, welches das Wesen der katholischen Frömmigkeit ist. Dass Schleiermacher sich nicht auf eine vergleichende Wertung der in der Apologetik gefundenen Frömmigkeitstypen einließ, beruhte darauf, dass er die ganze Religionsforschung innerhalb der Kirche platzierte, die der Wahrheit und Überlegenheit ihrer eigentümlichen Lebensform unmittelbar gewiss ist und lediglich deren Wesen anderen Arten von Religion gegenüber klar zu machen braucht.[43]

---

42 [Vgl. Joh 14,2.]
43 Vgl. SCHLEIERMACHER, ebd. § 7,3. Vgl. GUSTAF AULÉN, [*Henrik*] *Reuterdahl[s teologiska åskådning, med särskild hänsyn till hans ställning till Schleiermacher*, 1907], 136.

Aber soweit ich sehen kann, verlangt die christliche Frömmigkeit dann einen wertsetzenden Vergleich mit religiösen Lebensformen, mit denen sie sich heute in so regem Kontakt befindet, nicht zuletzt durch die Mission. Sicher ist, dass die Wissenschaft halbe Arbeit abgeliefert hat, solange sie sich nicht auf eine Zusammenstellung der geistigen Werte eingelassen hat, welche die verschiedenen Frömmigkeitsgestalten enthalten. Alle Wissenschaft vom geistigen Leben des Menschen mündet in eine Wertung. Die Schwierigkeiten dürfen nicht abschrecken. Der Forscher ist ja persönlich Christ, evangelisch oder Mystiker, oder Buddhist oder Muslim oder Agnostiker oder Theosoph oder Monist oder Empirist oder Idealist oder irgendetwas anderes. Er hat ja stets in seiner persönlichen Anschauung – wer eine solche nicht besitzt, taugt zu überhaupt nichts in der geistigen Welt, am allerwenigsten zum Religionsforscher – Voraussetzungen, die ihn in die eine oder andere Richtung prädisponieren. Er kann ja nicht, um das Leben zu studieren, selbst sich aus dem Leben davonstehlen. Aber das Motto der Wissenschaft ist die Wahrheitsliebe und der suchende Geist. Was zählt, ist – nicht, welche Art religiöser Erfahrung und Überzeugung er selbst hat, sondern – seine wissenschaftliche Begabung und das Studienrüstzeug für diesen Beruf, der wahrlich hoch und groß ist. Die Symbolik und das ganze historisch-psychologische Studium haben dazu beigetragen, die verschiedenen Frömmigkeitstypen in ihrer Reinheit darzustellen. Die Philosophie der Religionsgeschichte hat diese Arbeit abzuschließen und sich auf eine Wertung einzulassen.

So viel können wir sehen, dass diese sich nicht [E 105] mit einer verwirrenden Vielzahl von Typen abgeben wird, sondern bei den mächtigsten verharrt, nämlich Brahman-Atman-Lehre, Buddhismus und Christentum.[44] Im Buddhismus muss der ursprüngliche Heilsweg gegen Mahayána abgewogen werden, nach der Tradition mindestens indirekt Schöpfung Nagarjunas, des »buddhistischen Augustin«. Im Christentum sind zwei Frömmigkeitsideale gleichermaßen deutlich ausgestaltet.

So weit das historische Studium der Religion. Es bleibt uns noch übrig, besondere Aufmerksamkeit einerseits der Religionspsychologie, andererseits der im eigentlichen Sinn philosophischen Behandlung des Gehalts der Religion zu widmen. Zuvor jedoch fügen wir einige Erinnerungen an die historische Methode hinzu.

---

44 Die Frage nach der geschichtlichen Verwandtschaft zwischen der Buddha-Erzählung und bestimmten Bestandteilen der Evangelien ist in neuerer Zeit Gegenstand mancher Bearbeitung gewesen. Die äußerst unsichere Chronologie der buddhistischen Literatur bereitet Schwierigkeiten.

Es bedeutet sowohl für die Religionsforschung als auch für die Religion [selbst] einen unschätzbaren Gewinn, dass die Religionsurkunden des Christentums – und später auch andere – der Isolierung entnommen worden sind, in welche die Inspirationslehren sie verwiesen hatten, und Gegenstand der gleichen Bearbeitung und Methoden geworden sind wie andere historische Urkunden. Eigentlich ist die Bibelforschung in diesem Sinn nicht neu. Sie wurde schon in der alten Kirche mit großer Freiheit ausgeübt und, von den Antiochenern, [auch] mit historischem Sinn. Sie ist im Prinzip der Reformation beschlossen. Aber erst im letzten Jahrhundert hat sie, mithilfe von Impulsen aus der verketzerten Aufklärungszeit, doch mithilfe einer später erkämpften Befreiung von deren unhistorischem und flachem Rationalismus, eine solche Blüte und Selbstständigkeit erreicht, dass keine Urkunde der Geschichte sich als Gegenstand historischer Kritik mit den biblischen messen kann. Die alte Isolierung hat sich dabei manchmal in entgegengesetzter Richtung geltend gemacht. Früher als [E 106] ein noli me tangere. Jetzt in bestimmten Zeiten und bestimmten Kreisen der Bibelforschung als »kritische – in Wirklichkeit unkritische – Willkür oder als ein jeden Wirklichkeitssinnes barer, formaler und formalistischer Scharfsinn, der alle Geschichte auflöst und, auf andere historische Urkunden angewendet, jede Art historischer Gewissheit unmöglich machen – und bei den Forschern homerisches Gelächter hervorrufen würde.[45] Man vergisst leicht, dass die Tradition, die früh oder spät niedergeschriebene, mit zu dem gehört, was der Historiker erklären muss. Sie wird von gewissen Bibelforschern wie eine Art hinterlistiger Macht behandelt, die man in protestantischem Eifer mit äußerstem Misstrauen behandeln, bekämpfen und zurechtstutzen müsse. So erklärlich dies auch psychologisch ist, im Gegensatz zu früheren unerträglichen Fesseln – wissenschaftlich ist es nicht. Doch ist es glücklicherweise so bestellt, dass derjenige, der nach Eseln sucht, eine Königskrone finden kann.[46] Mögen Methode und Ziel noch so verkehrt sein, so können doch

---

45 [Die Hyperkritiker, die Söderblom hier im Visier hat, sind Autoren wie die der heute kaum noch bekannten radikalen niederländischen Exegetenschule um W. C. VAN MANEN, ABRAHAM DIRK LOMAN u. a., welche die Echtheit der paulinischen Briefe und teilweise auch die historische Existenz Jesu bestritten, Letzteres wie vor ihnen in Deutschland bereits BRUNO BAUER und nach ihnen ARTHUR DREWS. Vgl. dazu ALBERT SCHWEITZER, *Geschichte der Leben-Jesu-Forschung* ⁶1951, 444–497 und ders., *Geschichte der paulinischen Forschung*, 1911, 92–111.]

46 [Vgl. I Sam 9 f, wo Saul auszog, um die Eselinnen seines Vaters zu suchen, dabei aber an Samuel gerät, der ihn zum König salbt.]

Energie und Begabung großartige Dinge finden. Es gibt immer noch gute Leute, die eine Meinung für umso wissenschaftlicher halten, je mehr sie von den Angaben der Quellen abweicht und in je spätere Zeit sie die biblischen Bücher verschiebt. So als ob eine geschichtliche Neuschöpfung dadurch leichter zu fassen wäre, dass sie zeitlich ein paar Jahrhunderte später angesetzt wird. Das ist genauso unhistorisch und unwissenschaftlich, wie wenn man auf der anderen Seite einen neuen geistigen Gehalt, der in der Geschichte aufgekommen ist, mit einer vermuteten Weisheit der Urzeit erklärt, die alle sich angeeignet haben sollen. Das Außerordentliche wird nicht dadurch leichter fasslich, dass man es zeitlich weiter hinauf oder hinab schiebt. Und die Tradition ist dazu da, um erklärt, nicht um widerlegt zu werden. Von nichts kommt nichts. Die einfachste Erklärung ist: Es ist so geschehen. Man hat Belege für Tradition, die über Jahrhunderte allein mündlich weitergelebt – und dann bei der Untersuchung sich bewahrheitet hat. Doch man kann für eine in den Quellen mitgeteilte Angabe oder Tradition eine bessere und wahrscheinlichere Erklärung als diese finden. Wenn der Forscher eine solche Spur findet, so darf er sich nicht von etwas gerade Passendem, von irgendeiner Rücksicht auf ein geltendes traditionelles oder »kritisches« Dogma hemmen lassen – es ist ein Widerspruch, von kritischem Dogma zu sprechen, aber [E 107] Meinungen und Hypothesen, die sich in der Forschung eingebürgert haben, besitzen eine gefährliche Neigung, sich dann festzusetzen und den freien Lauf der Arbeit zu verhindern. Der goldene Mittelweg kann zwar vor gefährlichen Abgründen und schweren Abstürzen schützen. Aber er führt nie zum Ziel. Jede neue Idee, jede neue Erkenntnis soll geradlinig durchgeführt werden, ohne Furcht vor gängiger Meinung. Das ist der wahre Radikalismus der Kritik. Sie erkennt nur *ein* Korrektiv an, das ist: der Respekt für die Wirklichkeit.

Doch dieser Respekt setzt einen Sinn für geschichtliche und psychologische Wirklichkeit voraus, der zu der für alle höhere Geschichtsforschung erforderlichen künstlerischen Begabung gehört. Historie ist nicht Photographieren dessen, was geschehen ist, sondern kommt durch die Eigentätigkeit des Historikers zustande, die von seiner geistigen Situation mitbestimmt ist. Denn sie ist nicht eine Sammlung von Ereignisatomen, sondern ein Zusammenhang. Wir glauben, dass der Zusammenhang in den Sachen selbst liegt, und wir legen es stets darauf an, der wirklichen Bedeutung des geschichtlichen Verlaufs nahe zu kommen. Letztlich gehört der Zusammenhang zum Göttlichen in der Geschichte. Es ist ein göttlicher Sinn, der manchmal für das Auge der Hingabe und des Genies in den großen Stunden der Geschichte aufscheint. Dieser göttliche Sinn braucht deshalb nicht als Deus ex machina verstanden zu werden. So schlecht ist das große Schauspiel nicht aufgebaut. Aber wir können nicht aus unserer Haut heraus. Es ist der Geist des Historikers, der zusammenfügt und deutet. Schon in der Auswahl der Fakten, die aus der ganzen verwirrenden Menge gleichzeitiger Ereignisse herausgegriffen werden, liegt in subjektives Moment. Noch mehr in deren Verbindung und Wertung. Die Historie geht wie alle Tätigkeit des menschlichen Geistes darauf aus, dass der Mensch in der Lage sein soll, sich in seiner Welt zurechtzufinden und sich zu verwirklichen. Die Historie ist die Arbeit des Geistes, Klarheit und Orientierung in der gegenwärtigen Lage der Gemeinschaft und des Einzelnen und damit Freimut und Richtlinien für das Handeln zu gewinnen. Deshalb werden dieselben Ereignisse von verschiedenen Kulturkreisen so verschieden gedeutet. Für uns sind Marathon und Poitiers allezeit Themen der Freude in der Geschichte der Kultur und der Religion. Für die persisch-islamische Betrachtung sind sie tragische [E 108] Hindernisse für den Sieg einer reineren Gottesverehrung und einer freieren Bildung. In unserem Geschichtsbild nehmen Luther und die Reformation eine beherrschende Stelle ein, die nach dem leider allgemein geltenden Gesetz der Begrenzung des menschlichen Geistes das Mittelalter in ein unverdientes Dunkel versetzt, und Kant leitet für uns eine neue und höhere Epoche ein; für eine katholische thomistische Auffassung ist das Mittelalter die klassische Epoche der Religion und des Denkens, die allenfalls neu belebt und fortgesetzt werden kann. Horizont, Licht und Schatten wechseln je nach den geistigen Ausgangspunkten. Wir, die kürzlich eine nationale Krise durchlebt haben[47], sehen, wie früher gültige historische Dogmen vor unserem nationalen Bewusstsein nicht länger standhalten. In der Arbeit des Historikers verwirklicht der menschliche Geist sich selbst. Aber das Wort gilt auch hier, dass man sich selbst verlieren muss, um sich selbst zu finden.[48] Kein gut gemeinter Eifer, keine vorsichtige oder kühne Konstruktion nach bewussten Absichten kann eine Historie schaffen, die diesen Namen verdient und ihren heilsamen Dienst zur Befreiung und Festigung des Geistes leistet, sondern nur die reine Hingabe an die Wirklichkeit. Je mehr der Forscher seine Lieblingsmeinungen und Wünsche vergisst, je unschuldiger er die Urkunden und das Leben in Menschenbrust und Gemeinschaft, das dort hervorrauscht, auf sich wirken lässt, desto mehr Garantie hat er dafür, dass das Werk gehaltvoll und gewinnbringend wird, desto reiner wird es die höchsten Möglichkeiten seines Geistes zum Ausdruck bringen. Denn die verborgene Welt des Herzens wird in der Tätigkeit, auch im Werk des Histo-

47 [Damit ist die Auflösung der Personalunion mit Norwegen 1905 gemeint, die beinahe zu einem Krieg geführt hätte.]
48 [Vgl. Mk 8, 35 parr.]

rikers, offenbar. Wenn es um anspruchsvolle Gegenstände geht, setzt die Wahrheit des historischen Bildes im Geist des Autors eine Gesundheit und einen Blick für das Wesentliche im Leben voraus, den keine Virtuosität ersetzen kann.

Die Schwierigkeit der Bibelforschung bezieht sich letztlich auf das Außerordentliche in Jesu Persönlichkeit und die besondere Stellung, die er sich selbst in der religiösen Welt zuschreibt. Auf diesem Höhepunkt der Religionsforschung sind ein wenig Verständnis für ein solches Genie und künstlerische Phantasie unentbehrlicher als sonst. Die Schilderungen Jesu sind gefährliche, oft kompromittierende Verräter der Intelligenz und des Tiefsinns oder Sinnes für das Eigentliche bei ihren Urhebern, [E 109] ihrer geistigen Freiheit oder ihrer Gebundenheit in Dogmatismus, Gehässigkeit, Parteilichkeit, Spießbürgerlichkeit.

Es gehört zum Allerverkehrtesten in der Verkehrtheit der Zeit, dass man sich mit der Bibelforschung und deren Resultaten beschäftigen und über deren Recht und Nutzen diskutieren will, bevor man die Bibel kennt. Sind die Menschen von der Natur und den schönen, stillen Freunden abgekommen, die uns erfreuen, trösten und ermahnen wollen, so soll man nicht Linnés künstlichem System die Schuld geben und damit beginnen, ihnen ein natürliches beizubringen, sondern zuerst soll man sie an einem frischen Frühlingsmorgen oder einem prächtigen Sommerabend hinausführen zu den Blumen und Kräutern – bis hier hinein höre ich die Drossel, die in diesem Jahr lange in unserem Blumenhain singt. Die Bibel ist der Garten der Seele. Es ist eine Schande, dass unser heiliges Buch von vielen so wenig gelesen wird. Ein sehr berühmter und begabter Schauspieler der gehobenen Art, der jedes Stichwort von Ibsen und Björnson und noch viele andere erkennt, wunderte sich, ob er recht gehört habe, dass es von Paulus war, jenes wunderbar Schöne, das der Pfarrer über die Liebe vorgelesen hatte. Welch glückliche Entdeckung, dass die Bibel zur Literatur gehört.

Religionspsychologie

Bevor der Klärung und Bewertung der Erfahrungen der Religionen Genüge geschehen kann, muss ein Fazit aus dem psychologischen Stoff gezogen werden, ebenso wie es die Philosophie der Religionsgeschichte aus dem historischen tut. Der Religionspsychologie muss hier eine selbstständige Stelle eingeräumt werden. In ihrer gegenwärtigen Phase kann man die Religionspsychologie als selbstständige Wissenschaft ab James H. Leubas Artikel »Eine Untersuchung der Psychologie religiöser Phänomene« in der amerikanischen Zeitschrift für Psychologie von 1896 datieren.[49] Ihr berühmtestes Werk ist bis heute das Buch des Harvard-Professors William James, »Die Vielfalt der religiösen Erfahrung«.[50] Die moderne Religionspsychologie ist von den Amerikanern ausgebildet worden, danach von Franzosen und Schweizern. [E 110] Es war an den Amerikanern, eine neue religionswissenschaftliche Disziplin einzuführen. Sie holt die Ballons aus den Höhen des Intellektualismus, des Moralismus und der Spiritualisierung herab auf die Erde und weist auf ein mächtiges und reges Leben, das die Religion mitten unter uns führt, das niemand verleugnen oder vor ihm die Augen verschließen kann und das sehr wohl ein Recht darauf hat, zum Gegenstand wissenschaftlicher Untersuchung zu werden. Organisation, Kult und Dogmen werden beiseite gelassen – auch sie haben durchaus mit der Religionspsychologie zu tun – und der Blick wird auf die eigentümlichen Regungen und Zustände des Seelenlebens gerichtet, die man religiös nennt. Die Religion wird als eine biologische Erscheinung unter anderen aufgefasst. Man nimmt jedes Individuum für sich, untersucht seine religiösen Erlebnisse, stellt sie mit denen anderer zusammen. Es geht darum, zu dem inneren und äußeren Vorgang selbst vorzudringen, ihn zu beschreiben, zu ordnen und sich allmählich voranzutasten zum Geheimnis der religiösen Seelen und die Religion zu erkunden, wie und wann sie bei einem Menschen entsteht und was sie eigentlich ist.

1. Die Aufgabe wird rein theoretisch-wissenschaftlich gefasst. Man will ganz einfach wissen, was das ist, das da in der Seele vorgeht – ohne von irgendeinem Glauben oder Unglauben sich leiten oder verwirren zu lassen, man will Fakten konstatieren und psychologisch erklären, ohne sie zu billigen oder zu missbilligen, zu bejahen oder zu verneinen. – Es ist indessen, wenn es um eine so nahe liegende und tiefgehende Erscheinung im menschlichen Leben geht, unmöglich, sich einer Wertung zu enthalten. Sollte denn irgendein Wissenschaftler oder Seelensezierer so unmenschlich objektiv werden können, dass er kein Gefühl für das hat, was fördert oder hemmt, dass er Verödung in Seele und Leben sehen kann, ohne traurig zu sein, dass er gesunde Ströme wunderbarer Kraft wahrnehmen kann, ohne sich zu freuen? Sollte der Seelenpathologe und Seelenphysiologe die Entscheidung darüber vermeiden können, was Gesundheit und Krankheit ist, vermeiden können in irgendeiner Weise Seelenhygieniker zu werden? In der Tat kenne ich keine Arbeit von irgendwelcher Bedeutung in der modernen Religionspsychologie, die nicht für die Bedingun-

49 [JAMES H. LEUBA, *A Study in the Psychology of Religious Phenomena*, in: AJPs 7/1895–96, 309–385.]
50 [W. JAMES, *The Varieties of Religious Experience*, 1902 (vgl. S. 168, Anm. 4)]

gen gesunden Wachstums der Religion Winke gibt oder geradezu auf eine Wertung hinausläuft. Das liegt in der Natur der Sache, und das praktische menschliche Interesse braucht keineswegs das Erkenntnisinteresse [E 111] irgendwie zu verbiegen. Die Erkenntnis kann in der geistigen Welt des Menschen letzten Endes nie vermeiden, stillschweigend oder ausdrücklich zu bewerten. Gleichgültigkeit ist keine Garantie für den Wert der Erkenntnis, oder auch nur möglich. Doch die Reinheit und Unschuld der Absicht, unbekümmert um eigene Lieblingsmeinungen die Wirklichkeit so zu erkennen, wie sie ist, macht eine der Voraussetzungen aller Wissenschaft aus.

2. Es liegt in der Natur der Sache, dass man in erster Linie besonders in die Augen fallende psychologische Erscheinungen beachtet, wie Erweckungen und Bekehrungen. Vorkommen und Gesetze dieser Seelenregungen sind bisher wichtigster Studiengegenstand der nordamerikanischen Religionspsychologie. – Man erkennt eine Sache am deutlichsten an ihren Übertreibungen. Deshalb hat man sich im Zusammenhang mit religiösen Regungen des Weiteren gern auf »abnorme«, »krankhafte« Störungen konzentriert. In diesen beiden Hinsichten kann man in der Religionspsychologie eine gewisse Einseitigkeit beobachten.

3. Große Bedeutung für die Religionspsychologie hat auf ganzer Linie die Theorie vom unterbewussten Seelenleben gehabt. Für viele rätselhafte Erscheinungen im Seelenleben hat man dadurch eine Erklärung gefunden, dass man eine solche unterirdische Region annahm. In ihr werden viele Leistungen vollbracht, deren Resultat plötzlich in erstaunlicher Weise ins klare Tageslicht des Bewusstseins aufsteigt. Die Offenbarung, das ist das Aufbrechen einer für den Einzelnen oder für Generationen oder für die ganze Menschheit bedeutungsvollen religiösen Gewissheit oder schöpferischer Gottesgedanken, kommt demnach zunächst aus der unterbewussten Tiefe der Seele. Es liegt für die Religionspsychologie nahe, nach deren weiterer Herkunft zu fragen. Liegt eine transzendente Wirklichkeit zugrunde?[51] Gründet die religiöse Erfahrung in Mystik, in einem universaleren und höheren Sein? Ist dieses Sein Gott oder Geister oder ein kosmischer Zusammenhang oder eine ruhende Einheit jenseits des Scheins? W. James [E 112] und andere Religionspsychologen sehen sich mit unwiderstehlicher Macht dazu gedrängt, sich mit diesen Fragen zu beschäftigen. Und er hat seinem berühmten Buch sein persönliches Bekenntnis zur »Überwelt« beigefügt. Das Gefühl für die Wirklichkeit der Religion ist bei

---

51 Der gegenwärtig angesehenste Exeget der englischen Christenheit, Canon Sonday, will Christi Gottheit ins Unterbewusste verlegen. [Genauere Angaben habe ich nicht finden können. D. Hg.]

ihm und anderen so stark und die Furcht vor Intellektualismus und Rationalismus so übertrieben, dass James und seine Gesinnungsfreunde der göttlichen Wirklichkeit und Wirksamkeit ebenso gewiss sind, wie sie der Einheit Gottes ungewiss sind – ohne zu sehen, dass auch diese ein religiöses Postulat ist, nicht bloß eine Folge des Einheitsstrebens der Erkenntnis, und dass sie auftritt als Ausfluss religiöser Erfahrung – konzentrierten Vernehmens von Gottes Eingreifen – und religiösen Bedürfnisses – Ausrichtung der Furcht und des Vertrauens auf ein einziges Gegenüber:[52] in der prophetischen Religion, im Unterschied zu den priesterlichen und philosophischen Spekulationen in den polytheistischen Religionen. Es ist dem Menschen natürlich unmöglich, seine Fragen nach der letzten Wirklichkeit zurückzuhalten. Aber wenn die Religionspsychologen sich auf diese Weise mit Metaphysik befassen, begeben sie sich außerhalb der Grenzen ihrer Wissenschaft, so wie sie sie gezogen haben, dass sie das Psychologische in der Religion in sich befassen.

4. Allgemein – wenn auch nicht von allen angewandt – ist in der Religionspsychologie die Unterscheidung zwischen den »einmal Geborenen«, dem Kontinuitätstypus, und den »zweimal Geborenen«[53], dem Durchbruchs- und Bekehrungstypus. Dieser handgreifliche Unterschied ist für das Wesentliche in der Religion wenig erhellend. Beide Typen finden sich in Religiosität mit dunkler und düsterer Stimmung, beide in einer lichteren, optimistischen Frömmigkeit. Oder um eine wichtigere Unterscheidung aufzunehmen, die von Eucken und Norström zwischen universaler Religion, d. i. dem Glauben an eine höchste Wirklichkeit, an den Sinn des Lebens, an Gott, und Frömmigkeit, Andacht dem Sein gegenüber – und charakteristischer Religion, besonderen seelischen Erfahrungen, einem verborgenen Leben im Gebet: in beiden finden wir Menschen, die eine Krise durchgemacht haben, und solche, die sich harmonisch entwickelt haben. Ich glaube, dass religionspsychologische Beobachtungen zu einer noch wichtigeren Distinktion führen, zu dem wichtigsten Unterschied in der Welt der Religion, dem zwischen einer persönlichkeitsverneinenden [E 113] und einer persönlichkeitsbejahenden Mystik – Mystik, insofern beide von Erfahrungen ausgehen, die sich wesensmäßig der Analyse entziehen. Von mystischer Art ist eine solche Gewissheit, die nicht den gewöhnlichen Weg durch die Sinne und die Reflexion durchlaufen hat. Die erstere Mystik ist mit der äußersten Verfeinerung der Natur- und Kulturreligion verwandt, die andere mit der Überwältigung der Propheten durch

---

52 [Das Original hat hier statt eines Doppelpunkts noch einmal einen Gedankenstrich, was mir jedoch den Sinn des Satzes eher zu verwirren scheint. D. Hg.]
53 [Dies ist die grundlegende Unterscheidung von William James.]

die Gottheit und mit der Offenbarungsreligion. Man kann sie Unendlichkeitsmystik und Persönlichkeitsmystik nennen.

5. Jener zuletzt genannte Mangel hängt mit einer Methode zusammen, die ihre Bedenklichkeit hat. Die moderne Religionspsychologie hat eine riesige Menge von Selbstbekenntnissen von allen möglichen Personen zusammengetragen, untersucht und geordnet. Die Resultate sind interessant. Aber der Gesichtskreis muss über die sehr begrenzten Kulturkreise und Zeitalter hinaus erweitert werden, denen das Material bislang vorzugsweise entnommen worden ist. Und vor allem: Niemals kann die Religionspsychologie irgendwohin gelangen, ohne sich auf die großen Genies und die tiefen Geister im Reich der Frömmigkeit zu konzentrieren. Man braucht die Objekte nicht zu suchen. Sie heißen Jesus, Paulus, Augustin, Jeanne d'Arc, Luther, Theresa, Pascal, Kierkegaard, Carlyle, Amiel, Wikner – Buddha, Plotin, usw. Die Kunst besteht darin, in das Heiligtum ihres Lebens einzudringen. Einige von ihnen haben es in eigenen Schriften offen gelegt. Aber es zu verstehen und recht zu deuten, bleibt dennoch eine seltene Gabe. Möge man nur nicht, wie so oft in der Geschichte der Wissenschaft, die Methode alles bedeuten lassen! Heute wird eine psychologische Methode formuliert. Das ist vortrefflich. Die Arbeit ist durch die Religionspsychologie in eine Richtung geführt worden, wo sie sich in eminentem Maß lohnt. Doch gilt es, die großen Genies zu erfassen und die tiefsten Fragen zu lösen, so wird keine Methode helfen. Dazu bedarf es, wie stets zuvor, persönlicher Begabung.

6. Die schöpferischen Erfahrungen, Phänomene erster Hand, sind in der religiösen Welt wenige neben der Menge von Nachbildungen, die ihre innere Wahrheit und ihren Wert für den Einzelnen und für die Gemeinschaft nicht deshalb zu verlieren brauchen, weil sie sich an einer großen Persönlichkeit oder einer kirchlichen Lehre und Tradition orientiert haben. Die Religionspsychologie hat sich aus leicht einzusehenden Gründen an den [E 114] Einzelnen gehalten und bisher im Großen und Ganzen die Religion als Gemeinschaft ignoriert. Doch zwischen beiden findet eine ständige Wechselwirkung statt. Die großen Persönlichkeiten schaffen psychologische Typen und klassische Ausdrucksformen für religiöse Erfahrung. Solches entsteht auch durch die gemeinsamen Einflüsse vieler. Diese werden dann in der Gemeinschaft, in mehr oder minder reiner oder verfälschter Form zu Tradition, einem religiösen Grundtypus, der den vielen zur Führung, zur Ausrichtung ihres inneren und äußeren Frömmigkeitslebens und als Ausdruck für die eigene heilige Erfahrung dient. Der menschliche Geist unterliegt bei all seiner unendlichen Vielfalt doch gemeinsamen Bedingungen. Darum kennt das religiöse Seelenleben bestimmte Gesetze, die für viele oder für alle gelten. Es ist deshalb kurzschlüssig, Kirchenlehre

und Tradition bloß als Zwangsjacke zu betrachten. Sie kann dazu werden oder wird es oft, Gott sei's geklagt. Aber sie *soll* eine wichtige Weisung und Führung für das Seelenleben sein. Es ist Gedankenlosigkeit oder unerfahrener Idealismus – beide grenzen nahe aneinander –, von jedem Menschen ein originelles und schöpferisches, an keinem Typus orientiertes Erleben zu verlangen, damit er in Wahrheit religiös sei. Die Religionspsychologie kann nicht länger ohne Berücksichtigung der religiösen Gemeinschaftsbildungen mit ihren Lehrformulierungen und Frömmigkeitstraditionen auskommen. Sie muss durch die Religionsgeschichte komplettiert werden, insbesondere in deren Vollendung als Philosophie der Religionsgeschichte.

Religionsphilosophie

Wenn ich [den Begriff] Religionsphilosophie in einer spezifischen Bedeutung anwenden sollte, so würde es sich um die prinzipielle Bewertung der Religionstypen und der Religion selbst und die Untersuchung von deren Wesen handeln, die erst dann mit Erfolg angestellt werden kann, wenn das Fazit aus der Arbeit sowohl der Religionsgeschichte als auch der Religionspsychologie gezogen wird. Nun müssen Typen in klarer Bestimmung ihres Wesens aufgestellt werden. Es gilt, sie in ihrem Wert für den Einzelnen und für das Zusammenleben der Menschen recht einzuschätzen. William James stellt die folgenden drei Kriterien für die Bewertung auf: das unmittelbare Gefühl von Klarheit und [E 115] Befriedigung, Vernünftigkeit und Vereinbarkeit mit dem übrigen Wissen des Individuums, und Einfluss auf das sittliche Leben. Das eigentliche Kriterium muss von der Erkenntnis dessen ausgehen, was die Religion im Leben der Menschen ist, und danach fragen, in welchem Maß die verschiedenen Religionstypen diesem Bedürfnis Genüge tun, das doch Heil und Befreiung der Persönlichkeit, ihre Steigerung und Sammlung zu einem höheren Leben ausmacht. Die Bewertung muss zweitens auch die Gemeinschaft berücksichtigen. Das Wohl des Individuums kann nicht von dem des Ganzen getrennt werden. Darum muss die Bewertung die unterschiedliche Betrachtung der Gesellschaft und der übrigen Äußerungen des menschlichen Geistes, der Kulturarbeit in ihrer Idealität und in ihrem ganzen Umfang, durch die Religionen einbeziehen.

Aber es sind nicht allein die Frömmigkeitstypen, die gegeneinander abgewogen werden sollen – vielleicht wird verschiedenen Arten, entsprechend verschiedenen Stimmungen, relativer Wert zugesprochen –, sondern die Religion selbst muss bewertet werden, während zugleich ihr Wesen gesucht und erfasst wird. Ist sie eine zufällige oder wesentliche, eine periphere oder eine zentrale Lebensäußerung des Menschen? Es ist eine Bestimmung des Wesens und Wertes der Religion – und der Religionen, wenn man so will, von historischem, psychologischem und philosophischem Standpunkt.

Man kann diese Disziplinen zusammenfassen: die allgemeine Religionsgeschichte und die Religionspsychologie, samt den vergleichenden und prinzipiellen Untersuchungen, die sich an sie anschließen, unter dem Namen allgemeine Religionswissenschaft, neben der speziellen Religionswissenschaft, welche die Wissenschaft vom Christentum ist. Aber wie bereits gesagt, verlangt schon die Wissenschaft vom Christentum, dass dieses im Licht des Studiums der Religion in seinem ganzen Umfang gesehen wird.

Man möge diese Aufstellung jedoch nicht so deuten, dass das gegenseitige Verhältnis der verschiedenen Disziplinen damit vollständig angegeben wäre. Zwischen ihnen findet eine mannigfaltige und lebhafte Wechselwirkung statt. Die eine beleuchtet die Aufgabe für die andere und umgekehrt. So muss die Bibelforschung die allgemeine Religionsgeschichte kennen. Diese jetzt zuletzt genannten Zweige der Religionswissenschaft [E 116] besitzen, wie wir schon gesehen haben, großes Gewicht für die christliche Dogmatik und Ethik. Neben der biblischen Geschichte und der Geschichte der christlichen Religion (Kirchengeschichte) müssen jene die historische und psychologische Erforschung der Frömmigkeitsarten und der religiösen Anlage und des Wesens der Religion zu Rate ziehen, um das Christentum in der Reinheit seines Wesens, klar von anderem unterschieden, oder in seiner Idealität, darzustellen.[54]

---

54 Dass die Wurzeln der systematischen Theologie, ihre »Wurzel- und Quellwissenschaften«, vergleichende Religionsforschung oder religionsphilosophische Theologie, Bibelwissenschaft und Kirchengeschichte sind, haben unabhängig voneinander Pehr Eklund, Drummond und Davies in ihren Darstellungen der theologischen Enzyklopädie ausgesprochen. Davies und Drummond gehen von der Philosophie als einer allgemeinen Erkenntnisquelle für Gott aus und gelangen deshalb zu der eben genannten Anordnung. Dompropst Eklund kommt von der Statistik her und wählt deswegen die umgekehrte Anordnung: zuerst die Kirchengeschichte, dann die Bibelwissenschaft und zuletzt die Religionsphilosophie (die den ganzen Stoff der Religionsgeschichte zu bearbeiten hat). Ich setze die mittlere an die erste Stelle, denn mit dem Evangelium hat sich in der Geschichte ein neuer Anfang ereignet auf eine Weise, wie man das von der Kirchengeschichte nicht sagen kann. Wo soll diese beginnen, wenn sie nicht das Neue Testament als Ausgangspunkt hat? [Vgl. JAMES DRUMMOND, *Introduction to the Study of Theology*, 1884; E.O. DAVIES, *Theological Encylopædia*, 1900; PEHR EKLUND, *Om theologiens begrepp och indelning* (AUL.T 11, 1–50), Lund 1874.]

So weit ist die Religionswissenschaft – oder Theologie – im Wesentlichen ein historisches und psychologisches und, mit diesem als Material, philosophisches Studium, aber ohne Metaphysik. Der Gegenstand ist die Religion in meinem Leben und dem Leben anderer, beim Einzelnen und in Zusammenschlüssen. Doch es ist nicht möglich, dabei zu verharren. Der menschliche Geist will wissen, was dahinter liegt. Was sollen wir über den Gegenstand der Religion denken, über die geistige Welt und die göttliche Wirklichkeit, an die sie sich wendet? Die Menschheit hat viel Zeit damit zugebracht, den Sabbatsteil ihrer Zeit, mit einer unsichtbaren, überirdischen, geistigen Wirklichkeit zu reden, zu verhandeln, Umgang zu pflegen. Kann man irgendeine Erkenntnis von ihr gewinnen?

Hier ist die Grenze, die wichtigste in der Religionswissenschaft. Zuerst und zuletzt ist eine Untersuchung darüber erforderlich, wie Erkenntnis [E 117] zustande kommt, und über die Möglichkeit und die Bedingungen für Erkenntnis einer geistigen Wirklichkeit.

Im Studium der Religion lernen wir den Menschen kennen, seinen Glauben und seine Hoffnung. Die Religion aber kennt die Gottheit. Hat die religiöse Erfahrung Erkenntniswert, so dass sie Beiträge – gegebenenfalls wesentliche und bestimmende – zu unserer Betrachtung des Daseins als eines Ganzen leistet? Die Lehre von der religiösen Erkenntnis hat zu untersuchen, in welchem Maße die religiöse Gewissheit mit mehr als bloß subjektiver Gültigkeit als Wahrheit gelten kann.[55] Die religiöse Erkenntnis bleibt allezeit subjektiv, insofern das Subjekt mit dem ganzen Lebensinteresse des Herzens an ihr teilhat. Die religiösen Aussagen können niemals, wie andere Erkenntnis, zu einer für das tiefste Bedürfnis des Menschen mehr oder minder gleichgültigen Frage werden. Solche »Objektivität« kann religiöse Gewissheit niemals bekommen. Dann ist sie nicht mehr Religion. Das religiöse Urteil ist ein Werturteil. Aber damit ist nicht ihr Erkenntniswert verneint. Man kann sich fragen, ob es letzten Endes irgendein anderes wirkliches Wahrheitskriterium auf irgendeinem Erkenntnisgebiet gibt als den Wert für die Persönlichkeit und für die Menschheit, Wert verstanden im reichsten und höchsten Sinn, ohne Enge und Einseitigkeit.

Die Religion nimmt zu der Frage nach ihrem Wert als Quelle der Erkenntnis einer höheren Wirklichkeit selbst unterschiedliche Positionen ein. Der echte Buddhismus behauptet keine geistige Wirklichkeit, keine Weltseele oder Gottheit. Man wird vielleicht einwenden, dass er nicht Religion

55 Das ist das Problem in N. J. Göranssons Arbeit *Undersökning av religionen* I, II,1.2, Uppsala 1904–1906.

ist, sondern Philosophie. Wer kann sich eingehend mit ihm beschäftigen, ohne eine starke Empfindung dafür zu bekommen, dass wir uns dort auf dem Gebiet der Religion bewegen? Der Buddhismus ist Heilslehre. Er verweist auf eine Zuflucht in der Welt des Schmerzes, eine Zuflucht, die dreifach ist: Buddha, dharma und sangha. Die Hingabe an sie ist eine religiöse Zuversicht. – Der Buddhismus ist Psychologie; er teilt die Gleichgültigkeit des indischen Denkens für Natur und Geschichte. Aber wir sollen [E 118] nicht glauben, dass er deshalb bei bloßer Erfahrung stehen bleibt. Der Unterschied zum Christentum ist nicht der, dass der Buddhismus sich lediglich an eine Beschreibung und das Herauspräparieren von Seelenzuständen hält, während das Christentum eine Weltsicht hat. Worte Buddhas klingen so agnostisch, dass man ihn im Abendland als Agnostiker interpretiert hat. Aber dem ist nicht so. Von Anfang an ist Buddhas Heilsweg, dharma, so wie er vom Mönchsorden, sangha, praktiziert wurde, unlöslich verbunden mit einer »Metaphysik«, einer Theorie vom Dasein, einer Spekulation, die lehrt, dass nichts ist, alles *wird*. Es gibt nichts Bleibendes, allein eine endlose Serie von Zuständen, zusammengebunden durch das Kausalgesetz. Eigentlich gibt es ebenso wenig Zustandekommendes oder Werdendes. Denn es kommt nichts zustande als das Einerlei in ewigem Kreislauf. Es ist die Theorie von der ewigen Wiederholung, der es zu entkommen gilt.

Das Christentum kann die Frage nach der Wirklichkeit Gottes, nach der geistigen Welt weder offen lassen noch sie verleugnen. Ein rationalisiertes und buddhisiertes und utilitaristisches Christentum, so wie Tolstoj es predigt und Nietzsche es verdammt, ist nicht echtes Christentum, und es ist sicher zugleich auf die Dauer steril. Für das Christentum ist die Religion nicht allein eine Äußerung der menschlichen Seele und Gemeinschaft, sondern zur Religion gehört ein anderer Faktor, welcher der bestimmende ist, nämlich Gottes Wille und Führung. Das Christentum behauptet auch, dass die Gewissheit Gottes, soweit sie religiösen Wert und Gehalt besitzt, sich nicht auf wissenschaftlichen Beweis gründet, sondern auf den Affekt und die Erfahrung des Glaubens, auf die Erfordernisse des höheren Lebenswillens. Darin begegnen sich das Christentum und die neuzeitliche, von Kant begründete Einsicht, dass der Gottesglaube nicht auf die gleiche Weise wie andere Erkenntnis wissenschaftlichen Beweisen und Widerlegungen zugänglich ist.

Es ist jedoch natürlich nicht damit getan, dass eine Sache nicht widerlegt werden kann. Man hat deshalb nicht das Recht, beliebige Phantasien zu behaupten. Herodot spricht von einem Geographen, der die jährlichen Überschwemmungen des Nils mit dem rund um die Erde laufenden Ozean erklärte. Herodot sagt, dass diese Behauptung nicht widerlegt werden könne, [E 119] weil die Frage auf das Gebiet führe, auf dem man nichts unterscheiden oder wissen könne.[56] Es ist eine allzu windige Methode, das Dunkel des nicht Wissbaren als Beweis für die Wahrheit des Transzendenten anzuführen. Dieses muss einen Grund in persönlicher, und, durch die Vertiefung der Persönlichkeit zu universeller Wesentlichkeit, objektivierter Gewissheit haben. Das ist das Wichtigste. Der Grund für die Überzeugung von der »Überwelt« selbst muss untersucht werden. Lose Träume sollen von dem unterschieden werden, was in der transzendenten Tiefe der menschlichen Seele gründet. Eine subjektive Zufälligkeit muss von dem unterschieden werden, was für das Leben der Persönlichkeit und der Menschheit bestimmend und wesentlich ist. Das ist eine Prüfung des Grundes. Doch dazu muss als zweites Glied die Klärung des Verhältnisses des Glaubensgegenstandes zu anderen Gegenständen menschlicher Erkenntnis treten. Die Gewissheit einer höchsten Wirklichkeit kann nicht auf der Insel der Seligen jenseits des Meeres isoliert werden, wo das Gesichtsfeld unserer Erkenntnis endet. Sie muss mit der ganzen Welt des Menschen in Verbindung gebracht werden, so dass man sieht, ob sie zu einer höheren Erklärung, zu weiter ausgreifenden Überblicken dient, oder ob sie misstönt wie ein dumpfer Widerspruch. Wie stellt sich die übrige menschliche Erkenntnis in ihrer Gesamtheit zu der Glaubensgewissheit einer Gottheit, einer geistigen Welt, ewigen Lebens, der Sinnerfülltheit des Lebens?

Spekulative Theologie oder Philosophie

Die Erkenntnistheorie führt uns in einen neuen Teil der Theologie, den spekulativen – der ja auch der Philosophie angehört. Vom Theologen muss hierbei umfassendere Vertrautheit mit der religiösen Grundlage erwartet werden können, vom Philosophen größere Beschlagenheit in den Voraussetzungen des zeitgenössischen Denkens – wenngleich keiner von beiden eines davon entbehren kann.

Das Gebiet der modernen Religionswissenschaft, so wie es gewöhnlich gefasst wird, ist hier überschritten, wenn der Gegenstand ist: die wahre Wirklichkeit, und nicht mehr: die Religion des Menschen. Aber wir haben gesehen, wie unmöglich es auf die Dauer ist, über den [E 120] Gegenstand der Religion selbst nichts wissen zu wollen. Diese spekulative Disziplin läuft oft unter dem Namen Dogmatik und Ethik oder Religionsphilosophie; das ist von geringer Bedeutung, wenn nur die Sache mit klarer Konzeption betrieben wird.

56 [HERODOT, *Hist.* II, 21.23.]

Eine solche spekulative Theologie kann und darf natürlich niemals die Mitteilung der positiven Religion und die wissenschaftliche Sichtung ihrer Glaubenserfahrung ersetzen. Die systematische Theologie darf nicht ihr Wesen vergessen, ein Bekenntnis, eine wissenschaftlich geordnete und begründete Beschreibung der Glaubenserfahrung der Kirche zu sein, und nicht einmal als spekulative Theologie darf sie sich einbilden, dass sie ein selbstständiges Leben unabhängig von der religiösen Gewissheit führe. Die idealistische Philosophie oder Theologie, die so denkt, hat ihren Kern vergessen. Da geht es so wie mit den schwedischen Preiselbeeren. Sie werden exportiert und kommen von Deutschland als Wein zurück. Niemand denkt daran, dass es dieselbe Ware ist. Der Wein wäre wohl über die Auskunft erbost. Auf die gleiche Weise ist idealistische Spekulation nicht selten gegen die Religion aufgetreten, ohne einen Gedanken an die Verwandtschaft. Aber die Theologie kann auf die Frage nach dem Recht des Glaubens nicht verzichten. Es ist wahr, das Recht der Religion liegt in ihrer Wirklichkeit, in ihrer Faktizität. Vincent d'Indy antwortete auf eine Frage, inwieweit die religiöse Anschauung und das religiöse Gefühl sich in unserer Zeit auflösten oder entwickelten, dass er die Frage nicht begriffen habe, es wäre genauso verständig zu fragen, ob die Ideen Liebe und Hass sich auflösen. Aber solange die Religion wirkliche Mystik ist und eine überirdische Welt kennt, muss ihr Bewusstsein, wenn es sich entwickelt, sich fragen, in welchem Maße ihre Gewissheit mit den Erkenntnissen und dem Gesichtskreis des menschlichen Geistes übereinstimmt – wenn ihre Überwelt sich wie ein Himmel über dem Wissensreich des heutigen Geschlechts wölbt oder sich wie eine selig machende Luftspiegelung über dem festen Boden der Wirklichkeit ausnimmt. Es geschieht deswegen mit gutem Recht, wenn die Dogmatik durch Erkenntnistheorie eingeleitet wird. Die Lehre von der geistigen Erkenntnis und spekulative Theologie (oder Philosophie) gehören eng zusammen und können geradezu zu einer Einheit verschmolzen werden. Eine prinzipielle Einleitung in die Dogmatik, eine Untersuchung der wissenschaftlichen Möglichkeit der christlichen Dogmatik und ihres Rechts, die Gegenstände des Glaubens als Wirklichkeit zu behandeln, [E 121] gehört zu den dringendsten Aufgaben der systematischen Theologie in unserer Zeit. Dieses Recht wird ja mit der Unterscheidung des persönlichen und des »wissenschaftlichen« Bereichs behauptet. Aber der menschliche Geist kann eine solche Zweiteilung und Trennung auf die Dauer unmöglich ertragen. Er lässt sich nicht von irgendeinem non liquet im Zaum halten. Sondern er will, wenn möglich, die letzten, höchsten Aussichtspunkte erreichen, wo alles Wissen sich zu *einer* Welt vereint. Auf Grund der neuen, lebendigen Empfindung, dass Religion und Moral eigene, selbstständige Bereiche bilden, nicht lediglich Notunterkünfte oder alte Hypothesen und Patentlösungen für das Wissen, Bereiche, die zu bearbeiten unendlich lohnend ist, und auf Grund der Tatsache, dass man so stark von der Arbeit an der historischen Kritik beansprucht war, hatte man die spekulative Theologie wie alle Spekulation auf den Aussterbeetat gesetzt und gering geachtet. Jetzt ist sie im Begriff, wieder zu Sinnen zu kommen. Das ist ein Zeichen geistiger Gesundheit und des kraftvollen Lebens der Kultur. Das Spezialistentum muss die Bildung auf Dauer zum Stillstand bringen, so redlich und großartig seine Arbeit auch ist, sofern niemand wagt, einen Überblick ins Auge zu fassen – und derweil alles andere auf sich beruhen zu lassen. Deshalb muss man es mit Freude begrüßen, dass die Spekulation ihre Flügel spannt. Doch soll das auf ehrliche Weise geschehen, ohne den Selbstbetrug, der unter dem Namen der Wissenschaft eine sonderbare Metaphysik einschmuggelt. Die Spekulation hat ihre große Aufgabe. Keine starke und universale Kultur kann sie entbehren. Sie ist notwendig, um allen Zweigen menschlichen und nationalen Lebens Horizont, Richtlinien und Beglaubigung zu verleihen. Von innen kommt die Empfindung der Heiligkeit, die menschliche Wirksamkeit adelt. Doch allein die Spekulation vermag über Arbeitsbereiche und Lebensbereiche die Tempelgewölbe zu spannen, unter denen sie sich in Freiheit und Andacht vereint fühlen.

Die Gedankengebäude sind seit alters »Metaphysik« im eigentlichen Sinn gewesen; sie sind auf der Natur, physis, wie ein Überbau über ihr errichtet worden, oder sind von der Natur ausgegangen, um auf ein »Jenseits der Natur« zu schließen. Für die Theologie als Wissenschaft ist der Anspruch, Gott aus der Natur zu beweisen, erledigt. Durch Kants Aufdeckung einerseits der Selbstständigkeit des sittlichen Phänomens, andererseits [E 122] der Grenzen der Naturerkenntnis wurde das Verhältnis ein anderes. Die Spekulation ward im Wesentlichen »Metaethik«, »über, jenseits des sittlichen Lebens«. Es ist das sittliche Leben des Menschen, das, um begreiflich zu sein, auf eine geistige Wirklichkeit, eine göttliche Weltvernunft hinweist und sie voraussetzt. Auf diesem Weg ist man weitergegangen. Für Ritschl, Sabatier und nahe verwandte Richtungen ist es der Anspruch des Menschen[57], eine selbstständige sittliche Persönlichkeit zu sein, nicht bloß ein Glied im Naturzusammenhang, der auf einen allmächtigen Geist als seine Garantie verweist.

Als innerhalb der zunächst von Ritschl befruchteten Theologie ein Wort zugunsten einer Metaphysik auf breiterer Grundlage eingelegt wurde, nämlich von Troeltsch, da geschah das mit Verweis auf die Geschichte. Nicht

57 [Zu lesen ist mit den früheren Auflagen »människans«, Genitiv, nicht »människan«, Nominativ.]

als wäre der historische Gesichtspunkt Ritschl fremd gewesen. Im Gegenteil, diese Theologie hat mit einseitigem Nachdruck die geschichtliche Offenbarung in der Persönlichkeit Christi zur Geltung gebracht. Man hat
Jesu Christi geschichtliche Wirklichkeit geradezu als die einzige eigentliche Stütze der Gottesgewissheit angesehen. Troeltsch verwies auf die Geschichte der Menschheit im Ganzen. Diese weist über sich selbst hinaus.
Die Spekulation wird im Wesentlichen »Metahistorie« – die geistige Wirklichkeit wird für die Erkenntnis eine übergeschichtliche, d.i. eine sich in
und über der Geschichte, eher als eine »übernatürliche«, d.i. in und über
der Natur, oder auch als eine sich in und über der individuellen sittlichen
Erfahrung offenbarende Wirklichkeit. Für die größten Geschichtsschrei-
ber schimmert manchmal eine überweltliche Macht aus dem merkwürdigen Zusammenhang der Geschehnisse hervor. – Eine andere Wendung bekommt die Sache bei Eucken und Norström, indem sie zeigen wollen, dass
alle die verschiedenen Zweige menschlichen Strebens in Kunst, Wissenschaft, Technik, Politik usw. in der Luft hängen und sinnlos sind, wenn
sie nicht mit einer selbstständigen geistigen Wirklichkeit in Verbindung gebracht werden. Der menschliche Lebensprozess weist über sich selbst hinaus. Wo man auch innerhalb dieses Komplexes beginnt, endet man doch
in Sinnlosigkeit, wenn die Richtung auf ein über alles einzelne menschliche
und über das natürliche erhabenes geistiges Sein und die Erfahrung davon
eliminiert oder ignoriert wird. Die Spekulation wird am ehesten »Meta-
kultur«, eine Sicht [E 123] dessen, was über der Kultur als ihr Endzweck
liegt. – Die gegenwärtige Beachtung des Seelenlebens hat dazu geführt, in
dessen Tiefe den Weg zur wahren, geistigen Wirklichkeit zu sehen. »Jenseits der Seele«, zuinnerst in der Seele kann man Kontakt mit der Transzendenz finden. Novalis hat geschrieben, dass ein Einziges notwendig sei,
die Suche nach unserem transzendenten Ich.[58] Von Franzosen wird das
Wort »Metapsychik« verwendet. Blicke nicht auf Natur oder Geschichte
oder Kultur, sondern blicke in dich selbst hinein! Das ist das Wesen der exklusiven Metapsychik.

Sicherlich ist jegliche apriorische Einschränkung gefährlich. Die Gewissheit dessen, das nicht vor Augen ist, muss zu den einzelnen Lebens-
und Wissensbereichen Stellung beziehen. Aber die metaphysische Spekulation darf nicht vergessen, dass ihr Ausgangspunkt und Stützpunkt die
Religion ist. Ihre wichtigste Erkenntnisquelle ist weder Natur noch Sitt-

---

58 [Versehentlich steht in der Textvorlage der ganze Satz in Anführungsstrichen.
 Sachlich bezieht er sich auf die *Fichte-Studien* Novalis', in: NOVALIS, Werke, Tage-
 bücher und Briefe, hg. v. H.-J. Mähl/R. Samuel, 3 Bd., 1978–1987, Bd. 2, 9–209,
 und da besonders auf die Ausführungen über das absolute Ich, 34–45.]

lichkeit noch Geschichte noch Kultur noch Seelenleben, sondern Religion. Die Religion als eine lebendige Tradition von Geschlecht zu Geschlecht, aber begründet und erneuert in persönlicher Erfahrung. Für das Christentum fügt sich die religiöse Erfahrung in eine heilige Geschichte ein, oder in eine Offenbarung[59], die, nach christlicher Deutung, in ihrem Zusammenhang eine Spiegelung göttlichen Willens in der Menschenwelt darstellt, der auf Leben und Heil zielt. Christus steht da als der Mittelpunkt und Festpunkt. Aber die Gottesgewissheit wird nicht wie in mancher neueren Theologie dahingehend isoliert, allein auf diesem – dem festesten, aber – schmalen Grund aufzuruhen, sondern Christus selbst wird von der Offenbarungsgeschichte mit Vorangehenden und Nachfolgenden, mit Propheten und Aposteln und Gottesmenschen in der geschichtlichen Folge der Persönlichkeitsmystik zusammengebunden. Diese Übereinstimmung zwischen persönlicher Erfahrung und einer geschichtlichen, durch die Jahrhunderte fortlaufenden sukzessiven religiösen Schöpfung ist das Eigentümliche der Metaphysik des Christentums. Diese religiöse Grundlage kann die spekulative Theologie niemals verlassen, solange sie das Verhältnis dieser Gewissheit zur Erkenntnis von Natur und Menschenwelt als ganzer klarzumachen versucht.

---

59 Mit Offenbarung meine ich das Auftreten eines positiven religiösen Inhalts in der Geschichte.

[E 124]

Der Organismus des religiösen Studiums bekommt also das folgende Aussehen:

1. Geschichte der Religion Israels
Evangelienforschung samt Geschichte des Urchristentums
} Bibelforschung

2. Geschichte der christlichen Religion, enthaltend u.a.
{ Dogmengeschichte, Geschichte des Frömmigkeitsideals und -lebens, Symbolik, Geschichte des gottesdienstlichen Lebens

Wissenschaft vom Christentum oder spezielle Religionswissenschaft

Philosophie der Religionsgeschichte

Religionsphilosophie oder vergleichende Religionskunde oder allgemeine Religionswissenschaft, ausmündend in Bestimmung des Wesens der Religion und Bewertung der Religionstypen untereinander und der Religion als solcher

Statistische Theologie
Dogmatik und Ethik (Systematische Theologie)

3. Allgemeine Religionsgeschichte
Religionspsychologie und deren »Philosophie«

Lehre von der religiösen Erkenntnis
Spekulative Theologie (oder Philosophie)

1. Diese Tabelle hat nicht dieselbe in die Augen fallende schematische Übersichtlichkeit wie die alte gewöhnliche Einteilung in historische und systematische, oder normierende – was innerhalb des Christentums Bibelwissenschaft und Geschichte bedeuten muss – und normierte Theologie, oder wie die beiden Hauptabteilungen [sonst] genannt werden. Die alte [Einteilung] ist nach den Fakultäten entworfen und hat für die Religionsgeschichte samt deren Philosophie und für die Religionspsychologie keinen Platz, sondern macht sie zu einer Einleitung. Die Einheit tritt deutlicher in den beiden bedeutendsten und bewundernswerten Anordnungen hervor, die es von den theologischen Wissenschaften gibt, denjenigen Schleiermachers und Pehr Eklunds, die mit origineller Kraft den Schlendrian der genannten Einteilung beenden. Zum Verdienst beider gehört, dass sie begriffen haben, dass zu christlicher Theologie das Studium der Religion in ihrem ganzen Umfang gehört. Doch während Schleiermacher – und nach ihm z. B. Reuterdahl[60] – die verschiedenen Religionsgestalten als [E 126] Arten einer nicht ohne apriorische Konstruktion hergestellten Gruppierung einfügt, gibt der Letztere dem modernen religionsgeschichtlichen und religionspsychologischen Studium den ihm gebührenden Raum, um es in einen Begriff vom Wesen und Wert der Religion und von dem Ort der christlichen Religion in der Welt der Religion und des Menschen münden zu lassen.

Schleiermacher machte Epoche, als er in seiner 1810 herausgegebenen *Kurzen Darstellung des theologischen Studiums* Theologie und Kirche zusammenband. Und zwar so eng, dass er die philosophischen und die historischen und philologischen Disziplinen, die zur Theologie gehören, durch einen praktischen Zweck zusammengehalten werden ließ: die Kirchen-

---

60 [HENRIK REUTERDAHL] in dem schönsten und warmherzigsten Buch, das bei uns über das Studium der Religion geschrieben worden ist: *Inledning till Theologien, jämte Methodologiska anmärkningar*, 1837, 520 Seiten. Eine für ihre Zeit hervorragende, heute veraltete Historik und Literaturkenntnis wird mitgeteilt. Vor allem atmet das Buch eine frische und starke Begeisterung für die Religionswissenschaft und einen Glauben an deren Bedeutung, die den Hebel für die Theologie wie für jede Forschung und jede Arbeit bilden müssen. Es ist wohltuend, an Reuterdahl mit seinem ehrlichen [E 126] wissenschaftlichem Enthusiasmus zu geraten, weg von der jetzt so modernen Missstimmung gegenüber der theologischen Wissenschaft, die jeder in Kirche und Sekten zu meistern oder allenfalls gnädig zu tolerieren sich für befugt hält – die Wissenschaft natürlich, nicht die Missstimmung. Und es ist wohltuend, seine ehrliche Kirchlichkeit zu sehen, für sich eine weit größere Kraft für Reform und Freiheit als das moderne Nörgeln und Richten über die Kirche.

leitung. Die Kirche braucht diese Studien, um Diener für ihre Aufgaben auszubilden, teils für den »Kirchendienst«, der sich auf die einzelne Gemeinde bezieht – erbauend, als Predigt und Liturgie, leitend, als Katechetik und Seelsorge –, teils für das »Kirchenregiment«, das sich auf die Kirche als ganze bezieht – das gebundene Kirchenregiment, das sind die kirchlichen Behörden, und das ungebundene, das als freie geistige Macht wirkt, insbesondere in theologischer und kirchlicher Schriftstellerei.[61] (Schleiermacher hätte sicher, wenn er heute lebte, zu diesen beiden Seiten der Kirchenleitung eine dritte hinzugefügt, die Mission, wo die Kirche einem ihrer Lebensbedürfnisse nachkommt.) Pehr Eklund findet es erniedrigend für die wissenschaftliche Würde der Theologie, sie zur Dienerin der Praxis zu machen, und bestimmt ihr Wesen als diejenige Tätigkeit, durch welche die Kirche ihr Bewusstsein von sich selbst sucht und findet – von ihrem Frömmigkeitsleben und ihrer Gemeinschaftsordnung, von ihrer Herkunft und ihrem Wesen.[62]

Das Epoche Machende an Schleiermachers Zugriff auf [E 127] die Gestaltung des theologischen Studiums – abgesehen von der genialen Klarheit, mit der er neue Leitlinien für die Arbeit zieht – lag darin, dass die Theologie, die als offenbarte (orthodox) oder natürlich-vernünftige (rationalistisch) Weisheit in der Luft hing, in lebendige Verbindung mit der Gemeinschaft versetzt wurde, in der die Frömmigkeit lebt und wirkt. Das wurde Epoche machend sowohl für die Kirche, die eine neue Theologie empfing, als auch für die Wissenschaft, die nur gewinnen konnte durch ein engeres, in neuer Klarheit gefasstes Verhältnis zu ihrem Gegenstand. Aber das für die Theologie Leben Spendende lag nicht in der praktischen Aufgabe: sie soll der Kirche dienen, sondern in dem, was damit gewonnen wurde: sie soll sich auf die wirkliche, lebendige Religion als geschichtliche Erscheinung beziehen. In der Kirche hat diese ihre handgreiflichste Daseinsform und ihre Stütze. Diejenige Religionswissenschaft, die dem Leben der Religion in den Religionsgemeinschaften fremd, ohne Verständnis gegenübersteht, muss ja selbst daran leiden, sobald es um tiefere Fragen geht.

Meine Übersicht über das Studium der Religion habe ich nicht auf die Kirche als Subjekt oder Objekt oder – besser – als beides abgestellt, sondern auf die Religion als Gegenstand. Ich habe versucht, eine richtige Darstellung des religiösen Studiums zu geben, so wie es sich in der heutigen wissenschaftlichen Arbeit gestaltet und wie es seine Aufgaben und seinen

---

61 [F. Schleiermacher, *Kurze Darstellung des theologischen Studiums*, ²1830, §§ 277–308. 309–338.]
62 [Vgl. Pehr Eklund, *Om theologiens begrepp och indelning* (AUL.T 11), 1874, 13–17.]

inneren Zusammenhang fassen muss, um fruchtbringend zu sein. Das bedeutet nicht, dass die vorangehenden Disziplinen die nachfolgenden ignorieren sollen oder können. Es ist schon darauf hingewiesen worden, dass die christliche Dogmatik aus der Philosophie der Religionsgeschichte und aus der Religionspsychologie großen Gewinn zieht. So braucht auch das biblische Studium in mehreren Fragen dringend eine allgemeine religionsgeschichtliche Orientierung usw. Ihre Einheit hat die Religionswissenschaft oder der Organismus der Theologie darin: die Religion und, in ihrem späteren Teil, den Gegenstand der Religion kennen zu lernen. Dieser anspruchslosere Gesichtspunkt, in die Arbeit einzuführen, ist für meine Übersicht leitend gewesen.[63]

[E 128] Meiner Meinung nach ist auch für die Kirche mit einer rein wissenschaftlichen Sicht der Sache am besten gesorgt. Denn die Praxis gewinnt dadurch am meisten, dass man in der Theologie, ohne irgendwelche praktischen Nebeninteressen, ehrlich so weit geht, wie man kann. Der Kirche ist mit einer Erforschung der Religion am besten gedient, die nicht flügellahm oder in verordnete Grenzen eingeschlossen ist. Denn es ist keine von der Kirche gezogene Grenze, sondern es ist eine wissenschaftliche Forderung, dass der Forscher am Leben der Religion teilhaben soll. Er muss Sinn für das haben, was er behandelt. Hier ist die Wirklichkeit, zu der er sich vorantasten soll, in ihrem tieferen Leben so sensibel und eigentümlich, dass er, wenn er nicht selbst religiös ist, gänzlich aufs Geratewohl verfährt. Keine äußeren Maßnahmen können diese Voraussetzung garantieren. Sie zeigt sich allein im Gehalt der Arbeit des Religionswissenschaftlers. Es gehört die Leidenschaftlichkeit, welche die Frage nach der Religion weckt, und daneben recht viel Verstockung und Blindheit dazu, [auch nur] einen Augenblick lang andere Bedingungen für den Religionsforscher aufstellen zu können als diese beiden unumgänglichen: Sinn für die Wirklichkeit der Religion (wenn es um zentrale Angaben geht), und wissenschaftliche Begabung, samt der Freiheit des Denkens, der Einbildungskraft und dem Forschungsgeist, die dazugehören.

Wird dieses Studium der Religion ernstlich betrieben, so liegt es in der Natur der Sache, dass es in eine Anleitung für das Leben münden wird. Wir haben bereits daran erinnert, dass kein dem Menschen nahe liegen-

---

63 Die Fakultätsdisziplinen finden dort ihre Aufgaben verzeichnet. Exegese, Kirchengeschichte, Symbolik, Dogmatik und Moraltheologie oder systematische Theologie, die darüber hinaus Erkenntnistheorie und im Rahmen ihrer Möglichkeit spekulative Theologie betreiben muss, [E 128] ferner Religionsgeschichte, Religionspsychologie und Religionsphilosophie, die man unter dem Namen allgemeine Religionswissenschaft zusammenfassen kann (im Unterschied zur besonderen Religionswissenschaft = Wissenschaft vom Christentum).

des und wichtiges Thema studiert werden kann, ohne dass man sich fragt, was zum Schaden und was zum Segen dient. In höchstem Maße gilt das von der Religion.

Der wissenschaftliche Anspruch darf um seiner selbst willen nicht von irgendeinem anderen Interesse als dem an der Wahrheit geleitet oder ermäßigt werden. Das Berechtigte an dem kirchlichen Anspruch aber wird einerseits durch die Teilhabe am Leben der Religion, die eine wissenschaftliche Forderung ist, [E 129] andererseits durch den praktischen Bezug befriedigt, den alle Wissenschaft von der Welt des Geistes letztlich bekommen muss.

2. An den Universitäten ist eine Fakultät, die theologische, dem Studium der Religion gewidmet. Man wird einwenden, dass der Gegenstand der Theologie das Christentum sei und dass die theologischen Fakultäten dem Studium des Christentums gewidmet seien. Darauf ist zu antworten mit einem Argument, das der Eigenart der Wissenschaft entnommen ist, und mit einem anderen, das dem Anspruch des Christentums entnommen ist.

Ist unter den vier Fakultäten[64] eine dem Christentum gewidmet, wohin gehört dann das Studium anderer Religion? Bei uns ist die Frage de facto entschieden, insofern Kenntnisse in Religionsgeschichte von allen künftigen Religionslehrern verlangt werden, ein offensichtlicher Vorteil sowohl für die Kirche als auch für das religionsgeschichtliche Studium, das auf diese Weise festen Boden in der Akademie [= Universität] besitzt, der ihm sonst fehlen würde. – Wenn ein neuerer Wissenschaftszweig kommt und bei den alten Universitäten anklopft, weiß man manchmal nicht recht, wo er platziert werden soll. Gehört die Geographie zu den Geistes- oder zu den Naturwissenschaften? Sie wird einmal auf der einen, einmal auf der anderen Seite untergebracht. Ebenso bei der empirischen Psychologie. Der ausgezeichnete Religionspsychologe T. Flournoy in Genf gehört der faculté ès sciences, der naturwissenschaftlichen Sektion an – obgleich er gewiss mehr Sinn für positive Frömmigkeit und Christentum hat als mancher Fakultätstheologe. Gehört die Physiologie zur medizinischen oder zur naturwissenschaftlichen Fakultät (Sektion)? Soll die Nationalökonomie bei den juristischen Fächern oder bei den historischen oder neben der Mathematik ihren Platz bekommen? Die allgemeine Religionsgeschichte und vergleichende Religionswissenschaft hat man einmal in die theologische, einmal in die philosophische Fakultät verlegt – dies Letztere jedoch in manchen

---

64 [Nach dem damals noch weithin gültigen Organisationsmodell die theologische, die juristische, die philosophische (welche die Naturwissenschaften einschloss) und die medizinische Fakultät. Zu den Problemen, die es auch zu dieser Zeit schon bereitete, s. das Folgende.]

Fällen auf Grund einer wenig universitären Auffassung von der Aufgabe der theologischen Fakultät. Am amüsantesten ist es zweifellos, wenn man die Frage der Einordnung des Studiums in die Universität auf sich beruhen lässt, bis ermittelt ist, wohin es eigentlich gehört. In manchen Anstalten für wissenschaftliche Studien hat man die Einteilung in Fakultäten verlassen und freie Gruppierungen geschaffen. So gibt es z. B. in Paris [E 130] neben den Fakultäten eine École pratique des hautes études mit einer Sektion für Religionswissenschaft, einer für Geschichte usw. Oder aber die Fächer werden nebeneinander aufgereiht, wie am Collège de France und an manchen amerikanischen Universitäten. Die Einteilung in Fakultäten hat gute Gründe für sich, auch ohne den sehr guten, dass es sie nun einmal gibt, und das nicht erst seit gestern. Eine Einteilung und Gruppierung ist zweckmäßig und nützlich, sofern sie nur nicht als bindend, sondern als kluge Arbeitsteilung verstanden wird. Die Hauptsache ist nicht, in welcher Fakultät Religionsgeschichte, Religionspsychologie und vergleichende Religionswissenschaft betrieben werden, sondern dass sie mit Tüchtigkeit, Methode und Erfolg betrieben werden. Sieht man jedoch auf die Sache selbst, so kann überhaupt kein Zweifel herrschen, dass die Religion in ihrer Gänze zur Aufgabe der theologischen Fakultät gehört. Sonst landet man in absurder Willkür. Die Gottergebenheit im »Gesang von dem Erhabenen« oder bei den Sufis sollte in der philosophischen Fakultät studiert werden, die Gottergebenheit beim heiligen Bernhard und Luther dagegen in der theologischen. Wenn Tulsidas[65] betet: »Herr, sieh zuerst auf dich selbst und gedenke deines Erbarmens und deiner Macht! Richte sodann deine Augen auf mich und nimm mich als deinen Knecht, dein Eigentum! Denn die Macht des Herrn ist eine sichere Zuflucht, und wer sie ergreift, der wird erlöst«, – ja, dann ist das Angelegenheit der philosophischen Fakultät, doch mit den Gebeten des Psalters und des Gesangbuchs befasst sich die theologische. Buddhas Mönchsorganisation und die chinesischen Eremiten gehören zum Bereich *einer* Fakultät. Der Mönchsorden des heiligen Franz und die christlichen Eremiten zu dem einer anderen. Das ist offensichtlich vom Standpunkt der Sache und der Wissenschaft aus gesehen ein unerträglicher Zustand. Die Religion ist eine zusammenhängende Reihe von Erscheinungen, in der das Christentum inbegriffen ist. In der Reihe der Fakultäten hat die theologische die Religion zum Gegenstand, wie die juristische das Recht zum Gegenstand hat usw. Das Studium anderer Religion ist auch für das Begreifen des Christentums, wie wir gesehen haben, äußerst wertvoll, so dass Pehr Eklund völlig Recht damit hat, es in seiner Gänze in den Entwurf der kirchlichen Wissenschaft einzubeziehen.

65 [Goswami Tulsidas, bedeutender hinduistischer Dichter, 1532–1623.]

Doch von Religion und Christentum ist die erstere umfangreicher und bietet [E 131] sich deshalb natürlicher und unkomplizierter als Gegenstand der den religiösen Studien gewidmeten Fakultät an.

Stellt man sich auf den Standpunkt der christlichen Religion, so kommt man zum gleichen Resultat. Für den christlichen Glauben ist eine Tabelle, wie ich sie aufgestellt habe, die natürliche. Der christliche Glaube ist gewiss, dass die vergleichende Religionsforschung bloß in größerer Vollständigkeit das Recht seines Anspruchs verdeutlichen wird, und dass die spekulative Theologie ihrem Wesen nach die scharfe gedankliche Beleuchtung der Wahrheit der christlichen Offenbarung sein muss. Der christliche Glaube ist ebenso gewiss, dass ein ehrliches Suchen nach der Wahrheit, das die ganze religiöse Erfahrung aufsucht, und damit vor allem auch den Reichtum der christlichen Erfahrung, der einzige Weg ist, der für das menschliche Denken abgesteckt werden kann. Jedes Misstrauen gegenüber einem rein wissenschaftlichen Programm bedeutet beim Christentum ein Misstrauen gegen sich selbst und gegen die Macht der Wahrheit, sich zur Geltung zu bringen.

Das Christentum versteht sich nicht als eine unter den Religionen in der Welt, sondern in seinem Wesen, in Christus, in seinen idealen Möglichkeiten, als die Religion par préférence, auf die jedes Heilsbedürfnis des Herzens und alles Suchen nach dem Göttlichen letztlich abzielt. Der Gesichtspunkt des Christentums ist universal. Er schneidet nicht ein Stück der Religionsgeschichte für sich heraus, sondern umfasst die ganze religiöse Entwicklung des Menschengeschlechts, indem er sie in ihren verschiedenen Ebenen und Phasen als niedere und höhere Offenbarungen deutet, als Treue oder Verfall, als Gewissheit oder Herumtappen. Der Prophet wusste, dass Kyros dem Herrn diente.[66] Paulus kennt ein natürliches Wachstum der Religion neben der Offenbarung und zitiert zustimmend die Worte des alten kretischen Dichters Epimenides: »In ihm leben, weben und sind wir.«[67]

Justin der Märtyrer schreibt: »Alle, die mit dem Wort [Logos] gelebt haben, waren Christen, auch die als Gottesleugner galten, so wie Sokrates bei den Griechen ...«[68] Für Clemens und Origenes war das daimonion des Sokrates ein guter Geist. Durchaus kann man Lao-tse einen Propheten des Herrn nennen. Auch wenn die Beurteilung außerchristlicher Frömmigkeit [132] innerhalb der Kirche barbarisch war, ist der universale Gesichtspunkt doch beibehalten worden, so dass Studium des Christentums Studium der Religion bedeutete – wobei vielleicht einige Religionen

66 [Vgl. Jes 44,24–45,8.]
67 [Act 17,28.]
68 [Justinus, Apol. 46,1.]

als Teufelswerk abgewiesen wurden.[69] In Hases *Hutterus redivivus*, der während mehrerer Jahrzehnte des 19. Jahrhunderts verbreiteten Darstellung der lutherischen Dogmatik, heißt es von der Religion: »Der historische Begriff der Religion umfasst das Gemeinsame der religiösen Erscheinungen in der Geschichte. Die altkirchlichen Dogmatiker erhoben sich selten zur Allgemeinheit dieses Begriffs, weil sie jenseits ihrer Religion nur die falsche, uneigentlich sogenannte, Religion sahen.«[70] Umso notwendiger ist es, nachdem das Christentum zu einer höheren Auffassung und Wertung der Religion in all ihren Offenbarungen gefunden hat, dass das theologische Studium sich die Religion in ihrem ganzen Umfang zum Gegenstand setzt. Nur in dem Maß, in dem das Christentum den anderen Religionen volle und unbedingte Gerechtigkeit widerfahren lässt, kann es seinen Anspruch als Antwort auf die religiösen Bedürfnisse der Menschheit allgemeingültig behaupten. Wenn man die Religion als Gegenstand der theologischen Fakultäten setzt, knüpft man an gute Tradition an und berücksichtigt die dem Christentum selbst eigene Sicht der Sache, die der Professor für Geschichte an der Berliner Universität, Hans Delbrück, von der Forschung bestätigt sieht: »... wenn die Wissenschaft des 19. Jahrhunderts ein Ergebniß gehabt hat, das alle anderen an Bedeutung übertrifft, vor dessen Wucht alle Thatsachen der Naturforschung klein erscheinen, so ist es, daß das Christenthum nicht eine, sondern *die* Religion, die absolute Religion ist.«[71] Die Wissenschaft begibt sich an ihr Geschäft, ohne [E 133] die hier ausgesprochene Überzeugung und Selbsteinschätzung des Christentums, und sie darf sich durch eine solche Überzeugung nichts von ihrer Strenge abhandeln lassen. Die Ansprüche der reinen Wissenschaft und des Christentums treffen sich jedoch darin, dass sie die Religion ohne Einschränkung zum Objekt des Studiums machen.[72]

69 Wie die katholischen Missionare in der Hierarchie des Buddhismus insbesondere in Tibet die Nachäffung der göttlichen Einrichtungen der Papstkirche durch den Teufel sahen, so beurteilten chinesische und japanische Gelehrte das Christentum als mangelhafte Nachäffung des Buddhismus, welche die Schale, Legenden und Riten, vom Buddhismus aufnahm, nicht aber dessen Kern. Zu Arai Hakusakis Kritik am Anfang des 18. Jahrhunderts [als Beispiel für diese Sicht] vgl. HANS HAAS, *Japans Zukunftsreligion*[, 1907, 130–135, bes. 133.]

70 [KARL HASE, *Hutterus redivivus oder Dogmatik der ev.-lutherischen Kirche. Ein dogmatisches Repetitorium*, ²1833, 1.] Auch auf Schwedisch erlebte dieses Buch mehr als eine Auflage in Wensjoes und, in Finnland, in Elmgrens Übersetzung.

71 [HANS DELBRÜCK, *Politische Korrespondenz*, in: PrJ 101/1900 (378–384), 384.]

72 In den Oberschulen heißt das Fach Religion nunmehr »Christentum«, anstatt »Christentumskunde« – so wie wenn man von der Erde anstatt von Geographie, von Leben anstatt von Biologie usw. reden würde. Die Bezeichnung Christentum begünstigt die (vom neuen Lehrplan bekämpfte) Auffassung, dass es da nicht wie in anderen Fächern um *Kenntnisse* gehe. Natürlich muss der Inhalt des Religions-

3. Die Universität ist nicht bloß eine Wissenschaftsakademie, sondern sie hat die praktische Aufgabe, den Staat mit Dienern zu versehen. Die philosophische Fakultät hat nicht nur Forschung zu betreiben, sondern auch die Oberschulen und andere Institutionen mit Lehrern zu versehen. Ebenso schadet es keineswegs z. B. der Botanik, wenn sie ihre Versuche auf die Veredlung von Pflanzen abstellt, die großen Wert für die Wirtschaft haben. Die medizinische Fakultät bildet Ärzte aus, die juristische Staatsdiener in Gericht und Verwaltung, die theologische Religionslehrer für Kanzel und Katheder. Deshalb kommt innerhalb der Fakultät ein Fach dazu, das mit der [E 134] praktischen Fertigkeit zu tun hat, die Studien im Dienst der Religion und der Gemeinde anzuwenden: praktische Theologie.[73]

unterrichts tief auf die Jugend wirken können, besonders wenn der Lehrer tüchtig ist. Aller Unterricht wirkt, recht betrieben, erzieherisch. Aber keine fromme, wohlmeinende Absicht oder religionsfeindliche Rechtgläubigkeit darf das Faktum vertuschen oder sich ihm entziehen, dass ein Maß an Kenntnissen vom Christentum für die bürgerlichen Anforderungen der Gesellschaft notwendig ist. Hätte man diesen Gesichtspunkt, wirkliche Kenntnis vom Christentum aus dessen wichtigsten Urkunden zu vermitteln, klarer im Blick behalten, wäre der Religionsunterricht der Oberschule aufs Ganze gesehen mehr zum Frommen der Religion gewesen, als es der Fall war.

Besser als die Bezeichnung Christentumskunde ist m.E. aus oben angeführten Gründen »Religionskunde«, umso mehr, als es in den höheren Klassen der Oberschule erforderlich ist, eine gewisse Kenntnis der wichtigsten außerchristlichen Religionen zu vermitteln.

Die Katechismus-Erklärung von Svebilius/Lindblom wurde mit einer »kurzen Religionsgeschichte« eingeleitet, die zwar allein die biblische Geschichte enthielt, doch durch die Bezeichnung darauf hinweist, dass es die *Religion* ist, auf die sich der Unterricht bezieht. Dass dies für uns zuerst und zuletzt Christentum bedeutet, ist für jeden denkenden Menschen selbstverständlich. [Vgl. OLOF SWEBILIUS, *Folkskolans katekes. Doktor Mårten Luthers Lilla katekes* (1689), bearb. v. JACOB AXEL LINDBLOM, 1853, Neudruck 1991.]

73 In der praktischen Theologie pflegt man Studien in Geschichte der Predigt, Geschichte des Chorals, Geschichte und Prinzipien der Liturgie zu betreiben. Es ist vortrefflich, dass vorhandene Kräfte für so fruchtbringende Aufgaben angewandt werden. Aber diese Fächer gehören zur Kirchengeschichte und, was das Prinzipielle betrifft, zur systematischen Theologie. Doch ist es vom Standpunkt der Arbeitsteilung nützlich, dass diese wichtigen Forschungszweige über einen eigenen Repräsentanten an der Akademie verfügen. Denn insoweit die praktische Theologie eine Lehre von der Technik ist, verlangt sie außer einer umfassenden theologischen Bildung eine besondere Ausbildung und Erfahrung in den Aufgaben der praktisch-religiösen Arbeit. Pehr Eklund wollte, dass jeder Fachrepräsentant innerhalb seines Faches auch die praktische Theologie versorgen solle: der Exeget solle in Homiletik anleiten, der Dogmatiker und der Ethiker in Katechetik, der Kirchenhistoriker in Kirchenrecht usw. [Dass hier auch die Pfarrer als Staatsdiener erscheinen, liegt natürlich daran, dass die schwedische Kirche damals noch eine Staatskirche war. Man beachte jedoch, dass sie in dieser Funktion nicht als Verkündiger des Evangeliums, sondern als »Religionslehrer« angeführt werden.]

Es ist ziemlich klar, dass ein Mann als Lehrer an der juristischen Fakultät – oder als Richter – kaum mit Erfolg seine Tätigkeit ausüben kann, wenn er das schwedische Recht in seinem Geist und seinen Grundprinzipien für verfehlt oder unterlegen hält, so dass er – nicht dessen Reformation, dessen Deutung und Entwicklung seinem Geist entsprechend, sondern seine Auswechslung gegen eine ganz fremde Rechtsanschauung wünschen würde. In der theologischen Fakultät kann die Ausbildung der Diener der Kirche nicht ohne Unzuträglichkeit durch den geschehen, der sich evangelischem Christentum und positiver Religion gegenüber fremd verhält. Freilich ist diese Unzuträglichkeit sicher nicht in allen Fächern gleich groß. Es ist für die Kirche viel besser, wenn der Bibeltext durchleuchtet und die griechische Umgangssprache und die Bedeutung des Wortes kyrios im Neuen Testament erforscht und die Kirchenverfassungen oder andere kirchengeschichtliche Fragen untersucht werden von unkirchlichen Personen, die sich auf Philologie und Geschichte verstehen, als von noch so kirchlich frommen und ausgezeichneten Männern, die in diesen Dingen Stümper sind. Aber in den zentralen Fragen geht das nicht. Der Vergleich mit der Jurisprudenz ist insoweit nicht anwendbar, als es im Studium der Religion um ein weit persönlicheres und sensibleres Gebiet geht, und als die Religion nicht im gleichen Verhältnis zum schwedischen Staat steht wie die Rechtsordnung. [E 135] Aber eine Analogie gibt es. So wenig es der Geschichtsforschung und der Rechtswissenschaft zu schaden braucht, wenn der Forscher von Vaterlandsliebe erfüllt ist, so wenig braucht es der Religionswissenschaft zu schaden, wenn der Forscher Christ ist.

Religion und Wissenschaft verfolgen unterschiedliche Ziele. Die Erstere sucht Geborgenheit und Heil, die Letztere Klarheit. Manchem erscheint es gleich unmöglich, beiden zu dienen, wie Gott und dem Mammon zu dienen – oder Mammon und Gott. Andere Naturen, die mehr Sinn für Logik und Mathematik als für den Reichtum des menschlichen Lebens haben, können auf den Gedanken kommen, zwei verschiedene Arten von Theologie aufzustellen, die eine rein wissenschaftlich, die der Wissenschaft dient, die andere kirchlich-wissenschaftlich, die von kirchlichen Rücksichten geleitet ist und der Kirche dient.[74] Das führt zu zwei Arten von Wissen-

---

74 So z.B. [KARL ALBRECHT] BERNOULLI, *Die wissenschaftliche und die kirchliche Methode in der Theologie*, 1897. Bernoullis Theorie ist weder neu noch für moderne Theologie bezeichnend. Sie ist in wohlmeinender Kurzsichtigkeit oder aus einem logischen Klarheitsbegehren, das die von der Wirklichkeit gegebenen Antinomien durchstreichen will, schon früher sowohl von kirchlicher als auch von wissenschaftlicher Seite aufgestellt worden. In Schweden gab Bischof [CARL ADOLPH] AGARDH 1836 in Lund sein ausführliches Gutachten zur Ausbildung der Pfarrer an den Akademien des Reiches (*Prästbildning vid Rikets akademier*) heraus, in

schaft, eine für den Bedarf der Wahrheit, eine für den der kirchlichen Gemeinschaft, und in der Konsequenz zwei Arten von Wahrheit.

Das kann das evangelische Christentum nicht mitmachen. Eine seiner Eigentümlichkeiten besteht in der Forderung nach Universitätsausbildung und nach uneingeschränkter Wissenschaft für seine Diener und um seiner selbst willen. Das ist Bestandteil seines Geistes, der keine Verkürzung der Wahrheitsforderung oder eine besonders zurechtgestutzte »Wissenschaft« zulässt, sondern im Christentum die höchste Bildungsmacht sieht.

Die Forderung der evangelischen Kirchen nach wirklicher Forschung und nach Universitätsausbildung für ihre Diener sei mit ein paar [E 136] Beispielen beleuchtet, eines aus einem evangelischen Land, ein anderes aus einem katholischen Land, wo jedoch evangelisches Christentum stolze Traditionen besitzt.

»Das kritische Studium der Bibel durch kompetente Forscher ist wesentlich, um in der Kirche einen gesunden Glauben zu erhalten. Derjenige Glaube befindet sich bereits in ernster Gefahr, der sich weigert, Fragen aufzugreifen, die bezüglich der Autorität oder Echtheit irgendeines Teils der uns überlieferten Schrift gestellt werden können. Eine derartige Weigerung schafft bohrendes Misstrauen bei vielen, die wir zu unterrichten haben, und wird die Stärke unserer eigenen Überzeugung von der Wahrheit, die Gott uns offenbart hat, schwächen. Ein Glaube, der stets oder oft von einer heimlichen Furcht begleitet ist, dass wir nicht wagen zu untersuchen, damit die Untersuchung nicht zu Resultaten führt, die unvereinbar sind mit dem, was wir glauben, ist bereits von einer Krankheit befallen, die ihn bald zerstören kann. Aber jede Untersuchung wird auf der anderen Seite von einer Gefahr begleitet, wenn sie nicht durch die Wacht von Ehrfurcht, Zuversicht und Geduld geschützt wird ...« Diese Worte, so anders als die Jeremiaden und Verurteilungen, die wir zu hören gewohnt waren, sind in dem Rundschreiben der englischen Bischöfe von 1897 zu lesen, unterzeichnet von fast 200 anglikanischen Bischöfen.[75] Man fühlt sich an die Begrüßung des Erzbischofs in Uppsala durch den Erzbischof Edward von Canterbury beim Jubiläum von 1893 erinnert. Sie enthielt den Wunsch, dass

dem eine ähnliche Unterscheidung eingehend begründet wird zwischen der kirchlichen Theologie, die anhand des Bekenntnisses entwickelt, in den Domkapiteln vorgetragen und von den Pfarrern angenommen werden soll – und der freien wissenschaftlichen theologischen Forschung, in der irgendwelche Streichungen oder Verkürzungen vorzunehmen Agardhs wissenschaftliches Gewissen ihm verbietet. Diese soll von der theologischen Fakultät der Universität betrieben werden, und die zukünftigen Pfarrer sollen dort etwas von der freien Luft der Wissenschaft atmen, bevor sie im kirchlich Festgeschriebenen angelernt werden.

75 *Conference of Bishops of the Anglican Communion. Holden at Lambeth Palace in July, 1897. Encyclical Letter from the Bishops,* ³1898[, 20].

»die ganze Macht von Gottes Wort, offenbart in der Heiligen Schrift, mitgeteilt von einer gläubigen und aufgeklärten Priesterschaft und voll beleuchtet von dem Licht, das die Fortschritte von Wissenschaft und Kritik darauf werfen, durch die Gnade des Heiligen Geistes Frucht bringen mögen im Leben und Denken eines wahrhaft christlichen Volkes.«[76]

Die reformierten Gemeinden in Frankreich bekamen 1872 endlich ihre Nationalsynode. Aber das dort vorgestellte Glaubensbekenntnis führte lediglich dazu, die Kluft zwischen der theologischen Rechten und Linken zu vertiefen und die Gemeinden in zwei Gruppen zu spalten, die freilich durch das Konkordat bis zu dem [E 137] Gesetz über die Trennung [von Staat und Kirche] vom 9. Dezember 1905 zusammengehalten wurden. Unterdessen hatte sich unter dem Einfluss der modernen Theologie ein immer mächtiger werdendes kirchliches Zentrum gebildet auf Kosten der eher intellektualistischen alten Gegner, der Erweckungsorthodoxie und des Liberalismus. Doch durch die Unversöhnlichkeit einer ökonomisch und sozial bedeutenden, nicht sonderlich zahlreichen orthodoxen Fraktion brach es im Jahre 1906 auseinander. Wird es die ehrenvolle Märtyrerkirche der Hugenotten nicht mehr als einheitliche Gemeinschaft geben? In diesem Fall läge ein trauriger Beweis für eine dem Geist der evangelisch-lutherischen Kirchen fremde, gesetzliche Auffassung vom Bekenntnis vor. Einer der herausragenden neueren Theologen der reformierten Christenheit, Professor Edmond Stapfer in Paris, machte eine bemerkenswerte Äußerung in dieser Frage. Er schrieb, selbst reformiert: »Die Lutheraner [...] haben ein Glaubensbekenntnis, das von Augsburg, und ohne es jemandem aufzuzwingen, haben sie nicht erst nach der Trennung (von Staat und Kirche), sondern seit fast vierzig Jahren in Frieden und Eintracht gelebt [...] Das Beispiel der Lutheraner ist ein stummer Vorwurf für die Reformierten und verleiht deren Spaltungen und Streitigkeiten geradezu etwas Erbärmliches, indem es deren abgrundtiefe Nichtigkeit aufweist. [...] Die Lutheraner leben in Frieden, und ihr Gewissen ist nicht minder empfindlich als das Eure.«[77] Der hier von Stapfer aufgewiesene Unterschied ist erhellend für das Verhältnis zwischen Wissenschaft und Bekenntnis. Etwa zwanzig beherzte reformierte Pfarrer, die dem Zentrum angehörten, versammelten sich in Rouen, ergriffen die Initiative zu einer allgemeinen Konferenz, die im Oktober 1906 in Jarnac zustande kam. 101 Gemeinden waren durch Pfarrer und Laien repräsentiert. Am 26. Oktober

---

76 [Nach Söderbloms schwedischer Übersetzung wiedergegeben, vgl. S. 34, Anm. 9.]
77 [EDMOND STAPFER, *Lettres au directeur de la Revue chrétienne sur la situation ecclésiastique des Réformés français, Deuxième lettre*, in: RChr 54/1907 (417–423), 422f.]

1906 erlebten die dortigen Erben der Hugenotten einen unvergesslichen Pfingsttag. An diesem Tag sollte die in Rouen formulierte *Déclaration de principes*, das Glaubensbekenntnis, diskutiert werden. Scharfe Gegensätze waren vorhanden, beide Seiten vertreten sowohl vom Eifer der Jugend als auch von Männern, die im Dienst des Staates, der Wissenschaft oder der Kirche ergraut waren. Aber als Charles Wagner sich erhob und aus der Eingebung des Augenblicks über die Gemeinsamkeit in Glaube und Liebe und religiöser Herkunft sprach, wurden alle durch den Geist zur Einheit zusammengeführt und hörten stehend unter [E 138] Tränen der Begeisterung zu. Die Deklaration, die, so hoffte man, die Kirche werde sammeln können als »die Kirche des freien Glaubens, des Erlösers Christus und des guten Handelns« (Gounelle), wurde einstimmig angenommen.[78] Ich führe aus der Rouen-Botschaft, deren fünf Prinzipien in Jarnac angenommen wurden, die Punkte 2 und 3 an, die uns hier vornehmlich interessieren.

Folgende Grundsätze sollen in Übereinstimmung mit der Idee der Reformation festgehalten werden:

2. »die Behauptung des Rechts und der Pflicht für die Glieder der Kirchen, die freie Forschung nach den Regeln der wissenschaftlichen Methode auszuüben;

3. die Verpflichtung für jede Kirche, an der Versöhnung des modernen Denkens mit dem Evangelium und an der Erbauung des Reiches der Gerechtigkeit und der Brüderlichkeit zu arbeiten.«[79]

Die protestantischen theologischen Fakultäten in Montauban und Paris, zuvor in der Kammer durch klerikale oder antiklerikale Angriffe oder beide zugleich bedroht, aber durch die von den protestantischen Kirchen anerkannte staatliche Forderung eines Universitätsexamens für ihre Pfarrer und durch die wissenschaftliche Autorität von Männern wie Lichtenberger, Auguste Sabatier und andere gerettet, gehören jetzt nicht mehr zu den Universitäten. Die katholische Fakultät in Paris war schon 1885 aus Mangel an Interesse und Studenten aufgelöst worden. Die Ausbildung der Pfarrer war ganz von Seminaren übernommen worden. Als die protestantische, zur Hälfte reformierte, zur Hälfte lutherische Fakultät auf Grund des Trennungsgesetzes die Universität verlassen musste, geschah dies unter einstimmiger Trauer von Universität, Fakultät und der evan-

78 [Zitiert von HENRI MONNIER, *La crise du protestantisme*, in: RChr 53/1906 H. 2 (249–280), 275.]
79 [Zitiert in demselben Aufsatz, ebd. 274. Der Titel des Originaldokuments lautet: *Actes de l'assemblée de Jarnac (24–26 Oct. 1906), publiés par les soins du Comité général de l'Union des Églises réformées de France*, 1906.]

gelischen Kirche. Als es 1899 in der Kammer bedrohlich aussah, hatte der Senat [Conseil] der Universität auf Vorschlag des Dekans der medizinischen Fakultät einstimmig den Wunsch ausgesprochen, »dass die protestantische theologische Fakultät an der Universität in Paris beibehalten werden möge.« Im Jahr 1904 enthielt der Bericht des Senats, abgefasst von einem Naturwissenschaftler, folgendes Urteil: »Die theologische Fakultät hat stets [E 139] der Universität in Paris die größte Ehre gemacht.«[80] Die protestantischen theologischen Fakultäten haben früher tatsächlich zeitweise mehr akademischen Geist bewiesen als die Universität selbst. Jetzt wurden sie von der radikalen Rechtgläubigkeit der Tür verwiesen. Am Ende des letzten gemeinsamen akademischen Jahres im Juli 1906 sagte der Rektor der Universität, Liard, in ihrem Senat Folgendes: »Dies ist das letzte Mal, dass die Repräsentanten der protestantischen theologischen Fakultät im Senat der Universität sitzen. Am 1. November wird diese Fakultät aufgehört haben, als staatliche Institution zu existieren. Das Gesetz, das sie aufhebt, hatte es nicht direkt auf sie abgesehen. Sie wurde von seinen Folgen getroffen ...

Uns liegt daran, für das Protokoll dieser letzten Sitzung den Ausdruck unserer Sympathien für ihre Professoren persönlich und für die Institution, die jetzt verschwindet, festzuhalten.

Sie kam von Straßburg zu uns. Das war für uns ein Grund, sie zu schätzen. Wir haben sie nicht minder geschätzt wegen der Qualität ihrer Professoren, wegen deren beständiger Sorgfalt, mit der sie die wissenschaftlichen Methoden auf das Studium des religiösen Denkens anwandten. Sie war in der Pariser Universität ein Ort der Aktivität und inneren Sammlung, wo man gut arbeitete, mit einer hohen Pflichtauffassung. Und schließlich vergessen wir nicht, dass ihre Lehrer an dem Tage, da die Frage der [Organisation der] Universitäten aufkam, zu den Vorkämpfern der Sache und zu den guten Arbeitern der ersten Stunde gehörten.

Wenn sie heute als staatliche Einrichtung verschwindet, so wird sie morgen als private Institution wieder aufleben. Wir sind überzeugt, dass sie in dieser neuen Gestalt ihre Traditionen fortsetzen wird, die durch und durch aus Wissenschaft und Patriotismus bestehen. In ihrer ersten Gestalt haben wir uns gut mit ihr verstanden; in ihrer neuen Gestalt freuen wir uns darauf, gutnachbarliche Beziehungen mit ihr zu unterhalten.«[81] Das Bedauern der Fakultät wurde in der Entgegnung von den Professoren Ménégoz,

---

80 [Die erste Äußerung habe ich nicht verifizieren können. Die zweite steht im *Rapport présenté au Ministre de l'instruction publique sur la situation de l'enseignement supérieur en 1903–1904 par le Conseil de l'Université de Paris*, Melun 1905, XV.]
81 [Der Originaltext der Rede steht in RChr 53/1906, 159 f.]

Stapfer und Bonet-Maury zum Ausdruck gebracht, von dem Erstgenannten in ergreifenden Worten schon zu Beginn des akademischen Jahres der Fakultät am 6. November 1905.

[E 140] Als die philosophische Fakultät im Herbst ihre Arbeit wieder aufnahm, sagte ihr Dekan Professor Croiset über die theologische Fakultät: »Diese große Institution ... hatte 35 Jahre lang in Paris starke und edle Traditionen freier Forschung auf religiösem Gebiet gepflegt. Ihre Professoren waren wahrlich unsere Kollegen kraft des wissenschaftlichen Geistes und kraft freundlicher Zusammenarbeit im Senat der Universität. Nicht ohne innere Bewegung und nicht ohne Bedauern haben wir sie den Senat verlassen gesehen ... Es war natürlich, dass mehrere Personen in dem Augenblick, als diese erzwungene Trennung Wirklichkeit wurde, auf den Gedanken kamen, die rein historischen, nicht konfessionellen oder dogmatischen Fächer der alten theologischen Fakultät durch ihren Anschluss an die philosophische Fakultät vor dem Schiffbruch zu retten ...«[82] Trotz des Aufschreis der Jakobiner in der Presse über eine »hugenottische Sorbonne« wurden zumindest einige wenige der besten jüngeren Kräfte an die philosophischen Fakultäten und an das Collège de France berufen. Aber keineswegs ist dem der Universität zugefügten Verlust damit abgeholfen. Die Universitätsstudien in der Religion gewinnen ein ganz anderes Interesse und eigenes Leben und kommen einem Land allein dadurch wirklich zugute, dass die Pfarrerschaft von ihnen beeinflusst wird. Ebenso wenig können die Kirchen zufrieden sein. Doch ehrt es sie, sowohl die reformierte mit über einer halben Million als auch die lutherische mit ihren armseligen nicht einmal ganz hunderttausend Seelen, dass sie neben ihrer übrigen reichlichen Arbeitslast von Liebestätigkeit, Mission und Gottesdienst ihre Ehre in den unveränderten Fortbestand der Fakultäten setzen, ohne dass in diesem Zusammenhang ein Wort gegen deren wissenschaftlichen Charakter zugunsten eines seminaristischen Unterrichts gefallen wäre.

Ich war der Ansicht, dass es von Interesse sei, diesem beredten Beleg für ein Zusammenwirken evangelischen Christentums mit wissenschaftlicher Universitätsausbildung und für die theoretischen Anforderungen der Kirchen an ihre Diener Aufmerksamkeit zu schenken.[83]

82 [Aus dem Rechenschaftsbericht des Dekans der philosophischen Fakultät A. CROISET in: *Rapports sur les travaux et les actes des établissements d'enseignement supérieur pendant l'année scolaire 1905–1906*, Melun 1907, 95.]
83 [Der ganze Abschnitt von »Das kritische Studium ... « (oben, S. 242) bis »... seminaristischen Unterrichts gefallen wäre« (s.o., auf dieser Seite) war in der 1. Auflage eine »Beilage« und wurde 1916 in den Text aufgenommen. – Mancher Leser mag sich über die Breite dieser Ausführungen gewundert haben, die im Rahmen einer Einführung in das Theologiestudium auf den ersten Blick ganz unangemessen er-

Was eine evangelische Kirche fordern kann, ist einerseits, was in der Sache liegt, nämlich dass die Arbeit sich auf das Christentum und das religiöse Leben konzentriert, das in der Gemeinde geführt wird, andererseits, was eine [E 141] wissenschaftliche Forderung ist, dass der Forscher einen persönlichen Anteil an der Frömmigkeitswelt hat, die er verstehen soll. Für dieses Letztere findet die Kirche bei uns eine gewisse Sicherheit darin, dass die Universitätslehrer des Christentums in der Regel ordiniert sind, was dagegen in manchen anderen evangelischen Kirchen als unangebrachte Forderung angesehen wird.[84] Der Freiheit der Forschung dürfen keine Fesseln angelegt werden. Die Zugehörigkeit zu einer bestimmten Kirche als deren Diener braucht kein Hindernis für wissenschaftliche Religionsforschung zu bilden[85], sofern das Bekenntnis im evangelischen Sinn als Teilhabe an persönlicher Erfahrung von Heil, Gottvertrauen und Freiheit verstanden wird. Sie impliziert dann eine Aufforderung, mit allen Mitteln der Nachforschung in die Welt der Religion einzudringen. Der Forscher, so wurde oben gesagt, hat seine persönliche Überzeugung. Jedoch muss ernsthafte Forschung in den prinzipiellen Bereichen von jedem Einzelnen mit der ehrlichen Bereitwilligkeit betrieben werden, zu lernen und auf Grund erkannter und verstandener[86] Wahrheit Auffassungen zu ändern, und seien es die liebsten und teuersten. Dieser Geist der Wahrheit ist das große, sittlich auf

scheint. Man muss sich aber klar machen, dass Söderblom, ab 1901 erster »liberaler« Professor an der Fakultät in Uppsala, für ein wissenschaftliches Studium der Theologie im modernen Sinne sehr zu kämpfen hatte, vgl. seine oben abgedruckte Rede an die Studenten bei seiner Amtseinführung, bes. 52 f. Im Jahr 1902 musste er erleben, wie bei der Berufung auf den neutestamentlichen Lehrstuhl gegen seine Stimme der mit Abstand beste Bewerber, Samuel Andreas Fries, wegen seiner historisch-kritischen Arbeitsweise zugunsten eines theologisch genehmen, aber wissenschaftlich schwachen Konkurrenten übergangen wurde, und 1903 wurde die überragende religionsgeschichtliche Arbeit eines Söderblom-Schülers, Torgny Segerstedt, wegen »mangelnder christlicher Substanz« von der Fakultät mehrheitlich abgelehnt. Erst 1908, also im Jahr des Erscheinens der ersten Auflage der vorliegenden Schrift, besserte sich die Situation durch die Ernennung des bis dahin als Dozent an der Fakultät tätigen Einar Billing zum ordentlichen Professor. Mit anderen Worten: Wir haben es mit einem Fall von theologischer Wissenschaftspolitik zu tun, deren Behandlung Söderblom gerade in einer solchen Einführung höchst angebracht erscheinen musste. Daneben dürfte selbst seine enge persönliche Beziehung zur ehemaligen Pariser Fakultät, an der er ja studiert und 1901 seine Promotion absolviert hatte, in diesem Zusammenhang von eher zweitrangiger Bedeutung sein.]

84 [Vermutlich Anspielung auf die damaligen deutschen Verhältnisse.]

85 Ein C. P. Tiele, ein Robertson Smith, ein B. Stade und viele andere Namen beweisen dies.

86 [Im Schwedischen ein Wortspiel: sedd och insedd sanning, wörtlich: gesehener und eingesehener Wahrheit.]

die Probe stellende und stärkende Gesetz der Wissenschaft. Mit diesem Risiko müssen alle Diener der Wahrheit leben.

4. Den Unterschied, den man gewöhnlich zwischen Theologie und Religionswissenschaft macht, sehe ich deshalb als nicht haltbar an.[87] Zwar kann man sagen, dass die Erstere sich auf solches konzentriert, was mehr das Leben der Kirche betrifft, während die Letztere ihre Aufgaben wählt, wo immer sie sie findet. Aber fasst man das Interesse der kirchlichen Theologie weit und tief genug, so kann sie gar keine Untersuchung, welche die Religion betrifft, abweisen. Und die Religionswissenschaft ihrerseits kann nicht an den Rändern stehen bleiben, sondern muss sich letztlich auf die wesentlichen Offenbarungen der Religion richten. Was die Forderung der Teilhabe am Leben der Religion angeht, so kann sie allein als wissenschaftliche Forderung eines Sinnes für die [E 142] Wirklichkeit, um die es geht, aufrechterhalten werden. Diese Forderung muss in den tiefsten und heikelsten Fragen verschärft werden, soweit es um des Gegenstandes willen notwendig ist. Wird diese Forderung jedoch auf andere, gegen den Geist wahrer Forschung verstoßende Weise erhoben, so wird diese Wissenschaft nicht dem Maßstab und damit auch nicht der Aufgabe gerecht, die eine evangelische Kirche ihr stellt.

Zwar kann Verschiedenheit der Organisation und der Anbindung [an eine solche] faktisch sowohl vorhanden als auch der Allseitigkeit der Forschung dienlich sein – eine Forschung kann sich in der Kirche heimisch fühlen, ohne der wissenschaftlichen Anforderung etwas abmarkten zu wollen, und eine andere sieht sich eher draußen in der Welt stehen, ohne dass ihr deshalb religiöse Erfahrung fremd wäre. Es ist sicherlich gut, dass die Arbeit mit Ernst unter den unterschiedlichen historischen Voraussetzungen betrieben wird, innerhalb evangelischer Kirchen, innerhalb der philologischen, historischen und philosophischen Wissenschaften, außerhalb der offiziellen Theologie oder innerhalb des Katholizismus. Allerwärts werden wichtige Errungenschaften erzielt. Uniformieren zu wollen, den Arbeitsplatz der anderen nicht anzuerkennen, das kann nur der unreife Eifer oder die Verstockung tun. Sehen wir jedoch genauer zu, so kann ein *sachlich bedeutungsvoller* Unterschied zwischen evangelischer Theologie und Religionswissenschaft nicht aufrechterhalten werden, ohne dass die Anforderungen für eine von beiden auf ungebührliche Weise verkürzt werden.

---

87 [KARL GOTTLIEB] BRETSCHNEIDER ist in seiner Dogmatik, die Tegnér übersetzen ließ und mit einem Vorwort versah, der Meinung, dass das Wort Religionswissenschaft ein passenderer Name für das sei, was man Theologie nennt. [Vgl. sein *Handbuch der Dogmatik der evangelisch-lutherischen Kirche ...*, 1838, 10 f.]

Einen Unterschied kann man machen, den ich voll und ganz anerkenne. Die Theologie kann sich richten – nicht auf die unleugbare Wirklichkeit, die Religion oder das geistige Leben der Kirche heißt, um schließlich auch deren Erkenntniswert, der Wahrheit des Glaubensinhalts selbst nachzuspüren, sondern – direkt auf die übersinnliche Wirklichkeit. Dann geht sie von der Gewissheit aus, dass es einen höchsten Wert gibt, eine göttliche Welt, und setzt sich kühn zum Ziel, diese zu erkennen. Die Theologie macht sich selbst zur Religion, sie sucht Gott und sie entspricht der eigentlichen Bedeutung ihres Namens »Wissenschaft von Gott« mit allem, was dazugehört, nicht Wissenschaft von der Religion. Unsere Erkenntnis richtet sich darauf, diese Welt zu kennen, in der wir wohnen. Doch können wird dabei nicht stehen blieben. Wir müssen eine Wissenschaft dem widmen, was in Wahrheit ist, der höchsten Wirklichkeit. Das ist [E 143] die Theologie, mit Gott als Gegenstand, im Unterschied zur Religionswissenschaft mit der Religion oder einer bestimmten Religion, der Glaubenserfahrung der Kirche, als Gegenstand. Das ist hoch und stolz gedacht. Aber die Gefahr lauert. Weist nicht für den Glaubenden alles Dasein letztlich auf Gott hin? Diese Wissenschaft wird dann zu einer Überschreitung der letzten allgemeinen Anschauungen aller Wissenschaften, statt eines gesammelten Aufmerkens auf die Erscheinung in der Menschenwelt, die man Religion nennt. Und das ist nicht zum Vorteil der Sache. Die Religion selbst läuft Gefahr, sich zu einem Idealismus oder Moralismus zu verflüchtigen, wie es für die Theologie vor Schleiermacher der Fall war. Der Intellektualismus steht vor der Tür. Nein, man lasse die Religion den Gegenstand sein, der schließlich auch dazu überleitet, die Erfahrung und Überzeugung der Religion mit dem ganzen Wissensreich des Menschen zusammenzustellen.[88]

88 [Auch die folgende lange Anmerkung war in der 1. Auflage eine »Beilage«.] Als Beleg für ein auf modernen theologischen Voraussetzungen aufgebautes, aber anders als das meinige eingerichtetes Programm für die Theologie mag das Folgende von Professor N. J. Göransson [Systematiker in Uppsala] angeführt werden:
»Der Gegenstand der theoretischen Theologie besteht in dem religiösen Glauben, der (persönlichen, also im Grunde subjektiven, nicht direkt objektiven) Gewissheit davon, im Verhältnis zu Gott (zu göttlichen Wesen) zu stehen, Gewissheit davon, dass man göttliche Offenbarung erfährt, oder Gewissheit davon, dass es Heil im höchsten Sinn des Wortes gibt.
I. Ein solcher religiöser Glaube beruht erstens auf einem praktischen Bedürfnis und auf einer im Zusammenhang damit instinktiv vollzogenen Wertung der Erscheinungen des Lebens (Glaube ist ein Werturteil). [Die kursivierten Worte bis hierher sind Zusätze Söderbloms.]
Jegliche Wertung dieser Art rekurriert indessen stets auf einen bestimmten Grundwert, der auf alle anderen solchen übergreift oder sie ausschließt. Und deshalb ist die wissenschaftliche Theologie in erster Linie darauf verwiesen, auf der Grundlage des religiösen Instinkts faktisch vorkommende und denkbare Grund-

Wir haben in den letzten Jahren in unserem akademischen Unterricht stark [E 144] unter einer Abgötterei sog. praktischer Gesichtspunkte gelitten, welche die größte Gefahr für die Praxis darstellen. Denn ohne gründliche Theorie wird die Praxis verpfuscht. Das gilt für die Theologie ebenso sehr wie für Medizin, Jurisprudenz, Chemie und Physik.[89] Wirkliches Wissen und ernsthafte Studienarbeit in irgendeinem Umfang durch praktische Übungen – diese haben ihre eigene Aufgabe – und dadurch erworbene Routine ersetzen zu wollen, das heißt auf dem Wege zu sein, auf dem die Religion schließlich selbst bloße Routine wird.

Das Misstrauen der Frömmigkeit gegenüber der Forschung hat, wie wir gesehen haben, tiefe Wurzeln in den scheinbar widersprüchlichen Forderungen des menschlichen Herzens, die nicht preisgegeben werden können. Zunächst für die Religionslehrer ist das Studium eine der wichtigsten Obliegenheiten. Unsere Kirche erlegt ihnen Universitätsstudien auf, und der Staat bietet ihnen die Möglichkeit dazu. Keine Frömmigkeit kann solche

wertungen zu untersuchen und zu vergleichen. Da der religiöse Instinkt hier als Regulator gedacht werden darf, wird die Aufgabe ja eingeschränkt. Es ist nicht die ganze philosophische Ethik, sondern bloß die religiöse, d. h. diejenige, die sich auf das Heil der Menschheit bezieht, obgleich natürlich alle Lebensaufgaben [von dort] ihre Beleuchtung bekommen müssen, so dass sich wirklich zeigt, dass die Grundwertung, die gefordert wird, durchführbar ist. Die Theologie wird also in erster Linie *religiöse Ethik*.

II. Aber der religiöse Glaube ist zweitens stets eine Vorstellungswelt, die vom religiösen Instinkt und von den Sachverhalten geschaffen wird, die [E 144] er in seine Sphäre hineinzieht. Man trifft in der Religion stets eine Welt von idealen Gedankengebäuden an, die Zeit und Ewigkeit umschließen. Dieser Komplex von Vorstellungen muss von einer wissenschaftlichen Theologie sowohl nach dem Gesichtspunkt von dessen spekulativer Wahrheit, seiner Folgerichtigkeit und internen Stimmigkeit, als auch im Verhältnis zu allem anderen, das man als wirklich auffasst, beurteilt werden. – Darüber hinaus aber muss die wissenschaftliche Theologie es sich zur Aufgabe machen, diese religiöse Vorstellungswelt nicht nur psychologisch, sondern auch religionsgeschichtlich, kirchengeschichtlich und dogmengeschichtlich zu verstehen.

Hier sollten sich also die Disziplinen auf folgende Weise gruppieren: 1) Philosophische Religionslehre, oder vielleicht besser gesagt: *spekulative Religionslehre*, 2) *historische Religionslehre* (Religionsgeschichte mit Exegese als Quellenwissenschaft; Kirchengeschichte und Dogmengeschichte) nebst 3) psychologischer Religionslehre oder *Religionspsychologie*.« [Brief von NILS JOHAN GÖRANSSON vom 19.7.1907 (NSS, Brev från svenskar, UUB).]

89 Im Blick auf höhere Lehranstalten mit rein praktischen Ausbildungszielen wird durch langjährige aus- und inländische Erfahrung diese Überzeugung bestärkt, dass gerade für praktische Ziele das Theoretische voll und ganz wahrgenommen werden muss. Bezüglich der Arbeitsbedingungen der Universitäten haben die hochweisen Reformer – in diesem Land, wo alle Veränderungen Reformen genannt werden – bereits nicht geringe Hindernisse oder Schäden verursacht.

Studien ersetzen, die eine Pflicht sind. Zu meinen, dass die Frömmigkeit eine Pflicht ersetzen könne, ist ebenso unchristlich wie unsittlich.

Es ist nicht unzeitgemäß, die Worte zu wiederholen, die Andreas Rydelius am 6. November 1730 in seiner Abschiedsrede [E 145] vor der Göteborger Landsmannschaft[90] sprach, deren Inspektor er über zwölf Jahre lang gewesen war. »Was zuallererst die Studien angeht, so will ich sie (die Studenten) bitten, dass sie niemanden sich einbilden lassen, es sei nicht so nötig, sich viel eher längere als kürzere Zeit mit den akademischen Studien Mühe zu geben, auch nicht sie so weit zu treiben. Junge Studierende brauchen im Gegenteil mehr Ermunterung, mit ihren Studien so weit zu gehen, wie sie nur können.«[91]

Doch nicht nur für diejenigen, denen durch ihren Beruf Studienarbeit speziell abverlangt und die Möglichkeit dazu gegeben wird, sondern für jeden, soweit er es leisten kann, ist das Studium der Religion ein hohes und herrliches Vorrecht.[92]

Dieses Studium besitzt denselben Zauber wie jedes andere, den Zauber der Erkenntnis. Kein Vergnügen ist reiner als das, welches der Verstand wahrnimmt, wenn der Zusammenhang hergestellt wird zwischen dem, was zuvor bloß zufällig zusammengefügt schien, und wenn der Zusammenhang über eine größere Strecke des kleinen Stückes vom Dasein wächst, das dem Licht menschlicher Forschung zugänglich ist. Das Chaos von Fakten nimmt Ordnung an. Die Klarheit breitet sich aus und erobert vom Dunkel noch eine weitere Daumenbreite Boden. Der erste Erkenntnistrieb sammelt. Der höhere Erkenntnistrieb will besitzen und in dieser eroberten Welt heimisch bleiben; das geschieht dadurch, dass man Zusammenhänge sieht.

Wenn es um das Studium der Religion geht, kommt noch etwas hinzu. Die Religion handelt von etwas, das für den Menschen das Kostbarste von allem war und immer noch ist. Nirgends hat er so hoch hinaus gewollt, nirgends so still und so scharf gelauscht auf das Geheimnis seines Lebens, des Lebens überhaupt, nirgends hat er so tief in dessen Herrlichkeit hineingeblickt. Nirgends ist er so tief gefallen – denn es geschah aus den Höhen des Geistes – und so trostlos stecken geblieben.

---

90 [In Schweden sind alle Studenten in Landsmannschaften organisiert, die eigene Häuser in den Universitätsstädten besitzen. Diese Organisationen sind nicht mit den studentischen Verbindungen in Deutschland zu verwechseln.]

91 [Rede von ANDREAS RYDELIUS, in: Carl Sjöström, Göteborgs nation i Lund 1669–1906. Biografiska och genealogiska anteckningar jemte historik, Lund 1907 (9–12), 10.]

92 Vgl. dazu meine Arbeit *Religionsproblemet i katolicismen och protestantismen*, 1910, Bd. I, 39 f, u. ö.

Das Studium der Religion führt uns zu den Größten – und zu dem Größten. Es führt uns zu dem, der am größten im inneren, dem eigentlichen menschlichen Leben war, der aber auch in einem tieferen und wesentlicheren Sinn als irgendwelche Mächtigen des äußeren Lebens und der sinnlichen Wirklichkeit [E 146] die Menschen zur Gemeinschaft versammelt hat. Die Macht der Persönlichkeit und die Macht der Gemeinschaft verflechten sich ineinander in der Geschichte der Religion.

Aber es ist ein weiter Weg von den Außenbezirken zu den Heiligtümern, und gut verschlossen vor profanen Blicke auf deren Allerheiligstes.

Wer sich mit aufrichtigem Studienwillen nähert, wird bald merken, wie das Misstrauen schwindet, mit dem der Eiferer diese Arbeit im Zeichen des Erkenntniswillens und Strebens nach Klarheit betrachten muss. Er wird lernen, bei dem, der zu anderen Resultaten kommt als er selbst, nicht Hinterlist wahrzunehmen, sondern andere Voraussetzungen und Gesichtspunkte. Er wird bei den wenigen Großen und vielen ehrlichen und scharfsinnigen Arbeitern der Wissenschaft eine reine Freude der Sachlichkeit vernehmen, eine Atmosphäre stiller Begeisterung und strenger Zucht, die kein in die wissenschaftliche Welt Uneingeweihter bemerken und schätzen kann. Fragen, die Scheiterhaufen entzündet und viel Blut vergossen haben, werden behandelt, nicht ohne stille Selbstüberwindung, in einer einzigen furchtlosen Bestrebung: die Wahrheit zu wissen.

Noch eine andere Beobachtung kann man machen. Wer sich dem Studium der Religion widmet, wird sehen, wie unbewusst und doch unentrinnbar das Persönliche hineinspielt, selbst wenn es um die Lösung psychologischer und historischer Fragen geht, bereits bei Fragen von Fakten und weit mehr, wenn es um die Kombination und Deutung der Fakten geht.[93] Es kommt darauf an, auf seiner Hut zu sein, so dass Geschmack und Belieben nicht die Oberhand bekommen über den Respekt für die Wirklichkeit.

Kann jemand sich im Ernst mit dem Studium der Religion befassen, ohne vor die Religion selbst gestellt zu werden? Sie kennt und anerkennt keine bloß wissenschaftliche Stellungnahme ihr gegenüber, einzig Ja oder Nein vor der Wirklichkeit des höheren Lebens.

---

93 Ein gutes Beispiel ist die von bedeutenden Forschern hypothetisch (um zu versuchen die Schwierigkeiten zu beheben) aufgestellte und von Nachrednern zur Gewissheit erhobene, heutzutage weniger allgemein vertretene [zu lesen ist: »omfattade«, Part. Perf. Pass., nicht wie im Original »omfattande«, Part. Präs. Akt.], Vermutung, Jesus habe niemals geglaubt, er sei der Messias. Man meinte tatsächlich, dass Jesus dann größer und von höherer Relevanz für alle Zeiten sein würde. Als ob wir die Art und Weise bestimmen könnten für das Auftreten der außerordentlichen Persönlichkeit in der Geschichte und für sein Selbstbewusstsein.

Auszug über »das Heilige« aus:

Das Werden des Gottesglaubens

(erweiterte Fassung von Gudstrons uppkomst, Stockholm 1914,
deutsche Bearbeitung von Rudolf Stübe)
Zweite, neu bearbeitete Auflage

J. C. Hinrichs'sche Buchhandlung, Leipzig 1926

1. Religion und Gottesglaube, das Wesen der Religion

So wichtig auch der Gottesglaube nebst der Gottesverehrung für die Religion ist, so gibt es doch, wie ich oft hervorgehoben habe, ein noch bedeutungsvolleres Kriterium für das Wesen der Religion, nämlich den Unterschied zwischen »*heilig*« und »*profan*«. So weit stimme ich mit DURKHEIM und seiner Schule überein, wenn ich auch außerstande bin, überall seine Anwendung auf die einzelnen Fälle mitzumachen.[1] Es kann wirkliche Frömmigkeit geben, ohne einen ausgebildeten Gottesglauben und Kult. Aber es gibt keine Frömmigkeit, die diesen Namen verdient, ohne die Vorstellung vom Heiligen. Fromm [²163] ist der, für den es etwas Heiliges gibt. Der mangelnde Blick für die *Heiligkeitsidee* ist in der Religionswissenschaft nicht ohne schlimme Folgen geblieben. Man trennt von der Religion Erscheinungen, die für das unvoreingenommene Gefühl für Religion zu ihr gehören, und zwar sowohl im primitiven Stadium als in den höheren Formen der Religion.

[I][2] Man vermisst die Verehrung von Geistern und Göttern und glaubt daher, in der Entwicklung der Primitiven ein vorreligiöses, magisches Stadium ausscheiden zu müssen. Was wir Religion und was wir Magie und Zauberei nennen, geht in der Welt der primitiven Gesellschaft ineinander über, wie auch unsere Unterscheidung von Frömmigkeit und Moral, Wissenschaft und Technik der primitiven Auffassung fremd ist. Aber die Magie eine Stufe vor der Religion bilden zu lassen, heißt eigentlich die Sache auf den Kopf stellen. Denn schon der Primitive kennt in seiner geistigen Welt eine Art Gegensatz zwischen Magie und Religion, wenn auch in anderer Form als wir.

---

1 So verlegt z.B. DURKHEIM, *Les formes élémentaires de la vie religieuse*, 1912, 45 [dt v. L. Schmidts: Die elementaren Formen des religiösen Lebens, ³1984, 54] das Heilige im Buddhismus in die vier Wahrheiten vom Leiden. Eher aber müsste man den Heiligkeitsbegriff in den drei Zufluchtsorten erkennen, die sich scharf gegen das Elend und Leiden des Daseins abheben.

2 [Die Nummerierung nach der 1. schwedischen Auflage, in der deutschen Übersetzung in beiden Auflagen fortgelassen.]

Diesen Gegensatz werden wir später untersuchen. Zunächst gilt es für uns zu sehen, wie weit die charakteristischen Kennzeichen der Religion im Zusammenhang mit der Machtidee vorkommen, ja noch mehr, inwieweit sie ihr ganzes Wesen ausmachen. Denn die Vorstellung von [194] der Macht enthält schon eine Ahnung von etwas Übermenschlichem im Dasein nebst der Furcht und der Verehrung dafür. Die Magie aber schießt den Missbrauch der Macht in sich.

Magie oder Zauber als Böses und Übel bedeutet für den Primitiven die gegen die Gesellschaft feindselige und schädliche Anwendung der wertvollen und gefährlichen Macht, über die der Medizinmann verfügt. Hier stelle ich nur fest, dass die Magie im Verhältnis zur Religion sekundär ist.[3] Es ist nun unmöglich, ein Stadium ohne Magie zu konstatieren. Aber begrifflich setzt die Magie die Religion, d.h. die Kenntnis des Mana, der Macht zur Förderung oder Unheil, voraus.[4] Man kann etwas nicht missbrauchen, ehe es da ist. Wird die Magie schon von den Primitiven als eine *corruptio optimi* angesehen, so setzt sie das voraus, was ihnen das Wichtigste im Leben ist.

Die Australier verehren keine Geister, keine Götter. Folgende Schilderung stammt von SPENCER und GILLEN. Ich bitte den Leser selbst zu entscheiden, ob das Geschilderte Religion ist oder nicht. »Während seines Aufwachsens, vielleicht bis zum Alter von vierzehn Jahren, ist der Knabe völlig frei, streift im Walde umher, sucht nach Nahrung, spielt mit seinen Kameraden während des Tages, und [²164] bringt vielleicht den Abend. mit dem Ansehen der gewöhnlichen Korroborien[5], Tänzen und Gesängen, zu. Aber vom Augenblick seiner Einweihung an wird sein Leben in zwei Teile scharf geschieden. Er führt erstens ein Leben, das wir sein gewöhnliches Leben nennen würden, das allen Männern und Weibern[6] gemeinsam ist, und das mit dem Beschaffen der Nahrung und der Ausführung von Korroborien (oder Tänzen) verbunden ist. Die friedliche Einförmigkeit in

---

3 [1. Aufl.: Vgl. DURKHEIM, ebd. 518 (dt. 488).]
4 [1. Aufl.: DURKHEIM sieht, seiner Vergötterung der Gesellschaft gemäß, den Unterschied zwischen Religion und Magie als einen Unterschied zwischen Kollektivität und individuellem Vorgehen an, S. 60 (dt.: 70). Aber diese Ansicht ist nicht durchzuführen. Denn erstens müssen wohl auch die individuellen Totem S. 223–234 (dt. 218–228) als ein religiöses Phänomen angesehen werden. Zweitens wird die Magie von Durkheim auch als ein wenigstens indirektes Produkt der nach seiner Anschauung für die Religion grundlegenden *effervescence collective* betrachtet. Übrigens kann auch die Magie kollektiv auftreten. Magiker können sich vereinigen.
5 [Australische Gruppentänze, auf die Jagd und kriegerische Aktionen bezogen.]
6 [Das Wort »Weiber« hat Söderblom bei der Durchsicht der deutschen Übersetzung wie schon in der 1. Aufl. stehen gelassen. Es hatte damals noch nicht den gleichen abwertenden Klang wie heute.]

diesem Teil seines Lebens wird von Zeit zu Zeit durch die Erregung unterbrochen, die in einem Streite liegt. Auf [195] der anderen Seite hat er das, was für ihn allmählich ein immer größeres Gewicht gewinnt, das ist *der* Teil seines Lebens, der Verrichtungen heiliger oder heimlicher Art gewidmet ist. Wenn er älter wird, nimmt er an ihnen einen wachsenden Anteil, bis diese Seite seines Lebens den unvergleichlich größten Teil seiner Gedanken einnimmt. Die heiligen Zeremonien, welche dem weißen Manne als läppisch erscheinen, sind ihm sehr ernste Dinge. Sie sind mit den großen Vorvätern des Stammes verbunden, und er ist völlig überzeugt davon, dass, wenn er an der Reihe sein wird zu sterben, sein geistiger Bestandteil in gebührender Weise nach seinem alten Alcheringa-Heim zurückkehren wird, wo er in Gemeinschaft mit ihnen leben wird, bis er es für gut hält, in der Welt wiederum geboren zu werden.«[7]

Kann jemand dieses Stück lesen, ohne zu empfinden, dass wir es hierin irgendwie mit der Religion der Australier zu tun haben? Von dem gewöhnlichen Leben und seinen Nahrungssorgen und seinem Vergnügen scheidet sich mit den Jahren immer deutlicher ein höheres Dasein, in dem der Mensch mit dem Heiligen umgeht. Dieses Dasein wird für ihn das höchste von allem.

»Es ist erstaunlich, ein wie großer Teil des Lebens eines Eingeborenen von der Ausführung dieser Zeremonien in Anspruch genommen wird, die sich bisweilen über volle zwei bis drei Monate erstrecken, mit täglich einer oder mehreren Zeremonien.«[8] Sind hier nicht die Merkmale der Religion vorhanden? Wollte man diese Handlungen Magie nennen, so müsste man zuvor aus ihnen die Gefühle der Andacht und Verehrung, die mit ihnen verbundenen Wertgefühle, die Stärkung der Seele und die Zuversicht entfernen. Aber diese Handlungen sind mit Scheu und Ehrfurcht, mit Vertrauen und Stärkung des Gemüts verbunden. Das Bewusstsein vom »Mana« und

---

7 [Nach Söderblom bei BALDWIN SPENCER/FRANCIS JAMES GILLEN, *The Northern Tribes of Central Australia*, 1904, 177 ff. Das ist jedoch ein Irrtum. Hier gab es offensichtlich einige Verwirrung in Söderbloms Zettelkasten (vgl. auch die folgende Anm.). Er lokalisierte das Zitat in der 1. Aufl. zusätzlich vor dessen Beginn bei Spencer ebd. 199. Das ist jedoch ebenfalls nicht richtig, und die zweite Aufl. hat zumindest diesen Fehler eliminiert. Auch in dem ganz ähnlich betitelten anderen Werk der beiden Autoren, *The Native Tribes of Central Australia*, 1899, habe ich es nicht finden können. Der Wert des Beispiels für die Argumentation wird freilich dadurch nicht gemindert. – Alcheringa ist eine Bezeichnung der australischen Urvölker für die ferne Zeit, in der die mythischen Ahnen des Stammes lebten, und dann auch für den Ort, der diese Vorzeit repräsentiert.]
8 [BALDWIN SPENCER/FRANCIS JAMES GILLEN, *The Northern Tribes of Central Australia*, 1904, 177, hier in eigener Übersetzung des Hg. Söderblom schreibt das Zitat irrtümlich DURKHEIM zu.]

der Umgang mit dieser [²165] Macht wird nämlich nicht nur von *Furcht*, sondern auch von *Vertrauen* begleitet. Und dieses beides – Beben und Anhänglichkeit[9] – kennzeichnet die Religion im Gegensatz zur Magie. Ferner ist alles in den Riten von alters her fest geregelt, nichts ist der Willkür überlassen. Der Einzelne tritt durch die Einweihung in das heilige Leben der Gesellschaft ein. Er lernt die Traditionen des Stammes, die hohen Urheber[10] und ihr Werk kennen. Kein Zweifel kann darüber sein, dass diese Einweihungen der Jünglinge, die *Intichiuma*-Riten zur [196] Förderung des Totemtieres und die sonstigen Mysterien den Australiern heilig sind, obgleich kein Kultus vorkommt. Unter den Korroborien oder pantomimischen Tänzen heben sich eine Anzahl als heilige gegen die profanen ab.[11]

 9 [In der 1. Aufl. wird hier »Furcht und Vertrauen« wiederholt. Das hat den Übersetzer und Bearbeiter der 2. Aufl. wohl stilistisch gestört. Doch klingt »Anhänglichkeit« allzu treuherzig. Söderblom hat offenbar keine Einwendungen gehabt,
    aber ihm stand für die Durchsicht sehr wenig Zeit zur Verfügung.]
10 [Schöpferische Gottheiten.]
11 Wie die heiligen Zeremonien sich zu den äußerlich ganz ähnlichen Tänzen verhalten, welche man nur um des Vergnügens willen vornimmt, ist ein Problem, dessen Lösung ich in einem Aufsatz über Mysterienzeremonien und deren Ursprung zu
    geben versucht habe [vgl. N. SÖDERBLOM, *Mysterieceremonier och deras ursprung*
    in: Ymer [26/]1906[, 193–231; in erweiterter Form als *Mysterier hos ett stenåldersfolk* abgedruckt in: N. SÖDERBLOM, *Ur religionens historia*, 1915, 99–162].
    Es scheint mir selbstverständlich zu sein, dass die nur von rhythmischen Bedürfnissen hervorgerufenen Tänze die ursprünglichen sind. Schon unter den Tieren findet
    man derartige ziemlich fest geregelte Aufführungen, welche mit der Fortpflanzung
    keinen Zusammenhang haben, sondern nur dem Vergnügen, dem rhythmischen
    Triebe dienen. Als die Primitiven sich vorgenommen haben, Tiere nachzuahmen,
    geschah das zuerst ohne jeden Zweck nur um der Nachahmung willen. Zu den primitivsten Bestandteilen der Tänze und Zeremonien gehört auch, dass man das Gegenteil davon sagt, was man weiß. Zu beidem bietet die Kinderpsychologie interessante Analogien. Auch bei den Kindern gehören Nachahmung und bewusstes
    Sichverstellen zu den frühen Vergnügungen.
        Haben solche Tänze und Pantomimen eine gewisse Festigkeit erlangt, so liegt es
    nahe, in sie besondere Zwecke und Deutungen hineinzulegen, in demselben Grade,
    wie sich der Unterschied zwischen Profanem und Heiligem vollzieht. (E. DURKHEIM,
    ebd. 544 [dt. 511], scheint zu meinen, dass profane Tänze früher heilig gewesen sind.
    Aber er hat selbst, S. 554 [dt. 521], gezeigt, wie eine neue Vorstellung in gewöhnliche Zeremonien hineingetragen werden kann.) Während Jahrtausenden haben seitdem die Tänze und Prozessionen magisch-religiösen Zwecken gedient, oder sind wenigstens als uralte, heilige Einrichtungen betrachtet worden, deren Unterlassung die
    schlimmsten Folgen haben würde. Aber immer bleibt eine Franse der freien Willkür
    und dem bloßen Vergnügen, ohne in das Gewebe des sakralen Systems hineingezogen zu werden. Auch können Teile davon sich loslösen, um als Spiele, Schauspiele
    und Vergnügen ein freieres, profanes Dasein zu führen. (Vgl. K[ONRAD] TH[EODOR]
    PREUSS über die mexikanischen Vegetationsriten [*Phallische Fruchtbarkeits-Dämonen als Träger des altmexikanischen Dramas. Ein Beitrag zur Urgeschichte des mi*

Nach seiner Einweihung weiß er neben den Sagen [²166] und Tänzen, die dem bloßen Zeitvertreib dienen, von Erzählungen und Zeremonien voll geheimen, heiligen Sinnes. Auch bei anderen der niedrigstehendsten Völkerschaften, wie bei den Andamanern und Buschmännern, gibt es etwas Heiliges, was von dem gewöhnlichen Menschenleben abgesondert ist. Und dieses Heilige, Nichtprofane, [197] kann nicht als Zauber oder Magie bezeichnet werden. Denn dem Zauberer gilt das Heilige, Machtbegabte nur als ein *Mittel*; dessen er sich für selbstische Zwecke bedient. Aber die Zeremonien machen auf den Primitiven einen religiösen, überwältigenden Eindruck, und können sogar Träume hervorrufen.

Missionar CARL STREHLOW erzählt von den Totem-Riten der Aranda[12]: »Sie sehen solche Zeremonien als eine Art Gottesdienst an, wie die Christen ihre Religionsübungen; dies wurde mir sowohl von christlichen, als auch von heidnischen Eingeborenen beteuert. Wenn ein Darsteller seine Rolle gut spielt, so werden besonders die älteren Männer zuweilen so tief ergriffen, dass sie Tränen vergießen und behaupten, – da sie merkwürdigerweise ihre Gefühle in den Bauch (*tnata*) verlegen – ihr Bauch sei betrübt (*tnata nturknerama*) oder von Schmerz zerrissen.«

Um der wirklichen Religion der Eingeborenen der Kongoküste, auf welche die irreleitenden Ausdrücke Fetischismus und Fetischdienst angewandt werden, nahe zu kommen, ist nichts wichtiger als der Unterschied zwischen dem Heiligen und Profanen, wie DENNETT und andere gezeigt haben. Es gibt heilige, d. h. von übernatürlicher Kraft erfüllte, Menschen, Haine, Bäume, Gegenstände[13] und Einrichtungen[14], das alles dem Nzambi als dem hohen himmlischen Wesen oder als dem Urquell der geheimnisvollen Macht zugesellt ist. Von »Nzambis Volk« (*mantu Nzambi*) trennt man sekundär die, welche die schwarzen Künste ausüben (*muntu a ndongo*).[15] Die Grundlage der afrikanischen Religionen überhaupt ist der Begriff: das

---

mischen Weltdramas] im Archiv für Anthropologie [29/]1904[, 129–188] und LEOPOLD V. SCHRÖDER, *Die Vollendung des arischen Mysteriums [in Bayreuth*, 1911]). Der rituelle Ursprung des Schauspiels lebt noch in dem indischen Namen des Schauspielers: Tänzer (*nata*) und des Dramas: *nataka*, fort.

Einmal von den religiösen Zusammenhängen zu einer selbständigen Gattung [²166] losgelöst, hat das Schauspiel endlich seinen primitiven Charakter wiedergefunden: ganz einfach das Leben – freilich in einem vertieften Sinne – nachzuahmen.

12 CARL STREHLOW, [*Die Aranda- und Loritja-Stämme in Zentral-Australien*, In: Veröfftl. aus d. Städt. Museum Frankfurt a.M.] I, Teil III[/1]: Die totemistischen Kulte der Aranda- und Loritja-Stämme[, bearb. v. M. Frhr. v. Leonhardi, 1910], 9.
13 [RICHARD EDWARD] DENNETT[, *Notes on the Folklore of the Fjort (French Congo)* [The Folk-Lore Society 41/1897, 1898], 100. 126.
14 Ebd. 254.
15 Ebd. 92.

vom gewöhnlichen Leben Abgesonderte. Das Vorhandensein oder Nichtvorhandensein eines Kultes ist *nicht* ausschlaggebend.

Sobald wir die Primitivsten verlassen haben, kommt Anbetung überall vor. Aber der Unterschied zwischen Profanem und Heiligem [²167] bleibt doch die Grundlage. MEINHOF schreibt[16]: »So viel ist gewiss, auch der Westafrikaner denkt nicht daran, jedes beliebige Ding anzubeten, sondern er unterscheidet sehr wohl zwischen profanen und magischen Dingen. Warum man einem Gegenstand magische Kraft zutraut, das kann sehr verschiedene Ursachen haben und wird nicht in jedem Fall [198] zu ermitteln sein.« Ich möchte hier »heilig« an Stelle von »magisch« setzen.

Dasselbe galt von den Indianern Nordamerikas. J. OWEN DORSEY teilte die tanzenden Gesellschaften der Omaha in drei Klassen[17]: »Erstens die, welche *waqaba* oder ›heilig‹ sind, einschließlich derjenigen, die mit der Ausübung der Medizin zu tun haben; zweitens solche, die mit Tapferkeit und Krieg verbunden sind, drittens die, welche nur sozialem Vergnügen dienen.« Bei der ersten Gruppe ist der religiöse Charakter am deutlichsten, er findet sich auch bei der zweiten, fehlt aber in der dritten Gruppe. Nichts ist dem Primitiven wichtiger als diese Riten.[18] Es ist wahr, dass sie praktische Zwecke verfolgen, und zwar nach unserer Anschauung mit magischen Mitteln. Aber das macht sie noch nicht zur Magie. Es ist für jede Religion, auch die höheren und höchsten, charakteristisch, dass sie praktische Zwecke haben. Bei den Primitiven sollen die Zeremonien die Vermehrung des Totemtieres oder gewisser Pflanzen befördern, Feuer und Regen schaffen usw. Aber die Zeremonien sind von einer Weihe und Scheu[19] umgeben, die ihnen einen ganz anderen Charakter verleihen, so dass sie nicht als gewöhnliche praktische Maßregeln betrachtet werden können. Alle Religion verfolgt praktische Zwecke, ohne dadurch aufzuhören, Religion zu sein. Der Australier führt die Maskenpantomimen feierlich aus, um den betreffenden Klanen die nötige Nahrung zu sichern. Der Christ betet: »Unser täglich Brot gib uns heute.« Wächst es dem Melanesier gut und vermehren sich seine Schweine, so hängt es von Mana-Steinen ab, die

---

16 CARL MEINHOF, *Afrikanische Religionen*[. *Hamburgische Vorträge*, 1912], 56. [Die zweite Auflage bringt im zweiten Satz des Zitats eine verkehrte Wortfolge. Sie wird hier nach der ersten Auflage korrigiert.]

17 J. OWEN DORSEY, *Omaha Sociology*, in: III. Report of the Bureau of Ethnography to the Secretary of the Smithsonian Institution 1881/82, 342.

18 Vgl. P[AUL] F[RITZ] SARASIN, *Ergebnisse naturwissenschaftlicher Forschungen auf Ceylon* III: *Die Weddas von Ceylon [und die sie umgebenden Völkerschaften: Atlas]*, 1892–1893, 514 ff.

19 [Näher am schwedischen Original wäre »Andacht und Feierlichkeit«.]

er besitzt. Man pflanzt nie Yam, ohne solche Steine zu vergraben.[20] Ehe man einen Bau beginnt, bringt der Primitive Opfer für sein Gelingen. Der Psalmist singt: »Wo der Herr nicht das Haus bauet, da arbeiten umsonst, die daran bauen«. Trotz des weiten Abstandes kann ich nicht umhin, in beiden Fällen Religion zu erkennen. Denn der Mensch fühlt sich in seinen [²168] Bedürfnissen und seiner Arbeit von einer Macht oder von Mächten abhängig, die mehr sind als er selbst und die ihm Furcht und Vertrauen einflößen.

Übrigens ist die Idee des Zweckes den Eingeborenen bei der Ausführung der heiligen Zeremonien nicht immer klar. Auch in solchen Fällen, wo für die Riten ein Ziel angegeben werden kann, wie das Hervorbringen des Regens, [199] tritt dieser praktische Zweck nicht in den Vordergrund. Das entscheidende Motiv ist, dass die sakralen Tänze und Pantomimen einst von Ehrfurcht gebietenden Wesen eingerichtet worden sind und daher immer fortgesetzt werden müssen. Es geschieht, wie DURKHEIM bemerkt[21], »nicht um Regen zu bekommen. Man feiert [das Fest], weil es die Ahnen gefeiert haben; weil man an ihm als einer sehr geachteten Tradition hängt und weil man aus ihr mit dem Gefühl des moralischen Wohlbefindens hervorgeht.«

Sind die heiligen Tänze und Pantomimen von typisch-religiösem Empfinden und von einer gewissen moralischen Befriedigung begleitet, so ist das Gleiche bei den Tabugebräuchen der Fall. In den Taburegeln sieht der Primitive seine Erhebung über ein bloßes Naturdasein. Hat ein Stamm oder ein Volk strengere und mehr Verbote als die Nachbarn, so bedeutet das zwar eine engere und beschwerlichere Gebundenheit, aber man fasst es als eine Art Adelszeichen auf. Die Verachtung, mit der der echte Jude und Muhammedaner den ansieht, der Schweinefleisch isst, hat ihre guten Parallelen bei den Primitiven. Die nördlichen Nachbarn der Zulu, die Thonga, essen Fische, die für die Zulu selbst Tabu sind. JUNOD erzählt, mit welcher Verachtung ein junger Ba-ngoni sich weigerte, eine Sauce zu essen, die mit Krabben bereitet war. Er empfand [200] den Stolz, einer überlegenen Rasse anzugehören. »Er war nicht wie einer dieser elenden Thongas, die Fische essen. Er würde sich erniedrigt haben, wenn er sich an einer solchen Mahlzeit beteiligt hätte. Lieber hielt er sich davon fern.«[22]

---

20 Vgl. R[OBERT] H[ENRY] CODRINGTON, [The] Melanesian[s. Studies in Their] Anthropology and Folk-lore, 1891, 119 ff.

21 Ebd. (wie Anm. 315), 540 f [dt. 508 f, danach hier der Wortlaut].

22 Vgl. [HENRI ALEXANDRE] JUNOD, The Life of [a] South-African Tribe, Bd. 2 [, 1913], 67. [In der 1. Aufl. (199) hat Söderblom noch den erklärenden Satz: »Krabben sind zwar keine Fische; aber der Jüngling war »plus royaliste que le roi.«]

Dazu kommt, dass die heiligen Zeremonien von dem alten Urheber oder von den Ursprungswesen eingerichtet wurden. Der Grund, sie auszuführen, ist der, dass die Vorfahren sie ausgeführt haben und dass sie ausgeführt werden müssen. Andere Gründe können die Teilnehmer öfters nicht angeben. Die Grenze zwischen dem natürlichen Handeln auf der einen Seite und dem magisch-religiösen auf der [²169] anderen mag in gewissen Fällen fließend oder schwer zu bestimmen sein.[23] Aber doch fällt kein Unterschied im Leben der Primitiven mehr auf als der zwischen dem Profanen, Gewöhnlichen und dem Heiligen, das mit dem Urheber in Verbindung gebracht wird.

Die Geister und Götter als das bestimmende Merkmal und den Kult für die *conditio sine qua non* der Religion anzusehen, scheitert auch an dem Umstand, dass genau dieselben Riten in derselben Weise mit denselben Wirkungen ohne Beziehung zu einer Gottheit ausgeführt werden, ehe man sie als Anbetung oder Opfer in eigentlichem Sinne ansieht. J. W. FEWKES erzählt[24], dass das hauptsächliche Ziel der Zeremonien der Hopi-Indianer das Hervorbringen von Regen und das Wachstum des Getreides war. In einer Art von symbolischer Gebärdensprache zeigt der Mensch der Gottheit seine Wünsche. Der Priester goss Wasser aus, um den Göttern deutlich zu machen, dass er Regen haben will, oder er blies eine Rauchwolke aus, um zu zeigen, dass er Wolken wünschte. Fewkes nimmt sogar an, dass dieses Gebet früher in Worten ausgedrückt wurde, ehe man sich mit andeutenden Riten begnügte. In diesem Fall ist kein Zweifel möglich. Den Regenzauber kennen wir bei vielen primitiven Stämmen. Er wirkt bekanntlich ohne Eingreifen von Geistern und Göttern und beruht, wie wir gesehen haben, allein auf der Kraft und der Technik des Medizinmannes.[25] Fewkes' »Gebet« hat keinen Gegenstand, an den es sich richtet. [201] Insofern wir es mit einer sakralen Institution zu tun haben, mit festen Riten für die Wohlfahrt der Gesamtheit, die als heilig geachtet wurden, gibt es keinen Anlass, die von Fewkes beschriebenen Riten aus dem Gebiet der Religion zu verweisen.

[In der 1. Aufl. steht hier der folgende Absatz: Rimbert erzählt in seiner Vita Ansgarii[26] von der Plünderung, welcher Gautbert und seine Genossen in Birka (jetzt Björkö) im Mälar-See ausgesetzt waren. Der Sohn eines reichen Mannes hatte an dem Raube teilgenommen und brachte ein Buch

---

23 Vgl. ALFRED VIERKANDT, *Anfänge der Religion und Zauberei*, in: Globus 92/1907, 40 f.
24 JESSE WALTER FEWKES, *Tusayan Flute and Snake Ceremonies*, in: XIXth Report of the Bureau of Ethnography, 1898, II, 1009 ff.
25 S. o., Kap. 3, 67 f [hier nicht abgedruckt.]
26 [In MGH.SRG 55, 37–39 (Kap. 16–18).]

mit sich nach Hause. Aber das Buch veranlasste mannigfaches Unglück, bis ein heidnischer Priester verstand, dass Christus dem Manne zürnte, und das Buch wurde einem Christen zurückgegeben. Hier wird das Unglück auf Christi Missfallen zurückgeführt. Aber wir brauchen nicht an die Verwüstung, die die Bundeslade unter den Philistern hervorrief und an die Wirkungen der Tabugefahr in zahlreichen anderen Fällen zu erinnern, um zu zeigen, dass in Birka das Buch selbst durch die ihm innewohnende Heiligkeit unheilvoll war. Dadurch wird die Episode jedoch nicht aus dem Bereich der Religion in das des Zaubers oder der Magie verlegt. Denn alles, was heilig ist, gehört dem Gebiete der Religion an.]

Nicht einmal Opferriten garantieren das Vorhandensein eines Gottesglaubens oder Kultes. Wir kennen jetzt aus Indien[27], aus dem germanischen Altertum[28] von den heutigen Primitiven[29] und [²170] aus dem Volksglauben Opfer und Opfergaben, die direkt ohne Vermittlung einer Gottheit wirken. Wie magisch das auch in unseren Augen erscheinen mag, so müssen wir doch derartige Riten zur Religion rechnen, da sie sich in die heiligen Ordnungen der Gesellschaft einfügen, denen der Einzelne sich mit religiösem Empfinden unterwirft. So gewinnt ein Bau Haltbarkeit und Glück durch die Heiligkeitskraft des Lebens, das in dem Fundament oder einer Mauer geopfert wird. Das Opfer wirkt unmittelbar. Sollen wir es der Magie zurechnen und diese [202] Bezeichnung erst dann durch »Religion« ersetzen, wenn das Opfer als eine Gabe oder Sühnemittel für den Geist des Hauses oder eine andere Gottheit gedeutet wird?

Die meisten obigen Beispiele handeln von Machtriten, wo es gilt, die heilige, geheimnisvolle Kraft für positive Zwecke zu verwenden oder überhaupt den regelmäßigen sakralen Umgang mit dem Heiligen zu pflegen. Was aber die negativen abwehrenden Riten, die Taburegel oder -verbote angeht, so lassen auch sie den religiösen Charakter durchschimmern. Sie sind nämlich nicht nur Vorsichtsmaßregeln, um einer gewissen schlimmen Folge zu entgehen. Die Magie ist Sache der Berechnung, Religion heißt Unterwerfung und Gehorsam dem Geheimnisvollen, Unfassbaren gegenüber. Bis zu einem gewissen Grade können Tabu-Riten als Maß-

27 Vgl. ABEL BERGAIGNE, *La religion védique*, Bd. I, 1878, 122; E. DURKHEIM, ebd. (wie S. 255, Anm. 1) 47 f [dt.59 f].

28 Vgl. EUGEN MOGK, *Volkstümliche Sitten und Bräuche im Spiegel der neueren religionsgeschichtlichen Forschung*, in: Neue Jahrbücher für Philologie 27/1911, 494 ff. Vielleicht waren auch die von ihm im ARW 15/1912 [*Ein Nachwort zu den Menschenopfern bei den Germanen*, S. 422–434] genannten altgermanischen Opfer wenigstens zum Teil ursprünglich Machtriten, nicht Do-ut-des-Riten.

29 Vgl. K.TH. PREUSS [,*Der Ursprung der Menschenopfer in Mexiko*], in: Globus 86/1904 (108–119)], 118. Die geopferten Tiere übten direkte »Zauberkraft« aus ohne Vermittlung einer Gottheit.

nahmen praktischer Klugheit gegen gewisse Folgen erscheinen. Kann Tabu als negative Magie gedeutet werden, insofern bestimmte Gefahren mit bestimmten Verboten in Zusammenhang gesetzt werden? So wird die Entstehung des Todes häufig durch das Brechen eines Tabu erklärt. Aber damit ist das Wesen des Tabu noch nicht erschöpft. Keineswegs lässt es sich restlos als bewusste Vermeidung gewisser schlimmer Folgen deuten.[30] Denn oft weiß man über die Folgen nicht Bescheid. Und wenn man sie auch weiß, bringt der Bruch eines Tabu etwas Geheimnisvolles und Unberechenbares mit sich, das an das Übernatürliche grenzt. Der Unterschied zwischen dem Religiösen einerseits, dem Magischen und dem Gewöhnlichen anderseits liegt darin, dass man das Erstere in seinen Folgen nicht übersehen und kontrollieren kann. Marett hat darauf hingewiesen, dass die Scheu[31], mit der das Tabu verbunden ist, unerklärlich bleibt, solange man die Tabu-Riten nur als negative Magie und Erzeugnisse rationeller[32] Klugheit zu deuten sucht. Etwas anderes und Tieferes ist mit im Spiel. Die logische Berechnung kann das Tabu nicht in seiner [²171] Wirkung ermessen. [In der 1. Aufl. folgt: Sie verstößt gegen etwas Irrationales, das eine mit der Selbstherrlichkeit der Magie und des Zauberers unvereinbare »heilige« Scheu einflößt.] Rationell lässt sich die Tabufurcht nicht erklären. [In der 1. Aufl. folgt: Das Gefühl für das Unbedingte des kategorischen Imperativs beginnt schon bei den Primitiven.] Nur dieser religiöse und irrationale Charakter hat die wichtige [203] Kulturmission der Tabuheiligkeit gegen Triebe und Egoismus ermöglicht, wie es J. G. FRAZER in seinem Büchlein *Psyche's Task* dargelegt hat.[33] Nach gewissen technischen Regeln, welche auf vorschnellen logischen Schlüssen beruhen, macht der Primitive Regen und Gewitter, bringt die Sonne zum Scheinen, hilft dem Mond gegen den Wolkendrachen usw. Das ist die naive Allmacht der Magie. Religion entsteht erst dann, wenn der Mensch *Grenzen* seiner Fähigkeit erkennt, seiner Ohnmacht gewahr wird und sich ehrfurchtsvoll etwas Übermenschlichem unterwirft. Mit bewundernswerter Klarheit und Schönheit hat der geniale Forscher hier das Wesen der Religion in allen Zeiten gezeichnet, das im Gegensatz zu der Überhebung des sich zum Mittelpunkt des Daseins machenden profanen Egoisten und in der Frömmig-

---

30 Vgl. R[OBERT] R[ANULPH] MARETT, *The Threshold of Religion* [,1909], 85 ff; A[LFRED] E[RNEST] CRAWLEY, *The Mystic Rose*[. *A Study of Primitive Marriage and of Primitive Thought in its Bearing on Marriage*, 1902], 143.
31 [Im schwedischen Original steht »rädsla« (Furcht) und »skräck« (Schreck). Stübe als Übersetzer/Bearbeiter ist hier wieder einmal zu sanft.]
32 [Skandinavismus für »rationaler«].
33 JAMES GEORGE FRAZER, *Psyche's Task*, 1909.

keit des sich dem Übermenschlichen in Demut und Furcht und Vertrauen unterwerfenden Menschen liegt.

Aber Wesen und geschichtliche Entstehung fallen nicht ohne weiteres zusammen. Und es scheint mehr als fraglich zu sein, ob die Anfänge der Religion wirklich die von Frazer dargetane reinliche Scheidung aufzeigten. Das naive Einwirken auf Sonne und Mond, Wind und Wetter kann sehr wohl, auch ohne Herbeiziehen göttlicher Mächte, von dem Bewusstsein beherrscht sein, einem festgeregelten, übermenschlichen Zusammenhange zu dienen. Die charakteristischen Merkmale der Religion und Frömmigkeit kommen deutlich in den sakralen Handlungen zum Ausdruck, die Frazer »Magie« nennt. Wir haben das bei den Australnegern gesehen. Unsere Unterscheidung von Magie und Religion ist den Primitiven eigentlich fremd. Die Grenze mag oft schwer, ja unmöglich festzustellen sein, wie zwischen einem »natürlichen« Verfahren und einem Umgang mit dem Mana, so auch zwischen der Selbstherrlichkeit desjenigen, der die Macht und die Mächte nur als Mittel braucht, und dem frommen Menschen, der in den »magischen« Riten etwas von dem erlebt, was wir von den Australiern hörten. Aber mit einiger Anstrengung können wir den Pulsschlag der Religion durch die magische »Hülle« spüren.

Der Australier weint, wenn die Riten mit Schwung und Andacht ausgeführt werden. Das Gefühl wird in ihm übermächtig. Das [204] Heilige bemächtigt sich seines Sinnes. Aber wir dürfen vor allen [²172] Dingen nicht sentimental werden und dem kleinen Schwarzen Unrecht tun, so dass wir seine Frömmigkeit und seine Religion verringern.

Das religiöse Empfinden und dessen Ausdruck bilden in unserem Leben meist losgelöste Episoden. Mit der hübschen Romantik einer gewissen Dekadenz steigern wir die Heiligkeit des geweihten Raumes. Die aufgespeicherte Andacht der Jahrhunderte lagert sich dort über unsere Sinne. Mit angemessenen, ausgesuchten[34] Mitteln bringen wir eine religiöse Stimmung zustande. Trotz unserer Geschäftigkeit arm an Erfahrungen von Gottes erschütternder Majestät und an unerschrockenem und zähem Eingreifen in die träge oder drohende Widerspenstigkeit der Wirklichkeit, hüten wir umso sorgsamer das holde Stimulans und den edlen Genuss, die uns fromme Verehrung, historischer Sinn und die Quellen der Natur oder Kultur gewähren. Die Religion wird leicht zu einem Festtagskleid für stimmungsreiche Stunden, streng genommen ohne einen anderen Zusammenhang mit den Aufgaben des Lebens als den, der in jeder erfreulichen Erquickung liegt. So hat denn auch die Musik für einen beträchtlichen

---

34 [Das schwedische Wort utsökt hat den Beigeschmack von etwas Luxuriösem, etwa: exquisit.]

Teil des heutigen Geschlechts die Rolle der Religion übernommen. Freilich anders ist das nicht durch die erschütternden Erlebnisse der letzten Jahre geworden.[35]

Wenn nun der Australier bei seinen Zeremonien ergriffen wird und weint, so sind wir versucht, das mit den religiösen Feierstunden zusammenzustellen, die sich aus der Mühsal und dem gleichmäßigen Ablauf des Lebens herausheben. Es ist uns unendlich viel sympathischer, den kleinen Menschenbruder in seiner Rührung zu sehen als festzustellen, wie er bei der Einweihung eines Knaben mit den Zähnen des Unterkiefers einen Vorderzahn des Oberkiefers ausbricht, wie er mit einem scharfen Steinsplitter oder – dank den Segnungen unserer Kultur – mit einer Flaschenscherbe die Schlagader der Innenseite seines Oberschenkels aufritzt und das Blut mit dem Sand zu einem Teig zusammenknetet und damit Federn an seiner Tjurunga[36] befestigt. Wir haben nicht viel übrig für die scheußlichen Masken, die in tiernachahmenden Pantomimen zur Anwendung kommen oder für die ekelhaften Würmer, die feierlich verspeist werden. Die Ergriffenheit über das Heilige allein lässt uns die Verwandtschaft mit diesen Wesen erkennen. Was wir leicht vergessen ist dies, dass das sakrale Handeln für den Primitiven keineswegs eine Erholung zwischen zwei Arbeitswochen ist, eine poetische Episode in der Prosa des Lebens, sondern vollster Ernst, harter, unbarmherziger Ernst, wirksamer, [²173] helfender Ernst. [205] Das Rituelle bildet in seinem Leben nicht einen Reichtum, den der eine plump verschmäht, der andere benutzt, um das Dasein damit zu vergolden.

Vielmehr gilt es nichts Geringeres als das Leben selbst mit allen seinen Bedürfnissen. Die Tjurungas und die Tänze und all das Heilige sind die eigentliche Kraftquelle. Werden die Zeremonien nicht veranstaltet, so mangelt es an Wildbret und Wurzeln, der Regen setzt aus, das Feuer erlischt, die Sonne verdunkelt sich, die Vermehrung des Geschlechtes hört auf. Nicht genug damit, dass bestimmte Folgen ausbleiben, wenn bestimmte Maßnahmen unterlassen werden, nicht genug damit, dass Unglück und Vernichtung eintreffen, wenn ihnen nicht geziemend vorgebeugt

35 [Statt dieses Satzes hat die erste Aufl. der deutschen Fassung eine Anmerkung: »Wie anders ist das nicht durch die erschütternden Erlebnisse der letzten Monate geworden! (Anm. des Verf. bei der Korrektur.)« Deutlicher lässt sich der allgemeine Stimmungswandel in Bezug auf die Religion zwischen den Jahren 1916 und 1926 kaum beschreiben als durch die Umkehrung dieses Satzes. (Sprachlich entspricht das »nicht« in der 1. Aufl. skandinavischem Sprachgebrauch, und das »freilich« in der zweiten ist nicht sonderlich geschickt. Der Sinn ist gleichwohl klar.]
36 [Tjurunga oder Churinga, Kultgegenstand der australischen Aborigines, ein flaches ovales Holz oder ein solcher Stein, wird für den Sitz von Totemvorfahren gehalten.]

wird. So lange würde es immer noch nur Kultur sein, so lange würde es noch nicht Religion sein. Aber ein unbestimmtes Grauen lauert hinter dem Heiligen. Die Ausführung der vorgeschriebenen Regeln ist mehr als vernünftige Berechnung. Eine übermenschliche Kraft liegt in ihnen, ein Segen und eine Gefahr, die eigentlich über dem Menschen stehen und nicht in seiner Hand liegen, wie unumgänglich seine sakralen Maßnahmen auch sind. Die Religion ist nicht dann und wann ein Feiertag, sondern der eigentliche Inhalt und die erhaltende Macht des Lebens. Suchen wir danach, ob noch heute Religion in diesem von der Geschichte der Menschheit sanktionierten Sinne lebendig ist, so fehlt sie keineswegs. Es gibt in unserer Zeit gewiss noch ebenso viel Religion wie irgend jemals, Religion in unzähligen Abstufungen und Variationen, von greifbarer Primitivität und Heidentum bis zu feinster Mystik und kraftvoller sittlicher Zuversicht. Aber es ist damit nicht gesagt, dass sie in den Berichten der religiösen Gesellschaften und auf den Kanzeln der Kirchen zu Worte kommt.

Die Australier sowohl wie ihre weiter fortgeschrittenen Geistesverwandten anderwärts täuschen uns leicht durch ihre geschmacklosen oder gräulichen und offenbar unbedingt lebensfeindlichen Veranstaltungen. Sinnlose Taburegeln beschränken die Bewegungsfreiheit. Blut, »die rote Flüssigkeit, die das Leben erhält«, fließt im Dienst der Heiligkeit in den Sand, sogar Menschenblut. Es wird wie das Leben verschwendet. Man prunkt mit einer sakralen Etikette, die grausam oder lächerlich, die in beiden Fällen störend und sinnlos erscheint.

[In der 1. Aufl. folgt: Wir machen dabei einen Gesichtspunkt geltend, der uns am Sehen hindert. Wir wenden naiv unsere Anschauungen an, was kulturfördernd oder kulturfeindlich ist. Wir vergessen sowohl, dass die Kultur damals und heute in ganz verschiedenem Lichte erscheint, als auch, dass es sich hier um mehr als Kultur handelt, nämlich um die Kraftquelle [206] des ganzen Daseins.] Die Bedingungen, unter denen der so genannte Primitive sich einigermaßen mit seiner Welt vertraut fühlen kann und Antriebe zu einheitlichem Handeln gewinnen kann, mögen uns unmenschlich [²174] und lebensstörend erscheinen, für ihn waren sie fördernd – bis er bei der Auflösung seiner Kultur etwas anderes – wie wir hoffen, Besseres – erkennen musste.

Wenn einem die Augen dafür geöffnet werden, dass die Lebensorientierung des Primitiven in ihrer Weise eine innere Einheitlichkeit und einen positiven Wert hatte, so wird es schwer zu entscheiden, was dienlich und was hinderlich war. Historische Sympathien haben mit in die Beurteilung hereingespielt und tun es noch heute. Von alters her hat man dem sakralen System in Israel – das im Prinzip wohl von der mosaischen Offenbarungsreligion zu scheiden ist – eine Einschätzung zuteil werden lassen, wie niemals einem entsprechenden Opferwesen, Beschneidungsriten und Tabugebräuchen. Die alte Volksreligion Israels hat einen Teil der Autorität der grundlegenden Offenbarung mit sich verbunden, und es ist wahr, dass etwas von dem Inhalt der Offenbarungsreligion in das sakrale System eindrang, obgleich dieses System nicht dem ursprünglichen Mosaismus angehörte. Auch unsere germanischen und nordischen Vorfahren können sich einer Idealisierung erfreuen, die mit ihnen vergleichbaren Völkern gar nicht zugute kommt. Schon Tacitus ist nicht ohne Anteil daran. Und vor allem darf man die eigenen Ahnen nicht mit anderen Leuten gleichstellen.

Wenn die Schlachtopfer und der Ritus mit dem Sündenbock für die Frömmigkeit und die Lebensaufgaben der Israeliten Bedeutung gehabt haben, dann dürfen wir ihren positiven Wert in dem babylonischen oder griechischen Staatskult kaum ganz leugnen. Wenn die Herrscher in Westafrika oder im alten Mexiko ihren Untertanen niemals zu Gesichte kamen, wenn ein kaukasischer Häuptling oder der Mikado sein Haupt still halten musste, damit nicht irgendein Unglück im Lande geschieht – während der germanische Häuptling seine Gefolgsleute um sich tafeln ließ und an der Spitze seines Heeres einherzog – so bedeutet das nicht, dass wir es in den zuerst genannten Beispielen mit einer Ausartung zu einer sterilen und kulturfeindlichen Tabufurcht zu tun haben, sondern dass dieses sakrale System, so fremd und barbarisch es für uns ist, doch dem [207] Zusammenhalt des Ganzen diente und Kraft zur Gestaltung des Lebens gab. Wer weiß, welches Vertrauen und welche Kräftigung die Gesamtheit in dem Negerstaat aus dem Bewusstsein schöpfte, dass der König, die zentrale Kraftquelle des Stammes oder Reiches, streng abgeschlossen lebte, da er wie nichts und niemand sonst mit Heiligkeit erfüllt war, und dass er, kaum zu [²175] seiner eigenen Bequemlichkeit, die kostbare Kraft im Dienste des Glücks und Bestehens der Gesamtheit ängstlich vor den Blicken und Händen der Menschen, vor ableitender Berührung mit dem Erdboden und vor dem Strahl der Sonne schützen musste. Die Versuchung liegt nahe, einen solchen Potentaten von der Gesamtheit losgelöst zu betrachten und über ihn in so einer beschwerlichen Würde als eine Mischung maßloser Überhebung und abergläubischen Zwanges zu lächeln. Aber man kann ihn nicht isolieren. In der Welt, in der wir uns hier bewegen, war das Individuum noch nicht erreicht. Und wenn man den armen Tabu-Mana-Träger aus diesem primitiven Gesichtsmaß heraus als einen untrennbaren Teil der wirklichen Einheit, der Gesellschaft, betrachtet – denn der Einzelne bildet noch keine Einheit, er ist nur Teil – dann verliert er seine Grauen oder Lachen erregende Sinnlosigkeit und wird ein unumgänglich notwendiger Kulturfaktor. Seine rituelle Untätigkeit selbst ist Ausübung von Macht, neben der die sonstigen nötigen Mühen und Arbeiten auf der Jagd und im Kriege, mit Hacke und Pflug machtlose Wirkungslosigkeit sind.[37] Eine höhere Kultur ist zum Bewusstsein des Gewichtes der stillen, gesammelten Würde für das Menschheitsideal gekommen. Wenn wir bei den Klassikern Chinas, bei Kong-fu-tse ebenso wie bei Lao-tse vom *wu-wei* lesen, von der Untätigkeit als einer mächtigen Ursache für gute Wirkungen in der Regierung des Reiches, so frage ich mich, ob nicht hinter dieser, von der Kultur niemals ungestraft vergessenen Einsicht eine Erinnerung aus ferner Vorzeit an die wundersame Wirkung der Heiligkeit durch stille, ungestörte Bewahrung, nicht durch stetes Handeln, liegt. Ein klassisches Beispiel für den Verfall sakraler Einrichtungen zu unnützer und toter Last könnte wohl der *Mikado* der Tokugawaherrschaft sein, der in KAEMPFERS berühmter Schilderung[38] seit nun mehr als zwei Jahrhunderten die Neugier des Abendlandes hat nähren müssen. Der lebende Menschengott in seiner heiligen Tempelstadt Kioto war so von Taburegeln und Verehrung eingeengt, dass er überhaupt nichts tun konnte. Und dennoch schlummerten in seiner sakralen Scheinmacht Möglichkeiten, die die tüchtigen und rücksichtslosen Reichsverweser nicht aufweisen konnten. Die Tabuheiligkeit des Mikado ist in dem Aufschwung [208] des modernen Japan ein wunderlicher Anachronismus. Und doch hat sie gerade in unserer Zeit ihre Kulturbedeutung erwiesen. Als eine Kraftquelle für die gesammelte Opferwilligkeit und das Selbstbewusstsein der Nation wird man sie neben *Mutsuhitos* und seiner Ratgeber Politik und der Tüchtigkeit seiner Generale und Staatsmänner nennen müssen.

[²176] Natürlicherweise kommt es zu Entartungen, wenn das sakrale System seiner zeitlichen Aufgabe als Kraftquelle für einen Stamm, ein Volk, eine Periode, eine Kultur nicht mehr entspricht. Hauptsächlich auf zwei Arten tritt ein solcher Verfall zutage. Die Heiligkeit kann einen ungebührlich großen Teil der verfügbaren Kräfte mit dem Bann der Wirkungslosigkeit belegen. Menschen, Besitz, Zeit können im Namen der Religion den wirklichen Arbeitsaufgaben in einem Maße entzogen werden, dass das ganze Dasein zu einer Art indolenter Heiligkeit wird, ein Schein statt der Wirklichkeit, Riten statt Arbeit, ein Drohnenstaat, in dem die wenigen, die sich vielleicht noch außerhalb oder unterhalb der sterilen Heiligkeit befinden, die Kultur nicht länger aufrechterhalten können.

Das zweite radikale Symptom des Verfalls ist von entgegengesetzter Art. Das Vertrauen zur Kraft des Heiligen versiegt. Sakrale Einrichtungen

---

37 [Im Original in beiden Auflagen: »ist«.]
38 [ENGELBERT KÄMPFER (1651–1716), *Geschichte und Beschreibung von Japan*, hg. v. Chr.W. v. Dohm, Ausg. v. 1777–1779, Neudruck 1982.]

und Bräuche leben fort als tote Reste einer Zeit, da sie das Glück eines Volkes bedingten und die geistige Einheit der Kultur ungebrochen aufrechterhalten konnten. Mit mumienhafter Unveränderlichkeit bleiben die Formen noch übrig, aber der Geist ist verloren. Solche innere Auflösung kann durch Einwirkung von außen durch eine höhere Lehre und eine freiere Anschauung erfolgen. Sie kann aber auch aus Ursachen innerhalb der eigenen Kultur hervorgehen. Nun finden tüchtige Wege zum Erwerb nicht länger Raum innerhalb des Bereichs des Heiligen. Neue Einsichten über Naturzusammenhänge untergraben den Glauben an die Erklärungen der heiligen Wissenschaft und Technik. Der Einzelne findet innerhalb des Ganzen keine Unterkunft mehr, sein Wohlergehen führt dem Kraftkapital, von dem die Gesamtheit im Laufe der Zeiten gelebt hat, keine neue Heiligkeit zu, sondern bricht sich Bahn aus dem Althergebrachten als stille oder offene Negation.

In solchen Zeiten des Zusammenbrechens und Verfalles findet eine Entkleidung[39] statt. Das Sichtbarste und das, worauf die Religionsforschung mit ihrer einseitigen Betonung des Gottesglaubens auf Kosten der Heiligkeit Rücksicht genommen hat, ist die Verehrung der großen Opfergötter, wenn man sich wirklich bis zum Polytheismus entwickelt hatte. Die zahllosen Mächte des Volksglaubens tragen eine ganz andere Lebenskraft in sich und saugen den großen Göttergestalten ihre Kraft [209] aus, sobald sie an sie herankommen. Man flüchtet aus dem oberen Stockwerke, das das sakrale System nach und nach aufgebaut hat. Die Winde des Himmels beginnen die Luft in jenen Höhen zu [²177] reinigen. Aber drunten in der Tiefe ist die Atmosphäre noch stark gesättigt mit Heiligkeit. Das geringe Volk ist wohl niemals mit Herz und Seele dort oben gewesen, sondern hat mit seinem Kult und seiner Furcht, mit seinen Bedürfnissen und Hoffnungen bei dem Gewimmel von irdischen und unterirdischen Willensmächten gehaust, die keine höhere Kultur ganz auszuhungern oder zu verjagen vermag. Auch in der späteren Zeit werden die Menschen von dem ungebrochenen Heidentum unterhalb der Kultur leicht angesteckt und widmen solchen untergeordneten Mächten eine Aufmerksamkeit, die ihren inneren Voraussetzungen nach als Aberglauben zu betrachten ist. Das Heilige hat im Laufe der religiösen Entwicklung viele Ausläufer, Mittel und Triebkräfte gehabt. Besonders ist es bei den Göttern und dem, was zu ihnen gehört, vorhanden.[40] Wenn sie nicht mehr ihren vollen Dienst als Kraftzentren der Welt leisten können, so ist damit noch nicht gesagt,

---

39 [Entäußerung.]
40 [1. Aufl.: Besonders ist das bei den Göttern und dem, was zu ihnen gehört, zu beobachten.]

dass zugleich das alte System aufhört zu existieren. Die »Gottlosigkeit«, oder richtiger der verringerte Wert des offiziellen Kultus für das Leben der Menschen kann mit einer eigentümlichen Konzentration des eigenen Wesens der Naturreligion zusammenhängen. Klassische Beispiele zeigen uns die Araber zur Zeit von Muhammads Auftreten und die Nordgermanen in den Übergangszeiten, die die Eddalieder, die germanische Heldendichtung in ihrer spezifisch nordischen Ausgestaltung und die isländischen *Sagas* geschaffen haben. Hier enthüllt sich das Wesen der antiken Religion als eine Macht in der »Gesellschaft« und als eine Kraftquelle für eine durch Blutsverwandtschaft oder Siedlungseinheit in sich einheitliche Kultur. Nirgends offenbart sich die Kluft tiefer zwischen einer solchen Volksreligion und der Erlösungsreligion, die – in Indien und in der griechischen Mystik – jeden Halt an der antiken Lebensbejahung und ihre Stütze in der Gesamtheit aufzugeben genötigt war und die Erlösungsfrage daher zu einer individuellen und pessimistischen machte. Auch bei den Arabern Muhammads und den nordischen Vikingern sang die naive Lebensbejahung ihre letzten sterbenden Töne. Huldigte jemand ihr noch, so geschah es mit einem bitteren Beigeschmack. Das Leben ist hart und ungewiss, der Untergang allein ist sicher. Wo hoher Ruhm und Ehre errungen werden, erhalten sie einen Schimmer von Tragik. Aber da sammelt sich die [210] alte Kultur mit der Kraft der Verzweiflung um das Zentrum der Heiligkeit, um aus ihr für ihre letzte Selbsterhaltung Kraft zu saugen. Die Heiligkeit ist in der primitiven Religion eine Sache der Gesellschaft. Wie weit sie sich auch in das Übermenschliche [²178] und Übernatürliche erstreckt, so ruht doch ihr Schwerpunkt und ihre Kraft im Klan, im Geschlecht, im Stamm, im Staat, im Volk und in der Natur. Bei Muhammads Arabern scheint die Religion wesentlich auf ein Stammesbewusstsein mit der zugehörigen Blutrache und Mannestugend, *muruwwa*, beschränkt gewesen zu sein. Die alten Skandinavier zeigen gewisse entsprechende Erscheinungen. War die Verehrung für viele mehr eine fromme Gewohnheit als die notwendige Voraussetzung des Lebens und der Entwicklung, so beweisen die Bande des Blutes und der Freundschaft noch immer ihre uralte Heiligkeit. Die Ehre des Mannes ist das Wohl des Geschlechtes. Beide wurzeln im Boden der Religion.

Die soziologische Anschauung vom Wesen der Religion als Objektivierung des Geistes der Gesellschaft scheint hier eine Bestätigung[41] zu finden. Ist nicht die Religion streng genommen auf jedem Stadium das ideal Menschliche, geheiligt von der natürlichen, Gedeihen bringenden Kraft

41 [So nach der 1. Aufl. In der 2. Aufl. steht »Betätigung« – eindeutig ein Druckfehler. Sachlich geht es im Folgenden um die Auseinandersetzung mit Durkheim.]

des Gesamtheitsbewusstseins? Die neue Einschätzung des Kulturwertes und Wahrheitsgehaltes auch der primitiven Religion fordert zu einer Einseitigkeit in diesem Sinne heraus. Das Bild wird erfreulicher, hübscher und für einen oberflächlichen Blick leichter verständlich. Nur schade, dass der Lebensnerv der Heiligkeit dabei fortfällt. Denn sie besteht nicht in dem Gesellschaftszusammenhalt oder in kühner Hypostasierung des Geistes des Gemeingefühls, sondern sie besteht hartnäckig in einer Irrationalität. Nimmt man sie fort, dann ist die Religion machtlos. Es ist Frazers Verdienst, in der »Aufgabe der Psyche« den eminenten Kulturwert gerade in der harten Willkürentrücktheit des Tabubegriffs nachgewiesen zu haben. Er lässt ihn in dem vernunftgemäßen Aufbau und in der Anordnung der höheren Kultur verschwinden. Ich glaube nicht, dass der Tabubegriff in seinem Kern geschwunden ist, wenn auch die Formen bis zur Unkenntlichkeit wechseln. Das irrationale Moment bleibt. Alfred Loisy hat seine Notwendigkeit im Gegensatz zum Versuche, die Moral zu rationalisieren, hervorgehoben, obwohl er keinen Gottesglauben bekennt.[42] Könnte es zugunsten einer rationellen Einsicht ganz aus dem Komplex der treibenden Kräfte der Kultur verdrängt werden, so würde das den Untergang der Kultur bedeuten. Denn die Kultur verlangt für ihren Fortschritt mehr Glauben und Mühe, als bloße Berechnung zustande bringen kann. Diese Einsicht macht mich vorsichtig, wenn es sich darum handelt zu [²179] beurteilen, was in sakralen Systemen einer vergangenen Periode, aus ihm selbst heraus betrachtet, als Entartung, was als Kraftmoment anzusprechen ist.

[211] Die Stärke des Heiligen in allen seinen Ausprägungen liegt in seinem Zusammenhang mit dem wirklichen Leben und seinen Aufgaben. Die Tränen des Australiers beim Anblick richtig vollzogener Riten bedeuten mehr als ein zufälliges Empfinden des Heiligen. Er fühlt sich in dem Augenblick tiefer hineinversetzt in die geheimnisvolle Wirklichkeit, auf der sein und seines Stammes Leben ständig beruht. Sein Gemüt ist in diesem Augenblick mit religiösem Empfinden ganz gesättigt.

II. Ein einseitiges Betonen der Gottesidee hat auch auf den Höhen der Religion die Forschung gehindert, den Erscheinungen genügend gerecht zu werden und jeder einzelnen das Ihre zukommen zu lassen. Der *Buddhismus* ist das klassische Beispiel. Ist er eine Religion? Diese abgedroschene Schulfrage kam dadurch auf, dass man auf den Atheismus des Siddharta

---

42 Vgl. ALFRED LOISY, *La morale humaine*, Paris 1923. [Loisy, einst der bedeutendste katholische Modernist, war 1908 auf Grund der Enzyklika *Pascendi dominici gregis* (1907) exkommuniziert worden. In der Folgezeit entfernte er sich vom christlichen Glauben zugunsten eines weltlichen Humanismus.]

starrte – er kannte keine Gottheit, die Erlösung zu schaffen vermochte, – und dass man das Empfinden für die unverkennbare Religion verlor, die in den Dialogen und Vorschriften des Meisters zutage tritt. Der Kern ist in ihnen der, dass er in den Wüsten des Lebens Oasen entdeckt hat, die sich von dem Elend und den Schmerzen des Daseins scheiden, wie das Heilige mit seinem reichen Inhalt von dem Profanen absticht. Zu den drei Zuflüchten *Buddha*, *Dharma* und *Sangha* wies der Meister den, der nach Erlösung verlangte, und hinter des Daseins unglückseliger Kette von Ursache und Folge liegt der ewige Frieden des *nirwana*.

Das, was entscheidend dafür ist, wie weit wirkliche Religiosität zu finden ist oder nicht, ist nicht die Ausgestaltung eines Gottesglaubens, sondern die wirkliche Empfindung des Göttlichen; mit anderen Worten: die Befruchtung des Sinnes durch das Heilige. Es kann eine Gottesidee geben ohne die wesentlichen Merkmale echter Religion. Hält ein Mensch nichts für heilig, so ist er nicht fromm, selbst wenn er in seiner Weltanschauung der Gottesidee einen Platz gibt. Demgemäß wird die beste Definition der persönlichen Religion sein: »Fromm ist, wer etwas für heilig hält«, und das Hauptmerkmal der institutionellen Religion ist die Unterscheidung des Heiligen vom Profanen. Kein Wort der Sprache ist für die Religion so kennzeichnend wie tabu – heilig. In gottesgläubiger Frömmigkeit ist Heiligkeit die göttliche Eigenschaft vor [²180] allen anderen. Heilig und göttlich oder Gott zugehörig werden synonyme Begriffe.

Heilig war in seinem Ursprung ein religiöser, kein sittlicher Begriff, und es ist merkwürdig, welch zähe und stets sich verjüngende Kraft [212] dies Wort tabu – heilig – besitzt. Noch heute ist eine religiöse Bedeutung von »heilig« nicht zu trennen. Heilig bedeutet »Übernatürlichkeit«, und da man in den Offenbarungsreligionen das Übernatürliche als persönliche Gottheit erkennt, »Göttlichkeit«. Er beruht ferner auf dem, worin man das Übernatürliche, Göttliche sucht. Das kann ein Wunder sein: dann fragt die Heiligenkommission nach Zeichen und Wundern. Für die ganze Bedeutungsentwicklung des Wortes *Sanctus* hat der belgische Jesuit DELEHAYE eine mustergültige Analyse bei den Bollandisten veröffentlicht.[43] Oder es kann in dem sittlichen Heroismus liegen. Dann haftet die Erinnerung an den Heiligen mit Macht an ihrer Menschenliebe und ihrem Streben nach Reinheit.[44] Im gleichen Maße, wie Religion und Gottesglaube ins Ethische sich entwickelten, wurde das Wort »heilig« mit sittlich-ideellem Wert erfüllt. Aber niemals ist es zu einem bloß sittlichen Terminus verwandelt worden. Wenn es zuweilen so ausgesehen hat, so hat die Tradition

---

43 [H. DELEHAYE, *Sanctus*, wie S. 144, Anm. 144.]
44 [Offenbar sollen beide präpositionalen Objekte mit »an« von »haften« abhängen.]

und die Kraft, die in dem Worte lebt, sich stets mit neuer Stärke geltend gemacht. Das Wort »heilig« verhindert unbedingt und unwillkürlich die Sprache, eine zu bloßem Moralismus abgestumpfte Religion anzuerkennen. Die Versuchung liegt nahe, da das Ethische in der höheren Entwicklung für die Religion immer wesentlicher wird. In der prophetischen und evangelischen Frömmigkeit wird auf einem Höhepunkt der Entwicklung der Begriff »Gottesdienst« zu einer Bezeichnung der sittlichen Aufgabe des Menschen. Man hat auch »heilig« bei einigen Propheten und Psalmisten im Alten Testament als Ausdruck sittlicher Vollkommenheit, Liebe und Gerechtigkeit erklären wollen. So eng sie verbunden sind, zeigt doch eine nähere Betrachtung, dass »heilig« nicht restlos in »gut« aufgeht.

[In der 1. Auflage folgt: Niemand hat die Versittlichung der Religion radikaler und konsequenter durchgeführt als KANT. Aber man täuscht sich, wenn man meint, dass »heilig«, das er nach dem Brauch seiner Zeit recht häufig anwendet, von ihm seines Tabucharakters entkleidet worden sei. In Kants religionsphilosophischem Buch *Die Religion innerhalb der Grenzen der bloßen Vernunft* kommt »heilig« natürlich in geläufigen Ausdrücken vor wie: heiliger Geist, heilige Schrift, die heilige Geschichte usw. und entsprechend im Zusammenhang: die heiligen Geschehnisse der christlichen Religion, das heilige Erbe, die heilige Tradition usw. Aber einen bedeutsamen und eigenartigen Inhaltswert hat das Wort bei Kant im [213] Zusammenhang mit seiner Auffassung von der sittlichen Art des Gottesglaubens in dieser Schrift. Heiligkeit bedeutet einen höheren, verschärften Grad von Sittlichkeit, heilig sagt mehr als nur sittlich oder moralisch. »Das Ideal der Heiligkeit« ist die sittliche Vollkommenheit, die in diesem Leben nicht verwirklicht werden kann. Ein über alle Bedingungen der menschlichen Natur erhabener Heiliger kann uns nicht als Beispiel dienen, da wir uns nicht in der gleichen Lage befinden. Parallel mit dieser Bedeutung als der in diesem Leben unerreichbaren Vollendung läuft in Kants Buch eine andere, die auch im sonstigen Sprachgebrauch üblich ist. Heilig bedeutet einen hohen, den höchsten Wert, und daher Unantastbarkeit. Die Freiheit ist heilig, und ebenso die Idee der Pflicht. Fragen wir nach dem Kern von Kants Heiligkeitsbegriff, so führen uns die verschiedenen Anwendungen auf einen gemeinsamen Ausgangspunkt zurück. Das Heilige ist seinem Wesen nach ein göttliches Geheimnis; fast könnte man es mit übernatürlich übersetzen. Es ist am ratsamsten sich von dem Gedanken an eine übernatürliche Hilfe, wie von einem Heiligtum, im respektvollen Abstand zu halten, sagt Kant. Hier hat tabu – heilig einen leicht ironischen Beigeschmack. Aber sonst wird das Wort in vollem Ernst gebraucht. Das Heilige bedeutet das für die menschliche Vernunft undurchdringliche Göttliche sowohl, als eine sittliche Vollkommenheit über menschliches Maß hinaus.

Die Taufe erstrebt etwas Heiliges, nämlich dass ein Mensch Bürger einer göttlichen Gemeinschaft werden soll, aber sie erwirkt noch nicht aus sich selbst Heiligkeit. »In allen Glaubensarten, die sich auf Religion beziehen, stößt das Nachforschen hinter ihre innere Beschaffenheit unvermeidlich auf ein Geheimniss, d. i. auf etwas Heiliges.«[45] Diese heiligen Geheimnisse werden in der »Allgemeinen Bemerkung« behandelt, die das dritte Stück dieses Religionsbuches abschließt. Seinen mystisch-religiösen Klang hat das Wort »heilig« bei Kant nicht mehr, aber sein Charakter als Bezeichnung für etwas Übernatürliches tritt deutlich zu Tage. Und man dürfte sagen können, dass der Heiligkeitsbegriff mit seinen Zusammenhängen uns besser über das Wesen von Kants Frömmigkeit unterrichtet, als das, was er von Gott sagt.]

Trotz alles protestantischen Moralismus behält das Wort sogar bei Kant und noch im heutigen Sprachgebrauch einen übernatürlich und mystisch angehauchten Sinn, der eine Identifikation mit »sittlich gut, vollkommen« nicht zulässt, sondern unwillkürlich eine Betonung der Empfindung mit sich führt. Man kann Gründe für und wider anführen, wenn es sich darum handelt, ob etwas gut oder schlecht, recht oder unrecht, wahr oder falsch ist. [214] Aber versucht man einmal die Alternative heilig – profan in einen solchen Zusammenhang [²181] einzufügen, so spürt man sofort das irrationale Widerstreben dieses Wortpaars gegen einen solchen Versuch. [In der 1. Aufl. folgt: Entweder kann das Wort »heilig« dann ironisch gebraucht werden, von einem äußeren Schein, den ein Mensch anlegt, um als fromm zu gelten, oder von der klerikalen Einrichtung, wo die gewaltigen Ansprüche mit der kleinlichen Weltlichkeit der sich heilig gebärdenden Menschen sonderbar kontrastieren. In solchem Sinn dürfte das Wort in Rede und Schrift recht häufig gebraucht werden. Aber] Einfach »gut«, »sittlich«, kann das Wort »heilig« nicht bedeuten. Denn es enthält eine Beziehung zur Religion. Wird es aber in dem angedeuteten Sinne ernst gemeint, nicht höhnisch gebraucht, so liegt darin etwas von dem Geheimnis des Übernatürlichen, etwas von der Scheu vor der Heiligkeit und Größe des Übermenschlichen. Wird heilig von dem sittlichen Leben angewandt, bezeichnet es eben seinen religiös-metaphysischen Hintergrund. Das Wort heilig setzt dann den Charakter eines Menschen in Zusammenhang mit den tiefen, gewaltigen Mächten des Daseins, mit einer übermenschlichen Welt. Es besagt, dass man in einem solchen Menschenleben etwas von Gottes Macht und Wunder verspürt. Ohne einen solchen reli-

---

45 [IMMANUEL KANT, *Die Religion innerhalb der Grenzen der bloßen Vernunft* AA 6, 137. Söderblom zitiert etwas abweichend: »das Erforschen ihrer inneren Beschaffenheit«, und statt »d. i.« schreibt er »d. h.«.]

giös-metaphysischen Hintergrund verliert das Wort seinen Charakter. In seiner eigentlichen Anwendung für die Gottheit bezeichnet das Wort »heilig« das Wesen Gottes. Aber in der höheren Religion gehört Sittlichkeit dem Göttlichen an. Das Heilige wird dann vom sittlich Guten untrennbar. So kann es den Anschein haben, als ob heilig eigentlich sittlich hieße. Aber näher betrachtet liegt die Sache anders. Heilig sein heißt dem höheren Leben zugehörig oder Gott zugehörig sein.

Das Angeführte mag dartun, dass, um Religion zu entdecken, von der primitivsten Gesellschaft ab bis in die höchste Kultur der Gegensatz heilig – profan eine bessere Wünschelrute ist als die Gottesvorstellung.

***

Der letzte Abschnitt der Zusammenfassung des Buches lautet:
[380; ²344] Ich komme zu dem zurück, wovon ich ausging; das Geistesleben des Kulturmenschen knüpft an die Seelenverfassung des Primitiven an. In den sakralen Einrichtungen der primitiven Gesellschaft und in ihren Reaktionen auf die Umwelt liegen *in nuce* schon Tendenzen und Ahnungen, die in der Folgezeit deutlichere Gestalt gewinnen und teils als getrennte Typen des Gottesglaubens, teils als verschiedene Bestandteile derselben Religion sich unterscheiden lassen.[46] Dass Europa in den letzten Jahrhunderten von dem chinesischen Geist des Schang-ti-T'ien und vom Brahman-Atman Besuch bekommen hat, das bedeutete nicht bloß ein Bekanntwerden mit exotischen Fremdlingen, sondern brachte auf seine Art eine Verstärkung von Strömungen, [²345] die sich gleichzeitig in gesetzmäßiger Abfolge innerhalb der einheimischen Religionsgeschichte Europas geltend machten. Ich bekam daher Lust, mich darüber zu unterrichten, wie die Begeisterung zuerst für China, dann für Indien aufgekommen ist und sich ausgestaltet hat.[47] Und ich habe es als hergehörig angesehen, wenn ich eine Schilderung von diesem beginnenden Prozess gebe, der schließlich darauf hinausläuft, in einer Weltkultur zu gegenseitiger Befruchtung, vor allem aber auch zu unerbittlichem Wettstreit zusammenzuführen alle die Erfahrungen und Gedanken von Gott, die aus den dunklen Anfängen der Primitiven emporgestiegen, je nach Art und Geschicken der Völ-

46 HEINRICH HACKMANN unterscheidet zwischen dem Animatismus (oder Animismus) als genetischer Voraussetzung und der Machtvorstellung und dem Urheberglauben als konstitutiven und schaffenden Momenten für den Gottesglauben [Rez. N. Söderblom, Das Werden des Gottesglaubens, 1. Aufl. 1916], ThLZ 41/1916 (481–483), 482.
47 [Das bezieht sich auf die Kapitel 9 und 10 des Buches, die hier nicht abgedruckt werden können.]

ker Gestalt gewonnen haben, bisweilen im Geiste von Denkern, Propheten und Heiligen zur Mannheit herangereift [381] sind, und die bald getrübt und vergröbert, verdünnt und verwässert, bald aber auch gereinigt und gestärkt erschienen. Adolf Deißmann hat das Problem kurz und bündig in einem Briefe ausgedrückt: »Es gilt, das Parallelogramm der Kräfte zu finden zwischen den lebendigen Energien naiver Frömmigkeit und den zugleich läuternden und zehrenden Wirkungen der religiösen Reflexion«.[48] Die wichtigsten Kulturen der Welt sind ihre eigenen Wege gegangen, doch nicht ohne Kunde voneinander und ohne gegenseitige Beeinflussung. Jetzt sind sie gezwungen zusammenzutreffen. Den weltumfassenden geistigen Prozess, aus dem die siegreiche Gotteserkenntnis als ein gemeinsamer Besitz der gesamten Menschheit hervorgehen soll, hat die Mission in vollem Ernst ins Leben gerufen und treibt ihn seiner Vollendung entgegen. Der formlose Anfang wie die endliche Fülle der Erkenntnis liegen außerhalb unseres Gesichtskreises. Nur eine Strecke weit können wir die Wege verfolgen. Hier wollte ich versuchen, einiges Licht fallen zu lassen teils auf den Punkt, an dem die primitiven Vorstellungen von der Gottheit sich deutlicher auszugestalten beginnen, teils auch auf den Zeitraum, in dem universales Zusammenwirken und Wettkampf schließlich in Gang gekommen sind.

48 [Der Brief ist im Archiv nicht aufzufinden und wahrscheinlich verloren (Mitteilung von S. Runestam).]

Personenregister

(ohne Namen aus der Mythologie; Umlaute sind unter den zugehörigen Vokalen eingeordnet. Namen in listenartigen Aufzählungen sind nicht berücksichtigt.)

Wenn Sie weiterlesen möchten...

Carl-Friedrich Geyer
Wahrheit und Absolutheit des Christentums –
Geschichte und Utopie
»L'Evangile et L'Eglise« von Alfred F. Loisy in Text und Kontext

Die Neuübersetzung und Kommentierung von Alfred F. Loisys »L'Evangile et Eglise« bietet einen Rückblick, der zugleich einen Ausblick und eine bedenkenswerte Perspektive für die Zukunft des Christentums darstellt.

»Jesus verkündete das Reich Gottes, gekommen ist die Kirche.« – diese einprägsame Formel Loisys wird oft und gerne zitiert, dies meist, ohne um ihre Ambivalenz zu wissen oder das Werk Loisys näher zu kennen. Der Vertiefung beider Aspekte dient das Buch des Philosophen Carl-Friedrich Geyer, das auch den Originaltext Loisys erstmals in einer deutschen Übersetzung zugänglich macht. Es arbeitet die theologischen Implikationen heraus und konfrontiert Loisys Thesen mit den gegenwärtigen Fragen und Problemen einer Neugewichtung der christlichen Überlieferung am Beginn des 21. Jahrhunderts.

Klaus Engelhardt / Günther Gaßmann / Rolf Herrfahrdt / Ursula Schnell / Hans-Martin Barth / Peter Zimmerling / Michael Plathow (Hg.) / Edmund Schlink
Schriften zu Ökumene und Bekenntnis. Band 5
Ausgewählte Beiträge. Kirchenkampf -
Theologische Grundfragen - Ökumene

In diesem die »Schriften zu Ökumene und Bekenntnis« beschließenden Band geht es um Kirchenkampf, theologische Grundfragen und Ökumene.
Der fünfte Band der Neuherausgabe der Werke des Heidelberger Professors für Dogmatik und Ökumenische Theologie bietet zehn Aufsätze. Drei Erörterungen widmen sich dem Kirchenkampf und dem Aufbau der evangelischen Kirche nach dem 2. Weltkrieg. Vier weitere Texte befassen sich mit theologischen Grundfragen wie Vernetzung der Wissenschaften, Theodizee und Leiden. Die letzten drei Aufsätze greifen die Themen Taufe, Abendmahl und Amt auf, die für den ökumenischen Dialog von besonderer Bedeutung sind.

Eugene M. Skibbe
Edmund Schlink
Bekenner im Kirchenkampf – Lehrer der Kirche – Vordenker der Ökumene

Die Biografie zu Edmund Schlink (1903–1984) zeichnet die wichtigsten Stationen seines Lebensweges nach. Der Theologieprofessor aus Heidelberg leistete wichtige Beiträge im deutschen Kirchenkampf der dreißiger Jahre.

Nach dem 2. Weltkrieg bemühte er sich um ein klares und kraftvolles Bekenntnis der Kirche im Gesamtzusammenhang der lutherischen Theologie. Danach übte er bedeutenden Einfluss auf die Neustrukturierung der evangelischen Kirchen und der theologischen Profilierung der ökumenischen Bewegung aus. Von 1962 bis 1965 war Schlink offizieller Beobachter der EKD beim Zweiten Vatikanischen Konzil.

Gunther Wenz
Grundfragen ökumenischer Theologie
Gesammelte Aufsätze Band 2

Das 500 Jahres-Jubiläum der Reformation ist nicht nur eine evangelische Angelegenheit, sondern eine ökumenische Herausforderung. Sie anzunehmen und konstruktiv zu gestalten, ist das programmatische Ziel, welches die im Band gesammelten Texte zum evangelischen, orthodoxen und katholischen Bekenntnis anstreben. Sie wollen ihren Beitrag zu einem ökumenischen Reformationsgedächtnis leisten. Gunther Wenz bietet Aufsätze aus drei inhaltlichen Bereichen. 1. Evangelisches Bekenntnis und Wittenberger Reformation, 2. Orthodoxer Glaube und ostkirchliche Tradition und 3. Kirchliche Katholizität und römischer Katholizismus. Der Band endet mit dem Entwurf einer Gemeinsamen Erklärung zur Abendmahlslehre.

Knud Eyvin Bugge / Flemming Lundgreen-Nielsen / Theodor Jørgensen (Hg.)
N.F.S. Grundtvig: Schriften in Auswahl

N.F.S. Grundtvig ist eine zentrale Gestalt im gesellschaftlichen, kulturellen und kirchlichen Leben Dänemarks des 19. und 20. Jahrhunderts und hat u.a. die Volkshochschulbewegung mitbegründet.

Diese Auswahlausgabe von Grundtvigs Schriften ist die einzige und erste deutsche Ausgabe. Sie beabsichtigt, einem größeren Leserkreis im deutschen Sprachraum Einblick in Grundtvigs Gedankenwelt zu gewähren. Grundtvig hat über menschliche und christliche Verhältnisse Wesentliches beigetragen. Das gilt für Gebiete wie Mythologie, Geschichte, Poesie, Sprachwissenschaft, Politik, Pädagogik, kirchliches Leben und Theologie. Alle diese Gebiete sind in der Grundtvig-Ausgabe berücksichtigt. Laut der Herausgeber könnte diese Grundtvig-Ausgabe zu einer besseren Völkerverständigung beitragen.

Dietz Lange
**Nathan Söderblom
und seine Zeit**

2011. 480 Seiten, gebunden
ISBN 978-3-525-57012-8

Der bedeutende Religionswissenschaftler und ökumenische Kirchenführer Nathan Söderblom (1866–1931) war eine der faszinierendsten Gestalten der Zeit um den I. Weltkrieg. Er hat das Heilige als Grundbegriff der Religion etabliert und mit der Konferenz von Stockholm 1925 ein neues Zeitalter im Verhältnis der Kirchen zueinander eingeläutet.

Dietz Lange stellt sein vielseitiges Lebenswerk im Ganzen dar, von dem vieles nie aus dem Schwedischen übersetzt wurde. Durch Einordnung des Friedensnobelpreisträgers Söderblom in den internationalen politischen und geistigen Kontext entsteht ein Bild jener Umbruchsepoche, wie es sich Söderbloms scharfem Blick darbot.

»Höchste Quellenakribie und Tiefgang vor allem in der Analyse der theologischen Relevanz Söderbloms machen das Buch zu einem kirchengeschichtlichen Markstein...«

Thomas Greif, Sonntagsblatt

Vandenhoeck & Ruprecht

Bisher unveröffentlichte Briefwechsel

V&R

Dietz Lange (ed.)

Nathan Söderblom
Brev – Lettres – Briefe – Letters
A selection from his correspondence

Vandenhoeck & Ruprecht

Dietz Lange (Hg.)
Nathan Söderblom
Brev – Lettres – Briefe – Letters.
A selection from his correspondence
2006. 528 Seiten mit 3 Abb., gebunden
ISBN 978-3-525-60005-4

Lars Olof Jonathan (Nathan) Söderblom (15.1.1866–12.07.1931) gilt als Kirchenvater der Ökumene. Die Edition präsentiert die bisher unveröffentlichten Briefwechsel des Erzbischofs und Nobelpreisträgers (Ökumene und Weltfrieden, 1930) mit Kirchenführern, Theologen, Politikern, Journalisten und Künstlern, Menschen wie Albert Schweitzer oder Selma Lagerlöf.

Bis 1914 lehrte der Professor für Religionsgeschichte an der Universität Uppsala, ab 1912 war er erster Lehrstuhlinhaber dieses Faches an der Universität Leipzig. Mit den führenden Gestalten der Ökumenischen Bewegung früh in Kontakt gekommen, bemühte er sich während des Ersten Weltkrieges vielfach um Versöhnung der Krieg führenden Nationen und organisierte 1925 die Stockholmer Weltkirchenkonferenz.

»Das Werk ist ökumenisch von größtem Interesse und verdient in allen Kirchen, die an der Ökumene beteiligt oder interessiert sind, Beachtung.«

Karl Heinz Voigt, Ökumenische Information

Vandenhoeck & Ruprecht